脱贫攻坚口述史丛书

四川卷

脱贫攻坚
口述史

主　　编　刘晓晨
副主编　周书生
　　　　　陶利辉
执行主编　张晓飞

中共党史出版社

图书在版编目（CIP）数据

脱贫攻坚口述史.四川卷/刘晓晨主编；周书生，
陶利辉副主编；张晓飞执行主编.－－北京：中共党史
出版社，2023.12

ISBN 978-7-5098-6216-2

Ⅰ.①脱… Ⅱ.①刘… ②周… ③陶… ④张… Ⅲ.
①扶贫－工作概况－四川 Ⅳ.①F126

中国版本图书馆 CIP 数据核字（2022）第 226406 号

书　　名	脱贫攻坚口述史（四川卷）
作　　者	刘晓晨（主编）　周书生　陶利辉（副主编）　张晓飞（执行主编）

出版发行：**中共党史出版社**
协调编辑：王媛
责任编辑：王鸽子
责任校对：申宁
责任印制：段文超
社　　址：北京市海淀区芙蓉里南街 6 号院 1 号楼　邮编：100080
网　　址：www.dscbs.com
经　　销：新华书店
印　　刷：北京中科印刷有限公司
开　　本：710mm × 1000mm　1/16
字　　数：400 千字
印　　张：27.25
版　　次：2023 年 12 月第 1 版
印　　次：2023 年 12 月第 1 次印刷
书　　号：ISBN 978-7-5098-6216-2
定　　价：66.00 元

此书如有印装质量问题，请联系中共党史出版社读者服务部　电话：010-83072535

"脱贫攻坚口述史丛书"编委会

（按姓氏笔画为序）

邢光龙　刘正平　刘荣刚　刘晓晨

严爱云　杜　丹　李　良　赵国卿

目　录

牢记总书记关怀嘱托　坚决兑现庄严承诺

彭清华　尹力

2020 年 9 月 9 日，国务院新闻办公室在成都举行四川脱贫攻坚专场新闻发布会，邀请时任中共四川省委书记、四川省人大常委会主任彭清华，省委副书记、四川省人民政府省长尹力围绕四川打赢脱贫攻坚战的特色亮点、典型经验、奋斗历程和突出成就作发布，并回答中外记者提问。现将《四川日报》刊发的发布会相关内容进行收集整理，以留存四川脱贫攻坚这段可歌可泣的历史记忆。

彭清华：各位媒体朋友，女士们、先生们，大家上午好！

在这秋风送爽、丹桂飘香的美好时节，很高兴在美丽蓉城和海内外新闻界的朋友见面，对大家的到来，我们表示热烈的欢迎。同时，也十分感谢国务院新闻办给我们搭建这样一个平台，让我们有机会与大家一起分享四川脱贫攻坚的情况。首先，我代表中共四川省委、省政府，向长期以来关心支持四川脱贫攻坚事业的中央和国家机关各部委、各兄弟省份、社会各界、海内外人士以及媒体朋友表示衷心感谢。

在座的各位，有的可能来过四川，也有的是第一次来到这里。首先，我简要给大家介绍一下四川的情况。四川地处中国西南部，在中国三级地理阶梯里四川是在第二级，也是一个过渡地带。四川中部是四川盆地，包括成都平原，西部是青藏高原，北部是秦岭山脉、大巴山脉，东部是丘陵山地，南部紧邻云贵高原，除了海洋和沙漠，中国其他主要地理形态四川基本都有。从一定意义上讲，四川是中国的一个缩影。四川是中国的人口大省、经济大省、资源大省，人口多、底子薄、不平衡、欠发达是基本省情。我曾用"四五六"三组数字概括四川的特点，"四"是指四川人口在全国排第四位，户籍人口9100多万；"五"是指四川幅员面积在全国排第五位，有48.6万平方公里；"六"是指四川经济总量在全国排第六位，2019年达4.66万亿元人民币，近十多年来我们大体每三四年新增一万亿元经济总量。但是发展不平衡不充分问题还比较突出，既有像成都平原这样自然条件比较好的地方，"水旱从人，不知饥馑"，素有"天府之国"的美誉；也有自然条件恶劣、发展基础薄弱的贫穷落后地区，2013年底全省有建档立卡贫困人口625万，占全国7%，主要分布在川西北高原地区、大小凉山、秦巴山区和乌蒙山区这四大片区，国家明确的"三区三州"贫困地区涉及我省的就有凉山州、甘孜州、阿坝州。由此可见，四川是全国扶贫任务最重的省份之一，是全国脱贫攻坚的主战场。

2020年我国现行标准下农村贫困人口全部脱贫，是中国共产党向全国人民作出的郑重承诺。党的十八大以来，在以习近平同志为核心的党中央坚强领导下，我们把脱贫攻坚作为最大的政治责任、最大的民生工程、最大的发展机遇，紧扣"两不愁三保障"目标，下足"绣花"功夫精准扶贫精准脱贫，各项工作扎实推进，取得了决定性成效。全省建档立卡贫困人口从2013年底的625万减少到2019年底的20万，年均减少100万以上，贫困发生率从9.6%下降到0.3%，甘孜、阿坝、凉山这三个州所有涉藏贫困县全部脱贫摘帽，四川连续四年在国家扶贫开发工作考核中被综合评价为"好"的等次。党的十八大以来这几年是四川减贫进度最快、脱贫成效最好、贫困群众得实惠最多的时期，贫困地区面貌发生了翻天覆地的变化。

一是从基本温饱到吃穿不愁，贫困群众生活水平发生了巨大变化。过去贫困群众生产生活条件比较差，尤其大小凉山彝区缺衣少食情况更为突出，人畜共居的现象也比较普遍。通过发展种养业、引导群众外出打工、开发公益性岗位等，有劳动能力的贫困群众普遍实现了就业、有了稳定收入，没有劳动能力的也享受了低保兜底，实现了不愁吃不愁穿。同时，我们还大力推进安全住房和安全饮水工程建设，全省有 136 万贫困群众实施了易地扶贫搬迁，62.2 万贫困群众进行了农村危房改造，有 295.9 万存在饮水困难的群众喝上了干净水。百万贫困群众从低矮破旧的土坯房、茅草房搬进了通电通水、安全敞亮的新居，用上了冲水厕所和家用电器，生活品质大幅提升。

二是从交通闭塞到内联外畅，贫困地区基础条件发生了巨大变化。过去许多边远山村不通公路，绵延的大山阻隔了群众出行。现在，"溜索改桥"项目全面完工，十多万群众告别了溜索出行的历史，全省新（改）建农村公路 11 万多公里，实现了"乡乡通油路、村村通硬化路"。所有具备条件的乡镇和建制村都通了客车，快递网点基本实现全覆盖，老百姓在家门口就可以坐公交、收快递。同时，还建起了一批能源、通信等基础设施，即使在最偏远的乡村，群众也能用上电灯、看上电视，可以打手机、上互联网。

三是从缺医少学到全面保障，贫困地区社会事业发生了巨大变化。过去偏远贫困地区医疗、教育资源不足，就医难、孩子上学难的问题比较突出。现在，全省基本构建起了县、乡、村三级医疗卫生服务体系，乡乡有卫生院、村村有卫生室，大病救治覆盖率达到 99.6%，贫困患者县域内住院医疗费用个人支付的占比控制在 10% 以内。一些危害生命的地方病、传染病得到有效控制，比如在一些藏族乡村以前广泛流行的包虫病检出率现在已下降至 0.02%，大骨节病连续八年没有新增病例。同时，着力改善贫困地区办学条件，全面实行民族地区 15 年免费教育、"9+3"免费职业教育和"一村一幼"，贫困家庭的孩子从幼儿园、小学到初中、中职学校，费用全部由政府承担，适龄儿童少年失学辍学的问题得到了有效解决。

四是从产业匮乏到百业竞兴，贫困地区发展动能发生了巨大变化。千百年来，许多贫困地区基本上靠天吃饭，产业基础十分薄弱。近年来，我们着力发展特色优势产业，推行"一村一品"，扩大种养规模、提升产品品质、做长产业链条。现在每个贫困县都建有现代农业园区、每个贫困村都有集体经济，全省共推出优质农产品品牌 149 个、区域公共品牌 12 个，有力助推了贫困地区的发展。全省 88 个贫困县 2019 年实现地区生产总值 9557.9 亿元，是 2013 年的 1.68 倍，全省贫困家庭 2019 年人均纯收入 7690 元，是 2013 年的 2.81 倍。

五是从陈规陋习到文明新风，贫困群众精神面貌发生了巨大变化。思想保守、观念落后，是造成一些地方长期贫困的重要根源。尤其凉山彝区以往由于地理封闭、社会发育程度较低，多年来盛行高价彩礼、薄养厚葬等陈规陋习。老人去世了要杀几头、十几头，个别甚至上百头牛羊大宴宾客，孩子结婚广收彩礼、互比排场，大大增加了家庭经济负担，造成走一位老人还几代人情、娶一个媳妇背一身债的现象。现在每个村都制定了村规民约，倡导喜事新办、丧事简办，群众负担大幅减轻。同时，我们扎实抓好感恩奋进教育，引导贫困群众知恩图报、自力更生、艰苦奋斗，用勤劳的双手创造幸福美好生活，贫困群众精气神发生了明显变化。

四川脱贫攻坚成效是全国的一个缩影，生动反映了中国共产党领导中国人民向贫困宣战的宏伟实践，体现了中国共产党人为中国人民谋幸福、为中华民族谋复兴的初心使命和中国特色社会主义制度的独特优势。

这场宏伟实践，集中展现了习近平总书记和党中央坚持人民至上的执政理念和消除绝对贫困的坚定决心。习近平总书记对贫困群众充满深厚感情，对脱贫攻坚始终念兹在兹，亲自挂帅、亲自出征、亲自督战，几年来走遍全国 14 个集中连片特困地区看望贫困群众、指导脱贫攻坚工作，先后七次召开打赢脱贫攻坚战专题会议并发表重要讲话。我本人有幸参加了其中五次座谈会，深受教育。总书记十分关心四川脱贫攻坚，2018 年春节前夕深入大凉山腹地贫困彝区视察指导，沿着崎岖山路走村入户、体察民情，并在成都主持召开打好精准脱贫攻坚战座谈会；2019 年总书记在新年贺词中还深切牵挂看望过的吉好也求、节列俄阿木等彝族贫困群众。总书记深厚的为民情怀、必胜的攻坚决心和务实的工作作风为全党作出了表率，激励全省各级党组织和广大干部群众攻坚克难、向贫困宣战。

这场宏伟实践，充分彰显了中国共产党领导的坚强有力和中国特色社会主义制度的无比优越。党中央一声令下，从中央到地方层层立下军令状，全国上下迅速响应，各级党组织全力以赴，在全社会形成了脱贫攻坚的强大合力。我们为全省88个贫困县各选派一名挂职副书记专职抓脱贫工作，对贫困村贫困户逐一落实帮扶单位、帮扶力量、帮扶举措，派出5.8万多名驻村帮扶干部常年扎根基层、助力脱贫攻坚。在中央统一安排下，广东、浙江两省17个市61个县与四川的68个贫困县建立了结对帮扶关系，24个中央单位和379个省级单位开展定点扶贫，7.5万户民企和商协会参与"万企帮万村"行动。脱贫攻坚帮扶力度之大、规模之大前所未有，充分展现了中国特色社会主义制度集中力量办大事的显著优势，显示了中国共产党强大的社会动员和组织能力，体现了社会主义大家庭的温暖。

这场宏伟实践，雄辩证明了中国人民具有战胜一切艰难险阻的无穷智慧和力量。幸福是奋斗得来的。这些年脱贫攻坚战打下来，无论是本地党员干部，还是外来帮扶干部和专业技术人员，大家舍小家为大家，一块苦一块累一块干，涌现出了很多先进人物和模范事迹，令人感动。我在凉山州喜德县调研的时候，见到一位贫困村第一书记。她叫刘骥，40多岁，是位女同志。她去扶贫的时候，父亲突然病故，留下年迈的老母亲没人照顾。这时候她有两个选择，可以向组织申请回去照顾母亲，这是人之常情；但她做了另外一个选择，把老母亲接到村里跟她一块住，这样一方面能够尽子女的孝道照顾母亲，一方面也尽一名党员干部的责任，帮助贫困群众脱贫致富。像这样的事例还有很多。在四川的帮扶干部里有很多"夫妻档"，夫妻一方下乡搞扶贫，随后把自己的丈夫或妻子也带来一块参加，仅凉山州就有26对这样的"夫妻档"。还有一些干部在扶贫工作中，因过度劳累或突遇交通事故、自然灾害献出了宝贵的生命。广大基层党员干部和帮扶工作队员冲锋在前、拼搏实干、无怨无悔、无私奉献，模范践行初心使命，为打赢脱贫攻坚战作出了突出贡献。

各位媒体朋友，脱贫攻坚战即将全面收官，目前我省脱贫攻坚"两不愁三保障"任务已基本完成，正在进行最后的查漏补缺和收尾收口工作。我们有信心、有决心、也有底气冲刺脱贫攻坚"最后一百米"，如期全面完成脱贫攻坚任务，向习近平总书记、向党中央、向全省人民交出一份合格答卷。

我就先介绍这些情况，下面我们愿意回答大家的提问。

问：中国政府承诺：到 2020 年实现所有贫困人口全部脱贫。我们注意到，目前四川凉山州还有七个县在脱贫攻坚进程中，请问下一步凉山州能如期完成脱贫任务吗？

彭清华：感谢你对凉山脱贫攻坚的关心。四川脱贫攻坚任务艰巨，但最重的是在凉山。四川 2013 年底建档立卡贫困人口有 625 万，其中凉山 88.1 万。全省截至现在还有 20 万贫困人口，其中 17.8 万在凉山。目前全省 7 个未脱贫的贫困县、300 个未脱贫的贫困村全部都在凉山。凉山州是中国最大的彝族聚居区，新中国成立前凉山彝区处于"刀耕火种""以物易物"的贫穷落后状态，新中国成立后从奴隶社会直接进入到社会主义社会，实现了社会制度上的"一步跨千年"。经过几十年的努力，凉山经济社会有了长足发展，但是整体发展水平与全国、全省相比还有很大差距。

党中央高度重视凉山脱贫攻坚工作，从多方面给予了重点支持，安排十个中央单位开展定点扶贫，安排与广东省和浙江省开展东西部扶贫协作。四川省委、省政府把凉山彝区作为重中之重，近三年新增财政帮扶资金超过 280 亿元，从全省选派了 5700 多名干部组成综合帮扶工作队常驻凉山，实现了所有贫困村全覆盖。他们常年与当地基层组织和干部群众奋战在脱贫攻坚最前线，作出了很大的贡献和牺牲。凉山州有 17 个县（市），其中 11 个是贫困县，目前有 4 个已经脱贫，剩下的 7 个贫困县主要指标也基本达到了脱贫标准，正在进行最后冲刺。现在，即使是最偏远的地方，也修通了道路，建成了彝家新寨，办起了"一村一幼"教学点，贫困村孩子在上小学之前能够学会普通话，这样就能正常地接受小学教育，避免上学之后因为语言不通跟不上课而辍学。这些年大家非常关注的"悬崖村"，村子建在四面是悬崖峭壁的台地上，以往村民出行、孩子上学，都要爬几千级用树枝、藤条绑搭而成的"天梯"，非常危险。在各方面的支持下，现在已将藤梯改成了 2500 多级的钢梯，村民出行安全有了保障。村里还开办了农家乐搞旅游，已经成了网红打卡地。不久前又传来好消息，山下的移民安置点已经建成，山上的贫困群众已搬到山下来居住，日子过得更红火了。像这样的例子还有很多，仅凉山州易地扶贫搬迁就有7万多户35万多人，占全州建档立卡贫困人口的40%。

对七个尚未脱贫县，前一段最重要任务是易地扶贫搬迁。我们采取超常举措，由省级领导干部牵头挂牌督战，派出省直部门组成工作专班常驻凉山，和基层干部群众一起想办法、一起解决问题，这个问题已经得到有效解决，贫困群众已全部搬迁入住，其他工作也处于最后扫尾和巩固提升阶段。对全面完成凉山州脱贫任务，我们是有充分信心的。

脱贫只是第一步。我们将在巩固好脱贫成果的基础上持续推进产业发展、教育医疗、移风易俗等方面工作，解决好凉山彝区深层次致贫问题，让彝族群众能够实现稳定脱贫，同全省人民一道过上小康生活。

问：请问2020年实现脱贫攻坚的目标之后，解决了绝对贫困，未来怎么解决相对贫困，提高人民收入？

彭清华：党中央提出到2020年现行标准下的农村贫困人口全部脱贫，就是要消除绝对贫困。你刚才提到还要解决相对贫困问题，这也很重要。减贫是一项长期任务，减贫事业也将伴随社会发展的全过程，虽然脱贫攻坚胜利在望，但相对贫困人口还是存在的。党中央高度重视建立扶贫工作长效机制，以实现脱贫的稳定性和可持续性。

从2020年4月份开始，我们在53个县（市、区）开展了建立解决相对贫困长效机制试点。现阶段总的要求是"四不摘"，即：摘帽不摘责任、摘帽不摘政策、摘帽不摘帮扶、摘帽不摘监管，在今后一定时期扶贫政策还会保持和延续。我们将按照全面脱贫与乡村振兴有效衔接的要求，对一些具体工作方式、工作重点作适当调整，把改善交通和农田水利等基础设施条件、教育医疗条件、产业发展条件摆在突出的位置，增强贫困地区自我发展能力，不断解决相对贫困问题。

问：四川易地扶贫搬迁人口超过百万，全国人民也都非常关心这些贫困老乡们从老房子里搬出来，搬进了新居之后，现在的新生活是什么样的？后续还有哪些具体的帮扶措施？

尹力：大家知道，造成贫困的原因有许多，其中"一方水土养不好一方人"是重要原因。在长期的扶贫减贫工作中，中国政府探索总结出易地扶贫搬迁的做法，并作为一条行之有效的专项扶贫措施。四川易地扶贫搬迁共涉及 136 万贫困群众，政府投入 775 亿元，建成住房 37 万多套、建筑总面积 3100 多万平方米，目前贫困群众已全部搬入新建的住房。用搬迁群众的话讲，搬入新居后，住得更安心了、过得更舒心了、变得更有信心了。

讲住得更安心，这是因为贫困群众拥有了安全适用的房子。以前，这些贫困群众大多居住在高山上陡坡上，自然条件差，自然灾害和地方病频发；如今，挪出了穷窝，住上了生活方便和安全有保障的新房。贫困群众搬迁由各级政府承担了绝大部分盖房的资金，搬迁户每户自筹不超过一万元。我们始终把群众住房质量安全放在首位，从搬迁选址、房屋设计到竣工验收都严格落实规范要求，达到国家规定的抗震设防标准。

讲过得更舒心，这是因为同步配套建设的基础设施让贫困群众的生产生活条件发生了显著变化。四川坚持路网水网电网和基本公共服务与搬迁住房的建设一体规划、同步实施，这几年建成集中安置点 6300 多个，配套建设农村公路、入户电网、饮水管网；建设学校 110 多所、卫生院（所）2000 多个，修建村文化室、活动室等 3000 多个。同时，开展"一村一幼"和"学前学会普通话"行动，贫困家庭的孩子享有更多更好的教育，群众的精神文化生活也越来越丰富。

讲变得更有信心，这是因为特色产业发展让贫困群众有了长久生活保障。不少贫困群众认为，住上好房子只是面子，发展产业增收致富才是里子。四川高度重视贫困群众后续发展能力，通过培育扶持特色产业、大力开展就业帮扶，让贫困群众的生活有了依托。目前，全省易地扶贫搬迁后，50 多万贫困群众从事发展特色农林业，20 多万人到外地务工，还有 10 多万人实现家门口就业，群众普遍收入稳定增加，对搬迁生活满意且对未来充满信心。

目前，贫困群众搬得出的问题基本解决了。当然，也还存在个别搬入新居的群众，由于习俗习惯、缺乏技能等原因，对新环境还有不适应的情况。对此，我们将做细做实工作，实现"基本生活稳定、有就业、逐步能致富"。一是加强系统谋划。结合"十四五"规划编制，制定后续扶持政策措施，推进全面脱贫与乡村振兴有效衔接。二是加强动态监测。及时准确掌握脱贫举措落实和贫困家庭收入变化等情况，采取针对性措施，巩固脱贫成果。三是加强产业发展。大力发展特色种植养殖和乡村旅游等产业，加大就业促进力度，推行资产收益扶贫。四是加强社区建设。进一步完善搬迁安置社区基础设施和基本公共服务，大力推进移风易俗，提高综合治理能力。

问： 请问四川省过去七年在扶贫方面总共投入了多少资金？人均成本是多少？我们也很好奇，四川省帮助这些少数民族易地搬迁或者脱贫过程中，怎么保存他们的文化、民俗和语言？

彭清华： 第一个问题，你可能主要是想了解四川脱贫攻坚资金投入情况，这些年贫困地区能够发生这么大的变化，没有资金保障是做不到的。在中央支持下，我们加大脱贫攻坚资金投入力度，多渠道筹措和整合资金集中用于脱贫攻坚，这是一个很大的数目。需要说明的是，我们用于扶贫的资金投入并不限于贫困户，还包括其他多项民生投入和支持贫困地区发展的投入，比如教育、卫生、交通、水利、住房建设、产业发展、生态保护、就业支持、社会保障等，这些基础性、区域性的投入，是用于提升贫困地区整体发展水平，贫困地区其他群众也能享受到，很难用人均成本来描述。

但我可以告诉你一个相对具体的数据。刚才我讲到全省有 136 万贫困群众易地扶贫搬迁，大体上是按照每人 6 万元的标准，这里面贫困户每人自筹 2500 元，也就是说两口之家自己出 5000 元、三口之家出 7500 元、四口之家出 1 万元，每户出 1 万元就封顶了，即使是五口、六口之家也最多只出 1 万元，剩下的全部由政府来筹措，单这一项就是 750 多亿元。这几年，全省一般公共预算支出中民生支出占 65% 左右，其中就包括扶贫支出。

第二个问题，是在脱贫攻坚中如何保存民族传统文化，包括语言、民俗等。四川是一个多民族省份，世居少数民族有 14 个，有全国第二大藏族聚居区、最大的彝族聚居区和唯一的羌族聚居区。在长期的历史发展过程中，各族人民都创造了丰富多彩、特色鲜明的民族文化，其中就包括彝族独特的语言文字、建筑服饰、历法节庆、风俗习惯等，这些都是中华文化的重要组成部分。党和政府高度重视保护和传承少数民族传统文化，习近平总书记多次强调要重视少数民族文化遗产的保护和传承。

近年来，我们全面贯彻党的民族政策，在加快凉山彝区经济社会发展和脱贫攻坚的同时，注重加强民族文化的保护和传承。我们以地方立法的方式保障和促进彝族语言文字的学习、使用和发展，制定了《凉山彝族自治州彝族语言文字工作条例》，将彝语文教学纳入凉山州国民教育体系；支持开展古彝文古籍的保护研究，完成了《彝历百科》等书籍的整理、编辑、出版工作；大力发展彝语文新闻出版事业，《凉山日报》有彝文版、凉山电视台有彝语频道，还专门编制了彝文识字手册。过去由于凉山经济和教育比较落后，很多彝族孩子上不了学，虽然能讲彝语，但不认识彝文，也不识汉字。现在实行双语教学，孩子们在学习汉语的同时也学彝文，很多孩子双语都达到了一定水平。我们还大力传承发展彝族的民间艺术、手工技艺、民俗活动等非物质文化遗产，共支持凉山州创建国家级非遗名录项目 18 项、省级非遗名录项目 105 项，建立国家级非物质文化遗产生产性保护示范基地 1 个、国家级文化产业示范基地 1 个。彝族的火把节被称为"东方狂欢节"，每年都吸引了大量中外游客前来体验。

我刚才介绍凉山有 35 万人易地扶贫搬迁，这些新安置点的建筑都注意保存了彝族的文化传统和建筑风格，有很多民族元素，符合彝族群众的生活和审美习惯。大家去采访的时候可以看一看，体验一下彝族文化的多姿多彩。

问：我有两个问题，请问四川省在脱贫攻坚过程中运用了哪些措施发展经济，5G等新技术发挥了什么作用？是否期待外国企业的投资和合作，期待哪方面的外国投资和合作？

尹力：在脱贫攻坚过程中，四川高度重视贫困地区经济发展，着力通过产业发展，帮助贫困群众持续增加收入，依靠劳动脱贫致富。四川贫困地区主要是农牧区，针对这个特点，一是发展农业产业，通过壮大农业专业合作组织、家庭农场等方式，大力发展特色优势农牧业，努力增加农牧民收入。二是大力发展农产品加工业，通过龙头企业带动贫困户参与生产、加工、服务等环节，分享产业链增值收益。三是根据当地资源特点，发展乡村旅游、住宿餐饮、文化创意等产业，努力增强贫困地区经济发展内生动力。在这个过程中，我们着力破解扶贫产品与市场对接不畅的问题，创立"四川扶贫"公益性集体商标，大力推进扶贫产品进农贸市场、进餐饮企业、进展销会、进城市超市，实现从贫困地区田间地头到城市消费的有效衔接。同时，我们组织贫困地区有劳动技能的人员外出务工增加收入。

关于刚才提到用5G助推脱贫攻坚工作，5G技术运用对于脱贫攻坚工作具有重要助推作用。目前，我省已建成5G基站3.2万个，2020年将超4万个，实现21个市（州）和所有县（市、区）5G网络全覆盖。具体来讲，我们运用5G+农业，主要是通过农业物联网建设、无人机等应用，实时监测农作物墒情、苗情、病虫情等，实现集群化和远程化的浇水、杀虫等作业，为贫困地区发展插上科技的翅膀。我们还运用5G+教育，主要是通过远程教学、智能网联课堂等方式，促进城市里的优质教育资源下沉，让贫困地区和城里的学生，同一时刻进入同一课堂。我们运用5G+医疗，通过远程高清会诊和医学影像数据高速传输与共享等手段，实现城乡医院信息互联互通，促进城市医疗资源下乡，服务农民和农村贫困群众。在2020年新冠肺炎疫情防控中，我省以5G为支撑开展远程会诊、流行病学调查等工作，为疫情防控发挥了极大的作用。

四川是中国西部的内陆省份，改革开放以来，一直致力于推动对外开放合作，取得了经济社会的长足发展。习近平主席多次强调，中国开放的大门不会关闭，只会越开越大。据统计，到2020年7月底，四川累计有120个国家和地区企业的投资，到位外资金额1071亿美元。外资企业在助力四川脱贫攻坚方面，以不同方式做了大量的工作，对此我们表示衷心感谢！下一步，我们坚定不移深化改革、扩大开放，欢迎并期待更多的外资企业关注四川、投资四川，与我们在先进制造业、现代农业、数字经济和服务贸易等领域开展更多的务实合作。我们会进一步营造更好营商环境，为外国企业来川投资发展提供更好保障和服务。

问：我们注意到中国采取了创新的东西部扶贫协作模式，请问这种协作模式目前在四川省主要体现在哪些方面？目前取得了怎样的成效？

尹力：东西部扶贫协作，是我国扶贫脱贫工作的一种重要方式，它体现了"先富带动后富、最终达到共同富裕"的中国特色社会主义制度的本质要求和奋斗目标。从1996年起我国东部发达省份对西部尚未脱贫地区开始帮扶。党的十八大以来，习近平总书记高度重视这项工作，帮扶水平更高、推进力度更大。根据中央安排，浙江、广东帮扶四川，四川12个市（州）68个贫困县分别与浙江9市56县、广东8市5区建立起结对帮扶关系。近年来，四川与浙江、广东签订15个专项协议，浙江、广东两省投入财政资金110多亿元，帮扶四川贫困地区实施民生、产业、就业等项目3300多个，带动67万多人脱贫，取得了显著成效。

一是聚焦"两不愁三保障"，优先解决贫困群众急难愁盼问题。我们把帮扶资金优先投入到贫困地区群众的住房、学校、医院等民生项目上。浙江、广东投入近30亿元，约占帮扶资金的30%，建成住房1.6万套，惠及贫困群众3.4万人，建成标准化乡镇卫生院和养老院243所，新改扩建学校和幼儿园2573所，有力解决了贫困地区群众看病难上学难等问题。

二是围绕发挥比较优势，不断增强贫困地区发展能力。浙江、广东在产业、技术和市场等方面具有明显优势，我省受帮扶地文化旅游、特色种植养殖等方面资源十分丰富。我们注重发挥双方比较优势，努力实现从"输血"向"造血"转变，大力开展招商引资，积极承接产业转移，引导两省 900 多家企业到贫困地区投资兴业助力脱贫，实际投资 400 多亿元，共建各类园区 140 多个。积极开展销售扶贫，多渠道组织产销对接，2018 年以来我省贫困地区特色农产品在浙江、广东销售 30 多亿元。我们还新开通温州—红原、广州—稻城等航线，推动了贫困地区文旅产业发展。

三是突出劳务经济特色，不断提升群众持续增收能力。四川是农民工大省，常年在省外务工 1100 多万人，其中广东约 360 万人、浙江约 120 万人，约占全省外出务工人员的四成之多。近年来，我们不断深化劳务协作，帮助贫困劳动力在两省实现稳定就业 29 万人。2020 年春节后疫情期间，我们主动对接两省率先实现健康证明互认，帮助 3.7 万名贫困人口及时返岗和外出就业。近年来，我们打造东西部教育扶贫协作直通车，组织贫困家庭适龄孩子省外就读职业院校 2200 多人。

四是致力长期合作共赢，不断优化各方交流交往机制。我们坚持以扶贫协作为纽带，以合作共赢为目标，深化各方交流，推动受帮扶市（州）与帮扶市间建立多层次宽领域的联系合作机制。目前，实现乡镇结对 151 对、村村结对 104 对，双方学校和医院也建立了长期结对帮扶关系。浙江、广东两省选派 1207 名干部和专业技术人才援助四川，这些来自发达地区的同志克服贫苦地区高海拔和寒冷等困难，长期工作在大山深处，默默无闻地奉献，所到之处都有他们的感人故事和当地干部群众的赞扬。在此，我们向这些同志及其家属表示衷心感谢！也欢迎各位记者朋友采访和报道他们的事迹。

总体上看，东西部扶贫协作不仅给贫困地区带来了资金、技术，取得了好成效，而且对当地转变观念、提高社会治理水平产生了重要作用，意义和影响是长远的。

彭清华：我再补充一下。按照东西部扶贫协作机制，双方党政主要负责同志每年都要专门就帮扶工作进行直接沟通。这几年，广东省和浙江省的省委书记、省长每年都带队到四川扶贫协作地区，包括甘孜、阿坝这些高海拔地区、大小凉山贫困地区进行实地考察，帮助解决实际问题。东西部扶贫协作不仅是物质上的支持，也有理念上的引导，密切了双方人员往来和经济联系。现在，两省都派出大批干部和专业技术人员来川帮扶，四川每年也派出干部到广东、浙江等地挂职。通过这种结对帮扶关系，既把沿海发达地区的一些企业引进来，带动当地产业发展，又把当地劳动力和优质特色农产品带出去，增加贫困家庭收入，开拓外部市场，有利于形成可持续扶贫的长效机制。

问：新冠肺炎疫情对经济社会产生了很大的冲击，请问对四川的脱贫攻坚带来了哪些影响？你们采取了哪些应对措施？

彭清华：新冠肺炎疫情对四川经济社会的影响和冲击是巨大的，也增加了我们脱贫攻坚的难度。我们坚决贯彻习近平总书记重要指示精神和党中央决策部署，统筹推进疫情防控和经济社会发展，最大限度降低疫情对经济社会发展和脱贫攻坚的影响，上半年四川地区生产总值增长0.6%，实现了正增长，二季度以来主要经济指标逐月回升，到七八月份基本恢复到了正常水平。

关于疫情对脱贫攻坚的冲击影响，主要有三个方面：一是外出务工受到影响。春节后一段时间，由于交通受阻、有些企业没有正常开工，对贫困群众外出务工造成一定影响。四川是一个农民工大省，全省外出务工人员约有2500万，其中省外务工人员1100万左右。我们采取了一系列措施来解决这个问题，包括在全国比较早地实行健康检测、为外出农民工出具检测证明，与相关省（市）建立健康检测互认机制，开展"春风行动"，组织"点对点"直达运输服务，尽可能让农民工及早安全地外出务工。从现在掌握情况看，2020年我省外出务工人数总量没有减少，但部分人员外出时间段较往年晚了一些。二是扶贫产品销售受影响。疫情暴发初期正好是春节消费旺季，一些农产品运不出去，加之市场需求下降，使得一些地方农产品出现滞销，价格也有所下降，影响到群众经营性收入。对此，我们采取了一系列措施，包括发展电商、开辟绿色运输通道、运用好扶贫农产品公益性品牌等，带动农产品销售。三是扶贫项目建设受到影响。疫情初期一些住房、交通、饮水和生产项目建设受到一定影响，但从 4 月份后建设进度大大加快了。比如，刚才讲到的凉山易地扶贫搬迁工程，春节后一段时间，外面有些施工队进不来、技术员回不来，州里就从没有易地扶贫搬迁任务的县抽调专业技术人员和施工队伍前往支援，问题很快解决了。现在来看，这些扶贫项目的进度符合预期。

我们将持续关注、密切跟踪受疫情影响的贫困人口情况，做好对因疫情致贫返贫人口的帮扶，落实好各项兜底保障措施，确保他们基本生活不受影响，确保如期脱贫不受影响。

问：我想请问一下，推进"三区三州"脱贫工作当中如何平衡经济发展和环境保护，能否介绍具体情况？

尹力："三区三州"都是中国西部的贫困地区、其中涉及四川阿坝、甘孜和凉山三个少数民族自治州。这些地方属长江、黄河上游地区，加强生态环境保护，不仅对当地，而且对于中下游流域地区的生态环境保护至关重要。近年来，我们深入学习贯彻习近平生态文明思想，树牢绿水青山就是金山银山发展理念，无论是推动经济发展，还是推进脱贫攻坚，都坚持把生态建设放在突出地位，坚持共抓大保护、不搞大开发，注重发展绿色经济，努力实现高质量发展。

一是把这些地区列入重点生态区、取消地区生产总值考核。从 2014 年开始，四川省委省政府对阿坝、甘孜两个州全域 31 个县和其他 7 个市（州）27 个重点生态功能区县不再考核地区生产总值等经济指标，重点考核贫困人口变化率、森林覆盖率等指标。

二是加大生态补偿力度。每年投入十多亿元，实施森林生态效益补偿，积极开展省级湿地生态效益补偿试点、重点区县生态补偿综合试点、岷江流域横向补偿试点，落实农牧民补助政策，增加当地群众的收入。

三是大力发展绿色特色产业。积极推进攀西等地区风电清洁能源开发，建成乌东德等一批大型的水电站；同时，对于先期无序开发小水电进行清理整顿，已退出小水电 589 座，开展矿山生态环境问题整治。我们着力发展旅游服务业，大力推动打造九寨沟、黄龙、稻城亚丁、泸沽湖等一批著名精品线路，把贫困地区美丽风光和资源优势转化为发展优势。

四是建立健全生态保护长效机制。积极开展川西北生态示范区建设，探索建立一套充分体现绿色发展的指标体系，设置"生态安全屏障""民生保障和改善""生态文明制度机制""高质量发展"四大板块39项指标，加强监测评估，推动川西北地区生态保护和高质量发展。

问：我们注意到四川在全国率先开展了落实"两不愁三保障"回头看大排查，请问大排查主要查一些什么？在排查过程中发现了哪些突出问题？目前的整改情况怎样？

彭清华：脱贫攻坚主要指标是"两不愁三保障"，"两不愁"就是实现农村贫困人口不愁吃、不愁穿，"三保障"就是义务教育有保障、基本医疗有保障、住房安全有保障。此外，还有贫困村通电、通路，贫困群众能看上电视、喝上干净水等。

我们开展落实"两不愁三保障"回头看大排查，是贯彻落实2019年4月习近平总书记在重庆主持召开解决"两不愁三保障"突出问题座谈会精神的一项具体举措。习近平总书记指出，解决"两不愁三保障"突出问题，摸清底数是基础，要求各地摸清底数，确保工作有的放矢。脱贫攻坚开展这么多年，大多数贫困人口已经脱贫，但究竟他们脱贫质量怎么样、还有哪些问题没有解决到位、会不会出现返贫等，我们需要做到心中有底。因此，我们在全省组织开展了回头看大排查。全省一共有26万名干部和帮扶工作队员投入这项工作，以县乡为单位，村与村之间交叉进行，全省统一设置问卷、统一建立数据库，用了三个多月时间，对全省180多万户贫困家庭、600多万建档立卡贫困人口，还有一部分非建档立卡贫困户但存在特殊困难的边缘户，进行了一次全面排查。一村一村地查、一户一户地过、一项一项地问，排查结果经调查对象签字确认，还要经过所在村级组织和帮扶干部审核查对，确保准确无误。通过排查，全省共发现"两不愁三保障"方面还存在问题的有10.5

万余户，占总数的 5.6%，主要是住房安全、饮水安全等方面还存在一些问题，如住房质量方面的问题、饮水保障不够稳定问题等，有的丰水季节水源有保障，到了枯水季节就不够；一些饮水设施建起来了，但后期维护不够，成了摆设。对这些问题，我们分级分类建立台账，分阶段进行整改，能在乡镇和村解决的就由乡镇和村解决，乡镇和村解决不了的由县里、市里统筹解决，涉及面上的共性问题、政策问题由省上统筹解决。我们以"罚点球"的方式，教育方面的问题交给教育厅督促解决，医疗方面的问题交给省卫健委督促解决，住房方面的问题交给省发改委和住建厅督促解决，饮水方面的问题交给水利厅督促解决。经过前段时间全面检查，这些问题在 6 月 30 日以前基本上都得到了解决。

这样做，就是要认真落实习近平总书记重要要求，下足"绣花"功夫，确保高质量脱贫。我们理解，高质量脱贫就是不能掺杂水分，就是要让群众满意。应该看到，已经发现的问题整改清零了，还会有新的问题出现，我们还要不断地去发现问题、不断地去解决问题，确保脱贫质量和成色。

彭清华：我再说几句。今天很高兴向大家介绍四川脱贫攻坚的情况。通常说"百闻不如一见"，大家有机会可以到四川各地多走一走、看一看，做一些深入采访，欢迎对四川脱贫攻坚工作提出宝贵意见。也希望通过大家的采访报道，让更多的人关注四川、了解四川、支持四川发展。

四川有一个旅游宣传语，叫"天府三九大、安逸走四川"。"三"是三星堆，"九"是九寨沟，"大"是大熊猫，这是四川最有特色的亮丽名片。其实四川好地方很多，大家可以来采访采风，也可以和家人朋友一起来度假旅游，实地体验天府之国的独特魅力和巴山蜀水的瑰丽神奇。

谢谢大家！

矢志不渝打赢四川脱贫攻坚战

曲木史哈

四川是全国扶贫任务最重的省份之一，贫困"量大、面宽、程度深"特征明显。四川省委、省政府认真学习贯彻习近平总书记关于扶贫工作的重要论述，全面落实党中央、国务院关于脱贫攻坚重大决策部署，坚持把脱贫攻坚作为最大的政治责任、最大的民生工程、最大的发展机遇，聚焦目标标准，下足"绣花"功夫，精准施策，尽锐出战，脱贫攻坚战取得全面胜利，截至 2020 年底，全省 88 个贫困县、11501 个贫困村、625 万建档立卡贫困人口成功脱贫摘帽，全面消除了千百年存在的绝对贫困和区域性整体贫困。四川省脱贫攻坚办的同志采访了曲木史哈讲述四川这几年来的脱贫攻坚故事。

问：2020 年是脱贫攻坚收官之年，请问四川脱贫攻坚战整体情况如何，近年来四川都采取了哪些强有力的措施推进脱贫攻坚？

曲木史哈：首先感谢有这个机会介绍、分享一些我的脱贫攻坚故事。2015 年 11 月，中央召开扶贫开发工作会议，吹响脱贫攻坚战的号角，那个时候我作为副省长就在分管脱贫攻坚，后来我担任省委常委后仍然分管脱贫攻坚，可以说，我见证并亲身参与了四川脱贫攻坚的全过程。作为一名脱贫攻坚奋斗者，我为曾经参与过脱贫攻坚事业感到无比光荣，为脱贫攻坚取得的伟大成就感到无比自豪。我可以自信地说，这几年，是四川减贫进度历史上最快，脱贫成效历史上最好，帮扶力量历史上最强，治贫体系历史上最优，贫困群众获得实惠历史上最多的几年。随着 2020 年底凉山 7 个贫困县、300 个贫困村摘帽退出，我省现行标准下 625 万农村贫困人口全部脱贫，88 个贫困县全部摘帽，11501 个贫困村全部出列；2016—2019 年连续四年在国家对省级党委和政府扶贫开发工作成效考核中，四川都被列为"综合评价好"的省份，成为"四好战士"。这八年特别是攻坚战的五年来，我们全面消除了绝对贫困和区域性整体贫困，给党和人民交上了一份满意的答卷。

俗话说"火车跑得快，全靠车头带"。这几年，我们能取得这些决定性成果，关键就是省委这一"火车头"带得好。省委坚持以习近平新时代中国特色社会主义思想和习近平总书记关于扶贫工作的重要论述精神为指导，全面落实"省负总责、市县抓落实"工作机制，形成"党政一把手负总责、五级书记一起抓"的工作格局；实行省级领导联系指导市（州）和基层工作制度，各行业部门分战线组织推动，社会各方面合力攻坚，建起了全省脱贫攻坚纵向到底、横向到边、上下一体、协同联动的作战指挥体系。

我们以脱贫攻坚统揽经济社会发展全局，2015 年，在全国第一个以省委全会形式专门部署，出台首部针对农村扶贫开发的地方性法规《四川省农村扶贫开发条例》，制发十个扶贫专项方案，之后每年制定若干专项实施方案，打出"3+10+N"组合拳；2018 年出台《关于打赢脱贫攻坚战三年行动的实施意见》；2020 年以来坚持疫情防控和脱贫攻坚两手抓、两不误，集中力量打好凉山深度贫困"歼灭战"。

我们坚持目标标准不动摇，科学制定脱贫攻坚滚动规划，聚焦"两不愁三保障"，大力实施"六个精准""五个一批"，构建起到村到户的工作推进体系。锁定"两不愁"，出台产业扶贫扶持政策，制定就业扶贫 15 条措施，强化低保兜底等综合性保障；锁定义务教育有保障，建立起从学前教育到高等教育全覆盖资助体系；锁定基本医疗有保障，贫困患者县域内住院和慢性病门诊维持治疗医疗费用个人支付占比在10% 以内；锁定住房安全有保障，大力实施易地扶贫搬迁、农村危房改造等。

我们始终把彝区和涉藏地区45 个深度贫困县作为脱贫攻坚的重中之重，在彝区扎实推进"十项扶贫工程"，在涉藏地区深入推进"六项民生工程计划"；制定加快推进深度贫困县脱贫攻坚的《意见》和《实施方案》，出台省内帮扶、人才振兴、飞地园区、禁毒防艾四个配套意见，综合帮扶凉山州全面打赢脱贫攻坚战，聚力攻克深度贫困堡垒。

我们持续加大中央、省级扶贫资金投入，强化脱贫攻坚项目库建设，2016 年以来各行业累计投入扶贫资金8000 多亿元；深化定点扶贫、东西部扶贫协作、省内对口帮扶、驻村帮扶等，广泛开展"脱贫攻坚——人大代表再行动"、政协委员"我为扶贫攻坚做件事"、工商联"万企帮万村"等扶贫品牌活动，构建起大扶贫格局；严格开展贫困退出省市县分级验收，严密实施脱贫攻坚"1+3"考评，实施全覆盖综合督导、《扶贫开发条例》执法检查，深化"脱贫攻坚纪律作风保障年"活动，确保了扶贫实效和脱贫质量。

问：听了您的介绍，可以说四川的脱贫攻坚措施非常有力、成效十分显著。作为分管省领导之一，您是如何履行职责，进行科学决策、推动实施的？

曲木史哈：打赢脱贫攻坚战任务艰巨，使命光荣。从2013 年初开始我就一直分管脱贫攻坚工作，自始至终参与了脱贫攻坚的全过程。作为分管省领导，我倍感压力，这既是对我的鞭策也是对我的信任。这几年，我走遍了全部市州，可以说绝大部分精力都倾注到了脱贫攻坚。"没有金刚钻，揽不了瓷器活"，我主要在"精准""聚焦""长效"这几个字上做文章。

作为一名60 年代的人，我经历了改革开放40 多年来各个阶段的扶贫工作，从80 年代的农村经济体制改革扶贫，90 年代有组织的大规模扶贫，新千年的综合性扶贫，再到党的十八大以后的精准扶贫，我认为打赢脱贫攻坚战，就要像习近平总书记说的那样"贵在精准，重在精准，成败之举在于精准"，要始终坚持精准方略，做到扶持对象精准、项目安排精准、资金使用精准、措施到户精准、因村派人精准、脱贫成效精准。

扶贫资金是"救命钱"，社会各方面关注高，量大面广点多线长，监管难度大，实际工作中各类检查考评也反映出在扶贫资金使用管理方面确实存在一些问题。省委书记彭清华同志对此非常重视，专门作出批示，我也努力在"资金使用精准"上出实招，多次组织财政厅、省扶贫开发局研究，针对基层存在的问题，形成《关于进一步建立和完善扶贫资金使用管理长效机制的通知》，从管理责任、预算管理、支付管理、监督管理等方面建立完善"七项长效机制"，确保扶贫资金安全、精准、高效使用，筑牢"高压线"。

脱贫攻坚的标准，就是稳定实现贫困人口"两不愁三保障"。我深刻领会习近平总书记这一重要论述精神，在工作中始终聚焦"两不愁三保障"，在多个会议、多次调研检查督导工作中，我都明确要求、反复强调，要立足实际，不好高骛远，不能把所有问题困难都寄望于脱贫攻坚解决，引导各地各部门对标补短、精准施策，既不脱离实际、拔高标准、吊高胃口，也不虚假脱贫、降低标准、影响成色。

住房安全是脱贫攻坚最直观、最有说服力的标志性工作，事关脱贫攻坚成败全局。2016年下半年，我在调研中发现，在保障安全住房实际推进工作中，住房建设类型就有易地扶贫搬迁、农村危房改造、彝家新寨、藏区新居、巴山新居、乌蒙新村、地质灾害避险搬迁、水库移民避险解困好几种，分管部门涉及发改、住建、扶贫、国土资源好几个，容易"各自为政"，基层对此反映也大。我就想能不能把住房建设统筹起来抓、"一个口子出"，于是我专门召开脱贫办主任会议，召集有关单位就统筹整合脱贫攻坚农村住房建设机制进行了认真讨论。会后，及时建立了全省农村住房建设统筹管理联席会议制度，指导农村住房规划建设，负责对政府组织实施的各类农村住房建设情况进行分析，并统计建设进度，加强质量安全监管；把办公室设在住房城乡建设厅，负责日常工作。通过定期召开联席会议，把"住房安全有保障"统了起来，确保了"不打乱仗"。

脱贫攻坚要真扶贫、扶真贫、真脱贫。我坚持"授之以鱼不如授之以渔",从长效上发力,推动实现稳定脱贫,多次强调要严格落实"四个不摘",突出抓好产业扶贫和就业促进,促进贫困群众增收;推广用好"四川扶贫"公益品牌,破解农产品销售难题;建立健全防止返贫监测和帮扶机制。为了构建长效机制,从贫困地区产业教育和医疗保障的实际出发,创办设立了支持产业发展的贷款风险基金和贫困村产业周转基金、支持教育卫生事业发展的教育救助基金和医疗救助基金。脱贫不仅仅是收入上去,成色和质量也要有保证。2019年底,我在凉山调研发现,一些贫困户修了新房未拆除破烂房,边缘户的住房有安全隐患,环境卫生也脏乱差,结合城乡环境综合整治工作实际,我提出开展消除"视觉贫困"行动,持续推进土坯房改造、"三建四改"试点、住新拆旧、拆旧复垦等工作,不断提升脱贫成色质量。

问:我们知道,凉山州是脱贫攻坚最难啃的"硬骨头"之一、是最难攻克的堡垒之一。省委明确由您亲自负责抓凉山州脱贫攻坚工作,请问您是如何为凉山打赢深度贫困"歼灭战"贡献智慧和力量的?

曲木史哈:作为一名从凉山走出来的干部,凉山这片热土一直是我深爱和牵挂的。过去对凉山的印象是不少彝族同胞一日三餐吃洋芋、衣服破破烂烂、大孩子带小孩子的景象,尤其是2016年在昭觉县爬上"步步惊心"的"悬崖村"(支尔莫乡阿土列尔村),更感凉山脱贫攻坚任重道远。当年,红军长征经过凉山彝区时,彝族人民深明大义,与红军缔结了盟约,留下"彝海结盟"的感人佳话,英雄事迹可歌可泣,为长征胜利和中国革命作出了贡献;如今,脱贫攻坚对凉山来说是可遇不可求的发展机遇,甚至可以说是能让彝族同胞再次"一步跨千年",我作为一名彝族干部,打赢凉山脱贫攻坚战,义不容辞,是分内之事、首要任务。

2018年4月,彭清华同志来川工作后首次到市州调研就去了凉山州,我全程陪同,在此基础上,作出了凉山州是影响全省乃至全国夺取脱贫攻坚全面胜利的控制性因素的重大判断；6月1日，省委在西昌召开脱贫攻坚专题会议，研究凉山州脱贫攻坚综合治理工作。根据省委统一部署，我组织21个省级单位深入研究、几易其稿，出台了《关于精准施策综合帮扶凉山州全面打赢脱贫攻坚战的意见》，发布了12个方面34条政策措施，三年不少于200亿元真金白银的投入，重点用于教育、卫生、安全住房、乡村道路、产业就业和禁毒防艾；选派5700余名优秀干部，组成11支综合帮扶工作队，赴11个深度贫困县开展"一县一队"综合帮扶。

脱贫攻坚期间，凉山不缺"枪炮子弹"、"兵马粮草"，关键是抓实落地、对标补短。2019年6至8月，在彭清华同志的亲自部署推动下，全省上下迅即贯彻落实习近平总书记在解决"两不愁三保障"突出问题座谈会上的重要讲话精神，精细开展了落实"两不愁三保障"回头看大排查，我组织凉山州对排查出的53370户的"两不愁三保障"突出问题逐一整改。2020年二、三月，针对新冠肺炎疫情影响，我指导凉山州统筹抓好疫情防控和脱贫攻坚，利用多数群众在家的有利契机，采取"小兵团"模式，在做好安全防护前提下，重点围绕贫困户2019年人均纯收入低于4200元且居住D级危房、控辍保学、医疗保障、住房安全、饮水安全等内容，对全州所有农村居住农户开展了拉网式再排查，确保把短板补扎实、把基础打牢靠。同时，我部署开展了脱贫攻坚问题整改清零行动，以核定措施、确定效果、议定成果、审定结果、认定销号为过程的"五定"工作法，确保了所有问题在2020年6月30日前全部清零销号。

"逆水行舟，不进则退"。在凉山州爬坡上坎的关键时候，我是千方百计地想办法、解难题。2020年，我先后到金阳、布拖、昭觉等七个挂牌督战县调研，部署推动督战作战工作；针对住房安全、饮水安全、就业扶贫等薄弱环节和重点工作，组织扶贫、发改、住建、人社等省直部门组建现场工作组、工作专班蹲点参战作战，问题不解决不离开。3月14日，我到布拖县督战住房安全建设，发现受疫情影响，特木里镇等地易地扶贫搬迁集中安置点人手不足、机具不够，项目建设进度严重滞后。我要求，对不能按期推进的点位及时撤换施工单位，实施应急接管；减少中间分包、转包环节，增强承包人实际控制力和实际施工方供料及施工热情，并及时协调组建 800 人施工突击队加快项目建设。金阳县反映，建设工地严重缺砖，州内无法及时有效保障，我就另辟蹊径，协调联系云南昭通砖厂购买红砖，优先保障金阳建设工地用砖，确保了各项工程在 6 月底前完工。

毒品和艾滋病是凉山脱贫攻坚的特殊困难之一。我们采取打击、预防、教育、治疗一帮一的精细化措施，经过八年的努力，终于实现禁毒防艾工作重大突破，全州四个县摘掉了国家毒品重灾县的帽子。

如今，凉山州已经旧貌换新颜，乡镇和村道路通畅率达到 100%，15 年免费教育（含 3 年幼教）已全面实施，基本医疗实现全覆盖，住房、饮水安全得到极大改善，全州 90 多万贫困人口告别千百年来祖祖辈辈的贫困状态，过上了新的生活，获得感、幸福感全面提高，凉山彝区面貌发生了深刻变化。

问：习近平总书记对四川脱贫攻坚十分牵挂，曾于 2018 年 2 月深入大凉山核心腹地昭觉县视察指导。据了解，您是联系指导昭觉县、普格县扶贫工作的省领导，请您谈谈是如何助力他们脱贫奔康的？

曲木史哈：早在 2015 年，省委、省政府就作出了每名省级领导联系指导一个贫困县、一个贫困村的部署，根据省委统一安排，我负责联系指导昭觉县、普格县的精准扶贫工作。还记得在 2018 年春节前夕，习近平总书记亲临昭觉视察指导、看望慰问贫困群众；脱贫攻坚期间，全国政协主席汪洋两次深入昭觉调研，彭清华同志七次到昭觉指导脱贫攻坚工作。作为联系指导昭觉、普格扶贫工作的省领导，我一直把总书记的话牢记于心，带头作好表率，这几年，我 20 余次深入昭觉县、普格县调研，坚持每年不少于两次到尔打火村、呷租卡哈村和特补乃吾村指导工作，帮助村里解决基础设施、产业发展、公共服务等方面的具体问题，帮助贫困户解决就医就学、危房改造等生产生活困难。

就拿昭觉县特布洛乡呷租卡哈村来说，那真是发生了天翻地覆的变化。呷租卡哈村平均海拔 2500 米，属于典型的高山彝族聚居村，全村三个村民小组，共有农户 228 户 945 人，其中有贫困户 68 户 292 人，是凉山州 166 个极度贫困村之一。这个极度贫困到什么程度，用我的话说就是"三不通"村，不通路、不通电、不通水。我第一次去的时候，看到贫困群众都居住在自建土坯房里，特别是由于气候条件恶劣，人畜混居现象特别广泛。这里山高坡陡，土地瘠薄，农作物只有苦荞、马铃薯和少量玉米，贫困群众勉强糊口，收入只能维持基本生活。看到这些，我心里难受啊，我就想尽最大努力让这里摆脱贫困。

我组织县乡村三级进行座谈会商，确定了按照通村公路、生活用电、易地扶贫搬迁、安全住房、安全饮水等的建设顺序依次推进呷租卡哈村脱贫攻坚工作的规划。经过几年的努力，现在该村已修硬化通村公路 5.9 公里，接通输电线路 6 公里，新建两条 8 公里的安全饮水供应管道，所有贫困户集中到两个易地扶贫搬迁安置点居住，卫生室、文化室、民俗文化坝子等便民服务中心一应俱全，实现了移动和电信宽带入村、4G 网络覆盖。但最让我欣慰的还是村里新修建的 500 平方米的"一村一幼"幼教点已投入使用，有 2 名辅导员和 23 名学生，娃娃们再也不用跑几十里山路上学，在家门口就能学到知识。

呷租卡哈村不仅基础设施跟上了，产业发展也没拖后腿。我发现村上草地成片，大量生长着青草、牛筋草等牛羊可食用草类，我就建议发展以畜牧养殖为重点的产业。2018 年该村申请了省级扶贫资金 125 万元，引进西门塔尔牛 153 头，扶持贫困户户均养殖 2 头，村集体养殖 19 头；种植汉源红袍花椒 200 余亩；推广"订单农业"，把绿色、环保的农产品销售到成都、彭州、佛山等地，实现可持续发展的"以购代捐"；通过"农户代养 + 村集体分红"的模式发展集体经济，2020 年有村集体经济牛 26 头、羊 319 只。考虑到农副产品加工、仓储等特殊困难，我与省委农工委协商，投入 140 万元，建设了一个农产品产地集配中心，有效解决了村上农产品的储藏、初加工和配送难题。

现在呷租卡哈村条件越来越好，村民的日子也越过越红火。我帮扶的尔吉以阿木一家五口，通过养殖西门塔尔牛和小儿子尔吉里则在外务工，月均收入达 4000 元，2018 年就脱了贫，现在他们家还养了马、绵羊、猪，日子一天比一天好。

当然仅凭我一个人的力量是远远不够的，脱贫攻坚是一场持久战，需要多方面共同参与、尽锐出战。为此，我还积极推动定点扶贫、东西部扶贫协作、省内对口帮扶以及动员各类企业、社会组织等资源力量帮扶昭觉县、普格县，帮助他们如期实现了摘帽，贫困户都顺利脱了贫。大家关注的昭觉县"悬崖村"的 84 户 401 名贫困群众已在 2020 年 5 月搬入了新家，从步步惊心的藤梯到坚固省时的钢梯，再到抬脚就迈的楼梯，搭建了"悬崖村"进步的"阶梯"。

如今脱贫攻坚战打赢了，但巩固拓展脱贫攻坚成果的任务依然艰巨。习近平总书记多次强调，脱贫摘帽不是终点，而是新生活、新奋斗的起点。我们将继续弘扬"上下同心、尽锐出战、精准务实、开拓创新、攻坚克难、不负人民"的脱贫攻坚精神，推进巩固拓展脱贫攻坚成果同乡村振兴有效衔接。征途漫漫，惟有奋斗。我们将更加紧密地团结在以习近平同志为核心的党中央周围，真抓实干、埋头苦干，以优异的成绩为全面建设社会主义现代化国家、全面推进中华民族伟大复兴贡献力量。

（四川省脱贫攻坚办　整理）

抓党建促决战决胜凉山州脱贫攻坚

王正谱

习近平总书记深刻指出，"越是进行脱贫攻坚战，越是要加强和改善党的领导""脱贫攻坚任务能否高质量完成，关键在人，关键在干部队伍作风"。凉山州是影响全省乃至全国夺取脱贫攻坚全面胜利的控制性因素，凉山脱贫攻坚是四川脱贫攻坚伟大实践的生动缩影。2020 年 6 月，王正谱结合自己参与省委决策和谋划推动工作情况，对抓党建促决战决胜凉山州脱贫攻坚的全过程进行了回顾。

2018 年 8 月，我刚到四川工作，正值全省上下深入学习贯彻习近平总书记对四川工作系列重要指示精神，积聚力量向凉山深度贫困堡垒发起总攻的关键时刻。当时给我的第一印象，一是任务很重，二是形势很急，三是工作必须抓得更紧。说任务重，四川是全国脱贫攻坚任务最重的六个省份之一，2017 年底时，仍有 68 个贫困县、5200 多个贫困村、171 万贫困人口，特别是属国家"三区三州"深度贫困地区的凉山，11 个深度贫困县没有一个摘帽，1000 多个未退出贫困村中 300 多个村贫困发生率在 50% 以上，未脱贫人口占全省的近三成、深度贫困地区的近八成。同时，深度贫困与恶劣自然条件、薄弱基础设施、落后思想观念、突出社会问题相互交织，以及存在禁毒防艾、控辍保学、计划生育、自发搬迁、移风易俗等特殊问题，脱贫攻坚任务十分艰巨繁重。说形势急，2018年2月，习近平总书记亲临大凉山彝区腹地视察，并在成都主持召开打好精准脱贫攻坚战座谈会，强调"继续把彝区藏区脱贫攻坚作为重中之重""将脱贫攻坚战进行到底"。3月份彭清华同志担任省委书记到四川工作后，外出首站就到凉山，在三个月内三赴凉山调研、九次听取专题汇报、五次作出批示。6月份省委召开十一届三次全体会议，作出深入学习贯彻习近平总书记对四川工作系列重要指示精神的决定。同时，针对凉山脱贫攻坚特殊困难，专门制发精准施策综合帮扶凉山州全面打赢脱贫攻坚战的意见；多次召开相关工作会议进行密集部署。省委各项部署紧锣密鼓推开，亟须我们跟进提供组织保证。说工作必须抓得更紧，是对标对表省委部署安排，组织部门立足职能职责，发挥政治优势、组织优势和群众工作优势推动落地落实，特别是怎样建强凉山州各级领导班子和加强干部人才队伍建设，怎样筑牢基层党组织战斗堡垒，怎样管好用好综合帮扶力量，等等。当时有大量艰苦细致的工作需要我们去做，必须只争朝夕、昼夜兼程、尽锐出战。

基于这样的形势任务，我们抓住主要矛盾和矛盾的主要方面，聚焦为决战决胜凉山脱贫攻坚提供有力组织保证，持续用力打出了一系列组合拳。回顾起来，大致有三段历程。

第一段历程：向凉山州深度贫困堡垒发起全面总攻

当时的背景是，我省"四大片区"中高原藏区、秦巴山区、乌蒙山区的贫困县、贫困村、贫困户相继脱贫退出，全省面上脱贫攻坚大局已定；但凉山彝区贫困面宽、量大、程度深，社会问题与贫困问题交织，是全省乃至全国脱贫攻坚的重中之重和决胜之地。有了这个基本研判，省委决定集全省之力坚决打赢凉山脱贫攻坚战，统筹全局从产业就业、教育支持、医疗卫生、禁毒防艾、安全住房、基础设施、财税金融、国土政策、综合帮扶、社会帮扶、自发搬迁、精神扶贫12个方面制定了

34 条政策措施。政治路线确定之后，干部就是关键的因素。我们组织部门跟进抓了三项重点工作。

首先，是选派凉山州脱贫攻坚综合帮扶工作队。这项工作，是彭清华同志提议、研究和部署的。从 2018 年 5 月底着手准备，6 月底全部到位，不到一个月时间，就完成需求摸排、方案制订、人选推荐、集中培训、到岗到位以及与前期选派人员整合组队等工作。全省从除凉山、阿坝外的 19 个市州和政法、农业、教育、卫生等 16 个行业系统新增选派干部 3500 多名，这是全省速度最快、规模最大的一次脱贫攻坚人员组队集结。

说实在的，如何选、选多少、怎么派，当时面临的矛盾压力很大。首先，人从哪里来？省上刚按中央要求选派了 3.6 万余名驻村工作队队员，各地反映干部人才存量资源相当紧缺。其次，选什么人、选多少人？由于没有搞过摸底，凉山州只说缺人，但缺什么样的人、哪些岗位缺人，都说不很清楚。再次，派到哪里去？当时选派到凉山的干部中，中央层面有"西老革"来川挂职、中央单位定点扶贫、东西部扶贫协作干部人才，内地有援藏援彝人才、第一书记和驻村帮扶干部，还有各行业系统挂职干部，再派到哪些层级、哪些岗位，以及怎样加强管理，大家都没想好。

针对这些具体情况，我们逐一进行研究。解决"人从哪里来"的问题，主要采取从脱贫攻坚任务相对较轻的贫困县和 11 个已摘帽县选派一批、从省内对口帮扶市县选派一批、从各行业系统选派一批"三个一批"的方式。解决"选什么人、选多少人"的问题，我们会同凉山州自下而上摸排岗位需求，根据现实需要合理选派帮扶力量。在此基础上，明确从省内已摘帽 11 个贫困县分别选派有脱贫攻坚实战经验的县委副书记以及扶贫移民局、发展改革局、财政局副局长各一名，同时按每县所辖乡镇总数 20% 的比例选派分管脱贫攻坚的乡镇党政副职 45 名；从片区外九个市选派提拔重用的优秀第一书记和驻村工作队队员 60 名；从 16 个行业系统集中选派公安、教育、医疗、产业等专业力量 3300 多名。解决"派到哪里去"的问题，根据脱贫攻坚实战需要，我们主张倾斜基层、精准对接、因人定岗。分配下来，5700 多人中，到县、乡两级的均在 1200 人左右，到贫困村的 3000 多人；到县乡领导班子的约400 人，到专业技术岗位的 3700 余人。脱贫任务越重的县选派队员越多，在基层反映最缺人的乡村中小学校、卫生院和村级"四治"等岗位分配了 3300 多人。

人员选派到位后，如何管好用好，真正发挥作用，也很考验我们。彭清华同志跟我交代：凉山派了 5700 多人，这么大一支队伍，在这么一块战场上，要了解他们有什么困难、有什么想法、有什么办法，你赶快去一趟。按照安排，我立即赴昭觉、西昌、喜德调研，后来又分四次走遍了凉山 17 个县，发现要管好用好这支"特战队"，还有很多难题需要破解。一是稳得住的问题。由于从人选推荐到选派到位时间很短，部分帮扶队员思想准备不充分，到岗后的艰苦条件与心理预期差距很大，有的打退堂鼓，甚至离岗返乡。二是融得进的问题。一方面有的本地干部存在帮扶干部是外乡人的片面认识，不认可；另一方面有的帮扶干部由于语言不通、分工不明，融不进。三是用得好的问题。选派综合帮扶工作队是四川的特有做法，省州县乡村五级怎么分层分类管好用好，没有现成经验。四是保障激励的问题。有的帮扶干部特别是选派到村的帮扶干部住帐篷、吃泡面；有的无法报销相关费用，个人垫支有的达数万元。

为解决好这些问题，我们研制了专门的《管理办法》，主要是推动建立四项机制。一是统筹推进机制。省州县三级分别建立由组织部门牵头，政法、农林、教育、卫生等部门参与的综合帮扶工作队管理办公室，定期召开联席会议，成员单位每半年分线实地调研指导一次以上。二是责任落实机制。明确州委、州政府负总责，县委、县政府负主体责任，把管理服务工作纳入"五个一"帮扶工作考核和党委（党组）书记抓党建述职评议考核内容。对综合帮扶工作队队长、挂任领导班子职务的干部进行分工，为在各个岗位工作的队员安排具体任务。同时，实行常态化分析研判和调整"召回"机制。三是常态联系机制。专门针对综合帮扶工作队开发使用"信息交流平台"，队员在岗情况、学习培训、信息沟通直达直通。派员单位及派员地党委组织部门每年定期赴凉山州看望综合帮扶工作队队员，每年开展一次慰问活动并明确专人负责。四是激励保障机制。在每年全省脱贫攻坚表扬中单列名额，对符合条件的优秀帮扶干部实行提拔使用、职级晋升、公务员考录等"五个优先"。会同财政厅研究制定综合帮扶工作队财政经费保障指导意见，协调省州县三级财政部门解决食宿保障、御寒取暖、用水用电等问题。

通过严格规范管理，综合帮扶工作队渐入佳境，帮扶成效不断显现，凉山脱贫攻坚战得以顺利实施。在这个过程中，凉山州综合帮扶工作队也锻造成了四川脱贫攻坚帮扶工作的一个响亮品牌。

其次，是部班子成员"一对一"联系凉山州深度贫困县。当时主要基于两点考虑。一是有实践基础，也就是"三个走遍"活动。按照中组部要求，从2017年开始，省市县三级组织部门班子成员就每年集中走遍所有贫困县及有扶贫任务的乡镇、贫困村。二是有现实要求，我们感到凉山州脱贫攻坚的组织保证不是很有力。我在11个深度贫困县调研时发现，组织工作不平衡问题十分突出，必须加强常态化、精准性指导。因此，我们决定从2018年10月开始，由11名部班子成员分别包县联系凉山州11个深度贫困县，各部机关20多个处室也深度参与其中。

当年10月，11名部班子成员集中一周时间，赴联系县开展了第一轮调研督导。截至2020年6月，已累计开展七轮，有的班子成员到联系县达十多次。到联系县后，大家与县乡党员干部谈心谈话，参加他们的专题民主生活会，调研党政领导班子建设和运行情况；走访看望慰问干部，了解综合帮扶工作队管理服务、工作开展、作用发挥等情况，发现推荐优秀干部和典型经验；调研发现并帮助解决脱贫攻坚重点任务、班子队伍运行、干部人才调配、基层组织建设、综合帮扶工作队管理中的困难和问题。这种一竿子插到底、下深水摸活鱼的做法，起到了压实责任、精准指导、推动落实的积极作用，基层反响很好。

第三，是专项整治深度贫困县领导班子和干部队伍。通过谈话调研和分析研判，我们认为这项工作当时十分必要。2019年初，我们组织研究制定《调整处理凉山州深度贫困县不担当不作为县乡及县直部门领导班子成员工作方案》等七个工作方案。在"一对一"联系基础上，再组建六个工作组，由部班子成员任组长，抽调50余名业务骨干，下沉11个深度贫困县，其中突出脱贫难度大的昭觉、美姑、金阳、布拖四个县，集中三个月时间蹲点指导，"一县一策"研究措施。

针对班子配备不齐的问题，指导凉山州各级党委调整补充县级班子成员 25 名、乡镇班子成员 364 名，提拔使用优秀干部 500 名。针对部分县乡党政班子主要领导协调配合不够、领导干部不担当不作为的问题，指导州委组织部和深度贫困县县委在深入分析研判基础上，由州纪委监委和州委组织部诫勉谈话或谈话提醒县长 3 名、乡镇班子成员 10 名，组织调整党政正职 2 名、乡镇班子成员 16 名，对 8 名县级干部予以免职、4 名县级干部作出分工调整。针对部分班子结构不优的问题，指导各地结合机构改革调整交流乡镇和县直部门班子成员 580 名，优化班子结构，增强整体功能。针对县乡编制缺额较大的问题，综合采取选调生招录、四级联考、定向招考、县外调入等方式，帮助补充选调生和基层公务员近 500 名；通过公开招聘、招录"特岗教师""三支一扶"和"9+3"学历人员转聘等方式，补充 3000 多人。支持凉山 3000 个教师编制"先用后补"。

省委组织部直接指导加强县乡班子队伍建设，对州县两级干部产生了很大震动，特别是调整处理一批不担当不作为干部，有效激发提振了干部的精神状态。通过出台系列倾斜政策，11 个深度贫困县空缺编制补充规模创历史新高，行政、事业编制空编率均控制在 1.8% 以内，乡镇行政编制基本配齐，教育、医疗等专业技术人才得到较大补充。

第二段历程：全力推动凉山州脱贫攻坚决战决胜

这些年，通过一仗接着一仗打下来，特别是 2019 年集中力量全面攻坚，凉山州实现首批四个深度贫困县摘帽，贫困村从 2000 多个减到 300 个，贫困人口从 88.1 万减到 17.8 万，贫困发生率从 19.8% 降至 4%，贫困群众生产生活水平大幅提高，凉山彝区面貌发生翻天覆地变化，全州脱贫攻坚取得决定性成就。

2020 年，凉山脱贫攻坚进入决战决胜收官之年。我们年初时分析，在攻城拔寨的最后阶段，感到工作面临三个"更加"：一是任务更加集中。2019年底时，全国未摘帽的贫困县有52个，凉山就有7个，全国未出列的贫困村有2700多个，凉山就有300个，全国贫困发生率超过10%的县有6个，4个在凉山。二是时间更加紧迫。按照中央、省委统一安排，2020年下半年国家组织脱贫攻坚普查，涉及"两不愁三保障"和脱贫攻坚考核验收方面的主要问题，6月底前必须基本解决。三是工作更加难做。特别是受新冠肺炎疫情影响，对贫困群众就业、生鲜农产品销售、项目复工复产的冲击很大。比如，春节前凉山州贫困劳动力返乡26.1万人，3月中旬时仅返岗10.9万人，七个未摘帽县6万多贫困劳动力中近一半待在家中。

3月6日，习近平总书记出席决战决胜脱贫攻坚座谈会并发表重要讲话。省委闻令而动，彭清华同志先后主持召开全省决战决胜脱贫攻坚电视电话会议，以及挂牌督战凉山州脱贫攻坚座谈会。同时，研究制定挂牌督战《实施方案》，并针对凉山专门制定《工作方案》，彭清华同志、尹力同志和相关省领导分别担任七个未摘帽县牵头督战责任人。顺应凉山脱贫攻坚新形势新任务，我们组织部门重点抓了五项工作。

第一，保持攻坚态势，加大攻坚力度。针对脱贫攻坚困难问题和新冠肺炎疫情不利影响，我推动制发强化攻克凉山深度贫困堡垒组织保证《工作方案》，从有效应对疫情影响、建强脱贫攻坚骨干力量、筑牢建强一线战斗堡垒、加强能力作风建设、从严管理综合帮扶工作队、健全落实考核激励政策机制等六个方面制定22条具体措施。同时，主持召开全省抓党建促决战决胜脱贫攻坚工作推进电视电话会议和凉山州抓党建促脱贫攻坚工作推进会议进行安排部署。期间，我还专门安排了三天时间到凉山调研，同时要求11名部班子成员两赴深度贫困县调研督导，持续传导压力和加强工作指导，积极推动各项部署要求落地落实。

第二，继续发挥综合帮扶工作队作用。春节后上班第二天，我就督促发出通知，要求尽快组织各方帮扶力量迅速返岗、以村为战，积极参与疫情防控和脱贫攻坚。到2月底时，全省5.8万名帮扶干部，除道孚县因疫情防控形势严峻，少数驻村干部暂缓返岗外，其余干部应返尽返；5700多名凉山州综合帮扶干部返岗率达到99%。严格落实保持帮扶干部总体稳定的要求，对确需调整的实施"一事一报、从严审核"。坚持实行综合帮扶工作队队长包乡包村、队员包户包人，一个问题一个问题整改、一个短板一个短板补齐。着眼解决重点地区、重点任务力量不足问题，我们统筹抽调182名获得过省州表扬、经历过考核验收的精兵强将，紧急驰援布拖、昭觉、金阳、美姑四个任务较重的县；抽调综合帮扶工作队中的住建、水利、农业、卫健、财政、教育等专业力量，组建十个巡回指导组精准指导。

第三，组建工作专班驻县作战以督促战。从2020年3月下旬开始，在部班子成员"一对一"联系指导凉山州深度贫困县基础上，我们又在部机关抽派12名处级干部、从全省抽调22名基层干部，组成11个决战决胜脱贫攻坚的工作专班，一县一队，每队三人，驻县工作，实行"一事一会商、一月一研判"工作机制。为了及时掌握前线战况，我们两次在西昌召开工作专班座谈会调度情况、研究问题、推动工作，并形成专项报告报省委主要领导，受到彭清华同志表扬。通过11个工作专班蹲守一线工作，有力推动脱贫攻坚政策精准落地、项目"瓶颈"突破、问题有效解决、全员决战决胜。截至6月底，工作专班累计到攻坚任务重的乡镇、村走访督导1500余次、工作难度大的项目点1000多次，走访群众3400余户、基层党员干部近5000人，协调解决具体问题600余个。

第四，强化脱贫攻坚一线人才支撑。深化深度贫困县人才振兴工程，向凉山州定向投放270个急需紧缺专业大学本科生招生指标，拿出677个岗位直接考核招聘急需紧缺专业技术人才。加大对口支援帮扶力度，指导用好东西部扶贫协作帮扶资源，组织开展"医联体""校联体"建设，协调省内医疗、教育机构对凉山州深度贫困县医院、学校进行托管，组织千名专家开展"科技扶贫万里行"活动。积极推动凉山州、西昌学院与中国农业大学、四川农业大学等高校合作，加强对优势特色产业发展、农产品加工转化技术指导和本地专业技术骨干培养。目前，省政府正在准备与中国农业大学签署战略合作协议。

第五，加强关心关爱和激励保障。考虑到长期高强度作战可能产生松劲懈怠情绪，我们坚持严管厚爱结合、激励约束并重，突出强调了三个方面要求。一是从严治吏、正风肃纪。指导凉山各级采取强硬措施整顿班子队伍，比如，在25个工作滞后乡镇由联系县领导兼任第一书记；坚决撤换不称职乡镇主要负责人50名、第一书记70名；全覆盖摸排300个挂牌督战贫困村"两委"班子，确定57个软弱涣散班子集中整顿提升。二是正向激励、凝心聚力。指导凉山统筹9个县处级岗位、14个州直部门科级岗位，用于深度贫困县表现突出的年轻干部交流提拔任职，2020年已提拔使用一线干部26人、晋升职级157人，向省委推荐表扬先进个人347人、先进集体23个。对155名综合帮扶工作队队员反映的具体困难，我们省委组织部专门发函转交派出地研究解决。三是政策倾斜、特殊支持。明确在领导班子换届时，州级领导班子要优先提拔使用在脱贫攻坚工作中表现优秀、实绩突出的贫困县党政正职和相关州级部门负责人；县级班子要优先提拔使用乡镇党政正职和相关县级部门负责人；在州一、二级巡视员职级晋升中，优先考虑脱贫攻坚工作中表现优秀、实绩突出的干部。同时，进一步加强政策指导，推动解决部分县、部分层级职级职数紧张问题。每年统一组织贫困县党政正职在省级三甲以上医院体检。省委组织部还专门会同财政厅研究制定挂职干部交通保障政策，切实解决帮扶干部反映强烈的休假往返交通问题。在规范全省绩效奖管理时，也对凉山州在绩效奖发放水平上给予特殊倾斜政策。

第三段历程：着眼乡村振兴强化党建引领基层治理

当前，脱贫攻坚正在深刻改变着贫困地区，特别是像凉山这样"一步跨千年"的直过民族地区，正经历着广泛而深刻的社会变革。彭清华同志在2020年6月召开的第二次挂牌督战凉山州脱贫攻坚座谈会上指出，解决彝区特殊难题，不会是一蹴而就的，有的需要一代人甚至几代人的努力，必须坚持不懈抓下去。我们也感到，绝对贫困基本消除后，要巩固脱贫攻坚成果，必须及时跟进加强基层党组织和党员队伍建设，进一步建强脱贫攻坚一线战斗堡垒,打造一支带不走的工作队,接续推进全面脱贫与乡村振兴有效衔接。

第一,加强基层组织建设。我们深化拓展省内对口援藏援彝工作内涵,统筹组织帮受双方乡镇、村、行政机关、企事业单位等各个方面各个层级的党组织"全域结对",创新采取对口帮扶市县"帮乡"、驻村帮扶力量"带村"的方式,把省内对口帮扶从单纯的项目资金扩大到基层组织建设。精心指导实施"筑底强基·凝聚民心"党建工程,常态化开展党组织分类提升行动,凉山州近年累计整顿软弱涣散党组织 1300 余个,调整撤换不胜任基层干部 200 余名。开展两轮"两新联万村·党建助振兴"凉山行活动,先后组织 174 个"两新组织"与 169 个贫困村党组织结对共建。同时,强化基础保障支持,我们每年从省管党费中挤出资金,专项用于支持贫困村党建工作;协调落实财政配套扶持资金 2.3 亿元,帮助扶持 215 个村发展壮大集体经济。

第二,加强带头人队伍建设。推动开展村"两委"班子常态化分析研判,一方面"拓来源",大力抓好农民工党建,实施优秀农民工回引培养和村级后备干部培育,凉山州近年回引培养优秀农民工村干部 2400 余名,动态培养储备村级后备力量两万余名;另一方面"强素质",省州两级每年对彝区贫困村党组织书记进行全覆盖培训,积极推动村党组织书记、村主任"一肩挑"。

第三,加强党员队伍建设。指导凉山以全州 3700 多个"农民夜校"为重点,加强党员教育管理。支持创新探索"党员积分管理",着力破解党员活动难组织、作用难发挥、表现难评价问题。鼓励引导党员带头致富、带领致富,落实每个贫困村一万元补助资金,帮助培育一个以上党员精准扶贫示范项目。

在这个过程中,我们认真贯彻落实省委十一届六次全会决策部署,同时根据凉山彝区与其他地区乡村两级党组织建设现状的同与不同、脱贫攻坚期内夯实乡村两级基层组织基础带来的变与不变的实际情况,统筹指导推动凉山州基层治理制度创新和能力建设,突出抓了两项工作。

一是统筹实施乡镇行政区划调整改革和村级建制调整改革。对凉山的这两项改革,我们坚持分批次推进、分阶段进行。乡镇行政区划调整改革，按调减 40% 左右的目标，安宁河流域 6 个县和 4 个已摘帽县在 2020 年 6 月前完成，剩下的 7 个深度贫困县于 2021 年完成；村级建制调整改革，按调减 30% 以上的目标，第一批安宁河谷 6 个县与全省同步开展、在 2020 年 5 月底完成，第二批 11 个深度贫困县包括 4 个已摘帽县，在 2021 年上半年完成。调整改革完成后，相信一定能够优化乡村布局，极大促进资源要素合理流动和高效配置。下一步，我们还将指导凉山以优化职能配置、提升发展质量、增强服务能力、提高治理效能为重点，做实"后半篇"文章。

二是探索创新易地扶贫搬迁集中安置点基层治理。凉山州共有易地扶贫搬迁集中安置点约 1500 个，涉及 7.4 万户 35.3 万人，约占全省总任务的四分之一，是搬迁任务最重、搬迁难度最大的地区，情况十分复杂。针对基层治理这个特殊领域的全新问题，我们组织力量深入开展了易地搬迁安置点发展治理和农村基层组织建设、新型社区治理、后续发展问题"1+3"专题调研，在此基础上科学研究部署党建引领集中安置点基层治理工作。同时，指导凉山州专门研制加强安置点治理与后续发展《指导意见》，形成 2020 年治理行动《工作方案》，以及基层组织建设、人口管理、就业创业等的配套文件，积极推动建立安置点党组织、自治组织、群团组织和社会组织，落实坚持党建引领、完善服务平台、规范户籍管理、促进就业创业等 15 项重点措施，确保贫困群众搬得进、稳得住、能致富。

光阴似箭，岁月如梭，到 2020 年在四川工作就已经两年了。在以习近平同志为核心的党中央坚强领导下，我们坚决贯彻落实中央、省委决策部署，聚焦攻克凉山深度贫困堡垒，切实强化脱贫攻坚组织保证，积极推动凉山脱贫攻坚取得重大阶段性成效。能够亲历这个艰苦卓绝、一步千年的壮阔过程，对我个人而言，是人生之大幸。下一步，我们将继续深入学习贯彻习近平新时代中国特色社会主义思想，坚决贯彻落实中央、省委各项决策部署，持续用力、久久为功，为推动凉山全面打赢脱贫攻坚战、与全国全省同步全面建成小康提供更加坚强有力的组织保证。

（中共四川省委组织部　整理）

补齐贫困地区教育短板　打好教育脱贫收官战

杨兴平

教育扶贫是阻断贫困代际传递的重要手段，教育脱贫是脱贫攻坚的重要内容。四川省人民政府副省长、致公党中央常委、四川省委会主委杨兴平，介绍了四川打好教育脱贫攻坚战的有关情况。

补齐短板　夯实发展基石

由于历史、地理、经济等多方面的原因，四川民族地区的现代学校直至新中国成立后才开始建设。如何通过补齐贫困地区教育短板，缩小与内地经济发达地区的差距，成为四川脱贫奔康路上的最大挑战。

党的十八大以来，中共四川省委、省政府把打赢教育脱贫攻坚战作为检验增强"四个意识"、坚定"四个自信"、做到"两个维护"的试金石，坚持按照方向精准、区域精准、对象精准、内容精准、方式精准、考评精准、保障精准的"七个精准"要求，确立"治愚、扶志、扶智"的"一治两扶"方式。

自担任副省长以来，已记不清多少次深入贫困地区开展调研，多少次与贫困学生、基层教育工作者促膝而谈，面对面听取基层意见建议。在我看来，教育扶贫包括两方面内容——"教育扶贫"和"扶贫教育"。不仅要利用教育育人的优势，帮助群众提升素质，提高就业能力，通过就业增加收入脱贫，还要利用好现有的国家政策，补齐贫困地区教育发展的短板。

我认为，确保全省建档立卡贫困家庭学生无一人失学辍学，是四川发展教育的底线任务，也是补齐短板的重中之重。为此，四川创新建立"户籍与学籍系统定期比对、义务教育学生身份证学校集中托管、超龄生学业补偿、依法强制劝返复学、严厉打击违法用工"五项制度，全面完善控辍保学体制机制。

近年来四川大力实施贫困地区办学条件改善计划，如果你去偏远的山村，最好的建筑几乎都是学校。针对民族地区基础差、底子薄、办学条件落后、学生坐不下住不下、义务教育均衡发展推进困难等实际，2017年至2019年，中央和省实施的重大项目建设专项共安排民族地区75.8亿元，新建校舍共305万平方米，教师周转宿舍6929套，确保到2020年四至六年级寄宿率达40%，初中达80%。

四川已出台多项措施，让更多贫困地区教师"愿意来、留得住、教得好"。2016年以来，四川共招录培养省级公费师范生9000名、特岗教师11250名，为贫困地区补充理科、音乐、体育、美术等紧缺薄弱学科教师和"双语"教师，并通过实施凉山州贫困县义务教育3000名教师编制保障工程、组织省内14所师范类专业高校1800余名学生到凉山州顶岗实习、对口帮扶每年选派2000名支教教师。

此外，四川从2016年春季学期起，在"三免一补"基础上，对民族地区免收学前三年保教费和高中三年学费，并免费提供高中教科书，每年受益学生150余万人。四川建立的教育扶贫救助制度已累计筹集资金11.07亿元、使用7.57亿元，支持救助贫困学生109万人次。

我觉得，通过系列教育扶贫项目，不仅推动了贫困地区教育加快发展，引导群众养成好习惯、形成新风尚，而且帮助贫困地区培养了大量的经济建设人才，既增强了群众自身的脱贫增收能力，又为地方经济建设和社会发展作出贡献。

化危为机　缩短"数字鸿沟"

新冠肺炎疫情期间，互联网教育成为学生重要的学习方式。考虑到四川全省师资、通信能力的差异，我们依托省教育资源公共服务平台提供课程资源1965节，创新探索出"学案＋课表""资源＋课程""名师精讲＋辅导答疑"线上教育模式，化危为机。

疫情期间，得知部分学生还存在缺设备、无网络、资费贵等问题，我十分揪心。为了不落下一名学生，我们组织多部门开展了大排查，帮助上网课的学生、教师家庭新开通宽带，对于确实没条件上网课的学生出台相关帮扶措施，让这条看不见的"数字鸿沟"在暴露后迅速缩短。

"数字鸿沟"的缩短还得益于四川开展的联网攻坚活动，让四川省教育资源公共服务平台优质课程得以全面覆盖。截至2020年6月30日，全省未联网中小学校（含教学点）从2018年底的5341所减少到13所，接入率达99.92%，15536所达到100M以上。

2019年秋季开学，四川15所省一级示范高中与110所薄弱高中组建15个教学联盟，通过"四川云教"网络教学平台开展了课堂直播、录播教学，民族地区、贫困地区近万名高中学生享受到四川最优质的教育资源，近2000名教师实时跟随省内最优秀教师同步学习。目前，四川正在进行"四川云教"二期建设，准备在2020年秋季学期将教学阶段拓展到初中、小学、幼儿园，教学联盟扩大到40个左右，进一步扩大师生覆盖面。

我始终坚信，发展教育，不仅要"有学上"，还要"上好学"，满足学生、教师等个性化、自适应在线教与学需求。当前四川正在大力度推进数字化建设，鼓励学校、名师建立基于"专递课堂""名师课堂""名校网络课堂"的各类网络发展联盟，推动"互联网＋"条件下区域教育资源均衡配置。

在民族地区教育教学资源建设方面，2019年教育厅在四川省教育资源公共服务平台开设民族地区教师教材教法学习培训、小学英语课程学习培训专区，面向民族地区提供精品教学课堂实录及培训资源 2935 节。2020 年，四川将建设民族地区教师教材教法说课 1000 节以上和小学英语活动示范课及教师培训资源 100 节以上。

"互联网＋教育"的发展，为促进区域教育资源均衡配置，缩小区域、城乡、校际差距，消弭数字鸿沟问题提供了机遇。未来，四川还将继续加快发展教育信息化，持续推进网络条件下的精准扶智，促进区域、城乡、校际优质资源共享。

职教发力　切断贫困"代际传递"

在民族地区、贫困地区，要切断贫困的"代际传递"，发挥教育在扶贫中的重要作用，职业教育立竿见影，是见效最快、成效最显著的扶贫路径。

我认为，职业教育对培养技术人才特别是解决少数民族贫困地区人才需求意义重大，在四川民族地区，不少学生正是通过掌握一技之长，带动了一个家庭或者一个村社脱贫奔康，真正阻断了贫困代际传递。四川自 2009 年实施"9+3"免费职业教育计划以来，为民族地区培养了一大批有知识、懂技术、能吃苦的本土人才，不仅改变了学生和家庭命运，也为当地经济社会和相关产业发展夯实了人才根基，有力助推了民族地区脱贫攻坚。

通过"9+3"免费职业教育计划，四川内地 100 余所优质中职学校为大小凉山彝区等培养学生 8 万余人，其中来自偏远、贫困的农牧民家庭子女占 90% 以上。已有 4.2 万人顺利毕业，毕业生初次就业率均超过 98%，其中 50% 以上回到了本乡本土就业创业。

为改变民族地区教育基层薄弱、学生就业难等状况，四川还将让更多民族地区学生可以搭上"职业教育梦想快车"。我相信，进入新时代，民族团结进步事业任务更重、要求更高，脱贫攻坚成果也要巩固拓展。

目前，四川基本形成了以"高职为龙头、中职为重点、职业培训为依托"的职业教育办学格局。下一步，四川还将继续大力发展民族地区、贫困地区职业教育。

根据规划，四川将继续实施民族贫困地区职业教育攻坚计划，加大民族地区、贫困地区中职学校的资金支持，大力改善民族地区职业学校的办学条件，支持每个州重点办好一所高职院校、一批中职学校，切实提升民族地区、贫困地区职业学校办学能力和水平，增强吸引力和竞争力。

此外，四川还计划将"9+3"免费职业教育计划纳入常态化管理。拟从2021年秋起，"9+3"计划招生将纳入四川全省中职学校招生工作统一管理，"9+3"工作纳入各学校常规管理和教育教学，并深化面向"9+3"学生的高职单招政策。

当前四川正大力推进文旅融合发展，这为新时代的职业教育带来了新的机遇。我们将着眼于新时代全域旅游、全民旅游的新特征以及各民族交往交流交融的新形势，还计划依托现有职业院校大力培养文化旅游、非遗物质文化传承、艺术体育类专门人才，为民族地区输送一大批创业意识、服务意识强的文创旅游人才。

四川将继续推进粤川、浙川教育扶贫协作，在学校结对、教师交流和培训学习等方面加大支持协助力度，带动贫困地区学校提升办学水平和质量，为就读职业院校的贫困家庭学生优先落实助学政策，优先安排实习和推荐就业，积极联系经济发达地区企业定向提供就业岗位。

啃下"硬骨头" 教育行稳致远

近年来，四川紧扣"义务教育有保障"，坚持人、财、物大力倾斜支持，补短板、缩差距、强弱项，打好打赢教育脱贫攻坚战，推动贫困地区教育加快发展，初步实现贫困学生有学上、能上学、上好学目标。

我也清醒地认识到，当前四川正由教育大省向教育强省迈进。四川教育脱贫攻坚虽然取得了一定的成绩，但也还存在一些困难和问题，还有一些"硬骨头"要啃、硬仗要打、硬堡垒要攻，这些困难问题直接影响着教育脱贫攻坚的成色。

目前四川教育脱贫存在的主要困难有辍学风险较大、校舍不足、教师缺乏等。受自然条件的影响，加上教师编制总量的限制，四川贫困地区教师招不进、留不住问题比较突出，任课教师不足、专任教师缺乏，教学质量提升缓慢，这也是接下来教育脱贫攻坚的重点之一。

我认为，为了确保全面打好打赢七个未摘帽贫困县的教育脱贫攻坚战，确保七个县如期脱贫摘帽，需要继续政策支持、集中力量攻坚。针对困难攻坚，打好控辍保学歼灭战，打好项目建设突击战，打好教师缺额统筹战。同时，四川将落实控辍保学"六长"和"双线八包"两线责任，保证失辍学生全部复学；力争 2020 年化解超大班额，力争 2021 年化解大班额；统筹公招、帮扶支教、实习顶岗、银龄讲学、国培省培项目，多措并举化解教师数量和质量问题。

此外，四川要实现义务教育基本均衡发展整体顺利通过国家验收，关键看凉山，攻克最后的堡垒和难点都在凉山。当前四川义务教育基本均衡未通过国家评估认定的 18 个县中 10 个县在凉山州，未通过省级验收的最后 4 个县——昭觉、布拖、金阳、美姑也全部在凉山州。

实现义务教育均衡发展的目的是实实在在解决教育的突出问题和困难，真正推动教育发展水平提升，让群众得教育实惠，而不是为了验收而验收。教育脱贫各项工作任务艰巨、使命光荣，下一步，我们将坚持以习近平新时代中国特色社会主义思想为指导，坚决落实习近平总书记在决战决胜脱贫攻坚座谈会上的重要讲话精神和中央、省委决策部署，以不破楼兰终不还的坚强意志，以越是艰险越向前的顽强作风，咬定目标、一鼓作气、克难奋进，坚决克服新冠肺炎疫情影响，坚决夺取教育脱贫攻坚收官战的全面胜利。

（四川省政府办公厅　整理）

谈四川脱贫攻坚中的住房安全保障

杨洪波

为什么要出台《四川省农村住房建设管理办法》

2008 年以前，我省农房建设虽然没有多少政策性刺激带动，但每年也存在一定数量的农房新改扩建，大多是农户自主建设。受城乡二元建设管理模式制约，部分农房建设仅有最基本的报批，建设过程及验收基本处于无人监管的局面。造成这样的局面原因颇多，乡镇机构人员薄弱、无力监管是其中之一，但更重要的是缺乏相关法律依据，使他们没有手段去监管。国家层面也一直没有农房建设管理的上位法，再加上当时对农村建筑工匠没有形成规范化管理，基本都是建房户亲帮亲、邻帮邻修的，部分农房存在明显的质量安全隐患，至于住房功能不完善、分区不合理、人畜不分离更是普遍现象。这些历史遗留问题，在 2008 年就集中爆发了——2008 年汶川地震造成我省农房倒塌和严重损坏 138.3 万户，一般损坏 221.3 万户。我当时担任省住房城乡建设厅厅长，灾后举全厅之力，迅速落实中央和省委关于灾后恢复重建的决策部署，一头全力搞好灾后农房应急评估、配合做好灾后重建规划，另一头抓紧研究出台《四川省农村居住建筑抗震设计技术导则》《四川汶川地震灾后农村房屋恢复重建选址技术导则》《汶川地震灾后农房恢复重建技术导则》《四川省农村居住建筑抗震构造图集》等一系列农房灾后恢复重建的技术标准、规范、图集等，这些规范标准的推广应用，在灾后重建三年任务两年完成的目标要求下，尽可能的保证了灾区农房恢复重建的质量，普遍达标我不敢说，这个需要历史来检验，但至少和 2008 年以前建设的农房比起来，无论是户型设计、选址安全、施工水平、抗震能力都得到了质的飞跃。也正是在 2008 年汶川地震以后，四川各级党委政府开始高度重视农房建设质量安全，建筑工匠、建房户的安全意识也有了很大程度的提升；此外，汶川地震灾后重建既属政策性建房，又大多是政府统一组织实施，在这个过程中，省上和灾区也积累了一些农房建设管理的经验。

2008 年汶川地震这一造成世界性影响的自然灾害，农房损毁严重，农民群众是受害者，2009 年住房和城乡建设部在全国范围内启动农村危房改造试点，这当中也存在汶川地震刺激的因素，党中央、国务院不希望这一悲剧在全国其他省份重演——那个时期中国的农房，基本难以在大型自然灾害面前保障农民的生命财产安全，并且农房本身也是农民最大的财产。从 2009 年开始，全省农房建设进入政策性推动的新阶段，除农村危房改造逐年扩大试点范围外，2011 年省政府出台了《关于加快推进新村建设和农村 D 级危房改造的通知》，在全省范围内启动了幸福美丽新村建设，同年针对大小凉山 13 县启动了彝家新寨建设试点，2013 年针对 32 个藏区县启动了藏区新居建设试点，就在这一年，我省又遭受了 4·20 芦山地震，芦山地震灾区基本属于汶川地震的非灾或轻灾区，没有大规模实施灾后恢复重建，农村危房改造政策的覆盖面也不足，这些地区的既有农房仍然没有经受住考验，发生了较大规模的倒损，造成了人员伤亡。值得一提的是，我省在芦山地震灾后恢复重建中，总结汶川地震灾后农房重建经验，出台了《芦山地震灾后自主重建管理办法》，将灾后自主、分散重建农房纳入监管范围，并规定省内其他自主建设农房参照执行，这算是我省将非统建农房纳入政府监管范围的首次尝试。那个时候我已经到遂宁市工作，在全省统一推动土坯房改造的前一年，我就安排部署了全市的土坯房改造工作，土坯房改造没有政策支持，大多也是散户自建，因此我主导县上在实施土坯房改造过程中，参照《芦山灾后自主重建管理办法》，因地制宜建立了一套监管模式和办法，有较为明显的效果，但由于非灾区只是参照执行，存在一定的局限性，有些工作不太好落实。

2016年，我任副省长分管住房城乡建设后，首先想到的就是要在全省尽快建立一套农房建设监管的法规制度，这个想法我也和其他人探讨过，有人说："2016年脱贫攻坚了，基本都是政策性建房，有钱就好管，出这个东西有没有必要？"我也犹豫过，毕竟没有上位法，要出就一定要有充分的理由。最终有三点让我坚定了想法：一是有其他省出了，而且执行得不错，只不过没有上升到政府规章的层面；二是脱贫攻坚明确中央统筹、省负总责，为确保农房建设不出系统性问题，必须建章立制、压实责任；三是脱贫攻坚建房并不是一锤子买卖，乡村振兴还是要搞农房建设，就算乡村振兴搞完了，农民自主建房也会长期存在，出这样的法规制度一直有用。我把想法报省委省政府负责同志同意后，立即找到住房城乡建设厅有关同志商量谋划，并最终在2017年1月9日省政府第140次常务会审议通过，以省政府319号令形式正式出台了《四川省农村住房建设管理办法》(以下简称《管理办法》)。《管理办法》既从农房建设技术上进行了规范，又从根本上破解了"谁来管""怎么管"的难题。目前来看，在大多数地区都宣传贯彻得很好，政府支持建房户也拥护，没有出现什么大的问题，较好地实现了我的初衷。

创新建立省农村住房建设统筹管理联席会议机制

四川是全国农房建设政策种类最多的省份之一，现行政策共十项，其中主要政策六项：住房城乡建设部门牵头的农村危房改造，发展改革部门牵头的易地扶贫搬迁和藏区新居，扶贫开发部门牵头的大中型水库避险解困和彝家新寨，自然资源部门牵头的地质灾害避险搬迁。在执行中普遍存在着政策分口管理、市县多头申报、对象交叉重叠、质量安全标准不统一的问题，这些问题在凉山州等深度贫困地区尤为突出。当发现凉山州喜德县彝家新寨建设质量差等问题后，搞清楚彝家新寨不是住房城乡建设部门牵头，住房城乡建设部门基本没有介入，意识到有不妥之处后，省委负责同志提出一个原则："无论是谁牵头的农房建设，都要按照住房城乡建设部门制定的质量安全标准来实施。"

农房建设牵头部门的职能职责都是既定的，上下渠道也是成熟的，不宜打破现有格局，那么只有建立一个议事协调机构来完成这项特殊任务，既然要按照住房城乡建设部门的质量标准来，把办公室设在住房城乡建设厅是最佳方案。按照这个思路，向省委负责同志作了汇报，紧接着又召开两次省级部门的协调会议，最终在2017年1月26日，以省脱贫攻坚领导小组名义，印发了《关于建立全省农村住房建设统筹管理联席会议制度的通知》，正式建立了由住房城乡建设、扶贫开发、发展改革、财政、农委、国土为成员单位的联席会议机制，由住房城乡建设厅分管领导任联席会议办公室主任。目前，联席会议制度两项主要任务一直坚持得很好：一是每个季度召开联席会议，及时分析研究各类农房建设政策推进中存在的问题，对于不能现场解决的问题专报联席会议召集人，由省委省政府协调解决；二是省市县三级联动，督促各政策牵头部门履行农房建设质量安全第一主体责任，住房城乡建设部门统一质量安全标准、主动配合开展各类农房建设的质量监管。农房联席会议制度的创新建立和顺利运行，与《管理办法》一起，极大促进了全省各类农房建设的法制化、规范化、标准化管理。在这之外还有一些意外的收效：联席会议办公室开发了四川省农村住房建设管理信息系统，按照"同时符合多项政策支持的贫困农户，有且只能享受一项政策"的原则，定期核查剔除重复多头享受政策对象，最大限度发挥财政资金使用效益。根据住房城乡建设厅、财政厅2019年上半年给省政府的专报，通过对六项主要农房建设政策的交叉比对，共清理了8.84万户重复申报对象，节约财政资金约15亿元。这一联席会议制度在脱贫攻坚中发挥了重要作用，得到省委省政府的高度认可，目前，成员单位增加到了十个行业部门，继续发挥着应有的作用。

凉山州脱贫攻坚农房建设巡检机制取得关键成效

针对凉山州深度贫困县建立的脱贫攻坚农房建设巡检机制，得到了中央有关领导的高度肯定。事实上，在 2016 年我就要求住房城乡建设厅从省内企业选派相关专家，常驻阿坝、甘孜、凉山州有关县，现场开展农房建设的技术服务指导，这个就是巡检机制的雏形。2018 年底，通过脱贫攻坚成效考核发现的住房问题，结合省农房统联办每年组织的两次农房建设专项检查，可以明显看出阿坝、甘孜和其他 18 个市，脱贫攻坚农房建设整体推动比较顺利，没有发现重大的、系统性的问题。全省脱贫攻坚住房安全保障的重点和难点，就是万众瞩目的凉山州深度贫困县。

2019 年 2 月，《凉山州脱贫攻坚农房建设质量安全巡检工作方案》正式制定，从省内 29 家大型建筑企业选派 53 名专业技术人员，组成 11 个农房建设质量安全巡检组，一一对应 11 个深度贫困县开展巡检工作。一方面对集中安置点项目和多户联建项目全覆盖逐一检查，对散户自建农房按照不低于 10% 的比例抽查；另一方面通过现场宣讲培训等多种形式加强技术指导，帮助当地完善质量安全监管体系。实施巡检以来，凉山州共发现农房质量安全问题 3053 个，目前基本得到有效整改；培训当地一线监管和建设人员 1.47 万人，显著提升了他们的质量安全意识和业务能力。尤其是 2020 年 3 月，在新冠疫情基本得到控制后，住房城乡建设厅组织巡检组开展了决战决胜凉山州脱贫攻坚农房建设质量安全巡检百日攻坚行动，对凉山州脱贫攻坚农房建设扫尾任务开展全面排查，及时研究解决了影响建设进度的问题，确保所有建档立卡贫困户住房建设项目在 6 月 30 日前实现全面竣工，啃下了全省乃至全国脱贫攻坚住房安全保障最后的"硬骨头"。

现代夯土技术是提升农房建设品质的有效路径

　　随着乡村振兴战略深入实施，在巩固提升脱贫攻坚农房建设成果的同时，要进一步顺应新时代农村农民生产生活方式，大力推进宜居型农房建设，尤其要推广应用绿色环保的农房建造新技术新工艺。四川是农业人口大省，也是农房建设大省。近年来，全省需改造的土坯房有203万套，这些土坯房中有相当一部分是四川的传统民居建筑。对此，我多次召集住房城乡建设厅有关同志研究如何既改造土坯房，又留住"乡愁"。根据省情实际，结合土坯房改造，我们因地制宜实施了现代夯土农房建设。现代夯土农房是对传统夯土建造方式的传承和创新，是新型材料和传统工艺的有机融合。2019年初，我在巴中市南江县召开全省农村土坯房改造行动现场会，大家参观了南江县现代夯土技术运用实例，改造后的现代夯土农房经济安全、功能完善、风貌协调，得到了大家的一致好评。

　　2019年2月，住房和城乡建设部办公厅下发了《关于开展农村住房建设试点工作的通知》，要求各地结合实际建设一批功能现代、风貌乡土、成本经济、结构安全、绿色环保的宜居型示范农房。我们根据住房和城乡建设部要求，在川北和攀西等有夯土建造传统，且气候地理环境契合的地区，建成了一批彰显巴蜀特色的现代夯土农房。其中，甘孜州得荣县建成了扎格村现代夯土活动室项目，不仅节能舒适、美观实用，而且造价低于当地一般低层混凝土框架建筑；攀枝花市米易县在技术单位指导下，以村民自建为主，建成了40余栋现代夯土示范农房；德阳中江县和绵阳游仙区将现代夯土技术与乡村旅游相结合，高质量建成50余户现代夯土农房；凉山州结合深度贫困地区脱贫攻坚，目前正在高标准建设五栋现代夯土村级活动室。同时，我们不断完善政策配套和技术标准，先后编制了《四川省农村现代夯土墙居住建筑构造图集》《四川省农村现代夯土建筑技术标准》和《四川省土坯房维修加固图册》，规范了现代夯土技术农房的设计、施工、验收及维护等技术流程。

以上我谈到的《管理办法》、农房统联制度、凉山州巡检机制，可以算是四川打赢住房脱贫攻坚战的"三驾马车"，前两者解决了全省面上的普遍困难，后者解决了深度贫困地区的特殊困难，相辅相成、缺一不可；而现代夯土技术等新型农房建设技术的试点运用和逐步推广，必将为下一步实施乡村振兴战略提供新途径。回顾五年以来，我分管住房安全保障工作的历程，一路走过来，没有取得什么特别显著的成绩，但还是完成了中央和省委确定的基本目标，为农村困难群众做了一些实事，也算是做到了不忘初心吧。

（四川省政府办公厅　整理）

紧盯目标　攻坚克难　坚决打赢脱贫攻坚收官之战

尧斯丹

问：习近平总书记提出要"不忘初心，牢记使命"，作为分管扶贫工作的副省长，您是如何践行脱贫攻坚工作的初心和使命的呢？

尧斯丹：中国共产党人的初心和使命，就是为中国人民谋幸福，为中华民族谋复兴。2020 年我国现行标准下农村贫困人口全部脱贫，是中国共产党向全国人民作出的郑重承诺。作为分管扶贫工作的副省长，打好精准脱贫攻坚战，是历史赋予我们这一代人的重大使命，能够参与、见证这项伟大的事业，是我的幸运和光荣。

四川是全国扶贫任务最重的省份之一，具有量大、面宽、程度深等特点，脱贫任务极其艰巨。2013 年底全省有建档立卡贫困人口 625 万、占全国 7%。主要分布在川西北高原地区、秦巴山区、乌蒙山区和大小凉山彝区，国家明确的"三区三州"贫困地区涉及我省的凉山州、甘孜州、阿坝州占全省面积的 57.5%。可以说，四川是全国扶贫任务最重的省份之一，更是全国脱贫攻坚的主战场。

党中央、国务院高度重视四川的脱贫工作，习近平总书记对四川的脱贫攻坚工作多次作出重要指示批示，2018年春节前夕更是深入大凉山腹地昭觉县看望慰问贫困群众，面对面指导深度贫困地区脱贫攻坚工作，为我们打赢脱贫攻坚战提供了根本遵循。省委、省政府全面贯彻总书记和党中央决策部署，推动党中央决策部署在四川不折不扣落地落实、见到实效。

自分管脱贫攻坚工作以来，我始终坚持把学习贯彻习近平总书记关于扶贫工作的重要论述和对四川脱贫攻坚工作的重要指示精神作为重要政治任务，把打赢脱贫攻坚战作为增强"四个意识"、坚定"四个自信"、做到"两个维护"的具体行动。2017年9月至今，我走遍全省四大贫困片区，摸清了底数，做到了心里有数；参加了16次脱贫攻坚领导小组会，主持召开了40余次各类脱贫攻坚专题会议，推动有关工作落实落地。在党中央、国务院的坚强领导下，在省委、省政府的全力推动下，在中央部委和兄弟省份的帮扶支援下，在全省上下的共同努力下，我省的脱贫攻坚工作不负众望，取得了决定性胜利。截至2020年底，全省88个贫困县、11501个贫困村、625万贫困人口成功脱贫摘帽，全面消除了千百年存在的绝对贫困和区域性整体贫困。我省连续四年在国务院扶贫开发领导小组对省级党委和政府扶贫开发工作成效考核中都被评为"综合评价好"的省份。

问：我们常说脱贫攻坚最重要的就是"两不愁三保障"，这方面您重点做了什么工作，能举例讲一下吗？

尧斯丹："两不愁三保障"通俗理解就是吃穿不愁，医疗、教育、住房有保障。俗话说，房子好不好，就知道这家日子旺不旺。习近平总书记高度重视四川贫困群众的住房安全工作。2018年春节前夕，习近平总书记亲临昭觉县三岔河乡三河村、解放乡火普村易地扶贫搬迁安置点调研视察，并对四川省易地扶贫搬迁工作提出了希望；2017年，四川成功承办全国易地扶贫搬迁现场会，李克强总理作出重要批示，汪洋同志出席会议并对四川易地扶贫搬迁工作提出了明确要求。省委、省政府主要负责同志也在省委常委会、省政府常务会议、省脱贫攻坚领导小组会议上，多次就做好我省的易地扶贫搬迁工作进行安排部署，并就相关工作作出批示。

为贯彻落实好党中央和省委、省政府领导的重要决策部署精神，我把很大一部分精力放在了住房安全上，坚持把易地扶贫搬迁作为脱贫攻坚"头号工程"，先后到眉山市仁寿县方家镇武通村、甘孜州巴塘县竹巴龙乡、凉山州布拖县特木里镇大型集中安置点、金阳县城河东新区马依足组团"千户彝寨"易地扶贫搬迁集中安置点、美姑县牛牛坝易地扶贫搬迁集中安置点等地方开展实地调研，召开全省现场会3次、视频会10次、片区推进会12次专题研究推动有关工作，指导出台《坚决打赢易地扶贫搬迁攻坚战三年行动实施意见》《关于加强易地扶贫搬迁后续脱贫发展的指导意见》《关于严格控制易地扶贫搬迁住房建设面积的通知》《关于进一步细化明确易地扶贫搬迁有关政策的通知》等政策性文件，指导提前编制年度专项实施方案，合理确定时间表、路线图，推动国家易地扶贫搬迁决策部署落地落实，同步规划搬迁安置与脱贫发展。结合彝家新寨、涉藏地区新居、乌蒙新村、巴山新居和美丽新村建设，对高原涉藏地区、大小凉山彝区等重点区域给予倾斜，统筹推进住房建设和后期扶持，在确保"挪穷窝""搬得出"后，努力实现"稳得住、有就业、逐步能致富"。

"十三五"期间我省实现易地扶贫搬迁人口136.05万人，规模居全国第二。完成农村危房改造62.21万户，让353.78万脱贫群众住上了通电通水、安全敞亮的"安心房"，老百姓千百年来的安居乐业梦想终于成真。用搬迁群众的话讲，搬入新房子后，住得更安心了、过得更舒心了、变得更有信心了。

住得更安心，是因为脱贫群众拥有了安全的房子和有效的健康保障。以前，这些贫困群众大多居住在高山陡坡上，房屋质量差，住房安全和医疗条件等没有保障，自然灾害、房屋倒塌危险和地方病也时刻威胁着群众生命财产安全。易地扶贫搬迁由各级政府为贫困群众承担了绝大部分盖房的资金，搬迁户每户自筹不超过一万元，而且从搬迁选址、房屋设计到竣工验收都严格落实规范要求，达到国家规定的抗震等安全标准，还为搬迁群众配套了安全的饮用水、医院诊所等健康设施，更有医保等配套政策保障，地方党委政府也时刻关心着他们的情况，随时为他们提供政务服务，群众只管安心入住、专心致富。

过得更舒心，是因为脱贫群众生产生活条件发生了显著变化。我们坚持路网水网电网和基本公共服务与搬迁住房的建设一体规划、同步实施，这几年建成集中安置点6300多个，配套建设农村公路、入户电网、饮水管网等基础设施，以及建设学校90多所、卫生院（所）2000多个，修建村文化室、活动室等2800多个。同时，开展"一村一幼"和"学前学会普通话"行动，让贫困家庭的孩子享有更多更好的教育，群众的精神文化生活也越来越丰富。

变得更有信心，是因为脱贫群众有了长久生活保障的特色产业。住上好房子只是面子，发展产业增收致富才是里子。我们始终坚持"挪穷窝"与"换穷业"并举、安居与乐业并重、搬迁与脱贫并进，扎实做好易地扶贫搬迁"后半篇文章"。特别针对贫困群众主要集中于农村这一现实情况，因地制宜指导当地大力发展农林产业，大小凉山彝区重点发展特色水果、烟叶、马铃薯等，高原涉藏地区重点发展高山蔬菜、牦牛、藏药等，乌蒙山区重点发展热带水果、蚕桑、特色养殖等，秦巴山区重点发展茶叶、道地药材、特色干果等，群众收入稳定增加，群众对现在的生活普遍较为满意，并对未来的生活充满了信心。

问：面对新冠疫情、暴雨洪涝多突发灾害，我们采取哪些措施，确保了如期打赢脱贫攻坚战，夺取脱贫攻坚工作最后胜利？

尧斯丹：面对这些灾难，我们认真做好脱贫攻坚"必答题"、疫情防控"加试题"和防灾减灾救灾"新课题"，努力打好脱贫攻坚收官之仗，实现了"五个最大"。

一是最大限度降低了疫情灾情影响。从疫情暴发开始，就把疫情防控作为最大政治任务，按照省委省政府的统一安排，做好由我担任召集人的农村疫情防控专班有关工作，及时制定出台《关于应对新冠肺炎疫情进一步做好就业扶贫工作的通知》《做好 2020 年产业扶贫工作促进贫困群众稳定增收八条政策措施》等一系列针对性的政策措施，把优先支持贫困劳动力务工就业摆在突出位置，实施"春风行动"、组织"点对点"直达服务等。目前全省务工贫困劳动力达 220.9 万人，比 2019 年增长 10.7%，累计开发临时公益性岗位安置贫困劳动力 28.9 万人。全省 903 家扶贫龙头企业、814 个扶贫车间全部复工，受益贫困人口 7 万余人；出台了产业扶贫工作促进贫困群众稳定增收"八条政策"，春节以来帮助销售滞销扶贫产品 4.06 亿元。同时，强化监测、及时帮扶，全力化解因灾返贫致贫风险，紧急转移安置贫困群众 1.12 万人、生活救助 0.6 万人，全省没有一户贫困户因疫因灾返贫致贫。

二是最大强度开展了挂牌督战作战。针对凉山州还有七个县未脱贫摘帽，省委统一安排省级领导督战到县、12 个行业工作专班作战到村、七个工作组参战到点、省脱贫攻坚办 12 次视频调度、省委省政府督查室定期督查，督战结合、既督更战。2019 年 5 月份我到凉山开展了蹲点指导，之后更多次赴凉山开展有关工作调研，现场督促指导凉山州啃下这块"硬骨头"。截至 2020 年底，向七个挂牌县下达到位中央和省级财政专项扶贫资金 54.23 亿元，到位中央脱贫攻坚补短板综合财力补助资金 32.64 亿元，实现了安全住房和安全饮水等工程项目全部建成、全面达标，"户六有""村五有""乡三有"目标任务全面完成。目前，七个县已经摘帽退出。

三是最大力度销号了存量问题。我认为脱贫攻坚是一个需要不断完善的过程。怎么完善？就是要不断的发现问题、整改问题。我们按照核定措施、确定效果、议定成果、审定结果、认定销号"五定"工作法，扎实推动"两不愁三保障"回头看大排查、脱贫攻坚成效考核、主题教育检视等发现和反馈问题的一体整改、挂账销号。组织 88 个省直定点帮扶牵头单位和 15 个市（州），共计 3600 余人，对 161 个县（市、区）问题整改情况进行了全覆盖检查，确保了问题整改到位。

四是最大广度凝聚了攻坚合力。"一个好汉三个帮"，四川的脱贫攻坚工作离不开各方的关心支持和共同努力。省委、省政府主要负责同志亲自带着我们开展与广东、浙江两省的互访，落实两省对四川的财政帮扶资金 35.7 亿元，实施帮扶项目 999 个；带领我们积极对接 24 家中央在川定点扶贫单位，落实帮扶资金 7.4 亿元，实施帮扶项目 377 个，选派挂职干部 115 人来川开展帮扶工作；指导我们推动协调 379 家省内定点扶贫部门落实 7.24 亿元帮扶资金，实施 2561 个帮扶项目。

五是最大程度巩固了脱贫成果。2020 年全省共投入中央和省级财政专项扶贫资金 199.52 亿元，比 2019 年增加 44 亿元，为巩固脱贫攻坚成果提供了有力保障。全面建立防止返贫监测帮扶机制，逐户采取针对性措施，及时开展帮扶，全省 7.77 万脱贫不稳定户、边缘易致贫户返贫致贫风险全部消除。大力推进消费扶贫，在广东开展的"金秋购物助力脱贫·四川扶贫产品展销周"活动和省内举办的"消费扶贫月"活动成果显著，"四川扶贫"公益品牌累计用标产品 6228 个，入选《全国扶贫产品目录》扶贫产品达 14086 个，销售额达 162 亿元。在全省"五大流域"53 个基础较好的县（市、区）开展建立解决相对贫困长效机制试点，为推进全面脱贫与乡村振兴有机衔接积累经验。

总体上看，我省脱贫攻坚有力有序推进，总体进展形势良好。2020 年计划摘帽的 7 个贫困县、退出的 300 个贫困村、脱贫的 20 万人各项指标达到脱贫标准，已经实现脱贫摘帽退出。顺利完成 74 个县的国家普查和 87 个县的省级调查，全面检验了脱贫成色。下一步，我们将继续深入学习贯彻习近平总书记关于扶贫工作的重要论述，全面贯彻落实党中央、国务院和省委、省政府安排部署，始终保持冲锋冲刺状态做实抓细各项工作。我坚信，在习近平新时代中国特色社会主义思想的科学指引下，在以习近平同志为核心的党中央坚强领导下，通过全省上下的共同努力，四川一定能够实现巩固拓展脱贫攻坚成果同乡村振兴有效衔接，取得更加优异的成绩。

（四川省政府办公厅　整理）

全力当好四川脱贫攻坚的推动者

降初

  降初一生与扶贫工作有缘，长期在贫困地区为老百姓工作，一直在为广大贫困群众摆脱贫困、过上幸福生活而不懈努力。党的十八大以来，降初认真学习习近平总书记关于扶贫工作的重要论述，聚焦"两不愁三保障"目标标准，落实精准方略，全力当好脱贫攻坚的"总参谋长""总施工队长"和"总督查长"，最大限度地协调各方面力量，尽锐出战、顽强作战，为推动四川脱贫攻坚战取得全面胜利作出了贡献。2021年被评为全国脱贫攻坚先进个人。

  我叫降初，1963年6月生，藏族，中共党员，一生都与扶贫有缘，曾担任四川省政府副秘书长、省扶贫开发局党组书记、局长，现任四川省政府副秘书长、省政府办公厅主任。2021年2月25日，我有幸参加了在北京人民大会堂隆重举行的全国脱贫攻坚表彰大会，并作为全国脱贫攻坚先进个人代表上台领奖。7月1日，我又荣幸参加庆祝中国共产党成立100周年大会，现场聆听了习近平总书记的重要讲话，这是党给予我的又一次重大荣誉，我将终生铭记，更加坚定地为党的事业奋斗终身。我生在新中国、长在红旗下，几十年来党和人民给了我很多机会、平台、赞扬、荣誉，自己也临危不惧、站得出来、冲得上去、拿得下来、不计得失以诠释对党的忠诚，用心用情去为人民努力工作，取得的一些成绩受到组织的肯定和群众的认可。我常常在夜深人静的时候回味，总是感到无比的幸福和欣慰！

我一生的扶贫情缘

我刚参加工作不久就与扶贫工作结缘。1988年，我25岁就来到了甘孜州和阿坝州交界的太平桥乡，担任丹巴县科技扶贫工作组组长，后来又代理该乡党委书记。那时候，我在那个不通电、不通路的地方，带领乡亲们持之以恒地推良种、用薄膜、搞改制、抓改土，点点滴滴见到了成效，受到当地老百姓的称赞。我的工作得到组织认可，我连续被推荐为党的十四大代表、中国科协四大代表、"四川省十大杰出青年"、"全国民族地区杰出青年"、"甘孜州拔尖人才"，这些都是对我扎根基层、心系群众，推广科技、助力脱贫的肯定。31岁时，我担任甘孜州炉霍县委书记，我记得上任后参加的第一个全省性会议，就是在重庆黔江地区召开的四川省扶贫开发工作会议。会后，我有感而发，写下了《宁愿苦干　不愿苦熬》的文章，发表在《甘孜日报》上，表达了为扶贫事业不懈奋斗的志向。1997年底，我在中共炉霍县第八次代表大会上所作的工作报告，提出实施"五九"计划，即90%的适龄儿童入学、90%的牧民定居、90%的群众搬进新居、90%的村通电、90%的村覆盖卫星电视。现在看来，这些指标与脱贫攻坚期间的脱贫目标有不少不谋而合，有解决贫困群众"两不愁三保障"的想法。

2016年，我正在党校进修时，听从组织召唤，欣然受命到省扶贫部门工作，全身心投入到脱贫攻坚战。我还以自己的名字响亮发出"不降标准、不忘初心"的铮铮誓言，以表达我工作冲得上、豁得出的决心。2017年7月，我担任省扶贫开发局党组书记、局长，兼任省政府副秘书长，2018年12月兼任省脱贫攻坚办主任。由于长期在边远山区、民族地区工作，一直与农村、农业和农民打交道，组织让我来干脱贫攻坚工作，我还是有些信心和底气的。但是，四川贫困量大面宽、贫困程度深，并且脱贫攻坚越到后面，剩下的都是最难啃的"硬骨头"，深感肩上的担子重、责任大。我也深知脱贫攻坚不是靠一两个部门就能办成的事，需要集团作战，真刀真枪地干才行。为此，我努力当好省委省政府脱贫攻坚的"总参谋长""总施工队长"和"总督查长"，最大程度地调动各地各部门的积极性、最大力度地压紧压实各地各部门的责任。同时，我还以全国人大代表的身份，每年都以扶贫为主题建言献策，通过各级媒体积极呼吁全社会力量参与脱贫攻坚，为贫困群众脱贫致富奔走呐喊，最大限度地协调各方面力量，尽锐出战，推动四川脱贫攻坚战取得全面胜利，实现全省88个贫困县、11501个贫困村、625万贫困人口全部如期高质量脱贫摘帽，彻底解决四川千百年来存在的绝对贫困和区域性贫困问题。

全力当好"总参谋长"

古人说得好，凡事预则立，不预则废。我记得，脱贫攻坚战进行到2018年，正是最关键、最胶着的时刻，"两不愁三保障"一些突出短板显现，深度贫困地区的特殊难题需要政策支撑。党中央、国务院及时出台了打赢脱贫攻坚战三年行动的指导意见。我清醒地认识到，四川需要迅速制定贯彻意见，以指导各地各部门继续用力打好攻坚战。作为省脱贫攻坚办主任，为省委、省政府当好参谋、做好决策服务是首要职能。为此，我第一时间组建文件起草小组，并担任组长亲自抓，明确一位分管负责同志具体抓，一个处室具体承办，相关处室全力配合。我们组建了六个调研小组，分赴各地开展实地调查研究。我还带领一个小组，深入凉山、甘孜、巴中等地，进村入户开展调研，掌握第一手资料。先后五次组织召开专题会议，开展头脑风暴，充分吸纳各方面意见，创新提出破解深度贫困地区特殊支持措施、到村到户精准帮扶

"十大攻坚战"和财税、金融、土地、人才等"四大支撑政策",最终出台了具体的实施意见,实施意见明确了全省脱贫攻坚三年行动的时间表、路线图、责任链,为全面打赢四川脱贫攻坚战提供了强有力的政策保障。

2020年是脱贫攻坚决战收官之年,这场决战如何打?战术战法需要怎样调整?我在2019年底就开始琢磨这个问题,经过多次调研和反复思考,提出2020年脱贫攻坚战主要打好"五大战役",得到省委省政府的认可。比如,如何打好问题整改"突击战"?我们研究提出了核定措施、确定效果、议定成果、审定结果、认定销号"五定"整改工作法,组织3600多人对161个县整改情况进行了全面检查,围绕"两不愁三保障"回头看大排查、国家脱贫攻坚成效考核等发现和反馈的突出问题,开展问题整改清零行动,确保所有问题整改到位。比如,为了打好总结宣传"阵地战",我们积极争取国务院新闻办脱贫攻坚首场新闻发布会在四川成功举行,统筹推动扶贫文艺演出8800余场(次),拍摄电影、专题片等2000余部,创作文艺作品1.4万余部,发出了响亮的"四川声音",讲好"四川故事"。东亚减贫示范合作技术援助项目(柬埔寨部分)圆满收官,向世界展示了"四川经验"。此外,我们还创新提出围绕省"五大经济区"和"五大流域"这条"线"布点,创建基本相连的脱贫攻坚与乡村振兴有效衔接试点"片"。2020年初我们选了53个县(市、区)作为有效衔接试点县,探索建立脱贫帮扶的长效机制,打好了"破局战"。为此,我撰写了一篇名为《实现巩固拓展脱贫攻坚成果同乡村振兴有效衔接的方法思考》的报告,得到中央领导同志的批示,给我们巨大鼓舞和鞭策。

全力当好"总施工队长"

政策措施有了之后,关键在于落地生根、开花结果。脱贫攻坚战也是这样。我作为脱贫攻坚办主任,就是"总施工队长",就是"千手观音"。为此，我努力协调好上下左右，衔接好里里外外，统筹各类资源，协调各个方面，构建起横向到边、纵向到底、上下联动、协同发力的工作推进机制。比如，在抓贫困人口脱贫增收方面，消费扶贫是一项创新举措。针对贫困地区农产品"销售难"问题，我们在全国首创具有四川元素的"四川扶贫"公益性集体商标标识。特别是在宣传推广和运用这个品牌标识上，我提出了"四个凡是"，即凡是来自贫困地区的产品，都可以使用"四川扶贫"标识；凡是有公益标识的产品，都会动员公司、企业、平台等广大销售组织营销；凡是销售或助推扶贫产品销售企业和组织都会得到政府的支持；凡是有"四川扶贫"标识的产品，都积极倡导全社会消费，全面推进贫困地区农产品进市场、进餐企、进展会、进商超、进铁路、进高速、进机场、进机关、进社区、进网络。至 2020 年底，"四川扶贫"公益品牌累计用标产品就达 6228 个，入选《全国扶贫产品目录》的产品达 14086 个，销售额达 162 亿元，使我省贫困地区扶贫产品实现从"藏在深山无人识"向"一战成名天下知"的华丽蝶变。

让我印象最深的是，2019 年，为贯彻习近平总书记在解决"两不愁三保障"突出问题座谈会上的重要讲话精神，省委省政府决定从 6 月开始集中三个月时间，对全省所有建档立卡贫困户、易地扶贫搬迁户、非建档立卡特殊困难户（边缘户）开展落实"两不愁三保障"回头看大排查工作。为了高效率、高质量完成好这项重大工作，我先后 20 余次对大排查的问卷种类、指标设计、信息采集等细节问题逐条逐句修订完善，提出了操作简便、通俗易懂的"一进二看三算四核五填六评七签"七步排查法，形成了全省通用、标准统一的大排查《工作手册》，有效防止各自为阵打乱仗。5 月中旬，我们在"四大片区"及片区外各选择了一个县的一个乡镇开展全覆盖试点，实地测试并优化了大排查问卷指标的科学性、方法步骤的合理性、系统运行的稳定性，6 月上旬在全省全面启动。在工作推进中，我还统筹调度排查力量，全省逐级培训业务骨干 29 万余人，直接参与大排查工作的扶贫干部、驻村帮扶干部、村组干部等达 26 万余人，对全省 161 个县（市、区）、4115 个乡（镇）、11501 个贫困村、32790 个非贫困村进行了全覆盖排查。为了加强过程控制，我先后主持召开十余次全省视频调度会议，有效防止了惯性"加速度"导致排查"抢进度"。发现问题不难，难的是解决问题。我感到，大排查发现的每个突出问题都不是轻轻松松就能解决的，要用管用的方法才能做到事半功倍。因此，我又结合当时的形势任务，提出了建立台账、分类分级、制订方案、集中整改、逐一销号、建章立制、报告结果"七个环节"的问题整改办法，指导各地分类分级、逐条逐项整改。正是得益于科学的工作方法和管用的操作攻略，整个大排查得以有力有序有效开展。现在回想起来，各地各部门对这次大排查工作认识之到位、行动之迅速、贯彻之有力、排查之深入、整改之扎实，前所未有，收到丰硕成果，为夺取脱贫攻坚全面胜利打下坚实基础。

全力当好"总督查长"

脱贫攻坚是一场特殊的战役，采取的都是超常规的措施，其中严格督查督办是抓工作落实的有力办法。脱贫攻坚期间，我们统筹运用综合督查、专项检查、明察暗访、考核考评等多种督查方式，实现了脱贫攻坚政策全面落实，确保了脱贫质量。我认为，最能体现督查成效的，当属 2020 年对我省深度贫困地区——凉山州七个年度计划摘帽县的挂牌督战。

凉山是四川贫困程度最深、脱贫难度最大的深度贫困地区，是影响夺取全省甚至全国脱贫攻坚全面胜利的因素，也是我省打赢脱贫攻坚战的重中之重，难中之难，也是我最放心不下的地方。凉山深贫县的产业如何壮大、就业如何解决、"三保障"及安全饮水如何落实、基础设施建设薄弱环节如何破解、陈规陋习如何纠正、社会治理如何改善？是那一段时间我反复琢磨和思考的问题。经过深入调研，我们先后提出了支持凉山脱贫攻坚 34 条特殊支持政策和 16 条工作举措，在全省新选派 5700 多人、组成 11 支综合帮扶工作队等意见建议，得到了省委省政府的采纳。这几年，为了推动打赢凉山这场硬仗，我每年到贫困地区调研达 100 天以上，驱车三万多公里，其中凉山最多，每年都在十八九次，每次去都是带着问题去、留下解决办法回，有时候每个月平均都在两三次，长期超负荷、连轴转。2019 年 10 月下旬，我在凉山调研时因过劳累晕，经州、省医治后，家人对我说不要太拼了，身体最重要。我却笑道："只要不是心梗脑梗立即倒下，就要一直往前冲！""不要说是凉山，就是喜马拉雅山也必须拿下！"我用这种特别的方式来表达对坚决打赢凉山脱贫攻坚战的坚定信心和坚强决心！

2020 年，我主抓凉山七个计划摘帽县挂牌督战作战，组织省脱贫办及时制定出台《挂牌督战凉山州脱贫攻坚工作方案》，明确督战作战任务、方式和步骤，督战结合、以战为主。有了措施，人从哪里来？我从系统内部组织抽调精干力量，组建七个作战工作组，遍访七个挂牌县 243 个乡镇、1540 个行政村，摸清了七个挂牌县任务底数，逐一制定县级、村级《作战方案》，确保每个对象有人帮、每个点位有人攻、每项工作有人抓。我还从沐川县、朝天区、北川县、嘉陵区、南部县、广安区、南江县等七个已摘帽县（区）抽派 81 名精兵强将，分赴凉山七个挂牌县全程参战，一线蹲点长达八个月之久。这期间，我时刻关注督战进展情况，先后主持召开 12 次视频调度会，综合协调各级各部门作战力量，统筹调集施工力量、保障建材供应，有效解决凉山住房、安全饮水等突出问题。到 2020 年底，凉山最硬"骨头"被全面攻下，历史性地解决了彝区区域性整体贫困和绝对贫困问题，实现又一次"一步跨千年"。

最能体现凉山脱贫攻坚成就的一个例子，就是习近平总书记非常牵挂的凉山州昭觉县"悬崖村"。通过易地扶贫搬迁等综合措施，2020年 5 月该村 84 户贫困户 401 人已经全部搬下高山、住进新房，从曾经步步惊心"爬藤梯"，到后来安全省时"攀钢梯"，再到如今轻轻松松"走楼梯"，三种不同的"梯"，折射的是昭觉县乃至凉山州消除绝对贫困、快速进步发展的"阶梯"，这也是全省脱贫攻坚战的一个生动印记和具体缩影吧。

　　我经常在想，我这一生与扶贫结缘，不是偶然的，机会是党给的，责任是时代赋予的。我此生能够为贫穷的人点亮一束光，带去一点热，做一点事，是光荣的！能够参与脱贫攻坚这场伟大的战役，是我人生之大幸！

（张兵　整理）

抓好定点帮扶　助推脱贫攻坚

王承先

定点帮扶是社会扶贫的重要方面，是我国社会主义政治优势和制度优势的重要体现，是打赢脱贫攻坚战的重要力量，是党政机关、国有企事业单位履行社会责任、转变机关作风的重大举措。党的十八大以来，中共四川省委、四川省政府高度重视定点扶贫工作。按照省委、省政府安排部署，省直机关工委统筹负责每个贫困村有一名县级以上领导联系、一个帮扶单位、一个驻村工作队等工作，并牵头组织379个省直部门（单位）、高校、医院、国企、金融机构的定点扶贫和驻村帮扶工作。2021年2月，省直机关工委被评为全国脱贫攻坚先进集体。省直机关工委王承先，讲述了定点帮扶的故事。

我出生在秦巴山区一个偏远的小山村，从小家里条件一般，童年的艰辛生活给我留下了难以磨灭的印象。因为生在农村、长在农村，所以对农村、农业、农民一直有着很深的感情。2016年5月，我从省委党史研究室调任省直机关工委常务副书记，那时正是全省脱贫攻坚滚石上山、爬坡上坎的关键期。几年来，在省委的领导下，历任工委负责同志的努力下，在已有工作的基础上，我与工委班子一道心往一处想、劲往一处使，埋头苦干，攻坚克难，奋力推进点帮扶工作服务全省脱贫攻坚大局，取得一定成效。

建立健全协同推进的定点帮扶责任体系

我常常想起习近平总书记的铿锵话语："千百年来困扰中华民族的绝对贫困问题即将历史性地画上句号，我们将全面建成小康社会，实现第一个百年奋斗目标。"我也没有忘记，省委主要领导同志在与我的任职谈话中，明确指出抓好定点帮扶工作是省直机关工委的主要任务之一。

打响脱贫攻坚战以来，省委赋予了省直机关工委牵头开展定点帮扶工作的重任。我们清楚地认识到，把习近平总书记关于扶贫工作的重要论述贯彻好、把省委的重要指示落实好，是我们的职责所在、使命所系。

当时，党的关系隶属省直机关的党政部门（单位）有 128 家，包括有基层党组织 8453 个、党员 10.7 万人。此外，高校、医院、中央和省属企业、金融保险各系统加起来，总共有 379 个单位，这么多单位的帮扶工作都要由省直机关工委牵头。

但客观地说，当时省直机关工委的职责任务很重，而我们的定点帮扶工作体系还没有搭建起来。要全面牵头负责"四个一"工作（每个贫困村有一名县级以上领导联系、一个帮扶单位、一个驻村工作组、一名第一书记），必须把分散的力量组织起来、调动起来。为保证有专人管事理事，我要求在保持原有工作力量不减的前提下，从各处室抽调四名同志集中办公，组建了专门的干部驻村帮扶办公室负责日常工作。

省直机关干部驻村帮扶的底数还没有完全摸清，国有企业、教育、卫生、金融等几大系统干部驻村派出情况也不掌握。为此，我们立即安排重新对帮扶单位动员情况、干部选派情况、资金项目投入情况进行全面梳理。通过艰辛的努力，终于基本摸清了底数，下一步工作心中终于有了"谱"。

全覆盖的帮扶体系之所以还没有完全建立起来主要有两个原因：一

方面，一些部门片面强调自己单位小、人手少、资金少，既拿不出充足的资金，又派不出干部，有的甚至不派机关干部而是派工勤人员、借调干部；另一方面，一些部门帮扶的贫困村还没有安排干部，导致帮扶工作无法开展。在认真摸排的基础上，我们针对 19 个未单独派驻村干部和 7 个未单独帮扶一个贫困村的省直部门（单位），在"七一"前夕分别向主要领导发函，要求在 7 月内安排落实到位。7 月 6 日，召开工作座谈会，督促这些部门研究落实措施，对在 7 月底前仍落实不到位的部门（单位），向省委作专题报告，并进行通报批评。这一招虽然"狠"，但也"灵"，很快这个问题就迎刃而解。

针对帮扶单位优势不一、类型差异大、散落在"四大片区"的特点，我们打好组合拳，切实构建起集团作战、合力攻坚的组织指挥体系。省直机关工委会同省委教育工委、省卫生健康委、省国资委和省地方金融监管局，组织 128 家省直党政机关、124 所高校、44 家医院、61 家国有企业、22 家金融机构等共 379 个单位，投入定点帮扶工作，构建起协调联动、统筹有力的工作机制。

让我感动的是，几年来，随着省委一声令下，省直各部门、各行业系统迅速投入到定点帮扶攻坚战。从覆盖面上看，坚持尽锐出战，直接组织 379 个省直帮扶单位选派 3200 余名帮扶干部，做到了全省 88 个贫困县帮扶全覆盖，帮扶 1365 个贫困村，占全省贫困村的 11.87%。从帮扶单位来看，一些职能部门挑起了"三项重担"，既要履行部门职责研究推动专项扶贫，又要承担省领导定点扶贫组成单位牵头职责，还要做好自身的定点扶贫和驻村帮扶工作。各部门（单位）把定点帮扶纳入本部门年度重点工作，成立工作专班，形成领导班子主责、承办机构主推、部门全员主帮、驻村干部主干的"四位一体"帮扶工作协同推进体系。从帮扶任务上看，有的部门（单位）打完"辽沈战役"，接着打"平津战役"，在帮助贫困县完成摘帽任务后，以高度的政治责任感迅速挺进秦巴山区、乌蒙山区、高原涉藏地区和大小凉山彝区，又参与了 45 个深度贫困县的攻坚战。

通过这些实打实、硬碰硬的举措，很快建立起了同心同向、协调推进的责任体系。

全力推动定点帮扶工作落地落实

工作责任体系健全完善以后，下一步就是怎么推进工作的问题。

作为打赢脱贫攻坚战的基础工程，干部驻村帮扶重在解决"谁来扶"的问题。联系领导、帮扶单位是贫困村争取外部支持的重要渠道，驻村工作组、第一书记、农技员是脱贫攻坚一线的核心力量。一定程度上讲，省委做出决策部署后，贫困村的脱贫攻坚能取得多大实效，很大程度上要看驻村工作组这几个人的工作成效。

2016 年 6 月，我带队到宣汉县石虎村调研干部驻村帮扶工作。我与石虎村第一书记赵超进行了交谈，了解到驻村工作队的"五联、五送、五帮"工作法。"五联"了解群众心声——联村、联社区、联企业、联农户、联居民；"五送"解决民众所盼——送政策、送技能、送项目、送技术、送资金；"五帮"解决群众所需——帮助推动基层发展、帮助促进干群关系和谐、帮助加强基层党建、帮助群众致富、帮助群众排忧解难。这些举措很实，也很有成效。

我迫切感到，各部门必须清楚扶贫工作对象、目标、内容、方式、考核、保障等要求，不断提高工作的精准性、有效性和持续性。要进一步完善驻村帮扶工作管理机制，分清帮扶干部责任，做到责任精准、考核精准。

针对个别地方和部门（单位）帮扶工作不够落实、帮扶责任不清、作用发挥不充分等问题，我们着手开展全面的梳理总结，并在此基础上协调省委办公厅下发《关于进一步加强干部驻村帮扶管理工作的通知》，强调要进一步扛起驻村帮扶的政治责任，进一步明确帮扶部门（单位）联系领导、帮扶部门（单位）、驻村工作组的各自职责，对进一步加强驻村帮扶工作督查考核提出明确要求。

针对上下左右沟通联络机制不畅的问题，我们建立了省直机关和各市（州）干部驻村帮扶联络员专用 QQ 工作群，及时更新工作通讯录，畅通工作渠道；与省委组织部、省委农工委、原省脱贫办、农业厅、省扶贫移民局五大系统牵头单位加强协调沟通。

为建立完善责任考核体系，我们采取集中考核与实地考核相结合的方式，对省直部门（单位）帮扶工作情况的年度考核实行"三挂钩""三捆绑"，即：帮扶工作与部门年度目标绩效考核挂钩，与创建"四好一强"领导班子挂钩，与落实党建工作责任制挂钩；驻村干部年度工作表现、贫困村退出和贫困县摘帽均与帮扶部门（单位）及主要领导实行年度"捆绑"考核，以倒逼责任落实到位，推动部门真帮实扶。

最近，我们专门统计了一下几年来的定点帮扶工作总体情况：截至2020年底，379个省级帮扶单位共实施19580个帮扶项目，自筹帮扶资金70.1亿元，协调投入149.4亿元。很多单位压缩一般性行政开支，大力支持帮扶贫困村，应该说是用心用力、有绩有效。

着力锻造懂扶贫会帮扶的驻村干部队伍

到2021年5月，我到省直机关工委工作刚好五年时间。五年中，我每年都要去很多贫困县、贫困村调研督导，这些年已累计40多次。在贫困村，我见到了很多来自省级机关的下派干部。很多群众反映，驻村干部是真的肯吃苦、肯奉献，能够和当地群众一块苦、一块累、一块干，展现了新时代省直机关党员干部的良好精神风貌。

2016年7月，我去原省安监局帮扶的喜德县小山村调研。小山村位于喜德县西北部，海拔2300—4150米，山高坡陡。曾经的小山村，村民们守着贫瘠的土地，靠种庄稼勉强度日。扶贫先扶智，帮扶单位大力支持开办了农民夜校。村民们通过上夜校，开阔了视野，学到了新技术。勤劳的小山村人通过发展种植、养殖产业、外出务工等多种途径，过上了好日子，小山村很快就集体脱掉了贫困的帽子。

小山村能取得这样的成绩殊为不易。在这背后，是原省安监局下派的帮扶干部们的全身心付出和超常努力。第一书记吴霄组织村组干部、党员代表、贫困户到成都龙泉驿等地学习。通过外出学习，他们增长了见识，学到致富的办法。我得知，吴霄一直吃住在村支书家里，长时间工作、生活都在一起，和老书记情同父子，这让我很感动。我认识到，帮扶单位是脱贫攻坚的"战场指挥和后期保障部"，驻村工作组是打赢脱贫攻坚战的"前线指挥员"。如果每个贫困村都有一个像吴霄这样有思路、有办法、有能力、有情怀而且能吃苦的驻村干部，那么老百姓脱贫奔康就有了"定心丸"。

2016 年 7 月，我们还组织举办了省直部门（单位）干部驻村帮扶工作办公室主任培训班，挑选部分党政机关、群团组织、卫生、教育、金融、国有企业、民营企业等开展帮扶经验交流，组织优秀驻村干部交流驻村帮扶工作体会，选树了一批可复制可推广的部门（单位）帮扶和干部驻村工作经验。

2018 年 6 月，在彭州市宝山村举办的"省直部门新选派贫困村驻村干部培训班"上，我与驻村干部们分享体会，同时希望他们要下足"绣花"功夫，当好贫困村和贫困群众的"宣传员""协调员""战斗员""引导员""组织员""书记员"。

几年来，我们在"四大片区"每年至少举办四期示范培训班，截至 2020 年底共举办 21 期，累计培训 4400 余名省市县选派的驻村干部。为增强驻村干部的实战实践能力，每期培训班均精心选取可学习、可借鉴的参观考察点位，组织参训驻村干部不少于一天的现场观摩，使示范培训更具针对性、更有实效性。

通过不懈努力，形成了"区域覆盖、纵向延展、省级为主、兼顾市县"的驻村干部培训工作机制，一支支懂扶贫、会帮扶、善攻坚的驻村干部队伍茁壮成长起来。

持续营造助推脱贫攻坚的浓厚氛围

习近平总书记要求，既要把脱贫攻坚工作干好，也要把脱贫攻坚故事讲好。

一双双鞋子沾满了泥巴，一本本厚厚的工作簿写满了艰辛，一根根早生的白发诉说着付出……这就是敢打敢拼的驻村干部。脱贫攻坚有多难，扶贫干部就有多拼。在全省各贫困村，活跃着一支支天天走村入户的扶贫干部队伍。精准扶贫启动以来，全省已有150名扶贫干部牺牲在脱贫攻坚战场。

几年来，驻村队员们奋战在全省脱贫攻坚工作的最前线，他们以燕子垒窝、蚂蚁啃骨的恒心，以抓铁留痕、踏石留印的作风，以逢山开路、遇水搭桥的闯劲，在决战决胜脱贫攻坚的战场上默默付出。他们，是新时代最可爱的人。

驻村干部们再苦再累没有半句怨言。我们是驻村干部们的"娘家人"，如果不把他们的工作成绩体现出来、宣传出去，就是我们的失职。

我们连续五年组织评选推荐全省脱贫攻坚"五个一"驻村帮扶先进集体共1190个和优秀驻村干部1090名；组织省直机关驻村帮扶经验交流报告会和推进会20余场（次）；推荐省直部门选派四名驻村干部荣获四川省五一劳动奖章，五名驻村干部荣获全省脱贫攻坚奖。推荐省直部门15名个人、8个集体荣获全国脱贫攻坚先进个人、先进集体。

我们连续四年举办"青春闪耀扶贫路——我的驻村故事"演讲活动，1300多名驻村干部以亲身经历讲述自己扶贫的心路历程，充分展示了他们奋勇担当、不胜不休的精神风貌。

我们开展常态立体宣传，先后在四川电视台开辟"驻村扶贫故事"和"最美驻村干部"专栏，编发《驻村帮扶故事会》，总结汇编驻村帮扶典型事例，全方位多渠道持续营造脱贫攻坚的浓厚氛围。

通过这些工作，坚定了驻村干部的信心与决心，凝聚起决战脱贫攻坚、决胜全面小康，推动治蜀兴川再上新台阶的强大合力。

持之以恒抓机关党建助推脱贫攻坚

我时常在想，省直机关工委的优势是抓机关党建，那么我们如何抓党建促脱贫攻坚？如何发挥好党的政治优势、组织优势、密切联系群众优势？如何在定点帮扶工作中把党建工作抓细、抓实，让老百姓看到实实在在的成效？

带着这些问题，在组织工委定点帮扶南充市嘉陵区芝麻湾村的工作中，我们帮助建成了集村"两委"办公室、党员活动室、休闲健身广场等为一体的村级活动阵地，结束了芝麻湾村"谁当村支部书记，村支'两委'牌子就挂在谁家"的历史。我们要求芝麻湾村以党建强化人才支撑，助推脱贫攻坚工作，实现党建与脱贫攻坚相互促进、相互融合。我们开展"支部结对共建"，通过组织联建、党员联管、活动联办、资源联用等方式，引导村党支部培养后备干部、致富能手，帮助贫困村切实发挥好党支部战斗堡垒作用和党员的先锋模范作用，把芝麻湾村建设成"四好村"。这几年，工委每个厅级干部分别联系一户贫困户，每个党支部联系两户贫困户，形成了"厅级干部＋各党支部＋贫困户"的帮扶机制。五年来，我已经19次到芝麻湾村开展调研督导、支部共建等活动。

工委与芝麻湾村结对共建只是省直机关面上抓党建促脱贫攻坚的一个缩影。我们鲜明提出，要让机关党建力量在脱贫攻坚的"主阵地"去冲锋，让机关党建载体在脱贫攻坚的"第一线"去创新，机关党员作风在脱贫攻坚的"最前沿"去锤炼，机关党建成效在脱贫攻坚的"主战场"去检验。

几年来，省直帮扶部门（单位）各级党组织充分发挥组织优势，与贫困村开展结对共建活动，结成共建对子1300余对，协助选优配强村"两委"班子，帮助贫困村党支部落实组织生活制度，着力把贫困村党支部建成坚强战斗堡垒。充分利用优势资源，采取"请进来、走出去"等方式，培训村组干部9.3万余人次，提升了素质能力。指导贫困村在大学毕业生、退伍军人、返乡创业人员、致富带头人中培养入党积极分子和发展党员一万余人，培养储备村"两委"后备干部，不断壮大村组干部力量，一支支永不离开、永不撤走的扶贫工作队，正活跃、奉献、建功在巴蜀大地上。

（蒲波　整理）

发挥财政在四川脱贫攻坚战中的关键作用

张玲玲

　　财政作为国家治理的基础和重要支柱，在脱贫攻坚中发挥着资金平衡和政策保障等重要职能。四川省财政厅始终把脱贫攻坚作为最大的政治责任、最大的民生工程、最大的发展机遇，充分发挥职能，勇于担当使命，下足"绣花"功夫，精准施策、聚力攻坚，为四川脱贫攻坚战全面胜利提供了坚实的政策和资金支撑。四川省财政厅农业农村处先后被表彰为五好党支部、先进党组织、全省脱贫攻坚先进集体、全国脱贫攻坚先进集体。四川省财政厅农业农村处张玲玲，讲述了财政助力四川全省脱贫攻坚的做法和经验。

　　问：您好！据我了解，近年来财政厅为打赢脱贫攻坚战创新推出了一系列政策措施，效果非常好。您能给我们讲讲，当时研究制定政策时的主要考虑吗？

　　答：财政部门是综合性部门，涉及方方面面。因此，我们对财政支持脱贫攻坚政策非常重视，在研究制定具体政策措施的时候，花了大力气、下了苦功夫。总体工作思路就是坚持"集中整合、务实管用"的原则，内外双向发力、纵横双向联动。

一方面，"外向发力、横向联动"。全面加强与各个行业主管部门的衔接协作，扎实做好行业扶贫政策的研究制定和财政资金的保障落实。比如，我们的产业、交通、水利、住房、教育、卫生等行业扶贫政策，背后都有财政政策和资金的坚强保障。

另一方面，"内向发力、纵向联动"。立足于财政系统自身，强化财政政策的研究制定，加强财政系统的统筹协调和指导督促，集中财政"火力"战脱贫。脱贫攻坚战以来，我们聚焦脱贫攻坚目标任务，结合贫困地区、贫困群众诉求、意愿和需要，创新构建了四川财政特有的支持脱贫攻坚政策体系，基层反响很好。经过五年的实践检验，效果也是非常好的。

问： 四川财政特有的支持脱贫攻坚政策体系，具体指哪些？

答： 我们称为"1+4+4+4"的财政脱贫攻坚政策体系。我省人口多、底子薄，欠发达、不平衡，贫困面广量大程度深，脱贫攻坚资金需求非常大。而资金能否筹集落实到位，直接关系到脱贫攻坚战的成败。作为财政部门，首要的任务就是筹集落实资金。我们在 2015 年底就对照省委提出的"10+N"扶贫专项方案，逐一逐项精细测算，编制了一个分行业、分地区、分年度、分类别的 2016 年至 2020 年脱贫攻坚资金平衡总体方案，五年计划投入脱贫攻坚财政资金超过 3600 亿元。

四川是"吃饭财政"的，五年要筹集这么大的资金量，是非常困难的。厅党组多次专门召开会议进行专题研究，最终确定了构建"1+4+4"财政支持政策的基本思路。"1"就是五年脱贫攻坚资金平衡总方案。两个"4"，分别是贫困地区基本财力保障奖补、财政扶贫资金到村到户帮扶、涉农资金统筹整合、财政扶贫资金绩效评价和监督检查"四项机制"，贫困地区跨区域合作财税利益共享、均衡性转移支付单列打算、财政金融互动扶贫、资产收益扶贫"四个办法"。这"一个方案""四项机制"和"四个办法"，就从政策和制度层面有效保障了全省脱贫攻坚资金的足额筹集落实和规范使用管理。

2016 年，我们在财政脱贫攻坚政策执行情况调研时发现，贫困户存在的一些现实困难和长远生计问题，在当时的脱贫攻坚政策体系中还没有完全覆盖，还无法有效解决。比如，贫困家庭学生子女上学所需的校服、学习用具、往返交通费用等支出压力较大，贫困家庭就医按政策报销后的费用仍然较高，贫困群众发展产业缺乏启动资金等。我们立即给省领导作了汇报。省领导高度重视，省委主要负责同志亲自做了调研后，要求财政厅牵头，研究支持解决上述问题的政策措施。经过深入分析和认真研究，我们创新推出了县级教育扶贫救助、卫生扶贫救助、扶贫小额信贷分险和贫困村产业扶持"四项基金"。

至此，四川特有的"1+4+4+4"财政脱贫攻坚政策体系也就形成了。这个政策体系是核心的、集成的、系统的、管长久的，从全国来说都是较为创新有效的，为全省脱贫攻坚战取得全面胜利起到了重要支撑作用。

问：打赢脱贫攻坚战离不开资金的大力支持。可以给我们说说，这些年来四川脱贫攻坚资金投入的具体情况吗？

答：我省自身财力比较薄弱，而脱贫攻坚任务非常繁重，资金需求非常大，仅靠财政投入是远远不够的，必须多渠道、多方式、多领域筹集资金。我们在持续加大财政投入的基础上，充分发挥财政资金"四两拨千斤"作用，创新政策机制，大力引导金融、社会和帮扶等各类资金投入脱贫攻坚。据统计，党的十八大以来，我省投入的脱贫攻坚各类资金达到了万亿元。这是什么概念？ 2020 年全省的一般公共预算支出执行数是 1.12 万亿元。也就是说，这些年投入的脱贫攻坚资金相当于2020 年全省一年所有支出资金的规模。投入规模之大，可想而知。

财政资金投入方面，2016 年到 2020 年五年的时间里，全省投入的财政扶贫资金远超当年计划投入的 3600 亿元，达到了 5500 多亿元。除了 2016 年投入 920 多亿元外，其余四年每年的投入都在 1000 亿元以上。2020 年甚至超过了 1300 亿元。这又是什么概念？ 2020 年全省地方一般公共预算收入执行数为 4258 亿元，这就相当于全省一年地方收入的 30% 都用于脱贫攻坚。

撬动金融投入方面，我们研究制定了财政金融互动扶贫五大政策，累计引导数千亿元的金融资金投入脱贫攻坚。其中的易地扶贫搬迁长期贷款、扶贫小额信用贷款、精准扶贫贷款、特色农业产业保险等产品，都是大家耳熟能详的。

深化帮扶投入方面，我们积极加强与开展定点帮扶的24家中央单位和379家省直部门（单位）的衔接，争取更大力度的帮扶资金投入。据统计，2016年到2020年，这些定点帮扶单位累计投入帮扶资金95亿元，累计帮助引进各类帮扶资金85亿元。

鼓励社会投入方面，我们协同有关部门，支持倡导全省开展全方位、多层次、多形式的扶贫日系列活动，五年累计接收自愿捐赠款物（折价）107亿元；支持开展"万企帮万村"精准扶贫行动，7.6万家民营企业（商协会）累计投入结对帮扶资金超过100亿元。

通过多渠道的资金投入，脱贫攻坚以来，全省没有一个地方因为资金问题而影响脱贫攻坚目标任务的完成。而这万亿元的资金，也让全省农村和贫困群众发生了翻天覆地的变化。可以这样说，如果没有这些资金，脱贫攻坚战是万难打赢的。

问： 藏区彝区深度贫困地区是四川脱贫攻坚最难啃的"硬骨头"，财政部门又是怎样支持啃下这块"硬骨头"的呢？

答： 的确，藏区彝区深度贫困地区，特别是凉山州，是全省脱贫攻坚最难啃的"硬骨头"，可谓难中之难、坚中之坚。财政厅历来高度重视深度贫困地区的脱贫攻坚工作，无论是在政策制定还是在资金分配等方面，都予以倾斜支持。特别是习近平总书记分别在2017年召开了深度贫困地区脱贫攻坚座谈会，2018年召开了打好精准脱贫攻坚战座谈会后，支持政策、措施、资金和力度得到进一步提升完善。

首先，从组织上全面保障到位。我们不仅成立了脱贫攻坚领导小组，还针对凉山州专门成立了推进凉山州脱贫攻坚财政保障工作领导小组，针对凉山州11个深度贫困县专门成立了联系指导工作小组，一个小组专门负责联系指导一个县。在2020年挂牌督战期间，针对凉山州未摘帽的七个县，专门成立了巡回指导工作组。我们还在全省财政系统中选派了 51 名精兵强将，从 2018 年开始就在凉山州开展长期定岗综合帮扶；组织安排内地 83 个市县财政局与 45 个深度贫困县财政局结成对子，局对局、岗对岗开展对口帮扶，不打赢脱贫攻坚战、不获全胜绝不收兵。

其次，从政策上给予特殊照顾。在全省面上的脱贫攻坚政策中，我们将深度贫困地区的补助标准在面上统一标准的基础上再提高。比如，扶贫小额信贷，分险基金全省面上统一的分险比例为 70%，藏区彝区深度贫困地区是 80%；贫困患者县域内住院和慢性病门诊维持治疗医疗费用个人支付占比，全省面上控制在 10% 以内，深度贫困地区控制在 5% 以内。同时，还在政策、项目和资金上单独开口子、开"小灶"。比如，针对藏区单独实施"六项民生工程"，针对彝区单独实施"十项扶贫工程"，统筹推进脱贫攻坚，集中解决民族宗教、禁毒防艾和移风易俗等特殊难题。

最后，从资金上予以倾斜支持。我们在分配扶贫资金时，将深度贫困地区作为特殊因素，予以倾斜支持。比如，我们的中央和省财政专项扶贫资金，2016 年以来安排藏区彝区深度贫困地区的资金是 323 亿元，占总量资金的比例就超过了 50%。同时，我们还制定了一个深度贫困地区新增脱贫攻坚资金计划，计划 2018 年到 2020 年三年新增 45 个深度贫困县脱贫攻坚中央和省资金 300 亿元。在大家的努力下，实际上三年新增 45 个深度贫困县脱贫攻坚的中央和省资金达到了 509 亿元，占筹资计划的 170%，超额完成任务。不仅如此，我们还通过中央和省财政收回的存量资金，单独安排深度贫困地区脱贫攻坚补短板资金 60 亿元。深度贫困地区这样的倾斜支持和投入力度，其他任何地方都是不能比的。

问：我们采取了什么样的措施，确保投入的这么多扶贫资金能够管好用好用出效益呢？

答：资金监管一直都是一个老大难的问题。我们针对财政扶贫资金监管问题，作了许多制度规定和实践探索，形成了贯穿资金使用管理全过程的一整套政策体系和制度机制。比如，许多地方一直反映，每年的扶贫资金文件和指标很早就到县了，但是县级国库上一直没有"真金白银"、没有库款，让文件上那些资金看上去就是"数字"而已，各项工作都很难推动。为此，我们创新实施了财政扶贫资金专项库款保障，就是让每个有扶贫任务和资金的市县在同级国库开设一个专用账户，专门用于归集、拨付和核算各类财政扶贫资金。中央和省级下达的财政扶贫资金，由省财政直接下拨到市县专用账户，市县安排的财政扶贫资金也统一归集到该专用账户。这就让市县的财政扶贫资金归集到一处，哪些资金、资金多少都非常清楚、一目了然。同时，为了让市县能够及时获得充足的库款，我们会根据中央和省下达的资金文件、规模和指标，每个月定期将这些已经下达的资金，统一全部专调到市县专用账户上去。这就确保了市县有"真金白银"，也就从根本上解决了市县层面有文件、有指标而没有库款的问题。一旦有了库款，大家都能拿到扶贫资金，推动各项具体工作和项目落实落地。

市县能够及时获得资金的问题解决了，那么怎样让市县把钱用好的问题，就成了迫在眉睫的事情。我们以往通常是通过市县报送纸质报表的方式来了解和掌握市县扶贫资金使用管理情况。但是，这种方式并不一定都能掌握真实的情况。为掌握全省扶贫资金使用管理的真实情况，督促各地管好用好资金，我们进一步强化了监督检查和绩效评价，每年对全省的扶贫资金使用管理情况，都要全覆盖开展监督检查和绩效评价，并将监督检查和绩效评价情况纳入省委、省政府对市县脱贫攻坚成效考核的重要内容。同时，充分利用"互联网+"信息技术，开发了财政扶贫资金动态监控和惠民惠农财政补贴资金"一卡通"两个平台，把到市县的扶贫项目资金和到户到人的补贴资金指标的下达、项目的选择、项目的实施和资金的支出等情况全部纳入平台，实行全过程跟踪、动态监控、适时预警，切切实实把每一笔财政扶贫资金出自哪里、干了什么、去了何处全部晾晒出来，确保扶贫资金使用的所有流程都在阳光下进行、都接受监督。这也很好地倒逼了基层要依法依规、务实有效使用和管理扶贫资金。

发挥财政在四川脱贫攻坚战中的关键作用　79

通过这些制度约束、措施规范和探索试点，虽然违规违纪使用扶贫资金的问题还时有发生，还没有杜绝和消除，但是相比较于以往，其概率、数量和规模得到了很好的控制，扶贫资金使用管理水平和效益得到了很大提升。

问：脱贫攻坚结束后，中央设立了五年过渡期。过渡期间，我们又有什么打算？

答：虽然全省已经全面脱贫了，但脱贫地区和脱贫人口的发展基础还非常薄弱，返贫致贫还存在风险，较其他地区还有不小差距，特别是三州地区还有明显的短板和不足。这些问题，都必须要下更大力气、花更多功夫去解决。过渡期内，我们最重要的任务，就是要巩固拓展好脱贫攻坚成果。我们将发扬"上下同心、尽锐出战、精准务实、开拓创新、攻坚克难、不负人民"的伟大脱贫攻坚精神，一如既往地保持财政组织保障体系、财政支持政策体系和财政资金投入力度总体稳定和持续输出，像抓脱贫攻坚一样，扎实抓好巩固拓展脱贫攻坚成果各项工作，坚决守住不发生规模性返贫的底线，接续全面深入推进乡村振兴，让农村群众过上更加美好的幸福生活。

（张福兵　整理）

文化扶贫的四川实践

王利华

习近平总书记指出，"满足人民过上美好生活的新期待，必须提供丰富的精神食粮"。精神"补钙"、智志双扶，让文化新风吹进贫困山村，党的十八大以来，四川以实施"千村文化扶贫行动"为主线，突出问题导向，整合资源力量，建阵地补齐文化设施短板，抓文艺丰富文化生活，抓创建推动精神文明建设，抓文产促进就业增收，抓宣传凝聚合力共识，着力培育贫困地区和贫困群众脱贫奔康内生动力，脱贫群众精神面貌发生了巨大改变，贫困群众内生动力有效激发，彻底斩断"穷根"，不仅从物质上富裕起来，更从思想上、精神上"站了起来""走得更远"。中共四川省委宣传部公共服务处王利华讲述了文化扶贫的做法和经验。

问：您好！请您讲述一下，四川贫困地区曾经面临的农村公共文化服务的短板和不足有哪些？

王利华：精准扶贫开展以来，我常常深入贫困地区走访，与贫困户聊家常，和帮扶干部谈心得，也对基层的公共文化服务状况有了深刻的了解。从调查的情况看，在四川广大农村地区，尤其是全省 88 个贫困县、11501 个贫困村，由于底子薄、投入不足等原因，公共文化服务基础设施建设欠账较多，贫困地区常住人口多为老人、妇女和留守儿童，整体文化水平不高，缺乏脱贫致富的意识和技能，公共文化服务产品供给不够丰富，不够精准，文化惠民活动较少，公共文化人才较为缺乏，这些都是制约贫困地区发展的因素。

问：您如何认识文化扶贫对贫困地区群众的重要意义？

王利华：文化扶贫是铸魂工程。用一句通俗的话来讲，群众既要"富口袋"，又要"富脑袋"，更要杜绝等靠要思想。在脱贫攻坚战中，公共服务处投身伟大实践，通过文化扶贫，给贫困地区文化建设和精神层面的帮扶，发挥文化在脱贫攻坚工作中的扶志扶智作用，推动贫困地区文化建设快速发展，全面提升贫困地区文化水平。让群众在物质富裕的同时，同步实现精神富裕，全面脱贫奔康。

文化扶贫，对贫困地区有着极其重要的意义：体现在精神层面，主要是改变群众的等靠要思想，激发大家的内生动力，从精神上拔掉"穷根"；其次有助于提升大家的文化素质，帮助大家掌握一定的科学文化知识和脱贫致富技能；还有利于培育一些地方文旅产品，助推经济发展。

问：四川文化扶贫是从哪些方面破题的？

王利华：四川农村贫困人多、面广、程度深，部分地区历史欠账多、投入不足，文化建设底子薄，基础设施建设较为滞后。党的十八大以来，四川着力从补齐公共文化基础短板、丰富公共文化产品供给、提升公共文化服务效能、建设公共文化人才队伍等方面破题，推进文化扶贫工作。文化扶贫最关键的还是要从精神层面充实贫困群众的头脑，激发内生动力。

公共文化基础设施是开展文化扶贫工作的重要载体，是前提和基础；而公共文化产品的丰富与否，直接影响着文化扶志发挥的效果；公共文化服务效能的高低，决定着群众接受公共文化服务的便捷度，影响着群众对公共文化服务产品和服务方式的认可度和满意度；打造一支"带不走"的公共文化人才队伍，将为脱贫攻坚事业提供充足的人才保障和智力支持，是增强贫困地区文化"造血"能力的重要手段。

问：强基础、补短板，在贫困地区公共文化设施建设方面你们做了哪些工作？取得哪些成就？

王利华：在公共文化基础设施建设方面，除了"必做题"还有"加分题"，除了"基础项"还有"提升项"。我们以贫困地区县、乡、村文化基础设施建设为核心，集中力量推进图书馆、文化馆（站）、博物馆、数字电影院、电视户户通、广播村村响、县级应急广播平台、基层综合性文化服务中心（幸福美丽新村文化院坝）、农家书屋、村文化室等建设，构建公共文化设施网络，不断完善广播电视设施和基层体育设施，全力推进未成年人德育阵地建设，消除盲点、补齐短板，提升功能和服务水平，建设公共文化基础设施体系。

就近期实地走访的情况来看，许多地区从一无所有到公共图书馆、文化馆、农家书屋、电子阅报栏一应俱全，公共文化服务也从"单向输送"到"双向互动"，就近就地解决了公共文化服务的"最后一公里"难题，公共文化服务体系向一体化、标准化、均等化发展，人民群众的幸福感和获得感进一步增强。

问：为什么说过去贫困地区的公共文化产品不够丰富，现在通过文化扶贫带来了哪些变化？

王利华：讲一个很典型的例子吧，在凉山州美姑县候播乃拖乡阿毕乃乌村，由于文化基础设施薄弱，村内集体文化活动几乎没有，村民业务活动较少，平时就坐在自家院坝面前一起吹牛、打牌。脱贫攻坚实施过程中，该村结合"四好村"创建、"幸福美丽彝家新村"建设，全力创建"文化扶贫示范村",全村发生了翻天覆地的变化:村综合文化服务中心建成并投入使用,建立完善文化扶贫工作队伍,以文化管家为主,文化院坝管理员为辅,突出老幼病残等特殊人群,免费开展体检、电影放映、农民夜校讲座、志愿服务等活动,院坝居住群众参与文体活动覆盖面达80%以上,农村文化建设的成效最终让老百姓受益认同。

党的十八大以来,通过不断丰富公共文化产品供给,给我省贫困地区带来惊人的变化。我们培育文化产业品牌,自2015年以来,四川各类文化企业(机构)参与精准扶贫工作项目总数达到260个,带动贫困村超800个,贫困户4万余户,贫困人口超过10万人。我们不断创作文艺精品,从2017年起我们在全省开展为期四年的文学扶贫"万千百十"活动。《高腔》《山盟》《通江水暖》《大国扶贫》《迎风山上的告别》《悬崖村》等精品力作不断涌现,《索玛花开》《最后一公里》《天上的菊美》《家园》等影视作品成绩斐然。我们传承乡村优秀文化遗产,截至2020年7月,全省已建成乡村博物馆86个,巴州区界牌村史馆、通江县紫荆村史馆、南部县八尔湖农耕体验园、理塘县喜马拉雅之声博物馆等如雨后春笋般涌现,与此同时,加强村志村史编纂整理,鼓励市县两级开展乡村志书编纂、精编地情书籍,搭建起乡村传统文化遗产保护平台,延续乡村历史文脉。

问:提升贫困地区公共文化服务效能,我们主要开展了哪些工作?

王利华:主要包括两个方面的重点工作:一是开展形式多样的文化惠民活动,帮助群众开阔眼界、转变思想,促进良好风气形成;二是加强数字化服务平台、数字资源开发和标准建设,实现公共数字文化的资源共享。

2016年开始,省财政每年为每个贫困县安排100万元专项资金,用于购买公益性文化下乡演出等文化惠民扶贫系列活动。全省各级文艺院团年均开展送文化下乡演出3300场以上,省直院团不少于400场,到贫困地区演出不少于 1000 场。同时，通过为深度贫困县配送"流动文化车"、推动市、县把到贫困村演出场次列为地方文艺院团、文化馆（站）考核指标，常态化开展"三下乡""幸福列车'脱贫扶智'四川专列""脱贫攻坚·文化暖冬"暨群星奖优秀作品惠民巡演等品牌群众文化活动，构建"馆馆有品牌""月月有活动""周周有精彩"的全民阅读品牌活动体系等。

2016 年以来，通过购买服务的方式，我们为全省上万个农家书屋配备了电脑、电视机、触摸屏一体机、平板阅读器等数字化阅读硬件设施，鼓励各地因地制宜，拓展渠道开展农家书屋数字化建设。在以高原藏区为重点的贫困地区建立文化共享工程基层服务点，让贫困地区群众共享优质便捷的数字文化资源。全省范围内，贫困户贫困村看得到电视、听得到广播，实现广播电视户户通长期通优质通，坚持标准化均等化数字化网格化。全省贫困村光纤通达率 100%，4G 通达率 99.2%。农村电商方面，实施电子商务进农村综合示范、省级电商脱贫奔康示范县项目，66 个国家级贫困县、43 个深度贫困县全覆盖。对口帮扶省份、国内知名互联网企业踊跃参与四川网络扶贫工作，佛山、凉山两地将网络扶贫列入"1+8"对口帮扶协议，腾讯在凉山惠东、普格、昭觉、雷波等县实施"腾讯为村"计划等。

问：加强贫困地区公共人才队伍建设的措施及成果有哪些？

王利华：近年来，我们通过健全文化人才培养机制、增强管理人才队伍素质、提升专业文化人才能力、加强文化志愿者队伍建设等举措，不断加强贫困地区文化人才队伍建设，努力从根本上解决基层公共文化服务人才队伍不足、队伍不稳定、服务水平参差不齐等问题，公共文化服务质量得到有效提升。一支支"带不走"的文化扶贫队伍活跃扎根在基层，既保护和传承了当地的重要文化资源，又给当地贫困群众带来实实在在的收益，为决战决胜脱贫攻坚提供了坚强的人才保障和广泛的智力支持。

通过"外引""内培"，贫困地区文化人才短缺的现象已大大改观。

我们对在贫困地区乡镇基层从业一定年限、工作成绩突出的文化专干给予鼓励，实施"边远贫困地区、边疆民族地区和革命地区"人才支持计划文化工作者专项，针对实际需求，选派优秀文化人才，加强基层文化人才培养。实施贫困县文旅人才"订单式"培养和"优秀文化人才递进培养"项目，每年设计两期文化专题培训班，为贫困县文化单位系统性地培养业务骨干。2016 年以来，我们持续开展"乌兰牧骑式演出队""五彩云霞演出队""文旅资源发掘人才支持""优秀剧目创作人才支持计划""非遗传承人群研修研习培训计划"等贫困县文化人才支持项目，提升了基层文化专业人才队伍服务能力和水平。

问：下一步，如何进一步推进脱贫地区的文化振兴工作？

王利华：脱贫攻坚已圆满收官，党中央部署实施乡村振兴战略，我们认为乡村振兴不仅仅要实现生活富裕，还要实现精神上的丰富。

为持续巩固提升脱贫攻坚成果，在乡村振兴全面推进之时，我们将努力下好乡村文化振兴"先手棋"，下一步将继续做好已脱贫地区两项改革"后半篇"文章，进一步加强农村公共文化基础设施建设，不断挖掘地方特色文化和文旅资源，做好保护传承与创新转化，持续开展文化惠民活动，继续为乡村公共文化人才队伍"赋能"，助推乡村文化振兴落地落实。

（汪浩　整理）

用心用情做好四川易地扶贫搬迁工作

王正

习近平总书记高度重视易地搬迁工作，对易地扶贫搬迁工作多次作出重要指示，把易地扶贫搬迁作为实施精准扶贫、精准脱贫基本方略的一项重大举措进行部署。四川省"十三五"时期共搬迁安置136万建档立卡贫困人口。省级易地扶贫搬迁牵头部门的处室负责人、全国脱贫攻坚先进个人王正，讲述了全省发展改革系统服务搬迁群众，坚决打赢易地扶贫搬迁战的做法和经验。

问：您好！据了解，四川省一直将易地扶贫搬迁作为脱贫攻坚的"头号工程"来抓，这项任务到底难在哪里？

王正：我认为其艰巨性主要体现在四个方面：一是时间紧任务重。从1983年到2015年"十二五"规划结束的32年间，我国易地扶贫搬迁总的规模是680万。而我省"十三五"五年时间就要让136万人搬家，可见规模很大时间很紧，确实有很多困难。二是安置资源约束日益凸显。我省地貌东西差异大，地形复杂多样，迁出地附近适宜安置的水土资源匹配条件、选址空间受限较多，适宜大型集中安置的新增建设用地特别紧张。三是搬迁对象贫困程度更深。之前有条件、有能力搬迁的贫困人口多数已经迁出，而没有搬走的贫困人口则是贫困程度更深、生存环境和居住条件更恶劣的那些人，按原有政策力度难以完成搬迁，属于经过多轮扶持仍未啃下来的"硬骨头"。四是工程实施难度更大。易地扶贫搬迁不仅是一项社区再造和重建工程，更是一项人口分布、资源环境、经济社会重新调整与完善的系统工程，不仅涉及安置住房、基础设施和公共服务设施建设，更涉及搬迁群众就业创业、社区管理、文化传承等诸多方面，实施起来难度非常大。

问： 困难的确是很多很大，那这项工作是怎样着手的？

王正： 我总结为"三个突出"，首先是突出高位推动。党中央和省委、省政府以及国家发展改革委等高度重视，在政策和资金上都对易地扶贫搬迁予以大力倾斜支持。二是突出规划引领。我们根据国家"十三五"易地扶贫搬迁规划及实施方案，精心编制了我省"十三五"易地扶贫搬迁规划及实施方案，为各地组织实施易地扶贫搬迁项目提供了政策依据和行动指南。三是突出及早谋划。我们结合规划时间安排，每年都提前制定下年度易地扶贫搬迁实施方案和工作计划，下发做好年度易地扶贫搬迁工作通知，抓早抓好国家和省委、省政府脱贫攻坚部署落实。这些举措都为圆满完成任务奠定了坚实的基础。

问： 您提到国家在资金政策方面给予了大量支持，主要体现在哪些方面？

王正： 首先是资金方面，"十三五"以来，国家和省上累计下达各类易地扶贫搬迁资金将近有 700 亿元，投资规模和力度都是史无前例。第二是在指标下达方面，"十三五"初，国家向我省下达了 116 万人口的搬迁任务，规模已经很大。2019 年，省委省政府又积极地向国家有关部门沟通汇报，争取到 20 万人的指标，总规模达到 136 万人，几乎占全国总规模的 15%，这对我省脱贫攻坚工作来说是巨大的支持。同时，我省的易地扶贫搬迁工作先后多次受到国务院通报表扬，这也是对我省工作的充分肯定。

问：您刚才提到我省易地扶贫搬迁工作多次受到表扬，是因为哪些亮点？

王正：我们在工作推进中不断摸索总结，建立完善压力传导、问题整改、分级分类培训、对象动态管理、协调服务、资金保障六个常态化工作机制，持续提高易地扶贫搬迁工作质量和水平。比如说压力传导机制，我们每个月通过省委发电的形式，向各地党委、政府通报易地扶贫搬迁的最新情况，做的好的地方我们通报表扬，有问题的通报批评，引起各级领导的高度重视，一方面压紧压实了各级党委政府的主体责任，一方面也能督促及时整改存在的问题。再比如资金保障机制，我们协调财政厅、国开行、农发行等有关单位，研究制定资金使用规范、资金使用的保障机制，规定在工程项目实质性动工后，可预拨不高于项目总投资额的 30% 作为启动资金，项目方只需提供用款申请和项目清单，即可拨付资金。同时，推动建立易地扶贫搬迁项目审批快速通道，进一步优化审批程序，为加快项目规划选址、用地预审、环评审批等前期工作，提供了优质服务。其他的四大机制也是我们针对工作推进中的困难和问题，有针对性建立的工作机制，不但管用，而且在全国范围来看也是比较有效的。

问：凉山州的任务量占全省比重非常大，我们对凉山州的工作是否有重点安排？

王正：凉山州的易地扶贫搬迁一直都是我们工作的重中之重，省委省政府分管易地扶贫搬迁工作的领导高度重视此项工作，多次亲自带队赴国家部委汇报衔接，多次亲自带队实地调研，多次专题组织研究，帮助指导凉山州有序推进工作。同时，省发展改革委也担当起牵头部门的责任，对凉山州在推进易地扶贫搬迁工作中遇到的困难，竭尽全力予以协调解决。比如当时针对美姑县牛牛坝乡易地扶贫搬迁集中安置点钢构供应不足的问题，我们积极协调宜宾市人民政府督促其生产商叙州区亿豪钢构公司加快生产，优先保证安置点供应。比如针对昭觉县国网电力线路搬迁进程缓慢影响洼古村集中安置点建设进度问题，我们积极协调省能源局保障项目建设施工环境，督促指导国网凉山分公司完成电力线路迁移工作。

同时，我们明确 11 个市（州）对凉山州 11 个深度贫困县档案管理工作进行一对一帮助指导，落实帮扶责任制，帮助凉山州以补充完善档案为抓手，促进项目质量提升。2020 年初，我们又成立了专门的挂牌督战工作专班，下沉到项目一线，与州县一起战斗，帮助推动完成项目建设。

问：您刚才提到的挂牌督战，具体我们都做了哪些工作？

王正：挂牌督战凉山州易地扶贫搬迁工作是省发展改革委党组坚决贯彻落实省委省政府决策部署的又一具体体现。我们及时制定工作方案，成立由单位主要负责同志和五名领导参加的工作专班，聚焦凉山州当时在建的 301 个安置点，全面覆盖、分区分类、直击一线开展督战。工作专班到督战县以后，不是指指点点，而是与州、县的干部一道，天天跑一线，帮助优化完善工作机制、发现存在问题、协调解决困难事项。比如，我们在实地检查中发现本应同时进行的作业面，因为缺少大型机械和建筑工人而无法同时展开，通过积极对接协调，我们从全省范围内协调大型机械将近 100 台（套）、协调援建工人 6000 多人，大大提升了项目建设进度。比如，在例行的工作对接会上，我们了解到有的县只顾着埋头推进度，缺乏有效的媒体对接渠道，没有把这些年搬迁工作取得的成效宣传出去。我们立即帮助协调对接宣传部门，邀请多家中央、省级媒体到地开展深入采访，媒体也非常支持我们的工作，特别是对昭觉县四个大型集中安置点举行住房抽签仪式的报道，央视新闻联播和各时段新闻都进行了集中报道，《四川日报》还开通了现场直播进行报道。可以说，挂牌督战工作对凉山州乃至全省易地扶贫搬迁任务按时完成起到了至关重要的作用。

问：为打赢脱贫攻坚战，还做了哪些努力？

王正：除了全面完成易地扶贫搬迁规划任务，我们还大力实施以工代赈扶贫。以工代赈这项政策，在我们国家已经实施了30多年，主要是通过政府投资建设基础设施工程，受赈济者参加工程建设获得劳务报酬，以此取代直接救济。一方面，它通过项目实施，有效地支持脱贫地区建设了一大批农业农村中小型公益性基础设施；另一方面，能够为群众提供短期就业岗位，提高群众的工资性收入。"十三五"以来，国家和省上累计投入以工代赈资金33亿元，实施以工代赈项目将近1400个，发放到农民群众手中的劳务报酬达到了2.2亿元，有效加快了贫困地区脱贫攻坚步伐。

问：能否举个例子呢？

王正：这样的例子有很多。比如苍溪县浙水乡2020年实施的国家以工代赈示范工程项目，该项目下达中央资金450万元，撬动涉农资金投入200多万元。通过项目的实施，村里硬化了村组道路、新建了灌溉渠，为务工群众发放劳务报酬接近70万元，还对当地80多名农民工进行了就业技能培训，有效带动了苍溪红心猕猴桃、苍溪梨和藤椒等产业持续发展。

问：下一步，我们还有哪些打算？

王正：接下来，我们要将巩固拓展易地扶贫搬迁脱贫成果放在首要位置，现在正会同省级相关部门研究制定《易地扶贫搬迁后续扶持巩固拓展方案》，聚焦原深度贫困地区、乡村振兴重点帮扶县和易地扶贫搬迁大中型安置点，从就业需要、公共服务需求、产业发展、后续配套设施建设提升完善等方面加大扶持力度，进一步完善后续扶持政策体系，全力确保搬迁群众稳得住、有就业、逐步能致富。

（于涛　整理）

四川整体实现贫困人口基本医疗有保障

陈远波

四川坚持将健康扶贫作为卫生健康工作的首要政治任务，坚持以改革创新的办法，着力解决贫困人口有制度保障看病、有地方看病和有人看病，决不让群众因为健康问题在全面建成小康社会的征程中掉队。近年来，贫困地区医疗卫生能力整体提升，乡村两级医疗卫生机构和人员"空白点"全面消除，标准化建设达标率100%，88个贫困县县级综合医院全部达到二级甲等，59个县级妇幼保健机构、82个县级疾控机构、70个县级中医（民族）医院分别达到二级水平，贫困县远程诊疗量累计达69.79万人次。贫困县卫生人员实现增量提质，总数达27.28万人，较2015年增长32.68%，每千人口卫技人员、执业（助理）医师、注册护士分别增长27.08%、15.79%和49%。贫困患者保障水平得到明显提高，"因病致贫"率下降6.4个百分点。整体改变贫困人口"看不起病""看不了病""看不好病"的状况，实现"基本医疗有保障"。四川省卫生健康委陈远波从全省层面讲述了四川健康扶贫创新举措及取得的成效。

四川坚持将健康扶贫作为卫生健康工作的首要政治任务，以改革创新的办法，着力解决贫困人口有制度保障看病、有地方看病和有人看病，决不让群众因为健康问题在全面建成小康社会的征程中掉队。通过近五年攻坚，取得较好成效。截至2019年，81个贫困县实现摘帽，全省贫困患者县域内住院医疗费用个人支付占比控制在7.48%，较2015年底下降15.86个百分点，贫困人口因病致贫返贫率由2015年底的48%到2020年底清零，"因病致贫返贫"得到有效遏制。

确保贫困人口"看得起病"

首先是实现了贫困患者精准识别。通过开展贫困人口患病情况调查，精准到户、到人、到病，摸清了因病致贫返贫状况及原因。在全国率先建立起贫困人口就医信息管理系统，实现贫困人口就医精准识别、信息动态掌握、费用实时监控。在县级及以下医疗机构开设贫困患者挂号专用窗口，依托扶贫开发部门建档立卡贫困人口数据库，采取智能查询、人工识别等各种有效形式实现贫困人口就诊精准识别率100%。

其次，实行了"十免四补助"政策，贫困人口就诊免收一般诊疗费、免收院内会诊费、免费开展贫困白内障复明手术项目、免费提供艾滋病抗病毒治疗等十项免费服务，以及手术治疗包虫病患者、农村孕产妇住院分娩等四项补助，建立"一站式"报销服务流程。

第三，强化了"两保、三救助、三基金"医保扶持，发挥基本医保、大病保险的主体作用。贫困人口县域内住院报销不设起付线，大病保险支付比例达到50%以上。加强了民政医疗、疾病应急和县域内住院费用全报销三类救助。对城乡居民医保、新农合、大病保险报销后的个人负担费用，在年度救助限额内给予救助。将贫困人口的急救医疗费用全部纳入疾病应急救助范围。对在县域内定点医疗机构就医的政策范围内住院医疗费用，由城乡居民医保、新农合经办机构给予报销90%。完善了"三基金"兜底作用。对患重大疾病县域内确实无法解决并依规转诊至省、市级医疗机构治疗的贫困患者住院医疗费用，通过各类渠道报销后的个人支付部分，由医药爱心扶贫基金、卫生扶贫救助基金、贫困人口重大疾病慈善基金进行兜底补助，确保贫困患者县域内医疗费用个人支付占比控制在 10% 以内。

第四，完善了分级诊疗和医疗费用控制制度。严格实施分级诊疗，明确县乡两级的医疗卫生职责。乡村医疗机构基本解决 70% 左右的贫困患者看病就医问题。县级医疗机构依靠上级专家会诊和远程医疗，确保 95% 以上贫困患者在县域内就医。严格控制费用支出，禁止 88 个贫困县辖区内县级公立医疗卫生机构对贫困患者使用自费药械；禁止乡镇卫生院、社区卫生服务机构和村卫生室对贫困患者使用自费和贵重药品、耗材。完善医疗扶贫公示制度，对贫困人口医疗扶持、医保扶持、住院医疗总费用和个人支付费用等情况，在院务、村务公开栏公示。贫困患者县域内就诊率达到 97.81%，县域内住院医疗费用个人支付占比 7.94%（45 个深贫县为 4.2%），较 2015 年底下降 15.86 个百分点，因病致贫率较 2015 年底下降 6.4 个百分点。

确保贫困人口"看得了病"

首先是加强县、乡、村三级能力建设。夯实县医院人才、技术、重点专科基础。加强县域内发病率排名前十位、近三年县外转诊率排名前五位疾病病种对应科室的临床专科建设，确保县级医院对 200 种常见病、多发病的诊断治疗率达 95%。加快乡村医疗卫生机构"标准化"建设。按照"每个乡建设一所达标卫生院、每个村建设一所达标卫生室"要求，加快基础设施建设。

第二，促进优质医疗资源下沉。积极推进以城市三级医院托管深度贫困县县级综合医院的方式强化紧密型医联体建设。支援医院从资金、人才、项目、技术等方面对被托管医院进行全方位支持，不断提升深度贫困地区医疗服务能力。将食管癌、胃癌、结肠癌、直肠癌、终末期肾病、儿童白血病、儿童先天性心脏病等 45 种疾病纳入大病专项救治范围。积极推动贫困地区远程医疗协作网建设。整合对口支援专家力量，定期开展义诊活动。巡诊、义诊活动要覆盖贫困县所有乡镇。

第三，实施"互联网＋医疗健康"，建设"天府医健通"省级互联网便民服务平台，推进远程医疗专网建设，推动建立省级远程医疗服务协同管理平台，助力承担对口帮扶贫困县任务的三级医院针对贫困地区进一步提升远程医疗服务质量。完善省基层医疗卫生机构管理信息系统中医学影像、远程心电、实验室检验、智能辅助诊断等功能。通过信息化手段丰富家庭医生上转患者渠道，为签约转诊患者建立绿色通道，并依托医疗联合体建设，通过远程会诊、在线咨询等方式，提升家庭医生团队服务能力。

通过努力，我省 88 个贫困县县级综合医院全部达到二级甲等，县级妇幼保健机构、县级疾控机构、县级中医（民族）医院分别有 59 个、82 个、70 个达到二级水平；贫困地区全面消除了乡村两级机构"空白点"，摘帽县的乡镇卫生院和全省退出村的卫生室标准化建设达标率100%。2016 年至今贫困县远程诊疗量累计达 69.79 万人次，巡回医疗、义诊覆盖 88 个贫困县。

确保贫困人口"看得好病"

第一，推进人才增量提质。组织医学院校举办"民族班""基层班""定向班"等学历教育，开展贫困地区"9+3"、定向生等卫生中职免费教育，加快贫困地区本土人才的培养。完善"三支一扶""阳光天使计划""贫困地区定向医学生培养引进计划"等人才项目管理，为贫困地区持续输送卫生人才。实施民族地区基层卫生优秀人才奖励基金评选，相关市（州）、县（市、区）建立人才奖励基金，并纳入人才目标绩效考核。

第二，深化城乡对口支援。创新开展"传帮带"工程，切实改变帮扶方式，变"输血"为"造血"，变"帮他干"为"教他干"，变"帮无纲"为"教有法"，变"被动受"为"主动学"。全省内地优质医疗卫生机构与 88 个贫困县五类医疗卫生机构建立"一对一"帮扶关系，精准对接需求、配强支援力量，通过临床进修、远程教学、专项培训、组团帮扶、设备规范使用、管理帮扶、师带徒、服务质量审查、远程诊疗指导九大帮扶行动，努力为贫困地区打造一支愿承担、有能力、可支撑的本土医疗卫生人才队伍，贫困地区医疗卫生机构人员素质逐步提高、服务能力不断提升、群众健康保障力度持续增强。

第三，推进乡村一体化管理。通过医联体、医共体模式和乡聘村用等，逐步实现县、乡、村一体化管理。着力解决村医人数不足、能力不高问题，积极推进以聘用管理、合同管理、签约服务管理为基础的乡镇卫生院和村卫生室人员队伍一体化管理与改革。鼓励贫困地区乡镇卫生院在核定的编制和岗位空缺内公开招聘符合条件的乡村医生，鼓励贫困地区乡镇卫生院选派具备资格的在编在岗卫生技术人员到村卫生室服务。

下一步，我们将牢记"脱贫摘帽不是终点，而是新生活、新奋斗的起点"，开展健康扶贫长效机制研究，立足长远谋划和推进贫困地区卫生健康工作，努力为群众提供高水平医疗卫生服务。结合我省正在推进的乡镇行政区划调整改革和村级建制调整改革，接续推进健康扶贫与乡村振兴有效衔接，推动工作体系平稳有序转型，建立健全长短结合、标本兼治的体制机制。从建立党委政府主导防止"因病致贫返贫"工作机制、健全长效救助机制、推动建设健康乡村机制、强化优质医疗资源融通机制、优化医疗服务提升机制、完善贫困群众获得感工作机制、探索"因病致贫返贫"风险防控机制、建立健康意识能力养成机制等机制建设方面谋篇布局，为巩固健康扶贫成果，推动乡村振兴战略打下坚实基础。

（欧玲　沈卉　整理）

兜住底线保基本　扎根救助暖民心

张剑

党的十八大以来，四川省民政厅始终牢记和践行习近平总书记关于扶贫工作的重要论述和对民政工作系列重要指示精神，按照省委省政府部署，聚焦"两不愁三保障"脱贫目标靶心不移，把救助兜底保障一批作为"五个一批"中的一项重要政治任务，积极推动完善兜底保障制度、提高救助保障水平、强化兜底保障能力，为四川打赢脱贫攻坚战贡献重要民政兜底保障力量。2021年2月，社会救助处张剑被中共中央、国务院表彰为全国脱贫攻坚先进个人。他讲述了民政救助兜底保障助力脱贫攻坚的做法。

聚焦兜住底　推动完善救助兜底制度设计

2014年《社会救助暂行办法》刚刚颁布，社会救助体系建设刚刚起步，接到兜底保障任务之初，围绕"兜住谁""兜多少""怎么兜"，是摆在民政系统面前的一道现实难题。我结合长期从事困难群众基本生活救助工作的经验，按照省委、省政府的要求和厅党组的安排，积极参与了这项重大部署的贯彻落实。通过对 21 个市（州）集中调研，对凉山州昭觉、布拖、普格等 7 个深度贫困县蹲点调研，对 88 个贫困县的村（社区）、低保户入户调查，我们深切感受到党中央、国务院对四川的倾力支持，深切感受到各级党委、政府特别是省委、省政府对困难群众的倾情关怀，深切感受到各级民政部门特别是基层干部对救助工作长期以来倾注的心血辛劳。通过调研，我们认识和了解到造成我省城乡居民生活困难总体有四大原因：一是特殊的地理地形环境，大面积的西部高原和盆周山地，特别是藏区大部分地处高原高寒和高山峡谷地带，自然环境和人居环境恶劣；二是特殊的历史文化背景，辽阔的西部少数民族地区，经济社会文化发育水平总体偏低，几乎都属于"一步跨千年"的社会发展特征；三是特殊的灾害易发环境，我省多地常年受到旱灾、洪涝、地震、山体滑坡、泥石流、风雹、低温冷冻和雪灾等的危害；四是特殊的困难群体，重大疾病、重度残疾造成城乡居民基本生活困难问题较为突出，因病因残困难群众稳定增收难。这些成因导致我省贫困范围广、人口多、程度深，通过这些调研发现，我省兜底保障责任大、任务重、要求高，要完成社会救助兜底保障任务，必须上下一心，瞄准同一目标发力。为此，我们研究形成了《社会救助兜底保障工作调研报告》报送省委省政府领导，获得省委主要负责同志等省领导肯定性批示。

通过调研，我们进一步摸清兜底保障实情，为制定社会救助有效对策打好了基础。为解决各地执行政策不一、简单理解 3% 贫困发生率而减少低保对象问题，我起草制定了《关于做好农村低保制度与扶贫开发政策有效衔接实施方案》，实现农村低保制度与扶贫开发政策在政策、标准、对象、管理四个方面的有效衔接。为保障兜底对象实现"两不愁"目标，我起草制定了全省低保标准低限调整方案，并获省政府同意，每年按照居民消费支出水平测算发布全省低保标准低限，确保了贫困地区低保标准不低于省低保标准低限，2017 年全省全面实现了低保线与扶贫线"两线合一"，到 2020 年全省农村低保标准低保低限达到4680 元，稳定超过扶贫标准。为实施好社会保障扶贫专项工作，我积极发挥联络员作用，主动对接沟通，脱贫攻坚战打响以来，会同扶贫、财政、人社等有关部门推出一揽子政策措施，先后印发《关于在脱贫攻坚三年行动中切实做好社会救助兜底保障工作的实施意见》等兜底脱贫政策文件46个，推动构建起完善低保制度有效衔接脱贫攻坚兜底脱贫的政策体系。

八年来，得益于完善的制度设计，我们迈出了弱有所扶、困有所助的坚实步伐，实现兜底保障一个都不能少。全省共有373万困难群众纳入农村低保，占农业人口总数的6.6%；165万建档立卡贫困人口纳入低保兜底保障，占贫困人口总数的26%；350万人次急难群众获得临时救助；220万特殊困难群体纳入特困人员救助供养、孤儿和残疾人两项补贴范围，困难群众有了妥妥的安全感。我们遵循了尽力而为、量力而行的脱贫方略，实现兜底对象吃穿"两不愁"。2013年以来，全省共投入1300亿元开展困难群众生活救助；投入90亿元实施社会保障扶贫；投入80亿元发放残疾人两项补贴；投入1000万元救治贫困家庭白内障患者，困难群众有了稳稳的获得感。

聚焦兜牢底　成功啃下凉山深度贫困堡垒

凉山是全国"三区三州"深度贫困地区之一，没有凉山地区的脱贫，就没有整体脱贫、就没有全面小康。凉山脱贫攻坚，牵动着全国各族人民的心，更是习近平总书记的牵挂。为此，省委省政府对凉山脱贫攻坚实施挂牌督战。民政厅作为牵头部门之一，按照省委主要负责同志关于"确保没有劳动能力的贫困群众用好用足低保、救助等政策"的要求，常态化深入凉山深度贫困地区蹲点、调研、走访，深刻了解凉山贫困程度之深，贫困群众生活之艰。经常性专题研究如何助力深度贫困地区，如何加强深度贫困地区兜底保障工作，如何在省委、省政府领导下，在凉山州民政部门共同努力啃下这块"硬骨头"。在此期间，按照厅党组安排，我具体牵头负责对凉山州七个未摘帽县实施挂牌督战。为确保这一任务有效落实，我们研究制定挂牌凉山州督战方案，编印工作手册，创新实践督战"十步工作法"和"六项注意"，抽调业务骨干组成四个巡回督战分队，会同凉山州县民政部门每周挂牌轮战、实督实战。在美姑、喜德、越西等县督战指导期间，我们进村入户，在乡镇重点帮助解决救助审核确认流程、材料准备、系统应用等方面的问题；在村社重点帮助解决是否未做到应保尽保问题；每到一户，都详细了解贫困家庭生产生活、子女就学、健康状况以及享受救助政策情况。督战工作组先后出动24批次，走访救助对象户608户1844人，现场指导、督促整改问题30个。

在兜底保障政策运用上，我和凉山州民政局一起，研究一整套兜底保障政策"组合拳"，牵头拟定了民政厅与凉山州签署的《共同推进脱贫攻坚合作备忘录》，推动实施民政低保、养老、儿童、社工等全领域支持凉山脱贫攻坚九项措施，全力帮助解决兜底保障工作中的困难问题。充分发挥"单人保"、收入豁免、低保渐退期、特殊生活补贴等政策作用，确保对象"应兜尽兜"。在困难群众救助资金补助上，我们研究制定了深度贫困地区资金保障机制，除常规补助外，采取单列补助资金形式进一步加大对深度贫困地区倾斜力度，使深度贫困地区困难群众救助资金得到有效保障。连续五年保持中央、省级新增救助资金向民族地区特别是凉山彝区倾斜，凉山补助资金从2016年的8.6亿元增至2021年的13.2亿元，增幅达53.5%，为深度贫困地区实现社会救助兜底脱贫目标提供了重要支撑。同时，我们还深入各个易地扶贫搬迁大中型安置点调研，协同推进易地扶贫搬迁聚居点的基层社会治理、完善基本公共服务体系，确保"搬得出、稳得住、过得好"。凉山州建档立卡贫困户中低保兜底对象从13.1万人增加到28.8万人、增幅111.9%，占贫困总人数的29.5%；11个深度贫困县共有50.3万困难群众纳入农村低保，兜底对象达到24万，占贫困人口的28.5%；12.7万特殊困难群众纳入特困人员供养、孤儿和残疾人两项补贴范围，彝族群众有了满满的幸福感。

聚焦兜好底　多措并举提升兜底保障水平

2019 年全国第十四次民政工作会议召开前，习近平总书记对民政工作作出聚焦脱贫攻坚、聚焦特殊群体、聚焦群众关切的重要指示，要求我们要采取更加有力措施，进一步兜准救助对象、兜住收入水平、兜牢民生底线，切实保证全面小康路上，不漏一户、不落一人。我深感责任重大、使命光荣，也迅速厘清思路，从完善顶层设计、加强过程管理、提高服务水平等方面着手，切实解决社会救助政策实施的焦点问题、人民群众反映强烈的痛点问题、规范管理方面存在的难点问题。

针对顶层设计中的政策衔接问题，我和同事一起推动了全省社会救助综合改革试点，在各地先行先试基础上，总结好的经验做法，并融入起草我省《关于改革完善社会救助制度的实施意见》中去，进一步加强基本生活救助、专项救助和关爱帮扶等政策衔接。针对经办服务过程中的规范管理问题，我通过在珙县孝儿镇黄连村蹲点调研，深入困难群众家庭和基层组织，与 15 户低保和 20 余名基层干部对象面对面交流、座谈，听取他们对现行低保政策、操作流程的意见建议。在此基础上，研究制定、补充完善了符合实际和工作必需的社会救助相关行政文书、工作流程。

2020 年进入决战脱贫攻坚收官之年，我们遭遇了新冠肺炎疫情影响，习近平总书记非常牵挂困难群众基本生活，多次强调要用心用情关心帮扶受疫情影响的困难群众。省委、省政府主要负责人等省领导亲自带头下基层走访慰问，推动督导落实救助兜底保障政策。

我所在的社会救助处作为困难群众基本生活保障主要处室，责任重大，任务光荣，我们克服疫情初期人手不齐、信息不畅等困难，立足于抓早、抓细、抓紧、抓实，强化"访、查、核、救、效"，及时研究提出了贯彻落实的具体措施。首先是迅速对原来的社会救助业务系统进行升级改造，让困难群众可以在线申请救助；其次是积极对接省发展改革委，启动了价格临时补贴联动机制，为困难群众发放了价格临时补贴，特别是 2020 年 3 月至 6 月，补贴标准提高一倍发放，有效减轻了物价持续上涨和疫情防控对困难群众基本生活造成的影响。在此基础上，我们深入劳动力市场调研受疫情影响困难农民工基本生活保障工作，研究出台保障受疫情影响困难群众以及外来务工人员基本生活政策措施。研究制定了为因交通管控等原因暂时滞留，在住宿、饮食等方面遭遇临时困难的人员，提供临时住宿、饮食、御寒衣物。为找不到工作又得不到家庭支持，基本生活出现暂时困难的外来务工人员，给予临时救助。对生活无着的流浪、乞讨人员及临时遇困、自愿求助的困难人员，按规定劝导或护送至救助管理机构落实救助。疫情期间，全省共实施临时救助 15 万余人次，发放抗疫物资和救助金 1 亿余元；全省救助管理机构实施救助近 3 万人次。

作为打赢脱贫攻坚战的亲历者、实践者和见证者，有这一段经历是人生之大幸。全国脱贫攻坚总结表彰大会给予的既是"功勋章"，也是"扬马鞭"，我们将秉持脱贫攻坚精神，矢志不移继续投身到巩固拓展脱贫攻坚成果，全面推进乡村振兴战略的火热实践。

（何长远　崔馨予　整理）

高质量脱贫攻坚的泸州实践

杨林兴

2014年，泸州市有建档立卡贫困人口39.9万人、贫困村324个，有叙永县、古蔺县2个国定贫困县，合江县1个省定贫困县。脱贫攻坚战打响以后，泸州市认真贯彻习近平总书记关于扶贫工作的重要论述，下足"绣花"功夫，举全市之力坚决打赢打好脱贫攻坚战。截至2020年底，贫困人口全部脱贫，贫困村全部退出，贫困县全部摘帽，脱贫攻坚取得全面胜利。2021年2月，泸州市委被中共中央、国务院表彰为全国脱贫攻坚先进集体。杨林兴2018年10月起担任泸州市委副书记、市政府市长，2021年4月起担任泸州市委书记。他讲述了泸州的脱贫故事。

补齐交通短板　改善发展条件

有句老话叫"要致富，先修路"。2014年，泸州的古蔺县、合江县两个贫困县还没有高速公路，由于历史及地形地貌原因，散落在乌蒙山区、赤水河谷的自然村还有不通公路的情况，相当一部分住在江、河两边的群众要靠渡船出行。交通的不便，导致山区群众守着绿水青山过穷日子。

不解决路的问题，贫困地区就发展不起来，脱贫就没有希望。市委市政府从泸州的实际出发，以古蔺、叙永两个国贫县为重点，统筹解决江河两岸群众出行不便、渡河不安全问题，研究制定《交通扶贫攻坚大会战实施意见》《村村通建设实施方案》《渡改桥攻坚建设实施方案》等，组织实施多个重大交通扶贫工程，举全市之力补齐贫困地区交通基础设施短板。经过全市各级党委、政府的共同努力，目前泸州的农村公路总里程达到 1.3 万公里，实现县县通高速公路、乡乡通油路、村村通硬化路。同时，我市还投资 72.1 亿元完成所有贫困村农网改造，兴建农村供水工程 5097 处，彻底解决了贫困地区电能质量低和饮水安全问题。随着以交通为代表的基础设施的完善，畅通了贫困地区与外界的人流、物流、信息流、资金流、技术流，贫困地区的良好生态、秀美风光、优质农特产品等优势资源"走出深山"，为山区贫困群众换回来"真金白银"。

比如，连接四川叙永县、云南镇雄县两个国家级贫困县的鸡鸣三省大桥项目，2020 年 1 月建成通车，结束了两岸群众翻山越岭、跨河渡水交往的历史，让云南的矿石与叙永的冰脆李等物资互通，石坝水潦万亩花海、国家 4A 级景区古郎景区及鸡鸣三省大峡谷景观相连，带动了一方经济发展；鸡鸣三省大桥也成了网红打卡地。再比如，2019 年 12 月全面通车的赤水河环线扶贫公路古蔺段项目是泸州市"十三五"重点实施的交通扶贫项目，也是乌蒙山片区规模最大、投资最大的扶贫公路项目，沿线古蔺县 52 个贫困村、5 万余名贫困人口受益。

抓实产业就业　助农稳定脱贫

泸州贫困地区所处的乌蒙山区和赤水河流域，立体气候特征明显，物产资源丰富，有全国最晚熟的荔枝、西部特早的茶、赤水河甜橙，还有泸州桂圆、合江真龙柚、古蔺脆红李等优质农产品。把这些优质农产品做出规模、做出效益、联结农户，脱贫增收就有保障。

我市下定决心，一定要把农业抓起来。首先是做好规划，发展特色产业，打造知名品牌。邀请中国农科院编制《现代农业发展规划（2014—2025）》，确定精品果业、高效林竹、绿色蔬菜、特色经作、优质粮食、现代养殖、休闲农业、加工物流"八大特色农业产业"的着力重点，每年制定产业发展行动计划或工作要点，成功打造出"泸州桂圆""纳溪特早茶""合江荔枝""赤水河甜橙""古蔺麻辣鸡""蔺乡丫权猪"等闻名全国的农产品品牌。其次是建强园区，让贫困人口就近务工增加收入。以乌蒙山区、赤水河谷等为重点，建设古蔺护家肉牛综合体、合江真龙柚博览园等产业融合示范园区 55 个，建设畜禽标准化养殖场（小区）244 个，带动 22.9 万贫困人口脱贫。比如，合江县白沙镇忠孝村的李绪中夫妇在村里的"佛手"中药材产业园打工，年收入增加 2 万多元，自家种植的"佛手"投产后，每年还可以为家庭增收 2.4 万多元。同时，我们还引进正大、海升、巨星、温氏等龙头企业落户贫困地区，建立起"企业＋基地＋专合社＋贫困户"的利益联结机制，通过资产收益扶贫的方式带动 8 万多贫困人口脱贫。还有就是舍得投入，支持产业发展。把贫困村产业扶持基金由省定的每年 30 万元提高到 50 万元，通过扶贫小额信贷筹集资金 16 多亿元，支持扶贫产业发展。

务工就业，是贫困群众收入的又一重要来源。我认为，一个贫困家庭只要有一个人就业，稳定脱贫就有实实在在的保障。我市充分开发就业岗位，打造就业扶贫基地、就业扶贫车间，开发公益岗位，促进本地就业和弱劳力就业，99% 的贫困劳动力都实现了稳定就业。这方面，相关区县有很多好的做法和先进典型。其中，合江县采取"就地建、飞地建、联合建、整合建"四种模式在全县开办扶贫车间，实现贫困劳动力挣钱顾家两不误，得到了省委主要负责同志的充分肯定。2020 年，面对突如其来的新冠肺炎疫情，广大农民工朋友不能外出务工，很多贫困户面临增收不足甚至返贫风险。为此，我市采取很多措施，全力推进农民工特别是有劳动力贫困户稳住就业、稳定脱贫。比如，在全省率先开展农民工安全有序返岗"春风行动"，把6.5万名农民工安全有序运送到广东、上海、福建、江苏、浙江等地。研究制定《泸州市合力应对疫情影响鼓励农民工就业创业置业十项措施》，从农民工供需对接、就近就业、创业护航等十个方面提出30条措施等等。2020年，全市劳动力贫困人口外出就业13.8万人，较2019年还多一些，务工收入达到家庭收入的74.3%，成为脱贫增收的主要来源。

实施全民预防保健　防止因病致贫返贫

2014年扶贫摸底时，全市11.5万户贫困户中，因病致贫的就有5.3万户，占46%，因病致贫返贫问题非常突出。针对这一问题，市委提出开展免费体检和健康管理的设想。在有关部门的关心和指导下，市委主要领导率队到国家和省卫健部门对接，于2014年9月在叙永县江门镇卫生院开展全民预防保健试点，围绕"全民免费体检、落实分类健康管理、精准实施重点救助"三个环节，在全国创新开展以全民预防保健为特色的健康扶贫，探索解决因病致贫、因病返贫问题的有效路径。

在此基础上，2015年起，我市把救助政策与全民预防保健工作进行整合，形成建档立卡贫困人口全民预防保健覆盖率、基本医疗保险参保率、医疗扶贫附加险参保率、应救必救救助面四个100%的健康扶贫，将建档立卡贫困人口县域内就医自付费用降低到10%以内，大幅减轻了他们看病就医的负担，使群众"少生病、看得起病、看得上病、看得好病"。比如，家住叙永县向林镇龙池村的贫困户刘朝文，身患多种疾病，长年疾病缠身，导致其劳动能力下降，经济负担越来越重，自落实健康扶贫政策后，他多次住院治疗享受到建档立卡贫困人口医疗政策，极大地减轻了经济负担，直夸党的扶贫政策好。

令我们倍受鼓舞的是，这项工作还得到了习近平总书记、李克强总理的批示，相关工作经验在全省推广，惠及了更多贫困人口。

创新扶贫搬迁模式　提升人居环境质量

我市贫困户大多散居在古叙山区，基础设施建造成本高、覆盖率低，部分贫困村"一方水土养不起一方人"的问题比较突出，不少群众的房屋建在地灾隐患点、山洪灾害易发区上，每逢雨季极易发生安全事故。2015年8月，在叙永县白腊苗族乡发生的"8·17"暴雨洪灾，造成了15人死亡、9人失联的悲剧。对泸州来讲，易地扶贫搬迁不只是扶贫工程，更是保障山区群众生命财产安全的安全工程。这项工作在当时十分重要、迫在眉睫，如果按照常规思路、常规办法、常规力度去推进，很难按期完成任务，老百姓等不起，脱贫奔小康等不起。可以说，易地扶贫搬迁早一天实施、早一天建成，群众为住房安全悬着的心就早一天安稳。

为尽快解决这一问题，同时降低建造成本、确保工程质量，我市在充分调研的基础上，提出建立统一规划布局、统一方案设计、统一建设管理、统一要素保障、统一档案管理的"五统一"模式，加快推进易地扶贫搬迁工作。2018年我到泸州工作时，易地扶贫搬迁工作进入最后攻坚阶段。到2018年底，全市1.9万户、7.8万人全部搬进新居，提前两年完成"十三五"易地扶贫搬迁任务，创造了易地扶贫搬迁的泸州速度。同时，还完成"四类对象"危房改造8.3万户、农村土坯房改造6.3万户，实现住房保障全域覆盖。

这里我想重点介绍一下两个安置点。第一个点是叙永县江门古寨易地扶贫搬迁安置点，该项目通过"以产定搬＋产城相融"的模式，把易地扶贫搬迁与文旅扶贫结合起来，集中安置易地扶贫搬迁户158户600多贫困人口，让贫困户参与旅游发展，每人每年实现增收4000多元，实现了搬得出、稳得住、能致富的有机统一。2017年9月，该安置点作为全国唯一的易地扶贫搬迁先进典型代表，制作成沙盘模型参加国家"砥砺奋进的五年"大型成就展，接受了习近平总书记等党和国家领导人的检阅。

还有一个点就是合江县尧坝镇白村的"尧坝驿"易地扶贫搬迁点，这个点主要采取"国企带动＋文旅产业＋易地扶贫搬迁"模式，由泸州市文旅集团公司投资在尧坝古镇 4A 级景区建设，依托景区，配套发展休闲观光游、红色文化游和服务业，贫困户搬迁进去后从事保洁、保安，也可以创业、务工，最终 64 户搬迁户 254 人全部入住，没有一户回流，而且都非常满意。

回头看大排查　巩固脱贫成果

2019 年 6 月至 8 月，泸州按照全省统一安排部署开展落实"两不愁三保障"回头看大排查工作。在大排查中，我市结合"不忘初心、牢记使命"主题教育，把"两不愁三保障"回头看大排查作为密切联系群众的有效方式，市委市政府召开会议专题研究部署两次，主要领导到县蹲点调研督导两次，研究解决突出问题两次。

对于如何做好大排查工作，2019 年 7 月我到古蔺县、叙永县督导时提出"巧妙问、仔细核、全面记、合力改"的具体要求。巧妙"问"就是指按照标准和要求，排查组与农户沟通时，注意方式方法，讲土话、作比喻，使农户能更好理解问题排查含义，确保排查结果更真实；仔细"核"就是指做好全国系统导出的贫困户基本信息表和各种资料的核对，确保排查信息全面、精准；全面"记"就是指将发现和暴露的问题如实记录在案，确保在大排查工作中摸清家底；合力"改"就是指找准薄弱环节，拿出过硬措施，把握时间节点，集中人力、财力、物力进行整改，确保问题整改到位。经过全市上下共同努力，大排查共发现问题 8100 多个，其中"两不愁三保障"突出问题 570 多个，这些问题全部得到整改落实。

泸州大排查工作，得到省上充分肯定，叙永县被选为全省四个大排查工作试点县之一、试点经验在全省推广，合江县、纳溪区在大排查调度会上受到省脱贫办表扬。

功夫不负有心人。2020年底，全市39.9万贫困人口全部脱贫，324个贫困村全部出列，合江县、古蔺县和叙永县全部摘帽，脱贫攻坚取得全面胜利。泸州市四年被评为全省脱贫攻坚先进市，市委被中共中央、国务院表彰为全国脱贫攻坚先进集体，这应该是我们全市人民最大的光荣。我市还圆满完成省内对口帮扶工作，累计投入财政援助资金6.3亿元，派出1200多名干部人才，实施273个援建项目，帮助对口援助的甘孜州乡城县、稻城县，凉山州盐源县、普格县、越西县先后脱贫摘帽，泸州市六次被省委、省政府表彰为对口帮扶藏区彝区贫困县工作先进集体。

在脱贫攻坚过程中，泸州创造了很多具有特色的工作经验，让我们感到十分自豪。比如，全国第一支以易地扶贫搬迁为承载的项目收益债、文化扶贫、五级作战体系、东西部扶贫协作、社会扶贫、消费扶贫、农房建设、四项基金、定点扶贫、援藏援彝等工作经验，在全国、全省交流推广。全市奋战在脱贫一线的同志，舍小家为大家，与贫困地区的群众结成对子、认亲戚，常年加班加点、任劳任怨、超常付出，在困难面前豁得出去，关键的时候顶得上来，在脱贫攻坚这个没有硝烟的战场上呕心沥血、建功立业。开展脱贫攻坚以来，全市共有161个集体和459人次受到省级以上脱贫攻坚表彰表扬，涌现出许多先进的典型和感人的事迹。比如，古蔺县文旅局文化市场综合执法大队干部余芬，为了让帮扶对象70多岁的吴仁芬老人在生日那天能够看到新电视，在送电视路上不幸发生车祸，因公牺牲。余芬同志将生命定格在了脱贫攻坚的征程上，用生命诠释了共产党人的初心使命，泸州人民永远不会忘记她！

打赢脱贫攻坚战后，我们将继续健全防止返贫动态监测和帮扶机制，加强易地扶贫搬迁后续扶持，坚决守住不发生规模性返贫底线；做好政策和工作体系的衔接，继续向重点乡村选派驻村第一书记和工作队，深化东西部协作、定点帮扶、社会帮扶机制；统筹农业供给侧结构性改革、"美丽泸州·宜居乡村"建设，构建现代乡村治理体系；实施"一体两翼"特色发展战略，推动乌蒙山区和赤水河流域优势优先、特色发展，让老百姓日子越过越红火。我们泸州将大力弘扬脱贫攻坚精神，扎实做好脱贫攻坚和乡村振兴的有效衔接，全面推进乡村振兴发展，争取更大的胜利和荣光。

（高烨　王清海　丁剑　杨菊　整理）

甘孜的脱贫攻坚实践

肖友才

四川甘孜州曾经是全国 14 个集中连片特困地区之一和全国"三区三州"深度贫困地区重要组成部分，在以习近平同志为核心的党中央坚强领导下，经过八年持续奋斗，取得了脱贫攻坚战的全面胜利，全州 18 个深度贫困县（市）全部摘帽、1360 个贫困村全部退出、225540 名建档立卡贫困人口全部脱贫。在这场波澜壮阔的脱贫攻坚战中，甘孜州是如何书写高原涉藏地区战胜贫困、圆梦小康的壮丽篇章？全国脱贫攻坚先进个人获得者肖友才讲述了甘孜脱贫攻坚背后的故事。

问：甘孜州是全省贫困程度最深、脱贫任务最重、脱贫难度最大的地区之一，具有哪些显著特点？我们的脱贫攻坚具体措施有哪些？

肖友才：我出生在涉藏地区，成长于涉藏地区，从小就对涉藏地区农牧民群众有深厚的感情，一直都对农牧民群众脱贫致富非常关心。2016 年 12 月，我从广安市调至甘孜州工作。到任之初，我就把脱贫攻坚作为一项重大政治任务，深入县乡，进村入户，通过听取汇报、召开坝坝会、与贫困户面对面交谈等多种方式，摸清贫困家底。在充分调查摸底的基础上，我认为，甘孜州贫困情况具有"四个并存"的特点：一是整体贫困与区域特困并存；二是集中贫困与分散贫困并存；三是绝对贫困与相对贫困并存；四是物质贫困与精神贫困并存。

针对这一突出特点，我们在全力实施"五个一批"的基础上，大力推动住房安全扶贫、产业扶贫、就业扶贫、教育扶贫、健康扶贫、基础设施扶贫、生态扶贫"七大攻坚"行动。特别是针对雅砻江上游4县交界地区24个深度贫困乡镇，我们研究出台《关于支持雅砻江上游4县交界地区24个深度贫困乡镇加快发展的实施方案》，筹集资金2.08亿元，落实九大类55项工作举措，全力推动该区域基础设施改善、公共服务水平提升、党的基层基础夯实。通过干部群众的共同努力，农牧民群众生产生活条件发生根本性变化、得到整体性提升，实现了水桶变水管、油灯变电灯、土路变油路、喊话变电话、帐房变楼房的历史性巨变。我州连续三年被评为全省脱贫攻坚先进市（州）。

问：就甘孜州而言，制约贫困农牧民群众脱贫致富最大的"瓶颈"是什么？我们采取了哪些务实性措施？

肖友才：甘孜州位于青藏高原东南缘、四川盆地西部，地处川滇藏青四省（区）结合部核心区，高山林立、沟壑纵横、地势崎岖，公路密度低、等级低，群众出行难问题十分突出，相对滞后的交通基础设施仍然是制约贫困群众脱贫致富的最大"瓶颈"。

交通一通，人心相通、百业皆通。我们始终把改善交通条件作为脱贫攻坚的首要任务，一方面，我牵头到省直有关部门，争取到并实施第四轮"交通大会战"。另一方面，我通过召开交通建设大会战动员大会、交通建设专题会、交通项目施工现场督导等方式，迅速形成交通建设决战态势。"十三五"时期，交通建设总投资625亿元，是"十二五"时期的1.47倍。这期间，建成了泸定大渡河大桥、雀儿山隧道等一大批彰显制度优势、展示综合国力的重大工程，雅康高速全线通车，实现县县通国道、乡乡通油路、村村通硬化路，公路通车里程达到 34310 公里、居全省第一。川藏铁路甘孜段"一隧一桥"控制性工程开工建设。甘孜格萨尔机场建成通航，我州成为全国唯一拥有三个海拔 4000 米以上支线机场的市州，三大机场航线总数达到 15 条。交通条件得到了根本性改善，发生了历史性巨变。

问：甘孜州地处川西高原，高寒缺氧，是全省生态系统最敏感、最脆弱、最重要的地区，如何才能把"输血式"扶贫变为"造血式"扶贫？我们有哪些解决思路和措施？

肖友才：虽然甘孜州生态系统脆弱，但是，拥有世界级的旅游资源、悠久灿烂的康巴文化、蕴藏丰富的清洁能源、绿色有机的农畜资源等独特资源优势，发展绿色低碳产业得天独厚。为此，我们把发展特色优势产业作为群众脱贫致富的最大支撑，构建起"4+6"现代服务业体系和"10+2"现代农业产业体系。经过几年的努力，全州特色产业蓬勃发展，农牧民群众有了固定的产业、稳定的收入和更多更广的就业渠道，口袋越来越鼓、生活越来越好、日子越来越红火。

面对全域旅游竞争力不强、可进入性差、基础设施弱、服务水平低等难题，创新提出全域旅游全要素、全过程、全时空、全人文"四大理念"和门票经济与产业经济、景区景点与全域环境、观光旅游与康养休闲、基础设施与配套建设、规定服务与理念服务"五个并重发展"思路，实现 5A 景区"零"突破，A 级景区累计达 81 个（其中，5A 景区 2 个、4A 景区 20 个、3A 景区 59 个）。特别是面对城乡基础设施滞后、城乡面貌较差、民居旅游接待能力不强等难题，研究提出风貌大提升、违建大拆除、环境大整治、基础大完善、产业大配套、文化大挖掘、景观大营造"七管齐下"和文态、形态、业态、生态"四态合一"城乡建设管理理念，完成"18+2""魅力县城"、135 个"风情小镇"、476 个"美丽村寨"建设提升，一大批贫困群众吃上了旅游饭、生态饭。特别是针对我联系的稻城县，在实地调研的基础上提出了"以产业扶贫为龙头、亚丁 5A 级景区创建和旅游扶贫示范打造为两翼"的工作思路，一方面，通过多次进京到有关部委汇报争取政策支持，2020 年亚丁成功创建为国家 5A 级景区；另一方面，多次赴稻城县研究旅游扶贫示范创建工作，稻城县成功创建全域旅游扶贫示范县、特色旅游小镇 2 个、旅游扶贫示范村 13 个，木拉乡麻格同村连续两年被世界旅游联盟评为旅游减贫成功案例。

面对农特产业"小、乱、散、弱"的困境，研究提出"育龙头、建基地、搞加工、创品牌、促营销"思路，大力构建酒、肉、粮、油、水、果、蔬、茶、菌、药和现代农业种业、烘干冷链物流的现代农业"10+2"产业体系，成片成带成规模建成农林产业基地 204.94 万亩和省级现代农业园区 2 个、州级 15 个，"圣洁甘孜"成为全省十佳农产品区域公用品牌。我在联系帮扶石渠县色须镇俄多二村期间，与村"两委"班子成员一道，研究确定把畜牧养殖业作为群众持续稳定增收的核心支撑，并多方筹集产业资金 100 万元，指导建立"仁绒畜牧养殖专业合作社"。该合作社 2019 年实现盈利 8 万余元、2020 年盈利 16.43 万元，每户贫困户分红 3900 余元，群众发展产业的热情空前高涨。

面对乡村电商平台缺乏、物流体系覆盖不足、农特产品出口不畅等问题，率先在全国涉藏地区推出"全域统筹·整体推进"电商扶贫模式，成功引入顺丰、京东、苏宁等大型电商物流企业，与天猫、全球时刻等知名企业建立合作关系，建成县乡村三级电商服务中心（站、点）1743 个，全力推动产品变商品、商品变品牌、品牌带产业、产业促增收。

问：解决贫困代际传递问题是巩固脱贫攻坚成果的关键核心，我们又有哪些务实管用的举措？

肖友才：习近平总书记深刻指出，扶贫必扶智，让贫困地区的孩子们接受良好教育，是扶贫开发的重要任务，也是阻断贫困代际传递的重要途径。我始终坚持学前教育、义务教育、高中教育、职业教育、高等教育"五个阶段"一起抓，硬件、软件、教师、学生"四个方面"齐发力，强力推动教育事业高质量发展。

2016 年以来，新（改）建寄宿制学校 105 所，优化提升中小学 113 所，新增幼儿园 97 所，全州在校学生达到 22.64 万人，是"十二五"末的 1.28 倍，孩子们实现住学校、吃食堂。累计投入近 4 亿元推进教育信息化建设，全州 18 个县（市）义务教育均衡发展通过国家评估认定。同步推进义务教育与补偿教育、技能培训有效衔接，探索形成"学会一技、就业一人、脱贫一户"长效机制，全面巩固提升"控辍保学"成果。招录"9+3"学生 5918 人，毕业 4913 人，初次就业率稳定在 95% 以上。新建甘孜州职业学院，2021 年秋季开始招生。特别是创新提出并启动实施教学质量提升工程，严格执行教师"考、培、降、转、待、退"机制，全州教育质量稳步提升，2020 年高考、中考录取率分别达到 90.3%、96.4%。同时，筹措教育扶贫救助基金 11326 万元，救助贫困家庭学生 91598 名，没有一名学生因贫失学辍学。

脱贫攻坚关键靠人，体育则是教育人、塑造人的重要手段。我一直高度重视民族体育事业发展，在圆满承办省第十五届民运会的基础上，时隔 33 年隆重举办自治州第三届运动会，让"崇尚健身、参与健身"的社会氛围更加浓厚。

问：甘孜州乡村医疗条件差，存在群众看病难问题，群众因病致贫返贫现象突出，我们又是如何解决的？面对 2020 年突如其来的新冠肺炎疫情，我们采取了哪些措施确保群众身体健康？

肖友才：在此之前，我州公共卫生服务体系和防疫体系不完善，基层医疗水平低，每千人拥有床位、卫生技术人员、护士等基础条件远远低于全省平均水平，农牧民群众"小病靠拖、大病靠抗"的情况比较突出。为此，我专门组织研究制定了一揽子政策措施，全力补齐医疗卫生短板。

针对"看医难"，全力实施民族地区卫生"十年行动计划"，大力建设"健康甘孜"，建成州人民医院第二医疗区，实现县级医疗机构"提标创等"、乡乡有达标卫生院、贫困村村村有标准化村卫生室和合格村医，县级医疗卫生机构全部达到二乙标准。

针对"看病贵"，全力实施医疗救助扶持行动，实现基本医保、大病保险、城乡医疗救助、卫生扶贫基金"四重医疗保障"贫困人口全覆盖，全额代缴贫困人口医保费，贫困患者县域内住院、慢性病门诊维持治疗医疗费用个人支付占比均控制在5%以内。在全省率先建立医疗救助州级周转金制度，实现了基本医疗保险、大病保险、医疗救助待遇"一站式服务、一窗口办理、一单制结算"。特别是把136种国家谈判高值药品纳入报销范围，把糖尿病、高血压、肺结核门诊用药和35种民族医疗（藏医）服务项目纳入医保报销，极大减轻了重病患者的个人负担。

针对"看不好"，一方面，全力推动华西医院托管州医院，经过多轮对接，华西甘孜医院挂牌运行，华西医院先进管理经验、优质医疗资源、精湛医技在我州成功复制推广。另一方面，全力抓医联（共）体建设。目前，组建医联体34个，色达县、甘孜县成为全国紧密型县域医疗卫生共同体建设试点县。特别是研究提出并全面实施医疗卫生质量提升工程，严格执行卫技人员"考、降、转、退"机制，全州卫技人员医疗服务水平稳步提高，实现贫困群众90%的疾病在县域内解决。

针对"防治难"，全面加强县（市）疾控中心标准化建设，包虫病、艾滋病、结核病等地方病和重大传染病综合防治能力得到进一步加强。石渠县包虫病综合防治试点通过国家终期评估验收，包虫病综合防治"两抓四管六结合"（党政齐抓、全员共抓；管人、管犬、管社会、管环境；与思想观念转变、凝聚民心、依法治理、经济发展、生态保护、脱贫攻坚相结合）石渠模式在涉藏地区复制推广。

特别是面对突如其来的新冠肺炎疫情，我们始终坚持人民至上、生命至上，快速反应、密集调度，广泛动员、精准施策，采取严阵以待、严密监测、严格排查、严谨救治、严保秩序、严明纪律"六严"措施，在全省率先设置交通检疫卡点、率先运用5G技术开展远程会诊、率先实行一线医护人员定点宾馆一人一房集中轮休制度，全力构筑联防联控、群防群治的严密防线，用最短时间打赢了重点疫区疫情防控保卫战，全州疫情防控阻击战取得重大成果，没有一名农牧民群众因疫致贫返贫，创造了高原治疗"零死亡"、院内感染"零发生"、救治费用

"零自付"、社会稳定"零事故"、疫情管控"零扩散"的防控奇迹。

脱贫摘帽不是终点，而是新生活、新奋斗的起点。当前，全州已经进入巩固拓展脱贫攻坚成果同全面推进乡村振兴有效衔接的新阶段，全面实施乡村振兴战略的深度、广度、难度都不亚于脱贫攻坚。我们将充分借鉴脱贫攻坚期间形成的好经验、好做法，完善政策体系、工作体系、制度体系，全面推动农村产业振兴、人才振兴、文化振兴、生态振兴和组织振兴，让各族群众的获得感成色更足、幸福感更可持续、安全感更有保障。

（阿莲　采访，雷虎　宁先进　苟银东　整理）

我在南充的扶贫实践

马家斌

南充是四川省脱贫攻坚任务最为繁重的市州之一。全市九县（市、区）中，有嘉陵、阆中、南部、仪陇四个国家级贫困县和高坪、营山、蓬安三个省级贫困县。2014年精准识别贫困村1290个，占全省1/10；贫困人口19.1万户57.8万人，居全省第三位，占全省贫困人口总数的近1/10、占全市农业人口总数的1/10。脱贫攻坚工作开展以来，全市上下深入学习贯彻习近平总书记关于扶贫工作的重要论述，全面落实中央、省委打赢脱贫攻坚战的系列决策部署，扎实推进精准扶贫精准脱贫。截至2019年底，全市7个贫困县全部摘帽、1290个贫困村全部退出、57.8万贫困人口全部脱贫，历史性解决了区域性整体贫困，历史性消除了农村绝对贫困，脱贫攻坚取得决定性胜利。市扶贫开发局主要负责人马家斌获全国脱贫攻坚先进个人，分享交流了他的脱贫攻坚故事。

我参加工作以来，先后在科技系统、农业系统、扶贫系统工作，经历了我国扶贫开发政策的四轮调整，不同程度地参与了扶贫工作。特别是2018年7月，组织安排我到南充市扶贫和移民工作局任党组书记、局长，并兼任市政府副秘书长，全力投入脱贫攻坚主战场，工作虽然繁重艰辛，但苦中有乐、苦中有获、苦中有悟。

与扶贫工作结缘

1988 年，我大学毕业，分配到原南充地区科技开发中心工作，在科技系统一干就是 16 年。在此期间，我参与了科技帮扶工作，无数次深入农村开展技术培训指导和帮扶。印象最深的一次是刚参加工作不久，陪同科委领导到当时营山县最偏远的老林镇开展科技帮扶工作，由于路况不好、车况很差，在返回的路上，乘坐的丰田面包车前轮都跑掉了，吓出一身冷汗。1989 年，我与原南充地区农校许炳树老师到原南充县高坪镇斋公山带领农民发展獭兔养殖产地，半年时间吃住在兔场，深深感到依靠科技带动农民产业增收是摆脱贫困的有效途径。

2004 年 8 月，组织安排我到农广校工作，我把提升农民技能作为农民增收最基础性的工作来抓，主动与市扶贫办联系，承办了多期劳动力转移就业培训项目。2010 年我转任市农牧业局副局长，从 2014 年分管农业产业扶贫工作以来，先后牵头编制了全市农业产业扶贫的规划，并作为驻村工作组组长具体负责省领导同志联系的阆中市西山乡岳林垭村和仪陇县新政镇安溪潮村的产业发展工作；承办的全省农业产业扶贫技术大培训、全省农业产业扶贫推进会等会议，得到了省委领导的高度肯定。

2015 年 11 月在帮扶安溪潮村时，我带领刚参加工作不久的六个研究生成立了驻村帮扶工作组，租了一套农房，长期住在村上，同群众同吃同住同劳动。我清楚地记得，2016 年 2 月 23 日，我正带领工作组在安溪潮村走村串户，动员群众发展产业，刚到南充任市长三天的宋朝华同志就到村上调研，共商扶贫工作、看望贫困群众和帮扶干部，让我们深受鼓舞。为了通过发展产业增加贫困户收入，我们多方协调，成功引进大百合公司，带领贫困户养殖肉鸡。同时，还成功引进四川绿科禽业有限公司，发动 44 户贫困户每户贷款五万元入股成立了蛋鸡养殖合作社，经过八个月的连续奋战，建成占地约 7000 平方米、养殖蛋鸡 20 万只的现代化养鸡场，入社贫困户每年可以分红1.5万元，入场务工的贫困户可收入2.4万元以上。

2016年11月，根据市脱贫办统一安排，我带领验收组对南部县摘帽退出进行了市级初验，这是我首次深度参与本轮脱贫攻坚，深深认识到精准施策的重要性和精准扶贫的成效。2017年4月，党组织调整安排我到市农科院担任党委书记，为了抓好抓实帮扶仪陇县金城镇铜沟村和顺庆区桂花乡桂花村的工作，我多次组织研究，完善了产业扶贫规划，逐户制定了一对一帮扶措施，促进了这两个村的产业发展，增加了贫困户产业收入，提高了贫困户对帮扶工作的满意度。当年底，铜沟村成功退出贫困村序列。

投身脱贫攻坚主战场

2018年7月29日，市委市政府安排我到市扶贫和移民工作局工作，任党组书记、局长，兼任市政府副秘书长。市委领导同我谈话时，语重心长地叮嘱我，市委安排我到这个岗位工作，既是信任也是考验，这份工作接在高位上，接在高手上，必须百倍用心、千倍用力，要举好接力棒，继续干在实处、走在前列。7月30日下午6点，我到单位正式报到，在见面会上，市领导充分肯定扶贫局这几年的工作，并对下一步工作提出了殷切希望。我深刻体会到，扶贫局的前几届班子带领大家干出了工作亮点，形成了工作经验，赢得了各方肯定，现在"接力棒"到了我手上，深感责任重大、使命光荣，深感任务艰巨、压力巨大。8月8日，我到省上汇报工作，省政府副秘书长、省扶贫移民局局长降初同志热情地鼓励我，真情地教导我如何抓实抓细工作，让我受益匪浅、深受感动。

到扶贫移民局工作的第三天，省政府就正式宣布了嘉陵、仪陇、高坪"摘帽"的消息，但离阆中、营山"摘帽"自查验收的时间仅剩不到一个月了，工作都还没熟悉，我就要面临"第一场大考"了。8月7

日，市纪委召开"摘帽"巡察的汇报会，通报了两个县存在的问题，如何确保两个县高质量"摘帽"，焦得我吃不下饭、睡不着觉。我几乎天天带着干部职工到两个县点上暗访督导、反馈问题，面上调研指导、推进工作。那段时间，加班加点是常态，按时下班是例外。2019年的春节前后，我先后到阆中、营山跑了十多次，看到问题一个一个销号，我才算松了一口气。次年2月20日，国省"摘帽"验收入场；4月28日，省政府常务会议批准阆中、营山等30个贫困县退出贫困县序列，阆中市和营山县都是以历年"摘帽"最好成绩出列，南充在全省率先实现了所有贫困县"摘帽"。

为了深入摸准实情，抓实工作，我多轮到九县（市、区）、行业部门和乡村，开展深入调研和督导暗访，还先后十余次到国扶办、省局请教和争取支持。在工作中，我发现有的工作推动不力、有的问题解决不了，根子在于各部门的任务和分工没有明确，责任没有落实到位，我提出了要理顺"三个关系"，强化"两个考核"。统筹"短与长"，既要立足当前脱贫摘帽，逐一对标补短，又要着眼长远增收，建立稳定脱贫长效机制，增强"造血"功能。抓实"点与面"，既要注重点上出彩，加强典型引领示范，更要注重面上推动，夯实全面小康基础。协调"局与办"，既要履行好扶贫局精准识别、精准管理、精准退出和社会帮扶等基础性工作，更要发挥好脱贫办决策参谋、综合协调、督查推进等职能，确保脱贫攻坚工作职责清晰、运行规范、工作高效。同时，修订《扶贫专项部门（单位）脱贫攻坚工作考核办法》和《县（市、区）党委和政府脱贫攻坚工作成效考核办法》，以责任倒逼落实。

决战决胜脱贫攻坚

脱贫攻坚进入收官期、决胜期，下一步，工作重点应该抓什么？通过与相关行业部门协调沟通，走村入户实地调研，深入基层倾听群众期盼，我们确定把工作重心由达标脱贫向源头治贫转变、由注重脱贫向防止返贫转变、由短期攻坚向长期帮扶转变的思路。2018年底，我们结合南充实际出台了《关于抓实抓好巩固提升坚决打赢脱贫攻坚战三年行动的实施方案》，2019年7月出台了《南充市全面摘帽后脱贫攻坚战推进方案》，细化了8个重点、27项具体工作，确定了南充巩固提升脱贫攻坚的时间表、路线图、任务书。同时，紧扣全域脱贫的目标，发起了脱贫攻坚的"五大行动"，确保完成减贫任务和成效巩固工作。一是脱贫摘帽工程推进行动。既确保阆中、营山顺利实现高质量摘帽，又要高水平完成73个贫困村退出、1.32万贫困人口脱贫的年度目标任务。二是突出问题专项整改行动。1月份我们聚焦六个方面87种具体问题表现，在全省率先安排了开展脱贫攻坚突出问题专项整改行动。4月份我们聚焦八个方面内容，出台《2019年脱贫攻坚专项暗访督查工作方案》，扎实开展行业扶贫专项暗访，共摸排整改了5100余个问题。6月份我们根据全省统一部署安排，扎实开展了"两不愁三保障"回头看大排查和"三精准三落实三保障"回头看，摸排整改问题21335个，全面补齐了全市"两不愁三保障"方面的短板弱项。三是产业扶贫就业脱贫增收行动。制定《脱贫奔康产业园管护和考核办法》，着力培育特色扶贫产品基地，建立南充扶贫产品销售平台，积极开展消费扶贫，切实提升产业带贫效益。四是精准帮扶合力攻坚行动。每季度对市领导联系指导贫困村和市直部门帮扶贫困村情况进行通报，持续深化东西部扶贫协作，广泛引导和动员社会组织参与脱贫攻坚。五是风险防范和化解行动。结合中央和省反馈、基层反映和工作体会，我总结了脱贫攻坚中存在的产业扶贫、乡村债务、小额信贷、扶贫资金和项目、涉贫信访和舆情、返贫致贫"六大风险隐患"，出台了防范方案和工作机制，确保脱贫攻坚干成事、不出事。

2020年是决战脱贫攻坚，决胜全面小康的关键之年，即将迎来国家和省普查的"终极大考"，为了开好局、起好步，年初我们就出台了《脱贫攻坚三年行动2020年工作方案》，并配套出台了《南充市脱贫攻坚薄弱环节挂牌督战工作方案》《南充市贫困动态监测预警和帮扶工作方案》和《脱贫攻坚专项巡察工作方案》等系列工作方案，确保真正把工作抓具体、抓到底。

针对南充因病因残致贫比例高达 73%，结构性贫困问题突出的问题，积极协调民政、医保、社保等单位，探索出了低保兜底、临时救助、保险参与的长效机制。针对贫困群众脱贫质量不高的问题，在全省率先研究出台了贫困动态监测和帮扶工作方案，明确了成立机构、确定对象、入户监测、预警帮扶、解除预警、完善档案"六步工作法"。全市锁定的脱贫监测户 2125 户 5365 人，边缘户 2388 户 7033 人无一致贫、返贫。同时，积极探索解决相对贫困的长效机制，提出"科学确定一个标准，精准确定两类对象，有效做到三个结合，建立健全四大机制，重点抓住五个关键"的思路，为探索解决相对贫困机制提供南充思路。针对脱贫攻坚还存在诸多薄弱环节，制定了"1+6+1"督战工作方案，由行业部门牵头开展挂牌督战；同时，市委巡察办、市纪委监委和扶贫局三方联动，对九县（市、区）开展了全覆盖的脱贫攻坚专项巡视巡察。

面对新冠肺炎疫情对脱贫攻坚带来的不利影响，正月初三全局干部职工就到岗上班，深入基层摸排调研，马不停蹄地奔走在田间地头、乡村社区，访民情、解民忧。我们全面总结了疫情对脱贫攻坚造成的贫困群众外出务工难、扶贫产业恢复生产难、扶贫产品对外销售难、扶贫项目开工复工难、扶贫干部全面到位难等五个方面的不利影响，制定了应对疫情影响 20 条具体措施，引导帮助 20.8 万名贫困劳动力实现就业，7000 余个扶贫项目及时启动，5644 名第一书记、驻村干部全部到位到岗，销售滞销扶贫产品 1600 余吨，全市做到了没有因为疫情造成返贫和贫困新增。

近年来，我们始终坚持目标导向、责任导向、实干导向，探索的"日暗访日通报"的暗访督查机制得到中央领导同志肯定批示；"脱贫奔康产业园"模式和激发贫困群众内生动力等经验做法在全国全省推广，中央电视台、《人民日报》《光明日报》《经济日报》等中央媒体多次宣传报道。近三年来，先后有 20 多个国家和省脱贫攻坚现场会在我市召开，国内外、省内外 300 余个考察团到我市学习考察。在 2016 年、2017 年和 2019 年的四川省脱贫攻坚综合考核中，南充位列全省第一方阵。2018 年，南部县荣获全省唯一的全国脱贫攻坚组织创新奖；南部县纯阳山村作为全国六个、四川唯一典型入选决胜 2020 全国脱贫攻坚展。2019 年 10 月，南充市扶贫开发局被表彰为全省脱贫攻坚奖先进集体。

　　我深深感到，南充脱贫攻坚取得的这些成绩，离不开我们始终坚持以习近平总书记关于扶贫工作的重要论述为遵循，坚决贯彻落实中央和省关于脱贫攻坚的重要决策部署；离不开市委、市政府挂帅出征、以上率下，以及省扶贫开发局等单位的大力支持和悉心指点；离不开全市三万多名党员干部吃住在一线、工作在一线、决战在一线和贫困群众的主动参与；离不开我们建立脱贫攻坚"五个三"的责任落实体系，严督实导，亮出暗访利剑，形成的高压态势、倒逼机制和工作导向；离不开政府主导、群众主体、社会互动、定点帮扶、东西部扶贫协作，凝聚起来的强大攻坚合力，这些都是我们打赢脱贫攻坚战的重要法宝，在今后的工作中，我们也一定要把这种脱贫攻坚精神传承好、发扬好。

　　　　　　　　　　　　　　　　　　　　　　（罗睿　整理）

一份高质量打赢脱贫攻坚战的"绵阳"答卷

张廷伟

2014 年初，绵阳市有国家级贫困县两个（北川县、平武县）、有脱贫攻坚任务的非贫困县六个（涪城区、安州区、江油市、三台县、梓潼县、盐亭县）、省定贫困村 520 个、建档立卡贫困人口 8.3 万户 22.7 万人，贫困发生率 5.9%。近年来，绵阳市全面落实党中央、国务院和省委、省政府相关决策部署，始终把脱贫攻坚作为最大的政治责任、最大的民生工程、最大的发展机遇，聚焦"两不愁三保障"目标标准，精准施策、聚力攻坚、连续作战，如期完成各项目标任务，脱贫攻坚战取得全面胜利，交出了一份高质量的"绵阳"答卷。2021 年 2 月，绵阳市扶贫开发局被党中央、国务院表彰为全国脱贫攻坚先进集体，该局主要负责人张廷伟讲述了绵阳脱贫攻坚战中的那些故事。

问：您好！据我们了解，2014 年以来，您是一直战斗在脱贫攻坚最前线，能否给大家简单地介绍一下？

张廷伟：好的。2014 年，全国脱贫攻坚战开始时，我在国家级贫困县绵阳市平武县任县委常委、组织部部长，身处脱贫攻坚一线；2016 年我转任绵阳市委副秘书长，配合市委分管领导联系扶贫工作，从全市层面深入了解脱贫攻坚，从另一个角度直观感受这场伟大的"人民战争"；2019年，根据组织安排，我担任绵阳市脱贫攻坚领导小组办公室主任、市扶贫开发局局长，这次是撸起袖子加油干，直接参与到全市脱贫攻坚工作当中。2021年6月，绵阳市乡村振兴局正式挂牌成立，我现任市乡村振兴局党组书记，继续巩固拓展脱贫攻坚成果，全面推进乡村振兴。可以说，我历经了全市脱贫攻坚"点、线、面"组合的各方面，参与并见证了我市脱贫攻坚战取得胜利的全过程。

问：能够参与并见证脱贫攻坚战的全面胜利，的确是一件非常自豪的事情，那您觉得我市脱贫攻坚总体成效如何呢？

张廷伟：在党中央、国务院和省委、省政府、市委、市政府的正确领导下，总的来说，我市脱贫攻坚取得前所未有的巨大成就。绵阳既有大范围的秦巴山区和龙门高山区，也有丘陵旱山区，境内多个地区都是少数民族地区、革命老区、秦巴山连片特困地区、边远山区"多区合一"，可以说基础条件不是很好，各县市区自然资源禀赋、经济发展等方面差异也较大。同时，因自然灾害频繁发生，各地脱贫攻坚战的过程中受自然条件影响大。如2018年"7·11"洪灾，我市216个受灾乡镇受灾面积7.5万亩、绝收面积1.3万亩，农业直接经济损失达1.138亿元，据估算受灾贫困户达1万余户。不过，从"5·12"汶川特大地震中英勇走出来的绵阳人并没有被困难所吓倒，全市上下认真贯彻落实中央、省委、市委决策部署，既注重完成减贫任务，更注重提高脱贫质量。通过成立市委书记、市长任双组长的脱贫攻坚领导小组，构建"3+10+N"脱贫攻坚政策体系，编制《脱贫攻坚"十三五"规划》《脱贫攻坚三年行动方案》和年度工作要点，出台《全面决战决胜脱贫攻坚46条硬措施》，建立健全指挥、责任、工作、督查、奖惩"五大体系"，织密织牢了脱贫攻坚市级"四梁八柱"顶层设计网，推动全市脱贫攻坚工作取得了决定性成绩。一是全域减贫任务提前完成。截至2019年底，全市520个贫困村、8.3万户22.7万建档立卡贫困人口全部退出贫困序列，北川、平武两个国家级贫困县实现高质量摘帽，提前一年全面完成全域减贫任务。二是贫困群众收入水平大幅提升。全市建档立卡贫困人口实现"两不愁三保障"，人均纯收入由 2014 年的 2679 元增加到 2020 年的 10032 元，累计增长 274.5%、年均增长 24.61%；工资性收入和生产经营性收入占比逐年上升，2020 年达到 90.18%，转移性收入占比逐年下降，贫困群众自主脱贫能力稳步提高。三是贫困地区生产生活条件不断改善。北川、平武两个国家级贫困县实现"一低三有"，520 个贫困村实现"一低五有"，全市累计新（改）建县道、乡道、村道等农村公路 1.1 万公里，改造提升 307 个贫困村电网，解决了 11.77 万贫困人口安全饮水问题，贫困村通信网络覆盖率达 100%，全市贫困家庭适龄学生无一人失学辍学，贫困患者县域内住院医疗费用个人支付占比控制在 10% 以内，贫困地区群众出行难、用电难、饮水难、上学难、看病难、通信难等老大难问题得到有效解决。根据国家脱贫攻坚普查和省级脱贫攻坚调查相关数据显示，全市"两不愁三保障"和安全饮水等主要指标全部达标，贫困户总体生产生活状况明显改善。

问：市扶贫开发局作为具体业务部门，在脱贫攻坚战中主要做了哪些工作呢？

张廷伟：在这过程中，市扶贫开发局充分当好市委、市政府的参谋助手，市脱贫攻坚领导小组办公室也设立在我局，我们主要承担了综合统筹协调等职能。负责筹备全市脱贫攻坚领导小组会，会上主要是学习中央和省里的政策、审议工作部署、指导下步工作。负责对接协调省扶贫开发局和省脱贫办申请政策，向市委市政府请示汇报，统筹协调市级相关部门，指导各县（市、区）扶贫开发工作并进行监管、督查和成效考核。这些年来，我们把压紧压实脱贫责任作为"先手棋"，出台了《全面决战决胜脱贫攻坚 46 条硬措施》《关于进一步激发贫困群众脱贫攻坚内生动力的实施意见》《关于推广"互联网＋精准扶贫代理记账"加强扶贫资金监管的实施意见》《绵阳市脱贫攻坚问题整改"清零"行动实施方案》等十多项重要文件，取得了比较好的成效，尤其是在 2020 年脱贫攻坚收官战中，绵阳及有脱贫攻坚任务的八个县（市、区），在全省成效考核评价中全部被评定为最高等次"好"，为我市与全国全省同步全面建成小康社会奠定了坚实支撑。

问： 脱贫攻坚战中有哪些令您印象深刻的事情呢？

张廷伟： 这些年来，令我印象比较深刻的有 2019 年开展的"两不愁三保障"回头看大排查工作。市委、市政府主要领导亲自部署亲自推动，从 2019 年 6 月 11 日开始，在全市范围内开展了大排查。期间，市委主要领导深入全市贫困人口最多的三台县进行实地督导，市政府主要领导到 2019 年"摘帽"的平武县进行实地督导，市委市政府分管领导分别带队对八个有脱贫攻坚任务的县（市、区）进行全覆盖督导，其他市领导分别带队到所联系的县（市、区）开展督导。历时三个月、共 1.5 万余人参与县级自查和市级抽查，排查出 10782 个问题，到目前已全部整改，达到了预期效果。还有东西部扶贫协作工作，浙江省衢州市积极响应党中央的号召，围绕"中央要求、衢州所能、绵阳所需"协作主线，主动向我们伸出援助之手，衢州市柯城区、衢江区分别与北川羌族自治县和平武县结对，开展东西部扶贫协作。2018 年以来共援助绵阳市扶贫协作资金 2.102 亿元，他们在绵阳大力建设扶贫协作项目，其中具有代表性的有北川飞鸿滑草场、平武高村车厘子基地等。同时，在人才交流、产业合作、劳务协作、结对帮扶、消费扶贫、改善营商环境等方面，他们都给予了我们很大的支持。另外，脱贫攻坚期间，衢州社会各界为平武和北川县、乡、村各级爱心捐赠物资和现金达 3974 万元。2018 年在绵阳市遭受 50 年一遇的洪灾后，衢州市衢江区、柯城区政府又分别在计划外援助平武和北川 150 万元，用于两县抗洪救灾和灾后恢复建设。在这个过程中，携手脱贫攻坚的事业和使命让衢州和绵阳紧紧连在一起，结成了亲密兄弟。2021 年 4 月，新一轮浙川东西部协作开启，衢州和绵阳的结对关系不变，未来可期。还有对口援建帮扶藏区彝区，我们在接受援助同时，按照省委省政府统一安排，对口支援藏区彝区，从 2012 年起市级全力支援阿坝州红原县、壤塘县，2016 年起涪城区、江油市分别对口帮扶凉山州昭觉县、布拖县。我们以受扶地需求为着力点，制定了长期帮扶规划和年度帮扶计划，主要在脱贫攻坚、产业发展、民生事业、人才培养等方面，推动对口援建帮扶工作，帮助这四个县如期全面高质量打赢脱贫攻坚战。脱贫攻坚期间，我们累计投入 8.95 亿元，先后选派了援建帮扶干部以及医生教师等各类人才共计 1129 人，助力四县 286 个贫困村、122967 名贫困人口顺利实现脱贫。还有每年实施的扶贫专项工作。2015 年以来，中央、省市累计投入财政专项扶贫资金 19.87 亿元，通过扶贫专项牵头和责任部门积极向上争取、统筹安排资金 120 余亿元，紧扣交通、水利、电力、通信、产业、就业、文化、健康等年度扶贫专项扎实实施，为贫困县摘帽、贫困村退出、贫困人口脱贫补齐短板、提升质量。

问：这些年来，在全市脱贫攻坚伟大征程中，我们探索出了很多典型经验做法，能否举几个例子？

张廷伟：这些年来，我们的各级党委政府，积极创新实践，探索出了很多好的扶贫模式，产生了明显的带贫效益。如梓潼县创新开发出"1+5"生态循环产业扶贫模式。"1+5"即政府＋龙头企业、金融部门、贫困户村集体、扶贫合作社、农场主。梓潼全县 29 个贫困村有 28 个贫困村借助该产业扶贫模式解决"空壳村"难题，占比 96.6%，稳定年均增收 2.2 万元以上，惠及贫困人口 1.4 万人。该模式曾入选"2016 年全省十大改革转型发展案例"，得到中央和省领导充分肯定。还有北川羌族自治县全国首创"互联网＋精准扶贫代理记账"平台，也做得非常好，在全省率先试点推广"互联网＋精准扶贫代理记账"村财管理模式。该模式极大地破解了扶贫资金监管难题，也得到中央领导同志肯定，要求我们进一步跟踪，总结可推广的经验，并被中央电视台《经济半小时》专题报道。脱贫攻坚期间，社会各界协同发力、合力攻坚，广大党员、干部和人民群众吃苦耐劳、自强不息，探索创新了很多好经验、好做法，也为接下来我市巩固拓展脱贫攻坚成果、全面推进乡村振兴战略提供了很好借鉴。

问：刚才提到，脱贫攻坚期间，社会各界合力攻坚，广大党员、干部和人民群众自强不息，有没有涌现出哪些感人至深的先进人物或事迹呢？

张廷伟：有的，而且非常多。我们扶贫一线的各级干部，舍生忘死，倾情付出，致力于当好群众身边的"贴心人""放心人"。他们舍小家顾大家，不辞辛苦，"五加二、白加黑"加班加点工作，有的甚至付出了自己宝贵的生命。我还记得江油市枫顺乡小坝村原党支部书记青方华同志，他在任支部书记的 18 年里，带病坚持在扶贫战线上，带领村民改变了全村落后的生产、生活环境。2016 年 11 月，通过全村的努力奋斗，小坝村摘掉了"贫困村"这顶帽子。可是就在大家还沉浸在一片喜悦当中时，2016 年 12 月 20 日，青方华在走访贫困户途中坠入山崖，因公殉职，年仅 48 岁。2017 年青方华被追授为四川省优秀共产党员，是我们众多奋斗在脱贫攻坚一线党员干部的楷模和缩影。

还有我们的贫困户，他们没有被现实生活困境所吓到，而是在社会各界的帮助下，坚定决心、重拾信心，克服等靠要思想，积极脱贫致富。有的靠着自己的双手辛勤劳动，通过发展产业、外出务工脱贫，有的自己脱贫后还不忘乡亲，带动大家一起致富。比如平武县黄羊关藏族乡草原村村民（贫困户）高清禄，2014 年他们一家因父亲患肝癌，家庭经济困难被评定为建档立卡贫困户。但是在当地党委政府和县公安局的帮助下，高清禄勤劳务实，自力更生，不等不靠，利用平武的生态优势，发展重楼、芍药、大黄等药材 50 亩，养殖中蜂 30 盒。还利用"四改两建"政策把邻居动员起来一起搞房屋改建，改成时下流行的民宿风貌，搞起了乡村旅游。通过勤劳的双手，高清禄每年至少有两三万元收入，于 2015 年底顺利脱贫。2018 年收入更是达到 15 万元，带动当地十多人临时务工，实现共同致富。2017 年以来，多次接受中央电视台、新华社多家媒体采访，他的事迹在中央电视台经济频道播出，成为全市有名的脱贫致富模范代表。

还有我们全市扶贫系统的同志，市县扶贫部门人员不多，但是担子不轻。这些年来大家都很辛苦，用那句"历尽天华成此景，人间万事出艰辛"来形容再贴切不过。

回首这场波澜壮阔、气吞山河的伟大战役，党中央一声号令，各级党员干部尤其是扶贫干部上下同心、尽锐出战、精准务实、开拓创新、攻坚克难、不负人民；他们以行动践诺言、用挚爱护苍生、夜以继日、废寝忘食、披荆斩棘，用实际行动乃至宝贵生命诠释了党的初心使命，在绵阳 2.02 万平方公里大地上，汇聚起排山倒海的磅礴力量，书写了一个个感人至深的故事、描绘出一幅幅波澜壮阔的画卷。在接下来乡村振兴战略的新征程中，我们这支经历脱贫攻坚洗礼的队伍，也将发扬伟大的脱贫攻坚精神，为全面建设中国科技城和社会主义现代化绵阳贡献更大力量。

（周军丞　晏茂川　整理）

巴中市首批摘帽县的脱贫实践

王伟

2017 年，巴州区和恩阳区成为巴中市首批摘帽县。当时，两个区有贫困人口 7.49 万人，贫困村 166 个，贫困发生率 7% 左右。虽然两个区在基础条件等方面都是全市最好的，但要在短时间内退出 110 个村、5.79 万贫困人口，贫困发生率降到 2% 以下，实现整体摘帽，困难仍然不小。推动两区特别是巴州区脱贫摘帽是对全市脱贫攻坚的首考，也是对脱贫攻坚一线"总调度"的一次大考，大家都拼着一股劲。2021 年被评为全国脱贫攻坚先进个人的巴中市扶贫开发局王伟讲述了巴中市首批贫困县摘帽的故事。

2013 年 5 月，组织安排我担任巴中市扶贫和移民工作局局长，从此，我就与脱贫攻坚结下了不解之缘。履职一年多，我走访了很多村、很多户，贫困群众的生活现状一遍又一遍揪着我的心，特别是通江、平昌、南江县的北部边远高寒山区，有的长年累月住窝棚、吃苞谷、喝屋檐水……喝上一口干净水、吃上一碗光米饭、不住破房子，娃娃能识几个字是他们最大的奢望。每每回到办公室，看到城市车水马龙，就想起他们窘迫的状况，感觉身上的担子沉沉的！

5 个贫困区县、699 个贫困村、49.4 万贫困人口、16.3% 的贫困发生率，就像烙铁一样刻在我心里。到 2020 年全面完成脱贫攻坚任务，每年至少要减贫 7 万人、退出 100 个村、实现 1 个区县摘帽！这比巴中扶贫史上任何一个时期任务都重、攻坚都难！为了找到一条适合巴中的脱贫攻坚路子，我多次到国务院扶贫办、省扶贫移民局汇报工作、接受指导，先后到河北阜平、湖南湘西、贵州遵义等习近平总书记考察过的地方和井冈山等先行摘帽县参观学习。通过参照比对，我向市委市政府建议：这轮脱贫攻坚要先易后难，让基础条件好一点的巴州区、恩阳区率先摘帽，既为实现目标打下基础，也为剩余贫困县摘帽探索路径！

要想绣好花先得会绣花

虽然巴州区、恩阳区地处市域中心，但对照"两不愁三保障"和省上细化的户"一超六有"、村"一低五有"、乡"一低三有"脱贫标准，仍然有不少问题亟待解决。随着工作推进，中央和省对脱贫攻坚的要求越来越严，心里的压力也与日俱增。当年，两区仅减贫人口就占到全省 16 个拟摘帽县任务的 36.7%，如果不采取超常举措，"第一仗"可能折戟沉沙。作为全市扶贫工作的牵头部门负责人，无法向组织交代，也无颜面对父老乡亲！

2017 年 3 月 8 日，习近平总书记在参加全国两会四川代表团审议时指出，精准扶贫需要下一番"绣花"功夫。全市进行了广泛深入的学习讨论，引起强烈思想共鸣，我也从中体悟到，"花"要"绣"得好，关键在干部。为此，我十分注重调动广大党员干部的积极性，着力从提升攻坚能力、压实攻坚责任方面来解决力量与任务不相匹配的问题。

起初，我也没有找到"一劳永逸"的办法，主要是进村入户走访调研，发现问题现场指导或写入全市工作文件来解决，虽然有成效，但总感觉差那么一点劲道。记得有一次我和某县一局长同路到他的帮扶户，两人面对面，贫困户竟然认不出，多次提示还是半信半疑，场面一度很尴尬。帮扶干部尤其是教师、医生，对农村工作不熟悉，贫困户基本情况不很清楚，有多少人口、致贫原因、家庭收入等今天说的和明天说的不一样，帮扶措施也五花八门、南辕北辙。驻村干部和乡镇还反映，到户的帮扶台账填写不统一，变动很大，返工特别多，占了具体抓落实的部分精力，如果频繁核对信息，使得贫困户也很反感。这也印证了我面上走访的情况：到户资料县与县之间，甚至县内乡镇之间都不一致。

我感觉到，这些问题看似不起眼，实则关系全局，如不尽快解决，不仅耗时耗力，而且效果也难以保证！扶贫档案资料必须全市统一。但如何统一，标准是什么，国省都没有明确的标准。我召集班子成员和科室负责人研究，组织各区县扶贫局负责同志商讨，邀请市档案局同志来指导，派出几个分队到已摘帽县学习经验。恰好省上也提出了删繁就简档案资料要求，我就乘着这个东风对扶贫档案进行大规范。为避免"翻烧饼"，我提出县、乡、村、户档案要简洁明了、逻辑连贯、便于修订，非必要件一律删除，实行分级保管、一次存档。原来的帮扶卡、政策明白卡、收支记录卡等"五合一"活页装订成册，贫困户扶持政策一表上墙，对单打"√"。同时，组织力量编印脱贫攻坚《精细化工作指导手册》《培训讲课参考提纲》《群众工作指南》等"五条绣花措施"口袋书，帮扶干部人手一册，随身阅览。为了促进大家真学、真会，我动员市委市政府分管领导做"讲师"、局班子全员当"教练"，开展专题培训。2017年上半年仅我主持、主讲的扶贫培训就达11次。记得4月16日那天清早正下着雨，我急匆匆赶往南江县核查全市脱贫攻坚档案资料规范现场会准备情况，在行至桥坝和坪河路口时，一块巨石从山上滚落下来，擦着我的车屁股砸在路上，幸好有惊无险，也许是老天爷在感念我们扶贫人吧！

"五条绣花措施"解决了帮扶缺乏抓手问题，克服了落实中的形式主义，广大干部很快成为脱贫攻坚行家里手。在此基础上，我推动建立了巴中市精准扶贫数字管理系统，率先在全国实现脱贫攻坚数字化管理，《人民日报》还作了报道。

易地扶贫搬迁最不易

解决安全住房问题是脱贫攻坚的重中之重，全市仅易地扶贫搬迁就达5.3万户18.9万人！这个大块头不及早拿下，一定会对脱贫摘帽全局造成影响。中央省上政策稍一明朗，我就牵头组织农委、发改、住建、国土等部门研究办法。2016年3月在南江县试点，7月就出台了实施意见，这在全国全省都算是早的。然而，巴州区易地扶贫搬迁却千回百转、颇费周折，现在想起来还"心有余悸"。

2017年4月的一天，我从通江经平昌返回巴中，路过巴州区清江镇感觉距天黑还有点时间，就临时决定到昆山村易地扶贫搬迁点去看看。这是巴州区易地扶贫搬迁人口较多的村之一，有96户340人，地势偏僻，搬迁难度较大。谁知搬迁点却是一片冷清——地基没成型、推土机停摆、一个工人也没有，完全处于停工状态！我头都要气晕，立即打电话询问乡镇。乡镇党委书记回复说，这个搬迁点是区级部门在负责，乡政府没参与，停工原因不清楚。

为了弄清缘由并进一步了解全区面上情况，我立即驱车前往区扶贫局。他们告诉我，全区易地扶贫搬迁实行集中招标、行业负责，目的是确保一次招标全面启动，对有意愿搬迁的随迁户一并纳入项目实施。原来症结不在部门，也不在乡镇，而是整体安排出了状况。我立即电话将巴州区的状况报告了市委、市政府分管领导。当天晚上市里就召集区委区政府主要领导、分管领导和相关部门研讨。我说，区上的想法是好的，但眼下时间不允许。全区面宽量大，施工队伍供不应求，招标程序复杂、时间长且容易流标，部门大包大揽，乡镇积极性也提不起来。市里建议他们尽快扭转被动局面。

会上他们虽然表了态，可我还是不放心。第二天我就将市局分管领导和业务能手分成五队，集中三天时间对巴州区600多个易地扶贫搬迁点开展走访摸排。走访结果和市委市政府六个督导组发现的问题一致：

巴州区易地扶贫搬迁实际启动率不到30%，真是要了命了！我立即向市委市政府领导作了报告。他们听后也是忧心忡忡，多次召开会议、亲临现场推动督促。

从那次开始到脱贫摘帽结束，我大部分精力都放在巴州区特别是易地扶贫搬迁上。那段时间，我满脑子想的都是易地扶贫搬迁，紧张、焦愁、困扰，生怕节外生枝，一个月四次召开专题会议，每个乡镇至少走了五次，大部分村都走遍了，重点村更是多次深入，难点村还邀请了市委市政府领导现场办公。我还组建专班随时督促了解工作进展，全力协调帮助解决困难。巴州区终于转变了思路，迅速调整部署，29个区级战区指挥长一线督战，乡镇主体责任全面压实，资金问题也采取统筹财政支持、节余指标交易、业主单位垫支、受益群众预交和银行信贷支持等办法得到解决！

眼看工作有了起色，8月，史上最严环保督查开始了！不符合环保标准的小砖厂、砂石场、混凝土搅拌站等纷纷关停，凡是有扬尘污染的加工坊、作业点均要进行技术改造！易地扶贫搬迁需要的钢筋、水泥、页岩砖等大面积断供，很多工地不得不停工！市委市政府紧急成立原材料工作协调小组，召集环保、国土、住建等部门一起想办法，督促技术改造达标企业尽快开工，暂缓其他区县材料供给，动员全市党员干部从临近渠县、达州、汉中等寻找新的原料供应点。

原想环保督查结束后，还有时间在验收前把剩余的工程全部完工，谁曾想从8月下旬到11月中旬就一直大雨连绵！这哪里是在下雨呀，简直是在下刀子！望着连天的雨幕，听着滚滚的雷声，那个煎熬、着急的心情，不是亲身经历是难以体会的！好在大家偏不信邪，支起雨棚、打起探照灯，室外做不了就搞室内，白天干不完晚上接着干，心里憋着一股子劲，哪怕是冲铁也要冲出来！

敢于较真碰硬当黑脸 "包公"

半年过去，全市工作质量到底咋样，还有哪些差距，急需有一个评判检验！我开始策划搞一次第三方评估。通过五个区县调研摸底结束，第三方评估结果出来了：群众满意度都不是很高，巴州区还没有达到 90% 的基准线，易地扶贫搬迁进度是大问题。市委负责同志找到我说："有的地方讲'干部脱皮群众脱贫'，我看不脱一层皮要完成脱贫任务是不可能的！你要敢于较真、敢于碰硬。有什么想法、建议大胆提，市委全力支持！市主要领导的联系村都调到摘帽区县。"

市委领导的话既给我提出了更高要求，也为我大胆、放手抓脱贫攻坚增强了信心和动力。鉴于广安做法和目前全市工作情况，我建议对脱贫攻坚提级督办。一是增强扶贫局工作力量。二是强化脱贫攻坚领导小组办公室指挥协调职能。三是加大工作落实问责力度。

第三方评估结果反馈后，市委连夜召开巴州区摘帽工作专题会，约谈了区委区政府主要负责人。随后，各级扶贫部门力量得到充实，脱贫攻坚暗访督查也由市纪委接替。领导小组办公室加快了工作节奏，每周一次会商、每月一次研判，严防滑出表外。年度第三次脱贫攻坚流动现场会，我们创新采取"区县选点、市里抽点"的办法检验摘帽工作，并随即掀起"百日攻坚"。

第三方评估暴露了很多短板，加之受材料供应、雨季影响，大量的工作都堆了起来！巴州区、恩阳区反映工作量太大，干部吃不消了！非常时期需要非常措施，尽管各项工作都处于年度冲刺关键阶段，但也必须为脱贫攻坚让路！按照市委市政府安排，我迅速牵头制定方案，从市级部门选派了 350 名优秀干部组成巡回帮扶组，进驻巴州区、恩阳区 59 个重点乡镇，全脱产帮助工作。巡回帮扶实行组长负责和日报告制。每天无论多晚，我都要将当天摘帽进展汇总报告给市委市政府主要领导和分管领导。

"百日攻坚"是踩着点子往前赶的！我安排在市级指挥平台设置达标监测模块，推行"红黄蓝"三牌警示。各区县乡镇也将辖区工作一表上墙，挂单销账。下乡指导工作时，我就拿着巡回帮扶反馈的"问题账"和施工图上的"进度账"，一个一个跟踪核实，防止"掉链子"。

到10月中旬，虽然总体进展很快，但离预设节点仍有较大差距，真是火烧眉毛！"大罗镇、又是大罗镇！"一天晚上，我在查看全市进度和问题反馈时，大罗镇又出现在名单上。为什么老是推不动？！第二天天刚亮，我就赶往大罗镇元庵村。一路上扶贫干部忙碌的身影让我着急的心情稍许得到安慰。可是到了元庵村却是另一番景象，主干道泥泞不堪、没有工程车、甚至连车痕都没有，搬迁点刚完成地圈梁，水泥浆还没干，几个工人慢条斯理地做着事！我立即叫来巡回帮扶队长和驻村乡干部，他们说前期缺原材料，现在缺人手，一个施工队要干几个工地的活，时间排不过来！我气不打一处来："好不容易盼到晴天，你们还稀稀拉拉的，52户204人的搬迁点，一月能完成吗？"匆匆赶过来的乡党委书记急忙解释说，他天天在督促，村社干部就是拖沓！我当即怼了回去，你们不能光督不战，施工队伍是村社能定的吗？材料不足他们能协调得了吗？如果什么困难村社都能解决，要你们干什么？！乡党委书记满脸通红，没有想到我给他动真格不留一点情面。

11月，市级摘帽县初审结束，巴州区的乡镇均不同程度打了"欠条"！如果再不把责任压实，12月份很难通过省级摘帽验收！为此，我把市级验收真实情况和可能产生的后果给市委市政府作了汇报，主要领导、分管领导听后非常担忧，当即约谈巴州区委区政府主要领导，并对进度滞后乡镇的四名挂联区级领导给予停职半年的组织处理。

压力催生动力，所有干部都沉下去了，态势迅速得到扭转，最终两个区顺利摘帽！脱贫攻坚就是这样在不断迎接挑战、破解难题中前进。八年里，我走遍了全市所有乡镇、贫困村和三分之一的非贫困村，走访贫困户5000户以上，解决的棘手问题不计其数，看着群众的生活一天天好起来，我的心情也格外高兴。如今，脱贫攻坚取得全面胜利，巴中连续三年获得全省脱贫攻坚成效考核"好"的评价！我也因此荣获全国脱贫攻坚先进个人，赴人民大会堂接受表彰。这段不凡经历、这种深切体悟、这份至高荣誉将永远镌刻在内心深处，继续激励我在乡村振兴道路上奋勇前行！

（李新发　整理）

紧盯"六大职能" 破宜宾贫困"战局"

赵仕龙

宜宾属乌蒙山连片特困地区，有 5 个贫困县，全市建档立卡贫困人口 11.22 万户 38.79 万人、贫困村 471 个。2019 年底，宜宾全面完成了所有贫困县摘帽、所有贫困村退出、所有贫困群众脱贫。2021 年，宜宾市扶贫开发局扶贫开发指导科荣获了全国脱贫攻坚先进集体的荣誉称号。赵仕龙讲述了科室在脱贫攻坚伟大实践中的故事。

回顾这几年历程，我想从扶贫开发指导科业务指导、政策规划、督查考核、宣传培训、总结创新、综合协调"六大职能"来简要介绍打赢脱贫攻坚战的一些实践。

一是坚持阳光识别，确保对象精准。2013 年，习近平总书记在湖南湘西花垣县十八洞村考察时首次提出"精准扶贫"。2015 年 6 月在贵州考察时，又提出了扶贫开发工作"六个精准"，逐渐形成精准扶贫、精准脱贫的基本方略。当时的情况主要重点解决"扶持谁"的问题上，就必须要扎实开展扶贫对象信息采集、动态管理和"回头看"工作，我们探索出一套较为系统的贫困村、贫困户识别方法，简称为"阳光识别法"，推出"集中会审""两次评议""三比三看""九不评"等制度机制，确保应纳尽纳，扶贫对象从比较精准到更加精准。

二是坚持对症下药，确保精准帮扶。对照贫困县"一低三有"、贫困村"一低五有"、贫困户"一超六有"退出指标，开展针对性帮扶工作，我带领科室同志经常随机重点抽查帮扶措施的落实情况，帮助基层及时补齐短板，确保贫困对象全部达标。联合几个科室一起，组织动员中央和省市县机关、企事业单位等参与扶贫，2.3万名党员干部结对帮户，确保每一户贫困户都有帮扶责任人，我们科室同志也有自己联系的贫困户。我联系的贫困户在屏山县龙华镇，由于交通闭塞，产业不兴，家里没有稳定收入，通过思想动员，易地搬迁到龙华镇街上，积极帮助寻找出路，通过务工夯实家里的经济基础，一家人日子过得越来越富裕，生活也过得越来越好。

三是坚持严格考核，确保脱贫精准。2018年和2019年两年的时间里完成了5个县的摘帽，提前一年完成脱贫任务，离不开大家的努力。我们科学、有计划的设定贫困县摘帽、贫困村退出、贫困人口脱贫时间表、路线图，实现有序摘帽退出，既防止拖延病，又防止急躁症。建立贫困户脱贫、贫困村退出的标准、程序、核查办法，坚持"四不摘"，落实"两个绝不允许""三个最严"的要求，确保脱贫质量。充分发挥考核"指挥棒"作用，脱贫攻坚分值占经济社会发展10%—20%差异化量化考核，创新"现场推进、常态暗访、定期报告、验收考核"四大机制，把平时工作纳入考核范畴使考核更加全面精准。在考核中，下村实地督查是重中之重，当时有些镇、有些村正在修路，交通极为不便，去一个村步行就得花上一、二个小时，我们常备有雨靴、雨伞、干粮等，早出晚归是常态。正是有了这样的精神，才能时刻保持战斗的状态，保持在一种高压态势，全市脱贫攻坚战果来之不易。

四是坚持规划引领，突出顶层设计。按照中央和省市部署要求，我们在工作中注重顶层设计，将脱贫攻坚作为重要内容纳入"十三五"规划，并先后出台《打赢脱贫攻坚战的决定》《"十三五"脱贫攻坚规划》《脱贫攻坚三年行动方案》《切实关心爱护脱贫攻坚一线干部激发干事创业活力办法》等"1+N"纲领性政策措施，打出政策"组合拳"，部署推进精准扶贫精准脱贫重点工作，为全面推进脱贫攻坚工作提供行动指南。坚持系统观念和"一盘棋"思想，将2016—2020年划分为两个阶段，制定了"三年集中攻坚、两年巩固提升"的工作目标，分解落实了年度脱贫目标任务。

五是坚持问题导向，突出培训实效。我们组建了35人的市级专家库和287人的县区专家库，组织召开贫困对象退出核查验收、脱贫攻坚等集中培训方式，提升全市扶贫干部业务能力，让他们能够在工作中更有方向、更有目标，培养一批有想法、干实事的扶贫干部。建立以问题为导向的现场推进会，实行会前专项督查，把培训开到现场。实施红黄绿"三色"监测管理机制，重点关注和帮扶1798户脱贫不稳定户和2186户边缘易致贫户，常态化组织开展扶贫对象"回头看""回头帮"，全面完成"大排查"发现问题整改工作，并在大数据平台上完善相关信息数据，确保无一户返贫致贫。如今，"三色管理"模式在各区县的防止返贫监测和帮扶工作中应用推广，确保不漏一户、不落一人，坚决守住不发生规模性返贫的底线。

六是坚持创新探索，突出工作实效。针对贫困群众的内生动力不强，贫困户存在等靠要思想等问题，积极探索寻找新思路，充分激发贫困户主动脱贫致富的动力。针对地理位置、种养殖业发展的实际，因地制宜地创新"借牛还牛"模式，解决贫困户无资金、无技术等问题，这种新模式入选中央改革案例；创新"五补五改"投入模式，将财政扶贫资金股权量化到贫困户；创新"财金互动"模式，实现"政府、农担公司、银行、龙头企业、贫困户"五方合作共赢；创新"好牛贷"等金融扶贫机制及时解决贫困户发展资金短缺难题。创新干群连心的"心连网"信息扶贫模式，提升群众满意度；创新"五同""三同一包""三联三同"等帮扶模式，打通联系服务群众"最后一公里"。为了把我们工作中的亮点凸显出来，我们积极引导各级各部门在工作中加强经验总结、强化归纳分析，科学总结宣传脱贫攻坚"七大体系""五大创新"。

而今，贫困"战局"已破，新征程已开启，我们将始终坚持以习近平新时代中国特色社会主义思想为指导，持续巩固脱贫攻坚成果，促进脱贫攻坚与乡村振兴有效衔接，真正实现产业兴旺、生态宜居、乡风文明、治理有效、生活富裕。

（聂茧粒　整理）

我在攀枝花脱贫攻坚的一线

姜萌

2010年以来，攀枝花市委、市政府持续加大扶贫开发投入力度，整合资源，积极开展扶贫工作。截至2020年底，全市70个贫困村全部退出，脱贫攻坚战取得全面胜利。全国脱贫攻坚先进个人、攀枝花市扶贫开发服务中心负责人姜萌讲述了在脱贫一线的故事。

精确统计　帮助解决贫困户资金难题

在脱贫攻坚工作中，除了走村入户外，我更多地要与各种扶贫数据打交道。全市70个贫困村、10749户44353人贫困人口基本信息、项目管理、项目资金、五个一帮扶等数据构建、维护和管理，是我每日的工作。看起来简单的数据，却记载着所有帮扶干部、贫困村及贫困户等扶贫相关数据，统计和维护难度很大。

管理维护系统是一项艰巨的工作，需要大家共同来完成。例如，指导基层数据的采集、录入，对录入信息的真实性、逻辑性要进行核对、分析、纠错等，而且贫困户各家情况不同，建档立卡贫困户的数据也是动态变化的，千头万绪中，一定要避免系统数据脱离实际，不符合逻辑，日常工作中也要随时收集、掌握贫困户部分基本信息变化情况，以便在每年数据大清洗时及时在系统内更正信息，确保数据质量。相比其他在脱贫攻坚一线的同志，我所做的工作或许不算什么，也看不到什么成效，但在平凡的工作中也取得了些许成绩，正因为有了同志们的共同努力、细心、负责，在全国扶贫开发信息系统2020年第三季度数据质量综合排名中，我们位居全国第一。

除此之外，我还负责统筹协调推进扶贫小额信贷工作，解决贫困户产业发展缺少资金问题。这项工作对激发贫困户内生动力，增加"造血"功能，实现稳定增收致富非常重要。截至2020年底，攀枝花市已累计发放扶贫小额贷款2.65亿元，为7053户贫困户发展产业提供帮助。

大胆探索　脱贫新模式带动村民增收

在这些年的脱贫攻坚工作中，我参与制定了攀枝花"十三五"脱贫攻坚规划，组织协调相关县（区）制定落实"两不愁三保障"和安全饮水目标任务的具体方针。同时还与相关部门，共同探索实施了由"主管部门＋科研单位＋地方政府"携手，"专家＋示范户＋对子户＋一般户"共同推进的产业扶贫"福田模式"。

攀枝花市仁和区福田镇位于攀枝花西部，与云南省丽江市华坪县接壤，是全市26个偏远少数民族乡镇之一，汉、彝、傣、傈僳、纳西、壮、回、满、白等民族杂居。幅员面积50.3平方公里，总耕地面积3390亩，其余都是乱石荒坡。这些乱石荒坡最适宜种植芒果，有些村民通过种植芒果收益不错，但村民因没有技术和明确的产业方向而缺少积极性，增收仍是很大的难点。针对这样的实际，我积极参与市农林科学院、市民宗委和福田镇政府共建模式样板，即在福田镇共建"万亩优质芒果基地"。三家单位按照职责职能各司其职，分别完善项目方案，提供专家团队、科技、优良品种，提供项目资金，组织基地基础设施建设和组织村民进行生产，实施项目监督，逐步建立了"专家——示范户——对子户——一般农户"转变思想观念、传输技能、反馈信息的网络体系，执行"专家——示范户——对子户——片区"捆绑考核、动态管理。通过这样的方式，全镇90户建卡扶贫户291人因种芒果全部脱贫。从前福田镇每年多次山火烧黑数万亩乱石荒山，如今芒果树茂起伏望无边，光伏电站江河取水直飞印子山，青山绿水宣告"昔日山火嚎声去，今朝芒果枝压弯"。

福田模式"科技精、准、快斩穷根"成效显著，新华社、中央电视台等中央媒体多次采访报道，入选四川省委组织部《"绣花"功夫四川脱贫攻坚案例选》，获四川省金桥工程一等奖，获攀枝花市金桥工程特等奖，吸引了省内外很多干部群众参观学习。攀枝花市也将福田模式列入"十三五"规划，在农业产业中全面复制推广应用，尤其强调在全市70个贫困乡镇中重点推广应用。在全市贫困地区建立起芒果、核桃、蔬菜、樱桃、杏、桃、羊、蚕桑等产业项目，建立推广基地18个，面积18万余亩，培养示范户172户，对子户611户，培养贫困山区重点人才"土专家""田秀才"100余人，有效助推了脱贫攻坚任务圆满完成。

身体力行　帮扶工作中践行"扶贫承诺"

"身为扶贫干部，不在贫困群众身边，不走进贫困群众家里，就没办法知道真实情况，没办法知道他们需要什么。"这是我一直践行的"扶贫承诺"。盐边县红果乡白沙沟村村民张阿干是我的对口帮扶户，他是从凉山自发搬迁来的。我经常去张阿干家里走访，和他拉家常，了解他们吃、穿、住等情况，了解他们的思想状况和经济收入。通过不断地谈心、做工作，张阿干打消了得过且过的念头，努力把日子过好。我了解到张阿干想养山羊后，及时与单位帮扶责任人联系，想办法让他养殖上山羊。几年过去，张阿干不仅住进了新房，家中养了几十只羊，他的儿子也学习挖掘机技术，在本地找到工作。如今，他们一家的人均年收入达一万多元，成了脱贫模范户。看到他的日子越过越好，我心里也是很高兴。

2020年是全面打赢脱贫攻坚战的收官之年，但是新冠疫情来势汹汹，打乱了我们的工作安排。从大年初一开始，我连续几个月未曾休息一天，连一向非常支持我工作的家人、朋友都劝我，说就算是铁做的人也该休息调整一下啊。我对他们说："今年是全面打赢脱贫攻坚战的收官之年，必须决战决胜，一定要把疫情造成的损失夺回来！"当面对生病住院却无法照顾的公公，还有受疫情影响独自在家的十岁女儿，我的心里还是充满愧疚。但我不后悔，身为扶贫干部，帮助贫困群众脱贫致富就是我的职责和使命。

为决战决胜脱贫攻坚，扎实做好各项工作，我积极组织区县相关单位排查工作，进行集中梳理，对发现的问题分类整理，督促整改落实。在我们夜以继日的共同努力下，全市扶贫信息系统贫困人口、项目管理、项目资金、五个一帮扶等各类数据真实准确、一目了然，为打赢脱贫攻坚战提供了可靠依据，这些让我很有成就感。

获得荣誉　扶贫战士将接续推进工作

2021年2月，我被授予全国脱贫攻坚先进个人荣誉称号，这份荣誉对我来说意义重大！作为一名战斗在扶贫一线的战士，心中感慨万千、激动不已。党的十八大以来，以习近平同志为核心的党中央团结带领全党全国各族人民勠力同心、持续奋斗，消除了绝对贫困和区域性整体贫困，近一亿贫困人口摆脱贫困，取得了举世瞩目的重大成就，充分彰显了党的领导和社会主义的制度优势，也充分体现了我们党全心全意为人民服务的宗旨。有幸参与这场史无前例的脱贫攻坚战，并为之贡献自己的力量，我很自豪，也很骄傲。我将转变职责和重心，接续推进巩固拓展脱贫攻坚成果与乡村振兴有效衔接，实现乡村全面振兴，从胜利走向新的胜利！

（牟来斌　何岱俐　毛荣　整理）

雅安脱贫攻坚中的"娘子军"

潘群英

打响脱贫攻坚战以来，雅安市扶贫和移民发展中心的同志们握指成拳、并肩作战，在脱贫攻坚的战场上攻城拔寨、冲锋陷阵，为全市打赢脱贫攻坚战贡献着智慧和力量。2018年底，雅安提前两年实现现行标准下9.4万名贫困人口全部脱贫、261个贫困村全部退出，2014年至2020年，全市建档立卡贫困人口年人均纯收入由2540元增加到9908元，2020年顺利通过国家脱贫攻坚普查。2021年雅安市扶贫和移民发展中心被中共中央、国务院评为全国脱贫攻坚先进集体。雅安市扶贫和移民发展中心负责人潘群英讲述了脱贫攻坚的历程和故事。

"娘子军"也能打硬仗

雅安市扶贫和移民发展中心八名同志中有七人为女同志，是脱贫攻坚战场上的"娘子军"。2015年5月，我加入这个集体后，最大的感受就是大家心往一处想，劲往一处使，真正把脱贫攻坚作为一项事业倾情倾智倾力。

我们这群扶贫干部，不在一线，胜似前线。这里是全市脱贫攻坚战的"作战室"，任务多、难度大，而作为这场战役的"指战员"，我们每个人时时刻刻都绷紧了弦、拉满了弓。

我们这群扶贫干部，看似平凡，却又不凡。我们每个人从未把自己当作"局外人"，在推动脱贫攻坚的过程中总是自我加压、追求卓越，创造了一流的工作业绩。

我们这群扶贫干部，不顾小家，只为大家。我们这支队伍，大多数为女性、家有儿女，但往往无暇顾及家庭，时时枕戈待旦，常常通宵达旦，常常无法陪伴儿女家人。

始终坚持追求卓越　精益求精

脱贫攻坚是一项政策性、业务性都很强的工作，从事脱贫攻坚的干部往往需要具备系统的、全面的思维理念。作为全市脱贫攻坚工作的重点单位，我们必须自我加压、自我提升，不断锤炼业务本领，实现从"摸着石头过河"到"轻车熟路上手"。

我们始终坚持把学习研究作为推动扶贫工作开展的重要基础，既下狠功、又下苦功，及时准确把握脱贫攻坚各项政策，深刻领会精神实质，主动加快知识更新，积极优化知识结构，切实增强工作的主动性、科学性和预见性。我们坚持贯彻精准理念，学习掌握脱贫攻坚大数据平台，研究系统数据，创新形成"云分析"，为领导决策提供依据和支撑，同时还积极为基层扶贫干部提供政策咨询，为县（区）贫困对象答疑解惑，成为全市脱贫攻坚的"数据库"和"智囊团"。

脱贫攻坚涉及面广、事务繁杂，为保证各项工作有序推动，我们建立形成了"六个一"例会制度，即梳理一张清单、进行一次总结、做好一次部署、带领一次学习、开展一次分享、完成一次答疑，坚持梳理"每周重点工作清单"，明确责任人和完成时限，做到件件有着落、事事有回音。同时，我们还构建"小事 AB 岗，大事总动员"的联动机制，干部之间分工不分家、分工不分心、分工不分力。大家职责上分，思想上合；工作上分，目标上合；岗位上分，步调上合，确保了中心高效运转。

在工作推进过程中，我们始终保持主动思考，积极总结雅安脱贫攻坚经验，创新探索"雅安样本"，提炼形成了"重建扶贫、绿色减贫"等特色做法，创新贫困村集体经济经营机制，开展扶贫合作社质量提升试点。近年来，在大家的共同努力下，我们总结的脱贫攻坚经验信息被省级以上媒体采用2000余条，在《四川信息专报》《四川改革专报》《省脱贫攻坚简报》等重要专刊上采用33篇，在《四川扶贫》杂志刊登报道15篇，编发市脱贫攻坚简报460期，发出了脱贫攻坚的"雅安声音"。

在攻坚克难过程中下足"绣花"功夫

脱贫攻坚涉及方方面面，需要统筹行业扶贫、专项扶贫、社会扶贫等各项具体工作，也需要协调全市上下各类各级帮扶力量，我们中心每一位同志都始终做到提纲挈领、条分缕析，一项一项推进度、一件一件促落实。

打响脱贫攻坚战以来，我们先后组织召开全市脱贫攻坚领导小组会议、推进会30余次，专题协调会、业务培训会150余次，组织制定《雅安市关于集中力量打赢扶贫开发攻坚战的意见》《雅安市关于打赢脱贫攻坚战三年行动的实施意见》等文件，分年度制定《雅安市脱贫攻坚工作要点》和《雅安市脱贫攻坚重点工作清单》，精准细化责任部门和工作时限。积极推动扶贫专项资金项目在雅安落地落实，共争取中央和省级财政专项扶贫资金6.46亿元，居全省"片区外"市州第二位。

在脱贫攻坚过程中，我们积极指导县（区）开展贫困人口精准识别"回头看"，精准锁定我市9.4万建档立卡贫困人口基数；推动完善更新各项信息数据，指导录入2800余万条贫困对象信息，审核校正问题数据 100 余万条。同时，我们还着重为基层提供政策解答和信息服务约达 4 万人次，配合联动人大、政协、妇联、民主党派等力量，为脱贫攻坚助力献智。制定《雅安市精准扶贫档案工作实施方案》，指导规范完善市县乡村户五级档案体系，引导优化档案资料。坚持每年编制《雅安市建档立卡数据分析报告》《雅安市脱贫攻坚数据手册》等材料，为上级决策提供参考依据。

在面临重点、难点任务时，我们仍然坚持不退缩、不畏难，扎实有序推动实施。我们连续五年组织市级相关部门编制《扶贫专项年度实施方案》，实施专项扶贫项目 879 个，投入资金 119.5 亿元，推动构建起全领域覆盖、全方位推动、全天候作战的攻坚机制。牵头推动社会扶贫，连续七年组织开展"10·17"系列活动，引入中国扶贫基金会、荷兰农民生产者协会等社会组织力量参与全市脱贫攻坚。推动完成精准识别"回头看"、凉山自发搬迁贫困人口识别、精准帮扶大走访、"两不愁三保障"回头看大排查、脱贫攻坚挂牌督战、国家脱贫攻坚普查、省脱贫攻坚调查、2015—2020 年贫困对象动态管理、退出验收、成效考核等各阶段重点工作，组织开展脱贫攻坚综合督导、检查暗访等 200 余次。在巩固脱贫成果期间，我们还牵头制定了《雅安市防止返贫监测和帮扶工作方案》，聚焦脱贫不稳定户和边缘易致贫户，定期监测、定向补短，推动 406 户脱贫不稳定户、192 户边缘易致贫户消除预警，勇于先行先试，创新开展扶贫合作社质量提升项目，其中石棉县坪阳黄果柑专业合作社成功入选农业农村部第二批全国农民合作社典型案例。

坚决打赢脱贫攻坚战

脱贫攻坚是一场战役，"打仗"就意味着不可能轻轻松松、不可能一蹴而就，就意味着付出，甚至牺牲。大家有这样的思想准备，但在面临巨大的现实困难时，难免心有惶惶。只是我们也很清楚，这份责任就是扎在心中的锚，笃定的目标就是人民稳稳的幸福。

我们中心的同志平均年龄只有 35 岁，但却因为持续的加班和压力，大都长期处于亚健康状态，导致疾病缠身。一个又一个深夜，一次又一次煎熬，脱贫攻坚繁重的事务、巨大的压力使得我们几乎喘不过气，身体也渐渐虚弱，头疼、胸闷、体乏……各种病症在我们身上接踵而至。有的忍受着长期的病痛折磨，药物成了自己的家常便饭；有的在医院病房里一边输着液、一边拿着电脑审核贫困对象的信息数据；有的生孩子前还坚持完成交办的攻坚任务……大家在坚持不下去的时候，也只是稍作休息，便继续投入工作当中，从未后退。

我们这支队伍本来就是女同志居多，大多已为人父母，她们最牵肠挂肚的就是牙牙学语、年龄尚小的孩子，但与家人的陪伴却成为最大的奢侈。这是无奈，但也只能在电脑面前一边打着字、一边开着手机视频安慰哭个不停的孩子；这是亏欠，也只能在办公室里，通过电话一字一句辅导着孩子的家庭作业……我们一次又一次放弃了陪伴的时间，一回又一回错过回家的遗憾，只因心中对完成脱贫攻坚任务的执着追求。

如今，雅安已经同全国全省一道步入小康社会，但脱贫摘帽并非终点，而是新生活、新奋斗的起点。步入新阶段，迈上新征程，我们这支队伍仍将继续弘扬"上下同心、尽锐出战，精准务实、开拓创新，攻坚克难、不负人民"的伟大脱贫攻坚精神，在巩固拓展脱贫攻坚成果同乡村振兴有限衔接、全面实施乡村振兴战略的时代任务中接续奋斗、砥砺前行！

（陈虹君　整理）

精准扶贫的广安样本

文龙

广安地处秦巴山区，境内四分之一区域为旱山区，三分之一的贫困群众处于洪涝区，加上华蓥山采煤沉降、石漠化等原因，贫困问题十分突出，所辖六个区市县均为贫困县，其中广安区为国家扶贫开发工作重点县。全市有820个贫困村，贫困人口10.87万户32.48万人，贫困发生率8.6%。脱贫攻坚以来，广安市深入学习贯彻习近平总书记关于扶贫工作的重要论述，认真落实中央、省委脱贫攻坚系列决策部署，围绕脱贫攻坚目标任务，精准落实扶贫政策，有力推动脱贫攻坚工作取得显著成效。2016年，广安市广安区、前锋区、华蓥市在全省首批摘帽；2018年，岳池县、武胜县、邻水县顺利摘帽，实现贫困县全域摘帽；2019年，贫困人口全部脱贫，实现全域全员脱贫，脱贫攻坚取得决定性胜利。广安市扶贫开发局总工程师文龙被表彰为全国脱贫攻坚先进个人，讲述了他们的脱贫攻坚经历。

从2013年到2020年，党中央开展了规模宏大的脱贫攻坚。我们称之为"八年抗战"的精准扶贫，真真切切地解决困难群众的贫困问题，广安市10.87万户32.48万名贫困人口稳定脱贫，迈向小康。我从2010年开始从事扶贫工作，亲身经历了前后两种模式的扶贫，体会深刻，感慨良多。

比较而言，2014年以前的扶贫，统归一点，就是较为粗放。比如新村扶贫，上级下达资金后，各县自主确定贫困村，每个村100万元扶贫资金，主要用于本村基础设施、公共服务、贫困户的培训和发展产业。这些钱具体怎么安排，实施哪些项目，由县乡村在群众讨论的基础上确定。其他如产业扶贫、秦巴山区连片扶贫开发，大抵如此。这种扶贫模式，弊端有三：

一是贫困户的权益不能保证。资金大部分用于本村道路交通、水利设施等基础性项目，很少部分用于贫困户本身。我大约统计了一下，大方的村，有二三十万元资金到户，有的村，甚至只有几万元到户；最多的每个贫困户能享受1000元的项目资金，最少的只有200块钱。单靠这几百到一千块钱，能解决贫困问题吗？说实话，很难。

二是贫困户到户项目"一刀切"。根据本地产业发展规划，全村贫困户基本都是统一发展一两个产业门类，要么统一养猪养鸡鸭，要么统一种某种干果、水果。每户人的生产习惯、专长不一样，所以出现了你前脚发猪，他后脚就卖了的情况；项目实施当年地里种上树苗，第二年去看，草比树苗高，第三年就没有了。

三是贫困对象确定、脱贫的随意性。项目资金到村后，才由村上推选贫困户。项目实施结束后，贫困户就算脱贫了。只有项目验收，没有脱贫验收。

针对老模式的弊端，新一轮精准扶贫，又是怎么解决这些突出问题的呢？

新一轮扶贫，解决了扶持谁的问题。精准扶贫的关键，首先就是要把扶贫对象摸清搞准，弄清谁是真正的贫困户。为此，基层干部逐家逐户摸底和走访贫困群众，掌握真实情况，公示扶贫对象，让群众来议贫、判贫、定贫。

贫困户的识别标准是2013年农民人均纯收入低于2736元，如果真要一笔一笔核算收入，且不论农民收入大多不透明，全市380万农业人口，工作量巨大无比，不是在短期内能够完成的任务。在具体识别中，各地都采用倒排法来确定贫困户，按照贫困程度，倒排顺序。一些地方还借鉴创造了一些行之有效的识别办法，比如"一看房二看粮，三看有无读书郎，四看有无卧病在床，五看劳动能力强不强"；比如"六不准"：国家公职人员及现任村干部、子女条件优越不敬老孝亲、有商品房或经营性门市以及从事经营性活动、有营运性车辆或小轿车、享受职工养老保险金或退休金、家庭人均存款超过 2800 元的六类农户不得评为贫困户。

新一轮扶贫，解决了怎么扶的问题。"贫有百样、困有千种"，贫困户的致贫原因多种多样，因病致贫、因残致贫、因学致贫、缺技术、缺劳力、缺资金、因灾致贫等不一而足。只有对不同原因不同类型的贫困，采取不同措施，因人因户因村施策，对症下药、精准滴灌、靶向治疗，才能从根本上解决贫困问题。对此，中央提出了"五个一批"脱贫措施：发展生产脱贫一批、易地搬迁脱贫一批、生态补偿脱贫一批、发展教育脱贫一批、社会保障兜底一批；我们具体化为"广安'555'脱贫攻坚战术"：即住房扶贫、产业扶贫、基础扶贫、生态扶贫、智力扶贫"五大扶贫工程"，移民搬迁安置、政策兜底、医疗救助扶持、文化惠民扶贫、社会力量扶贫"五大扶贫行动"，督查问责、联席会商、投入增长、资产扶贫、绩效评估"五大扶贫机制"。总而言之，就是因地制宜，缺啥补啥。

新一轮扶贫，解决了谁来扶的问题。一是提出和实施了"3+10+N"政策组合拳，搭建了脱贫攻坚政策的"四梁八柱"。"3"：就是省委十届六次全会的《决定》《四川省农村扶贫开发纲要（2011—2020 年）》《四川省农村扶贫开发条例》，"10+N"：就是交通扶贫、水利扶贫、教育扶贫、健康扶贫、金融扶贫等涉及农村基础设施、公共服务、产业发展的行业部门扶贫专项方案和派生出的扶贫专项年度工作计划。这个"10+N"非常关键，可以说基本上把所有涉农部门都绑上了脱贫攻坚这架战车。最多年度有 22 个扶贫专项年度计划，最少年度也有 15 个。牵头单位、责任单位共有 50 多个。在年度计划里，明确了这些部门本年要实施哪些项目、需要多少钱、钱从哪里来、什么时间做到什么程度、采取哪些措施抓落实，每个专项年度计划还附有项目清单、资金清单，很是具体明白。这就促使行业扶贫成为精准扶贫的生力军。从资金的投入来看，2014—2020年，全市扶贫投入141个亿，行业扶贫专项投入就达到121个亿。每年都有专门的行业扶贫专项计划，涵盖了"两不愁三保障"等整个农村基础设施、公共服务、产业就业增收、人居环境等方方面面，投入保障力度很大。以事关老百姓切身利益的"三座大山"为例：住房保障方面，实施易地扶贫搬迁13248户，贫困户危房改造42504户，做到了"应搬尽搬、应改尽改"；教育扶贫方面，七类15项教育资助政策，涵盖了从幼儿园到大学的贫困家庭学生。省领导在会议上说，现阶段"因病致贫"的说法不成立，我表示赞成。健康扶贫方面，基本医保、大病保险、医保倾斜支付政策、民政医疗救助、疾病应急救助。零支付"五道关口"，确保贫困户县域内住院自付费用不超过10%。

二是"五个一""三个一"驻村帮扶工作制度，就是每个贫困村都有一名联系领导、一个帮扶单位、一个驻村工作组和一名第一书记、一名农技员，每个贫困户都有帮扶责任人；20户以上贫困人口的非贫困村，每个村都有一名第一书记、一个农业技术巡回服务组、每户贫困户有一名帮扶责任人，实现驻村帮扶全覆盖，这也是一项创造性的制度设计。全市选派5.08万名公职人员结对帮扶10.87万户贫困户。他们帮助贫困村、贫困户找路子、搞规划、制定和落实脱贫措施、协调落实项目资金和到户扶持政策、解决突出问题和具体困难、激发贫困户主动脱贫的内生动力、监测贫困户"两不愁三保障"和有水、有电、有广播电视这些脱贫指标是否达标……可以这样说，没有"五个一"帮扶力量，就不可能有贫困户的稳定脱贫。每一次检查、每一次考核、每一次验收、每一次评估……小平故里的旮旯角落，到处都看得见他们奔忙的身影。他们付出了很多很多！

新一轮扶贫，解决了怎么退的问题。脱没脱贫，是否按标准脱贫，不是靠说，而是有一套严密的指标体系，包括"两不愁三保障"、有水有电有广播电视等。有一套规范的退出流程，包括群众评议、行业部门逐户认定并制作《达标认定书》、县乡村逐级审批、逐级公示。所有环节中，争议比较多的是收入，收入是指标认定的重要内容，每年国家都会发布贫困线，收入达到和超过贫困线，是脱贫的必须条件。收入当中，一个是收入难以算清，特别是赡养收入，一些老百姓总是说没得或者少说；一个是生产成本，比如种养殖业投入成本、外出务工扣除成本难以计算。争议的实质是这些老百姓不想脱贫，想继续享受扶贫政策。这就需要摆事实讲道理来确定，达到一致认同。

为了达到高质量脱贫、稳定脱贫，广安市各级做了扎实的工作，包括年度脱贫验收前开展第三方评估，看是否达标；逐户填制《脱贫攻坚成果表》，核实扶持措施、收入情况，看是否稳定脱贫；认真落实"脱贫不脱政策、脱贫不脱帮扶"的要求，脱贫后继续享受扶贫政策，确保稳定脱贫。历年来，经过中央和省市验收评估，以及 2020 年开展的脱贫攻坚普查，未发现一例脱贫不达标的情况，真正实现了稳定脱贫、真实脱贫。

（文霖　整理）

高县"四大工程"高质量打赢脱贫攻坚战

黄修国

宜宾市高县地处乌蒙山系余脉、四川盆地南缘、川滇两省交界，素有"乌蒙西下三千里，僰道南来第一城"之美誉，是四川省乌蒙山连片特困地区扶贫工作重点县。2014 年，全县精准识别贫困村 50 个，建档立卡贫困户 1.7 万户 5 万人（2019 年动态调整后为 16306 户 47494 人），贫困发生率 10.7%。在党中央和省市的坚强领导下，经过艰苦努力，2018 年高县成功实现脱贫摘帽，2019 年贫困村全部退出、贫困人口全部脱贫。2021 年，中共高县县委被党中央、国务院表彰为全国脱贫攻坚先进集体。黄修国讲了高县高质量打赢脱贫攻坚战的实践。

高质量打赢脱贫攻坚战、带领人民群众致富奔康，这是党中央下达的重要政治任务，是践行初心使命的具体实践，也是推动县域经济高质量发展的动力和基础。2016 年 5 月，我到高县工作后，第一时间深入基层、走村入户，全面调研摸排全县脱贫攻坚工作。当我了解到高县不少乡镇存在交通基础设施差、贫困户内生动力不足、产业发展滞后等问题时，我深感脱贫攻坚形势非常严峻，必须扛起打赢脱贫攻坚战的政治责任，下足"绣花"功夫，把这项工作抓紧抓好抓落实。

在中央、省委、市委的坚强领导下，经过几年的艰苦努力，2018

年，高县成功实现贫困县摘帽，2019 年贫困村全部退出、贫困人口全部脱贫。2018 年、2019 年连续两年被评为全省脱贫攻坚先进县，特别是 2021 年 2 月，中共高县县委被党中央、国务院表彰为全国脱贫攻坚先进集体，这是对高县脱贫攻坚工作最大的肯定，是历届县委县政府和 53 万高县人民共同努力的结果，荣誉属于每一个人。2 月 25 日，我到北京人民大会堂捧回这块沉甸甸的牌子，内心非常激动，回来后第一时间和大家分享喜悦，第一时间看望了扶贫开发局的同志，并要求他们及时总结和提炼，形成脱贫攻坚工作的高县做法、高县成就、高县经验、高县模式，特别是探索防止返贫致贫和解决相对贫困问题的长效机制。

回顾这几年历程，我主要从以下四个方面简要介绍打赢脱贫攻坚战的高县实践。

实施"党建 + 信息"保障工程

习近平总书记指出，抓好党建促脱贫攻坚，是贫困地区脱贫致富的重要经验。我到高县工作后，深刻感受到县委坚持以党建引领脱贫攻坚、以脱贫攻坚统揽工作全局的坚定决心。县委县政府始终把脱贫攻坚作为全县的首要政治任务、第一民生工程和最紧要的中心工作来抓，坚持只争朝夕、挂图作战、精准脱贫、全域提升、全面小康的工作思路，提出以"党心示范引领、民心紧随相融、党心连民心、心心相连"为工作统领，建立健全县脱贫攻坚领导组、13 个镇蹲点工作组、50 个贫困村驻村工作队、"15+2"个专项扶贫工作组高效履职的"1+13+50+17"组织保障和责任体系。创新"1+9"精准帮扶工作法，推行联系县领导兼任镇党委第一书记，落实"四包到位、一包到底""三同一包"帮扶制度。其中，县脱贫攻坚领导组由县委、县政府主要领导任双组长，县四大班子全体领导成员和县级领导担任副组长；县级领导分别作为组长、副组长，蹲点联系各镇脱贫攻坚工作，可以说是真正抓住了关键少数、绝大多数，真正体现了上下同心、尽锐出战。

我刚到高县工作不久，就主持召开全县精准扶贫精准脱贫誓师大会，直到现在，我还记得当时的场景，所有县级领导、县级机关及乡镇负责人、驻村第一书记等400余人在县政协礼堂庄严宣誓："全力投身脱贫攻坚总战役，以严和实的作风，铁一般的担当，坚决打赢这场硬仗！"大家士气高昂、干劲充足，纷纷表示要以强烈的历史使命感和责任担当，为全面打赢脱贫攻坚战，全面建成小康社会作出贡献。这次誓师大会正式吹响了"向贫困宣战、向小康迈进，向陋习宣战、向文明迈进"的攻坚集结号。

脱贫攻坚越往后，难度越大。在多次走访调研后，我发现高县存在干部与贫困户间沟通平台狭窄、贫困户数据掌握不准确、动态监管不及时、贫困户帮扶途径不通畅等问题，为解决这些问题，县委县政府多次召开会议研究、反复调研论证，终于在2017年5月，与四川电信公司合作开发了"党建·扶贫心连网"，这是在全省首创的以智慧党建与精准脱贫为主、集多项服务功能于一体的综合信息化应用系统。该系统通过客观、准确、实时的信息数据，对帮扶工作进行及时调整，细化一户一本台账、一个脱贫计划、一套帮扶措施，实现了对脱贫攻坚工作的科学决策、高效指挥和有力监管。这一做法得到了省领导的肯定，省委《每日要情》《四川日报》《人民日报》等媒体及内参刊载了这一做法，2017年、2018年"心连网"连续两年被评为中国智慧城市示范案例。

实施"产业＋就业"增收工程

产业就业扶贫是脱贫攻坚"五个一批"工程的核心内容，是发挥"造血"功能、确保贫困户稳定脱贫的关键举措。2016年7月，我到省级重点贫困村——罗场镇兴场村调研，发现那里有丰富的林竹、茶花资源，但是该村多个组公路没有硬化、缺乏维护而造成"晴通雨阻"，不少青壮年在家致富无路、创业无门，纷纷选择外出务工，在家的村民只能"望路兴叹"，守着丰富的资源却过着拮据的日子。在与他们拉家常、谈发展中了解到，群众最希望的是村里能解决交通落后问题，能有一两个主导产业、一个家庭能有一两个稳定收入来源。我深刻感受到，高县要确保贫困户稳定脱贫、长效脱贫，首先要解决交通滞后问题，其次要大力发展产业，同时要带动贫困户就业。

在解决交通滞后问题上，我向县委建议，要加大交通扶贫资金投入，实施"三年交通大会战"，彻底改善农村基础条件。经过两年多的努力，全县围绕茶叶、蚕桑等特色产业，建成百里茶桑旅产业路17条117公里，农业产业路129条402公里，串联3个乡村振兴示范区、13个市县级现代农业园区，辐射多个镇特色园区、示范村、龙头企业，实现产业公路对全县支柱产业区的全覆盖，带动沿线30余万群众脱贫奔小康。2018年底，我再次到兴场村调研，发现这里已经实现"组组通水泥路"，以前常年在外务工的村民也返乡以地为业，以地生财，随着竹子、茶花、生猪等农产品运往山外，村民的腰包一天天鼓起来、生活一天天好起来。兴场村公路建设，是我县"十三五"期间破解交通运输"瓶颈"的一个缩影。2016年以来，全县新（改）建农村等级公路1000公里以上，实现了100%建制镇、建制村通硬化路，100%的组通公路、100%建制村通客运，2019年荣获全国"四好农村路"示范县。

在发展壮大产业上，县委县政府坚持山区茶叶经济带、平坝蚕桑经济带、河谷竹业经济带的"三带"布局，聚焦现代农业产业示范、带贫减贫主体培育、扶贫产品品牌创建三大重点。我们全面开启了"人均一亩茶和桑，脱贫不用慌；人均两亩茶和桑，致富奔小康"的精准脱贫模式，两大产业覆盖了全县所有贫困村，全县茶园面积达33万亩、桑园面积达23万亩，茶叶蚕桑面积、产量、产值均位居全省第二，带动了全县70%的农户、80%的贫困户脱贫致富。我们不断发展壮大柠檬、水果、蔬菜等，创新推行"农业+"模式，促进产业与旅游相融共促，积极推进全域旅游扶贫，推动一二三产业融合发展。

在带动贫困户就业上，我们创建产业扶贫基地14个、就业扶贫基地7个，培育扶贫龙头企业26个、"四川扶贫"标识产品29个，在茶叶、蚕桑基地建起了现代化工厂和扶贫车间，吸收15000余名贫困人口就近就业，实现户户增收产业全覆盖。我们还探索村企共建、众筹众创、保息分红、二次分利等利益联结机制，带动 1.6 万户脱贫户持续增收。2017 年以来，全国茧丝绸行业产销形势分析会暨全国优质茧丝基地现场交流会、省蚕桑产业发展现场推进会、省茶叶学会年会等会议相继在高县召开。

实施"立志＋扶智"提升工程

习近平总书记指出，扶贫先扶志，扶贫必扶智。针对部分贫困户脱贫致富内生动力不足、存在较严重的等靠要观念，我们做了一些有益的探索，充分激发贫困户主动脱贫致富的动力活力。比如，为了让贫困家庭的孩子接受良好教育，县委县政府研究制定了"扶贫先扶智、治贫先治愚、脱贫抓教育"的总体思路，从贫困群众接受教育最迫切、最关键、最突出的问题出发，积极探索强基础、兜底线、引人才、提质量的特色教育扶贫道路。我县建强村小、关爱留守儿童、心育扶贫双益工程、办有温度的乡村教育等举措得到各级领导高度肯定。2019 年，全省教育脱贫攻坚现场推进会在高县举办。再比如，为了激励贫困户通过劳动脱贫致富，县上创新"爱心超市"，以积分换取商品的激励模式，充分调动群众脱贫的积极性、主动性，被央视、中新社等多家媒体报道，让我印象特别深刻的是一个庆岭镇劳动村贫困户告诉我，"以前我有时还与村干部'抬杠'，现在要整积分了，我的思想也发生了转变，人嘛，要感恩，别人帮助了我，我应该做点事"。这说明我们的扶贫方式得到群众高度认可，也取得一定成效。

同时，我们积极推进文化扶贫、法治扶贫、乡村文化振兴工作，全县所有村配备法治辅导员、文明新风督导员，以"扶贫扶志·感恩奋进"为主题，以忠孝文化为线，开展感恩励志宣讲，倡导移风易俗，持续评选星级文明户、新乡贤、脱贫标兵等，不断激发贫困群众内生动力。我记得，有一次去落润镇振武村调研，认识了一个残疾人贫困户，他一家四口中有三个重度残疾人，穷困潦倒之下开始自暴自弃。后来，在帮扶干部的鼓励教育下，他重拾信心，自强不息，成为全县励志脱贫典型，并作为四川省贫困残疾人代表到北京参加宣讲。如今，这个过上了好日子的残疾人逢人就说"抬起头做人的感觉真好"。我们还创新推出文化扶贫乡村振兴"第一村长"模式，在全国范围内聘请20名德艺双馨的文化名家作为20个贫困村的文化扶贫乡村振兴"第一村长"，突出文化推动、产业带动、干群互动，不断提升贫困村的人才潜能、产业动能、治理效能，2021年2月，"第一村长"模式被《人民日报》专题宣传推广。

实施"试点+示范"创新工程

2016年，脱贫攻坚战全面打响，但县上配套政策没有完善，脱贫攻坚专项资金、行业资金没有及时足额到位，贫困户"等米下锅"、扶贫项目不能如期完成、资金不能及时拨付，这些问题一直困扰着县委、县政府。经过调查研究、反复论证，我们创新提出在县财政资金中设立脱贫攻坚查漏补缺扶持资金，按照抢时补缺、缺啥补啥的原则，将全县19个乡镇按照贫困人口数量划分为五类，分别补助300万至500万元，及时解决工作过程中资金断档、项目缺位等问题，2016—2018年共投入2.13亿元。2016年以来，我县在推进产业扶贫、投资收益扶贫、新风法治扶贫、教育扶贫、文化扶贫、项目建设管理、扶贫资产管理、国扶系统调整等做法，多次在省级工作推进会、现场会、调度会上作交流发言。省委省政府和市委市政府对高县脱贫攻坚工作也予以充分肯定。

我县作为投资收益、脱贫攻坚项目库建设、扶贫资产管理、建立解决相对贫困长效机制等四项省级试点县，积极探索实践，建立扶贫新模式，为全省提供有益经验。针对投资收益扶贫试点，全县共投入7132万元，按照"企业+基地+特殊贫困户+市场"模式，把扶贫资金量化入股到产业龙头企业或专业合作社，通过股权量化、按股分红、收益保底，拓宽持续稳定增收渠道，破解特殊群体脱贫难题，覆盖贫困人口 3771 户 6103 人。针对脱贫攻坚项目库建设试点，我们突出落地性、前瞻性、实效性，注重科学规划、产业优化、协同推进、提高效率，着力打造阳光扶贫工程，持续巩固提升脱贫成效。针对扶贫资产管理试点，我们建立产权清晰、权责明确、经营规范、管理到位的管理体制和运行机制，强化规范管理，充分发挥资产效益。针对建立解决相对贫困长效机制试点，我们坚持开发式扶贫与保障性扶贫相结合的原则，以"健全完善现有政策、巩固提升脱贫成果、探索创新体制机制"为基本思路，探索建立党建引领统筹发展、全面覆盖扶持发展、内生动力激励提升等"七大长效机制"，推动巩固拓展脱贫攻坚成果同乡村振兴有效衔接，为乡村振兴奠定坚实基础。高县相对贫困长效机制试点工作得到全国人大课题组和省市调研组肯定。

站在新的历史起点上，我们将坚持以习近平新时代中国特色社会主义思想为指导，认真贯彻落实中央和省市部署要求，坚持以更加务实、更为管用、更富实效的举措，促进脱贫攻坚同乡村振兴有效衔接，真正实现产业兴旺、生态宜居、乡风文明、治理有效、生活富裕，推动我县实现更高质量发展。

（王元刚　整理）

脱贫重建两不误　绿色九寨奔小康

罗智波

阿坝藏族羌族自治州九寨沟县是四川省88个贫困县之一，属"三区三州"深度贫困地区。2014年，全县共识别贫困村48个，占行政村总数的40%；贫困人口1591户5638人，贫困发生率高达12%。面对深度贫困的"硬骨头"，中共九寨沟县委员会按照中央、省、州脱贫攻坚决策部署，取得脱贫攻坚明显成效，特别是"8·8"九寨沟地震发生后，按照习近平总书记"努力建成推进民族地区绿色发展脱贫奔小康的典范"嘱托，聚焦"高质量"和"建成典范"要求，完成灾后恢复重建和脱贫攻坚的双重任务。时任中共阿坝州委常委、九寨沟县委书记罗智波代表全国脱贫攻坚先进集体——中共九寨沟县委讲述了脱贫攻坚中的故事。

脱贫攻坚初战胜

面对深度贫困的"硬骨头"，九寨沟县委按照中央、省、州脱贫攻坚决策部署，紧紧围绕"两不愁三保障"要求，认真落实"六个精准""五个一批"扶贫方略，坚持压责任、补短板、促增收、增动力、转作风，全力构建上下联动、全民参与的脱贫攻坚格局，持续推进基础补短、民生改善、助民增收、智志同扶等各项工作，脱贫攻坚取得明显成效。特别是"8·8"九寨沟地震发生后，我们时刻牢记习近平总书记"努力建成推进民族地区绿色发展脱贫奔小康的典范"嘱托，聚焦"高质量"和"建成典范"要求，努力克服灾后恢复重建和脱贫攻坚双重任务的考验，抢抓灾后恢复重建、涉藏地区跨越发展、乡村振兴等政策叠加所带来的历史机遇，在产业发展、基础设施、公共服务、乡村建设、民族团结等方面取得历史性突破。2019 年 4 月，四川省人民政府宣布九寨沟县退出贫困县序列。截至 2019 年底，全县累计 48 个贫困村退出、1608 户 5688 名贫困人口脱贫，取得了脱贫攻坚战役的胜利。

党建引领聚合力

在扶贫攻坚举措中，中共九寨沟县委坚持党建引领，凝聚脱贫攻坚强大合力是取得成效的根本之举。我们始终把党的领导作为脱贫攻坚首要前提，严格落实"四个不摘"要求，全面压实工作责任，切实凝聚攻坚合力，这方面主要体现在：一是强化组织领导，建立县委县政府"一把手"双组长直接领导、四大班子全面参与、五大片区协同作战、九个推进组具体落实的"2+4+5+9"工作体系，建立"月交账、季调度、年总结"机制，先后召开脱贫攻坚领导小组会 31 次、例会 98 次，这些举措都能很好地促进工作高效运转，解决工作中的实际问题。二是压实帮扶责任。在"五个一"基础上深化"1+N"驻村帮扶工作机制，成立 48 个建档立卡贫困村驻村工作队，全县派有 146 人全脱产驻村开展帮扶工作，48 名县级领导、140 个部门直接参与脱贫帮扶，大力弘扬"五精"理念，深入开展"践行一线工作法、千名党员进农家""两联一进"群众工作全覆盖等活动。全县各级干部与 1.9 万余户群众结对认亲，引领群众走向小康路。在这一方面，我力求做到以身作则，公务再繁忙，都会每个月挤出两三天时间到联系的乡镇驻村蹲点，采取"进群众家、住群众屋、听群众言、察群众情、解群众忧"的方式，实地走访、现场巡查，召开村干部座谈会、专题会、现场办公会等进行蹲点调研。通过与农牧民群众面对面交流，听到了真话，看到了真情。通过蹲点调研，了解各乡镇、各部门贯彻落实省委、州委、县委重大决策部署的情况，特别是把脱贫攻坚、乡村振兴、两联一进等作为重点工作强力推进情况，当然也能发现许多存在的问题。三是建强基层组织。大力实施党建标准化，常态化开展对"软乡弱村"的集中整顿和"分类转化提升"，从严整顿了 39 个软弱涣散乡村党组织，多批次选派 103 名第一书记脱产驻村，完成乡村"两项"改革任务和 106 个村（社区）"一肩挑"，成为全省首个全国党建标准化试点县，采取"1+N"方式全覆盖发展 100 个村集体经济、累计收益 3000 余万元，创新推进农民工党建，吸引 178 名优秀农民工回乡创业，因此我县也被评为全省返乡创业先进县。

情系民生谋振兴

中共九寨沟县委在脱贫攻坚工作中始终坚持以人民为中心，集中力量做好普惠性、基础性、兜底性民生建设，先后整合各类扶贫资金 32.4 亿元、实施 1050 个扶贫项目，这些举措的目的只有一个，那就是努力满足人民对美好生活的向往。在此项工作中，我们全面提升水电基础设施建设。实施总投资 1.04 亿元的电力改造提升项目，有效解决群众用电质量不高问题。实施总投资 1.04 亿元的 142 个安全饮水改造工程项目，让群众喝上安全放心的自来水。大力推进宽带进村、通信信号覆盖工程，实现全县 100 个行政村通信网络的全覆盖。持续改善城乡住房条件。整合灾后恢复重建资金 5.26 亿元新建、维修一批学校、医院、便民服务中心等公共服务设施，最短时间完成 70 户农房重建、14500 户震损农房维修加固及 299 户洪涝灾害受损房屋维修加固。投入资金 4381 万元完成 2685 户藏区新居建设和危房改造项目，争取邛崃市、中国扶贫基金会帮扶资金 471 万元维修加固 890 户住房，提前完成 119 户 440 人"十三五"易地扶贫搬迁任务，让群众住上了安全、敞亮的好房子。全力保障和改善民生。投入 5.2 亿元实施了一批教育卫生类项目，九寨沟小学、中藏医院等重大民生项目投入使用，全县适龄儿童入学率、义务教育巩固率达 100%，贫困群众治疗保障率、家庭医生签约率、健康体检率、住院分娩率均达 100%，常态化抓好疫情防控，实现疫情"零发生"。采取公益性岗位安置、外出转移就业等方式促进群众就业 8 万余人次，累计实现劳务收入 22 亿余元，劳务收入较"十二五"末增长 6.3%。加快乡村全面振兴。做好脱贫攻坚与乡村振兴有机衔接，编制完成《九寨沟县乡村振兴战略规划》，打造 5 个现代农业产业园区，培育 5 个国家地理标志农产品和 16 个无公害农产品，创建 1 家国家级合作示范社和 3 家省级合作示范社，3 个村成为省级集体经济示范村。在此期间，我县漳扎镇、中查村、七里村先后被评为省级乡村振兴战略先进乡（镇）、示范村。

脱贫重建齐头进

面临脱贫攻坚与灾后重建的双重任务，是我们九寨沟县与其他地区所面临的最大不同。根据现实的紧迫要求，县委提出要坚持重建蓄力，着力厚植全域发展动能，通过客观分析脱贫与重建形势任务，科学调整摘帽时间，抢抓重建机遇，全力补齐脱贫短板、夯实奔康基础、提振群众发展信心，努力把灾后重建变为夯基固本的过程。为此，我们坚定走好"省统筹指导，灾区州县作为主体，灾区群众广泛参与"的重建新路，扎实推进科学重建、绿色重建、人文重建、阳光重建，截至 2021 年 3 月，全县 111 个重建项目全部完工，基本完成重建任务，累计促进 6500 余名群众就近务工，基本建成安居乐业、生态文明、产业兴旺、安全和谐的新九寨。把交通作为推动发展的首要工程和头等大事，"十三五"期间交通项目累计投入 196.6 亿元，是建县以来总投入的 11

倍，九黄轨道交通项目和通用航空加快前期工作，九绵高速、双九路预计 2022 年建成，川九路、九若路、漳大路投入使用，同时改造提升了 144 公里乡村"四好路"，全省民族地区首个城市候机厅正式启用，逐步构建综合立体交通体系，引导快递公司设立 12 个村组服务点，助推九寨甜樱桃等特色农产品快速销往内地。按照"功能疏解、提质控量"要求，投入 27.4 亿元建成漳扎国际生态旅游魅力小镇。漳扎镇因此也被评为全省文化旅游特色小镇。大力推进县城旅游服务中心的建设，我们正在投资 15.28 亿修建城市中心广场及智慧城市综合体等项目，其中民族体育馆、城市亮化工程等项目已经建成使用。我们可以看到，今天的九寨沟县常住人口城镇化率已经达到 51.69%，县城面积增加到 4.2 平方公里，是新中国成立初期的五倍。

生态旅游并驾驱

我认为九寨沟县的脱贫攻坚工作有两个鲜明的特色，一个是坚持生态扶贫，绿水青山变为金山银山。在实际工作中，我们贯彻习近平生态文明思想，制定《九寨沟县加强生态保护助推脱贫攻坚实施方案（2018—2020 年）》，在全国率先建立县级《生态文明建设评估指标体系》，努力把生态优势转化为脱贫动能、发展优势，成为"中国天然氧吧"和全省唯一拥有全国"两山"实践创新基地、国家生态文明建设示范县两项殊荣的县。坚决打好三大污染防治攻坚战，组建生态文明干部学院，建立生态文明审查制度，坚决杜绝污染排放项目和企业落地。运用新理念新技术完成总投资 45 亿元的生态环境修复和地灾治理项目，林草植被覆盖率恢复至 87%，空气质量优良率、地表水水质达标率、自然湿地保护率均达 100%，景区修复技术获得五项国家专利。我县有一个马脑壳金矿，位于黑河乡境内，该矿已经开采多年，过去产能规模是很大，目前开采已经接近尾声。县委四届五次全会对黑河乡定位是建设工旅融合发展试验区，重点就是围绕马脑壳金矿打造"金山旅游"品牌，将生态修复和旅游脱贫融合发展。但下面的乡镇就如何盘活乡村闲置资产、发展集体经济方面研究不深，未能提出有效的实施措施。我在驻村蹲点的调研过程中发现了这一问题，于是便在马脑壳金矿开发有限责任公司组织召开"金山旅游"专题会议，听取相关工作情况汇报，专题研究下一步工作思路，安排县文旅局投资开发有限公司、马脑壳金矿开发有限责任公司、黑河乡通力协作，组建黄金旅游开发工作机构，制订具体策划方案，加快启动黄金旅游开发项目，积极打造"金山旅游实验区"，大力开发黄金开采体验、精品民宿、生态观光农业、黄金文创产品等旅游产品和业态，促进三产融合发展。投入 2.2 亿元在全省少数民族地区率先实现污水、垃圾处理、"厕所革命"全覆盖，建成全省民族地区日处理能力最大的热解垃圾处理厂，城乡垃圾处理率达 100%。扎实推进全域环境综合整治，持续开展"每月绿色生活主题日"活动，全州首个网约车和共享单车服务成功落地我县，使广大群众逐步养成绿色出行、健康生活习惯。大力发展生态产业，成功创建国家级农业标准示范县，取得农产品质量安全检验检测认证资格。与浙江嘉善、平湖、四川绵竹共建三个工业飞地园区，为九寨沟"再造一个新财政"。我们还积极探索生态补偿模式。创新生态资源管护扶贫机制，组建 1 个县级生态资源管护总社、12 个乡镇生态资源管护合作联社、100 个生态资源管护合作社，设置 1380 个生态管护岗位、人均增收 1 万元。大力实施"以电代柴"工程，每年发放补贴 296 万元，薪炭使用率降低 25%，让群众在保护生态中持续受益。

另一个是坚持旅游扶贫，全面构建全域旅游格局。始终把旅游产业作为脱贫奔康头号产业，持续深化旅游供给侧改革，推动旅游复苏蝶变、全面振兴，全面构建"世界只有一个九寨沟，九寨沟不只有九寨沟"的全域旅游格局。引进社会主体投资项目 86 亿元，九寨鲁能胜地、九寨天堂、丽思卡尔顿、康莱德等项目加快建设，希尔顿、悦榕庄、天源豪生等 13 家品牌、星级酒店全面营业，星巴克、屈臣氏、哈根达斯、摇滚餐厅等世界知名品牌成功入驻，提档升级全省唯一的国家级演艺集群，九寨千古情等四家演艺企业全面营业，累计接待游客 12 万人次、实现收益 220 万元。投入 14.5 亿元，打造九寨爱情海、嫩恩桑措（神仙池）等 12 个景区景点，创建两个 3A 级、两个 4A 级景区，推出五条全域旅游精品线路，5G 游九寨上线使用，全面形成"串珠成线"的全域景区格局，成功创建省级全域旅游示范区，国家全域旅游示范区通过验收。树立"旅游+"理念，积极构建"10+5"全域旅游产业体系，缔结全省最具影响力的"三九大""大九寨"文旅发展联盟，开发 500 余种"九寨有礼"文创产品，举办"熊猫九寨"美食节、"熊猫阿坝·相约九寨"等主题活动，成都中医大国医馆九寨沟分馆和国际康养中心成功挂牌，20 余种体旅项目加快落地，逐步实现"观光游"向"度假游"转变。九寨沟开园以来，全县接待游客 341.98 万人次，实现旅游总收入 49.47 亿余元，让 97% 的群众重新吃上旅游饭。

脱贫摘帽不是终点，而是新生活新奋斗的起点。新时代新征程，中共九寨沟县委将坚决贯彻落实习近平总书记在全国脱贫攻坚总结表彰大会上的重要讲话精神，继续发扬脱贫攻坚精神，持续巩固脱贫攻坚成果，以更坚定的决心、更顽强的意志、更有力的举措，团结带领全县各族群众在全面建设社会主义现代化国家新征程中奋力奔跑。

（李文勤　阚少谦　整理）

南部县摘帽奔小康的经验做法

黄波

南充市南部县地处川东北，嘉陵江中游，总面积 2229 平方公里，辖 42 个乡镇（街道）、491 个村（社区），总人口 133 万人，其中农业人口 112.98 万人，是国家扶贫开发工作重点县和川陕革命老区县。2014 年，全县有建档立卡贫困村 198 个、贫困人口 32390 户 102059 人，贫困发生率 9.6%。脱贫攻坚以来，南部县紧紧围绕"县摘帽、村退出、户脱贫"展开工作，提前一年完成脱贫攻坚减贫任务。2017 年成功实现摘帽，2018 年成功实现 198 个贫困村整体退出，获评全国脱贫攻坚组织创新奖。2021 年中共南部县委荣获全国脱贫攻坚先进集体。黄波分享交流了南部的脱贫攻坚故事。

2018 年 12 月，组织安排我到南部县任县委副书记、县长，2020 年 8 月任县委书记。多年来，县委坚决贯彻落实中央和省市决策部署，各项工作干在先、走在前，成绩得到了组织的高度认可。回望过去，中共南部县委紧密团结在以习近平同志为核心的党中央周围，在习近平新时代中国特色社会主义思想引领下，带领全县各级党员干部群众决战决胜脱贫攻坚，取得了一些成绩。

"长短结合"壮产业 让群众钱袋子"鼓起来"

发展产业是脱贫攻坚的"一号工程"。说实在话，我们建一片产业、抓几个示范村、抓几个示范线，很简单，产业示范很简单，但是要把贫困户加在特色产业链上就很难。这些年，我们始终坚持把产业作为打破脱贫又返贫宿命的根本出路，优先把贫困群众纳入特色产业利益链，实现稳定脱贫有支撑。

做强"长效产业"支撑。我们主要采取几条措施：一是在品种选择上，立足于拉长市场半径、拉大市场空间，选择了晚熟柑橘和木本油料；二是农产品的物流配送中心，冷冻、物流、配送，这是最基本的条件；三是农产品的加工，如果滥市，那么我们就进行加工，最低价一元每斤，亩产 6000 斤，就是 6000 元，成本减去 2000 元，还有 4000 元；四是价格保险，主要是贫困群众的保险，老百姓出一部分，我们政府担保。结合南部土壤、气候和耕种习惯，按照市场运作模式，我们建成晚熟柑橘产业示范带 25 万亩、道地药材示范带 1.2 万亩、木本油料示范带 1 万亩、生态养殖 8 万亩，在全县范围内形成了以晚熟柑橘为主，道地药材、木本油料、生态养殖等同步发展的长效产业体系。目前，我们覆盖所有贫困村和贫困户的脱贫奔康产业园，已经有 500 多个。

壮大"四小工程"规模。我们立足留守贫困劳动力多为老弱妇孺的实际，充分利用贫困群众房前屋后资源，家家户户建立"钱袋子"。政府发放的产业扶持资金不直接发现金，而是由帮扶责任人与贫困户共同商量其家庭适宜搞当年投资、当年见效的"短平快"项目，特别是我们重点以小庭院、小养殖、小买卖、小作坊为主要内容的"四小工程"，为群众增收找到了很好的致富门路。依托脱贫奔康产业园，每户贫困户安排产业扶持金一万元左右，全县共发展小养殖 22788 户、小庭院 18298 户、小作坊 633 户、小买卖 963 户。"四小工程"在发展过程中，与区域规划、与脱贫奔康产业园结合起来，千家万户的小，就是一个村的大，就是一个乡镇的大，把脱贫奔康产业结合，进行对接，一并进行种苗服务、技术服务、管理服务、农资服务和市场营销服务。

完善利益链接机制。我们主要采取了几种模式，千方百计在特色产业链上做好"贫困群众的加法"。加法之一"五方联盟"：就是专合组织＋龙头企业＋贫困群众＋致富能人＋金融保险，把贫困户紧紧地拴在特色产业利益链上，实现了稳定增收。加法之二"四跟四走"：我们通过"信贷跟着贫困户走、贫困户跟着能人走、能人跟着龙头走、龙头跟着市场走"的方式，让贫困群众加入特色产业链。加法之三"三园共建"：把农村分散零碎、经营效益低以及撂荒地集中起来，流转给龙头企业，统建规模化种植大园区，发挥大园区的规模效应、技术支撑、营销渠道等作用，变土地资源为资本。贫困户通过返租建立创业园、认领建立托管园以及务工建立就业园，实现了稳定增收。全县脱贫户年人均纯收入连续六年稳定超过了国家脱贫线，2020年达到了1.175万元。

创新模式促就业 "输血"变"造血"激发活力

我们牢固树立"技能扶贫扶一生"的理念，坚持把就业和技能培训放在更加重要的位置。

信息化共享，开展精细化服务。南部是劳务输出大县，常年在外务工达40多万人。我们通过在行政村建立就业服务站、开通"金保"专网、建立南部就业扶贫微信群等方式，实现县、乡、村三级劳动力信息数据联网互通，由各村第一书记或支部书记、劳动保障员负责及时发布劳动力就业愿望，进行"点菜式"需求对接。全县3.7万名贫困劳动力中，县外就业近2万人，县内就业1万多。

多渠道推进，开展劳动技能培训。我们统筹整合各类就业培训资源，定期开设挖掘机、数控等技能培训专班，实行30人以上的"请人来校"，20人以上的"办班到乡"，10人以下的"送教进村"，培训合格发给技术等级证书并推荐就业，全面增强贫困劳动力的议价能力。共开办培训班 54 期，3700 余人通过培训实现持证上岗、稳定就业。

纽带化连接，开展劳务用工招聘。18 个驻外商会全部成立扶贫办，落实专人负责，每周发布一次用工信息、每月开展一次网上招聘、每季度开展一次"回乡招募"。全县每年成建制转移贫困劳动力就业两万余人次，月工资平均增加 1300 元左右，脱贫户工资性收入占到了家庭总收入的一半以上。

"三覆盖"教育扶贫机制 阻断贫困代际传递

南部作为陈氏"一门三状元"故里，"家贫子读书"的理念深入人心。新一轮精准扶贫以来，全县有建档立卡贫困学生 15477 人、占比 10.4%，我们全面推行政策自助全覆盖、结对关爱全覆盖、技能培训全覆盖教育扶贫机制，努力实现"一人成才、全家脱贫"目标。通过政策资助全覆盖，截至 2020 年底，全县建档立卡贫困学生资助覆盖面达到 100%，全县义务教育无一人辍学。通过结对关爱全覆盖，为每一个贫困学生、贫困学生家庭搭建老师、帮扶干部、爱心人士、企业商会各种桥梁，助力贫困学子读书无忧。通过技能培训全覆盖，对未考上大中专院校的贫困学生，利用中职学校等专业培训机构，延伸开展数控、挖掘机、焊工和柑橘、畜禽、食用菌等技能教育培训，培训合格后通过商会推荐就业，先后帮助 1300 余名贫困毕业生实现了及时稳定就业。

医疗靶向斩病根 防止因病致贫返贫

南部县精准识别"医疗救助一批"的因病致贫人口达 2.55 万人，我们以"基本医保防线"为基础，根据贫困患者住院费用支付额度，辅以"大病保险防线、补充医保防线、民政救助防线、爱心基金防线"四道补充报账防线，彻底破解"因病致贫、因病返贫"顽疾，打破因病返贫的痛苦轮回。全面构筑医疗保障"五道防线"。对贫困人口参加新农合实行财政全额兜底，由县财政按最低档次全额代缴（每人每年230元：基本医保120元、大病保险30元、补充医保80元），在此基础上，建起了基本医保、大病医保、补充医保、民政救助、爱心基金"五道医疗防线"。全面构建健康扶贫动态筛查机制，定期巡诊机制，长效便民机制，解决老百姓看病难、看病贵。全面落实"九免一补助"政策。全县投资1.5亿多元，新建、改扩建乡镇卫生院和社区卫生服务中心63个，新建村卫生室204个，配备急需医疗设备5000余台，为村卫生室购置电脑1044台。建档立卡贫困户县内住院一律实行"先住院、后付费"，贫困患者的住院费用个人支付比例均控制在10%以内，贫困群众慢性病签约率达100%，六年全县贫困人口医疗费用补偿率达90%以上。

分类实施精布局 "住有所居"梦想成为现实

住房安全是脱贫摘帽的底线，也是脱贫攻坚的难中之难。我们坚持城乡一体化发展的原则，先后投入安全住房建设资金8.4亿元，全面推进农村安全住房建设，覆盖了全县75%的贫困户和部分临界困难户，所有贫困群众都住上了安全房。

统筹推进危房改造。划定建房补助"两条底线"，采取统规自建、统规联建、统规统建，不搞"一刀切"；定制"四套户型"统一设计，砖混青瓦、地基打二建一；明确"四不补助"确保安全住房建设有力推进。在上上下下形成这四大共识基础上，履行建房申请书、建房承诺书、安全责任书等"四书一报告"程序，规范建房审批程序和资金拨付、房屋交付等。全面按照"五改三建"的标准同步推进了危旧房改造，切实做到生活设施与生产功能配套，安居措施和致富产业同步。同时，整合项目资金 8.4 亿元和政策性贷款 2.8 亿元（20 年期限，2.8 厘年息），将基础设施建设一并改造，变特惠为普惠，实现了全县安全住房全覆盖。全面完成易地搬迁。按照"三年任务一年完成"目标，创新"四书一报告"建房流程，统一设计户型，划定补助底线，严防负债建大房子、自筹超标加重贫困程度，共实施易地扶贫搬迁 2333 户。

城乡供水一体化　化解因水致病"顽疾"

南部过去是川陕革命根据地的"红色盐乡"，境内地下水卤盐含量超标严重，农村群众"因水致病"现象突出，我们着力于去源头、治"顽疾"，始终把城乡一体全域供水工程作为脱贫攻坚的重大项目。

统筹规划、三网同建，城乡全域"一盘棋"。一是"集中供水网"。依托嘉陵江、西河和升钟水库"三大饮水源"，建成十个大型制水厂，铺设九条供水主干线，形成了"三源六厂九线 +N"的城乡一体全域供水体系，覆盖了 42 个乡镇（街道）、1021 个村，农村吃上跟城里一样的自来水。二是"水源保护网"。实施清水工程，划定饮用水源保护区、畜禽禁养区、建设污水处理厂等。三是"水质监测网"。实行卫生、环保、水务、供水"四方联动"，全覆盖、高频次检测"42+6"项指标，确保饮用水质全部达到 II 类标准。

整合资源、三级保障，多元投入"一本账"。建立"项目资金 + 财政补助 + 社会融资 + 群众自筹"的多元投入机制，共整合资金 20 亿元，精准投放到真正改善人民群众生产生活条件的城乡一体供水工程上，县级保障"六厂"及主管网骨干工程建设，乡镇保障场镇及通村管网建设，村社保障联社入户管网建设的三级保障机制。

保障品质、三方监审，质量管控"一把尺"。每 1000 户用水户设置一名"水管员"，从上到下建立起"城乡水务有限公司 + 片区供水服务中心 + 乡镇供水服务站 + 村用水户协会 + 水管员"的五级管护体系。政府补贴贫困户每户 800 元，减轻困难群众入户安装费用负担，实施贫困户饮用水限价和逐步同价政策，确保困难群众都能用上安全放心的自来水。

统筹推进打基础　乡村旧貌换新颜

考虑到南部丘陵地区的地形地貌特点，我们始终围绕"户脱贫、村退出、县摘帽"指标，统筹推进农村水、电、路、网等基础设施建设，全面消除乡村基础设施落后现象。

户脱贫"三有"指标：安排人居环境改善项目5.9万个，所有贫困户都实现了通安全饮水、生活用电和广播电视。

村退出"五有"指标：安排到村基础设施项目5700个，全县100%的村、90%的村民小组、80%的农户通上了水泥路，卫生室、图书室（文化站）、村级综合服务、金融服务等村级基本公共服务设施得到有力改善。

县摘帽"三有"指标：安排农村义务教育薄改项目资金4.85亿元、乡镇卫生院建设资金3000万元，乡乡实现有中心校、卫生院和便民服务中心。

创新机制求发展　巩固成果惠民生

在脱贫攻坚的具体实践中，南部县创新推行"挂图作战"的指挥机制、"现场验靶"的推进机制、"五方联盟"的链接机制、"三议五会"的自治机制、内生动力的引导机制和党建扶贫的引领机制等"六大机制"；全县干群一心、众志成城，战胜许多前所未有的考验，演绎了无数可歌可泣的故事，汇聚起了催人奋勇前行的力量，充分展现了南部党员干部群众争分夺秒的拼抢精神、挑战极限的拼命精神、不胜不休的拼搏精神和万众一心的团结精神，谱写了丘区贫困大县脱贫攻坚的"南部实践"，脱贫攻坚"南部做法"先后被全国多个省、市、县单位学习借鉴。

脱贫摘帽不是终点，而是新生活、新奋斗的起点。脱贫攻坚取得胜利后，要全面推进乡村振兴，这是"三农"工作重心的历史性转移。我们将大力弘扬脱贫攻坚精神，锐意进取、奋发有为，再接再厉、持续奋斗，谱写南部乡村振兴新篇章，在新时代创造新的历史辉煌！

（王建国　整理）

脱贫攻坚圆满收官的昭觉实践

子克拉格

2014 年，凉山州昭觉县建档立卡贫困村 191 个，贫困户 22217 户 102347 人，是全省深度贫困县中贫困户最多的县。脱贫攻坚战打响以后，昭觉县认真贯彻习近平总书记关于扶贫工作的重要论述，下足"绣花"功夫，举全县之力坚决打赢打好脱贫攻坚战。截至 2020 年底，贫困人口全部脱贫，贫困村全部退出，贫困县摘帽，脱贫攻坚取得全面胜利。2021 年 2 月，中共昭觉县委被中共中央、国务院表彰为全国脱贫攻坚先进集体。子克拉格讲述了昭觉的脱贫故事。

我是 2012 年 4 月到昭觉任县委书记的，脱贫攻坚战打响后，2017 年 2 月省委州委委以我重任，让我担任凉山州副州长并继续任昭觉县委书记，全面主持昭觉工作。之前，我们因为财政困难，短板弱项很多，贫穷落后现象仍然十分突出。国家举全国之力打响脱贫攻坚战后，从财力、物力、人力等多方面予以倾斜，并出台多项惠及脱贫地区特殊政策，我想我们再也没有任何理由、任何借口，不带领贫困群众实现同全国全省同步小康的目标任务。特别是 2018 年 2 月 11 日，习近平总书记亲临昭觉三河村、火普村视察调研，并作出了一系列重要指示，为我们打赢脱贫攻坚战提供了根本遵循和不竭动力。

在党中央的亲切关怀下，在省委州委的坚强领导下，2020年我们高质量完成了22217户202347名贫困人口的脱贫任务，贫困发生率从31.8%降至零。显著的脱贫成效得到各级党委政府的充分肯定，昭觉县连续四年在省委、省政府脱贫攻坚成效考核和东西部协作考核中被评为"好"的等次，昭觉县委荣获全国脱贫攻坚先进集体荣誉称号、三河村荣获全国脱贫攻坚楷模荣誉称号，全县先后有5名同志倒在脱贫攻坚一线，有7名同志得到中央表彰，55名同志获得省级表彰。不懈的努力换来了昭觉翻天巨变，我们处处都能看得到乡亲们充满希望的笑脸和脱胎换骨的精神面貌，真正实现了从贫穷落后到跑步奔小康的第二次时代文明跨越。

回顾这几年奋斗历程，我主要从以下几个方面介绍脱贫攻坚圆满收官的昭觉实践。

坚持党建引领　汇集攻坚力量

我们昭觉由于自然、社会、历史等原因，住房、道路、产业等"看得见"的贫困与思想观念、陈规陋习、内生动力等"看不见"的贫困交织叠加，深度贫困问题十分突出，成为民族地区深度贫困的典型缩影。实施精准扶贫以来，我认为脱贫的首要任务，就是要解决谁来干、怎么干的问题。我们创新构建"四三二一"党建扶贫体系，用超常举措强化党建引领、夯实决战基础。按照"县统筹、负总责，乡主体、促落实，村实施、抓具体"的原则，坚持精准施策，靶向发力，成立了县脱贫攻坚工作领导小组，建立由县指挥部、乡指挥所、村作战室构成的三级协同指挥体系，县委常委担任专项小组组长，形成了县乡村"三级书记"抓脱贫的良好格局。建立了由县四大班子成员联乡、县级部门帮乡、第一书记帮村、驻村工作队员驻村帮扶、农技员驻村指导、帮扶责任人包户的帮扶工作体系；组建了县级脱贫攻坚抓落实工作督导组，常态化开展督导检查。进一步巩固"一卡通"治理成果，扎实开展"明目行动"。

这些举措基本形成了科学的脱贫攻坚组织体系，为脱贫攻坚提供了强有力支撑。

在攻坚力量的汇集上，国家推行东西部扶贫协作和省内对口帮扶的好政策，也为我们送来了强劲的攻坚力量，1112名各类帮扶干部在县、乡、村开展脱贫攻坚综合帮扶工作。佛山禅城区通过专题讲座、外出考察等形式，培训干部和专业技术人员，累计投入资金3.25亿元发展安全住房、教育、医疗等，通过产业园区、扶贫车间等吸纳贫困人口就近就业，设置公益性岗位吸纳无法外出务工人员、贫困人口等就近就业。绵阳涪城尽锐派驻援建干部人才210人，累计落实帮扶资金2.06亿元，组织实施基础设施、产业就业、教育医疗等九大类155个帮扶项目。这里，我再次代表33万昭觉人民向佛山和绵阳涪城道一句"卡莎莎"，他们的帮扶成效形成了社会各界支持和参与昭觉脱贫攻坚的良好局面，为我县全面脱贫攻坚奠定了坚实的基础。

脱贫攻坚的"最后一公里"是很难跨越的，在最关键的时刻，经过多次走访调研后，我发现了干部存在工作落实不力不作为、贫困户不知晓政策等问题，经调查摸排，中央、省州各级和"两不愁三保障"大排查中发现了许多影响我县脱贫摘帽的问题。同时，国家也遭受新冠肺炎疫情影响。2020年，县委县政府多次召开专题会议，反复研讨，我们主动调优配强乡镇主要领导，对工作滞后的几个乡镇实行县级领导兼任党委第一书记，确保乡镇攻坚堡垒有力。我们强化"村组联络员"和"帮扶责任人"队伍，开展入户宣传宣讲，培养"家庭明白人"，实现不仅让贫困户享受政策，更要让贫困户知晓政策的目标。我们逐级压实挂牌督战政治责任，要求所有领导干部、帮扶队员、帮扶责任人全部下沉"以村为战"，坚持以查促改、以改促进，整改销号中央、省、州各级反馈问题和"两不愁三保障"问题。我们努力克服新冠肺炎疫情带来的影响，聚焦2020年脱贫目标，积极组织复工复产，抢抓施工黄金期、倒排工期、顺排工序、压茬推进，派遣巡检组、项目管理公司、监理单位队伍等方式对工程进行进度和质量监督。从2月起，全县干部坚持"5+2""白加黑"锁目标、盯进度、抓质量、强短板、补弱项，到6月30日，已全面完成脱贫攻坚既定目标任务。

坚持问题导向　补齐基础设施短板

我们把安全住房建设作为推进彝区脱贫奔小康的先决条件，坚持新房、新居、新产业、新农民、新生活"五新同步"，统一规划水、电、路、网等基础设施，统筹安排厨、圈、厕等配套设施，同步加强健康文明生活习惯引导，实现"人居环境大改善，行为习惯大变样"。全县共建成贫困户安全住房22217户，其中易地扶贫搬迁12239户，所有贫困户均已搬迁入住，交通、水利、教育、卫生、网络、文化等惠民工程实现全覆盖。

比如，我们昭觉的易地扶贫搬迁是全省规模最大、成效最好的地区之一，荣获国家发展改革委"十三五"搬迁工作成效明显县称号，易地搬迁安置社区治理工作得到中央和省州肯定，治理经验先后被国家发展改革委、四川省委组织部等部门的内宣平台和《人民日报》《中国组织人事报》等主流媒体报道20余次。其中的沐恩邸社区属于全县最大的安置社区，集公共配套设施、产业、商业街区、就业保障、扶持政策一体化建设，是我们最有特色的社区之一。再比如，我们昭觉在交通上累计建设县乡村三级道路2272.43公里，提前实现了省厅公路局提出的三个100%建设任务；水利上新建、改扩建供水工程758处，实现安全饮水全覆盖，居住条件显著改善。

聚焦提质升档　强化公共服务保障

百年大计，教育为本。我们将教育攻坚作为推进脱贫奔康的治本之策，按照"学前教育打基础，义务教育抓质量，高中教育求突破"的思路，深入推进教育领域扶贫攻坚。

我们投入 13.05 亿元新建义务教育学校、新增教学和辅助用房、运动场等；投入 1.23 亿元购置义务教育仪器设备，全面改善学校基本办学条件。补充各类教师 1473 名，城区新建学校大幅度新增中小学、学前学位，在校学生达到 9 万多名，贫困家庭子女全部入学就读，真正实现全县人民有书读的目标。

我们始终坚信健康扶贫是全面脱贫的关键工程，把健康扶贫作为推进彝区脱贫奔康的保障工程，着力提升医疗基础服务水平，全县每千人医生数和床位数显著增加，与全省平均水平的差距逐步缩小。所有贫困人口全部享受免费医保，组建家庭医生团队开展家庭医生签约服务，贫困人口签约率达 100%。推进"乡村医生一体化"管理，重新考聘村医生，提高了村卫生室服务能力。推行"一站式"服务，县域内住院医疗费用个人支出均控制在 5% 以内，可以说是给乡亲们提供了最便捷的服务和最少的支出。

坚持因势利导　培育特色产业

我们将产业培育作为推进彝区脱贫奔小康的核心支撑，坚持"长短结合"、绿色发展、生态富民，因地制宜念好"果薯蔬草药""五字经"，切实做好调整产业结构、科技推广、产业化、劳务输出和旅游扶贫"五篇文章"。贫困户收入从 2014 年识别之初的 2076 元增加到目前的 8918 元，实现贫困群众不愁吃不愁穿。

在产业发展上，我们按照"长短结合"的产业发展模式，以"果薯蔬草药"为主的特色产业不断壮大，建成 15 个现代农业产业园区，有效带动安置点和附近贫困户增收；建成畜牧科技示范园区 178 个，辐射带动近两万户农户通过科学养殖增收致富；引进"青薯 9 号"马铃薯种薯，种植核桃、花椒、马铃薯、高山错季蔬菜，发展西门塔尔牛、乌金猪，有效带动农户致富。

在就业发展上，依托东西部扶贫协作和省内对口帮扶，贫困户外出务工人员增长了 2.5 倍左右，实现务工收入 2.33 亿元，是我们外出务工就业的一大突破，同时，我们新开发公益性岗位近 4900 个，切实提高了贫困户收入。

在消费扶贫上，我们在各类扶贫电商平台开设网店销售扶贫产品，入驻各类扶贫电商平台，建乡村电商站点，通过举办"县长直播带货""以购代捐""订单销售"等系列活动，落实 5600 余万元订单产品，是 2018 年的五倍左右，消费扶贫成效显著提升。

创新体制机制　着力提质添色

值得注意的是，禁毒防艾一直是我们昭觉脱贫路上的艰巨任务。因此我们将禁毒防艾作为推进彝区脱贫奔康的重中之重，坚持"治穷、治愚、治毒、治病"一体推进，健全完善组织、制度、责任、考核、问责"五大体系"，深入推进禁毒防艾人民战争，全县禁毒防艾形势实现根本性好转。

在禁毒攻坚上，我们创新"支部＋协会＋家族"禁毒模式，制发"昭觉县禁毒防艾二十条"，组建"妈妈禁毒队"，"绿色家园"建成并投入使用，全链条精准打击毒品违法犯罪，全环节精准落实防管控措施，毒品蔓延趋势得到有效控制。2020 年 10 月 20 日，顺利摘掉全国毒品问题严重地区"重点关注县"帽子。

在艾防攻坚上，我们紧紧扭住"第一时间发现"这一关键环节，重点提升治疗有效率，做实阻断母婴传播工作，提高感染者生存质量，三年艾防攻坚取得阶段性成效。艾滋病母婴传播率、抗病毒治疗覆盖率、抗病毒治疗有效率各项核心指标均已达标，艾滋病新发感染人员逐步减少，艾滋病转入低流行趋势。

在生育秩序治理上，我们以有效控制人口过快增长，改善人民群众生存和发展的状况为抓手，高效推进生育秩序整治，政策外多孩生育率、自然增长率显著下降，"越生越穷、越穷越生"恶性循环得到有效截断。

在移风易俗上，我们创新实施"3579"行动计划，开展"三项教育"，推进"五项革命"，建立"七个机制"，做好"九件实事"，组织开展"习总书记来到咱们村"大型主题教育活动，铺张浪费、高价彩礼、薄养厚葬等陈规陋习得到有效遏制，精神贫困面貌得到显著改善。

在扎实推进"树新风助脱贫"巾帼行动上，我们依托基层妇联组织900多支队伍常态化开展禁毒防艾、移风易俗等宣传活动。举办"彝心彝意 爱购凉山"行动，培训贫困妇女刺绣，实现了贫困妇女"守着家、抱着娃、挣着钱"的心愿。

我们还采取了其他措施，改善硬指标软环境。在解决非贫困户住房困难上，我们实施非贫困户安全住房建设1.9万户左右，切实提升困难群众居住条件。在消除视觉贫困上，我们采取超常举措，开展乡村卫生、家庭卫生、个人卫生清理整治，持续开展城乡环境综合整治，乡村面貌焕然一新。在提升群众生活品质上，我们采取以奖代补形式，标配电视机、电视柜、沙发、茶几、洗衣机等"居家五件套"；利用房前屋后空闲地建设"微田园"；筹集1680万元，按照人口数量，每乡镇拨付20万—40万元，解决群众"微心愿"；每年组织开展"暖冬行动"，解决群众过冬物资短缺等困难。群众生活质量不断改善，幸福指数不断提高。

下一步，我们将发扬脱贫攻坚精神，坚持落实"四个不摘"政策，继续巩固拓展脱贫攻坚成果与乡村振兴有效衔接。健全防止返贫动态监测和帮扶机制，加强易地扶贫搬迁后续扶持，坚决守住不发生规模性返贫底线；同时做好政策和工作体系的衔接，继续向重点乡村选派驻村第一书记和工作队，深化东西部扶贫协作、定点帮扶、社会帮扶机制；还要持续统筹农业供给侧结构性改革，按照"一线两翼三带"发展目标，大力发展农业产业；发挥优势将昭觉打造成为红色旅游、生态康养胜地。

（中共昭觉县委办公室　整理）

持续巩固广安区脱贫攻坚成果
奋力开启乡村振兴新篇章

文阁

四川省广安市广安区是邓小平同志的家乡，面积1030平方公里，辖19个乡镇、6个街道，总人口90万，属国家级贫困县、秦巴山区集中连片特困地区。2014年识别认定贫困村136个、贫困人口16807户54483人，贫困发生率8.3%。近年来，按照中央和省市决策部署，广安区聚焦"两不愁三保障"，持续用力、攻坚克难，坚决打赢脱贫攻坚战，持续巩固脱贫攻坚成果，奋力开启乡村振兴新篇章。2017年广安区脱贫摘帽，2021年广安区委被授予全国脱贫攻坚先进集体荣誉称号。文阁讲述了广安区脱贫攻坚的先进经验和接续实施乡村振兴战略的思路举措。

问：您好，请您介绍一下，广安区是如何率先拔"穷根"、摘"穷帽"的呢？

文阁：广安区认真学习贯彻习近平总书记关于扶贫工作的重要论

述，坚决落实中央、省委和市委决策部署，咬定"两不愁三保障"目标，将新增财力 90% 以上投入脱贫攻坚，在"持续增收、住房安全、教育保障、医疗保障、安全饮水、兜底保障、易地搬迁、扶贫资金、文明引导、档案资料"十个方面着手，制定"十个一"工作标准，实打实地不漏一户一人开展工作，高质量推进脱贫攻坚工作，实现了首战即胜，成为全国 28 个、四川省 2 个首批摘帽的国家贫困县之一。

为让群众持续增收，我们建成 120 余个脱贫攻坚产业示范园，连片标准化发展龙安柚、柠檬、桃李、晚熟柑橘等产业基地 33 万亩，每个乡镇都有示范基地、每个贫困村都有增收产业。广安区大安镇在实施全域产业发展时，于 2017 年 9 月引进四川中兴绿丰发展有限公司，投资 1.5 亿元建设万亩柠檬种植基地，共涉及七个村（其中，贫困村有小岩、夏家、飞凤和司马四个村，非贫困村有向家、建国和葛麻三个村）46 个组 1718 户 5570 人；其中，贫困户 356 户 1035 人，流转土地 4116.132 亩。当地贫困户和村民通过获取土地流转金和在基地内务工增加收入。据统计，从 2017 年至今，大安镇有 500 余名群众在基地务工，共获取务工费 700 余万元，其中 82 户贫困户 294 名贫困群众通过在基地务工实现稳定增收。

在住房安全方面，广安区建成投资八亿元、涉及 4360 户 12226 人的易地扶贫搬迁工程，完成 11784 户危房、4360 套土坯房改造，"四改三建"7531 户，让贫困群众住上了好房子。在实施中，我们严格落实"户申请、组评议、村公示、乡（镇）审核、区审定"识别程序，采取扶贫移民系统与公安户籍系统"双校核"方式，严格筛查，并全面接受社会监督。同时，对搬迁户建房方式、随迁户扶持政策、工作经费补助等多个方面进行详细的政策答疑，采取以会代训、专题培训、外出参观等方式，多途径将镇村干部、帮扶干部、第一书记培养成为政策明白人、一线宣传员和工作组织者，对贫困户坚持人人见面、户户到场、家家宣讲，确保贫困户充分了解政策，促使其主动参与，变"要我搬"为"我要搬"，实现了全区贫困户应搬尽搬。

在教育保障方面，广安区投入四亿余元共改扩建农村中小学、幼儿园 45 所，向农村学校补充教师 626 名，交流轮岗优秀骨干教师 276 名，通过财政投入、社会捐助等方式帮扶贫困学生，实现对从学前教育到高等教育帮扶全覆盖，阻断贫困代际传递；在医疗保障方面，投入1600万元建成136个贫困村标准化卫生室，投入6000余万元添置乡镇卫生院设备，新聘189名卫生专业技术人员充实基层一线。实现"十免四补助"、新农合、大病救助、特殊门诊补偿、住院免起付线、先诊疗后结算六个100%全覆盖，确保贫困群众看得起病、看得好病。出台医疗救助29条政策，设立500万元特别救助资金，对实施基本医疗保障后个人医疗费用支出仍较高的贫困患者再报销40%合规费用，群众举债看病、全家受穷问题得到有效解决；在安全饮水方面，我们对全区所有农户因地制宜、因户施策制定安全饮水解决方案。新建2座万吨供水厂，延伸18个贫困村供水管网，共打机井4900余口，安全饮水全面达标；兜底保障方面，设立"区级低保"，参照政策标准保障事实孤儿、智力残疾、无户籍人口等特殊群体，实现全覆盖政策兜底。设立500万元特别救助专项资金，对社会救助制度暂时无法覆盖或现行救助制度实施后基本生活仍特别困难的建档立卡贫困家庭予以特别救助。

此外，在易地搬迁后续发展、扶贫资金使用管理、文明引导以及档案资料等方面，我们都有一整套严格规范的办事流程，确保各项扶贫政策落地落实、贫困群众满意认可。

问：刚刚您介绍了广安区脱贫攻坚的先进经验和做法，那么您认为脱贫攻坚最大的难点在哪里呢？

文阁：在脱贫攻坚中，广安区最大的难关是解决贫困群众的住房问题。为此，我们实施了"易地搬迁＋危房改造＋基础配套"工程，让所有贫困群众住上了安全、舒心的好房子。

在易地扶贫搬迁工程中，我们把易地搬迁与乡村旅游、美丽新村、产业发展相结合，实行统一规划选址、统一户型设计、统一建设标准、统一工程验收，是全省首批摘帽县中体量最大、人数最多、集中安置率最高的易地搬迁工程，而且我们实现了两年任务一年完成，为每个集中安置点配套产业发展资金，确保搬得出、能致富。

在实施危房改造工程中，我们提出，不管贫困户或非贫困户，只要是长期有人居住的危房且是唯一住房的，应改则改。改造危房、土坯房以及实施"四改三建"工程共 23675 户。

另外我们还修建了农村廉租房，让低保、五保、残疾人、孤寡老人等"零付费"入住。在城区配套公租房，解决进城务工贫困群众住房问题。

问：广安区与浙江省湖州市南浔区结成东西部扶贫协作帮扶对子，您能给我们介绍一下广安区是如何利用东西部扶贫协作平台助力脱贫攻坚的吗？

文阁：从 2018 年 4 月与浙江省湖州市南浔区结对帮扶以来，广安区认真学习南浔区先进经验，坚持以产业合作为突破，持续深化劳务协作、人才交流，推动"资金输血"变"产业造血"、"单向帮扶"变"互动合作"，共同打造东西部产业扶贫协作示范样板。三年来，广安区共承接各类援助 8.9 亿元，实施帮扶项目 38 个，其中产业项目 26 个，带动 2.9 万名贫困人口致富增收，"三产联动""国企引领"扶贫协作模式在全国和浙川两省交流。2019 年，南浔·广安东西部扶贫协作产业园被国家发展改革委列为"中西部承接东部地区产业转移示范区"。2020 年 6 月，我们还承办了四川省东西部扶贫协作现场会。

在产业合作方面，我们坚持"国企带民企"共建工业园区，坚持"国企带国企"布局特色农业和"国企带村集体"发展乡村旅游。在离市区十公里远的大龙镇光明村，我们通过"国企带村集体"，利用村里的闲置农房，建成占地面积 50 余亩、具有江南水乡特色的高端民宿浔栖江南度假区。在度假区内，修建亭台楼阁、小桥河塘、绿树翠竹、青石板路等极具江南气息的景观，让度假村既有纯朴的田园风格，又有现代的文创元素，吸引周边游客前来休闲娱乐。通过发展乡村旅游，吸纳贫困人口就业、带动发展农家乐等方式，帮助当地 20 多名贫困人口增收，为乡村振兴打下基础。

而在临港经济开发区，由南浔区国企出资购地，通过民企定制、先租后买，建设占地 630 亩、总投资 18 亿元的南浔·广安东西部扶贫协作产业园，目前建成厂房 19.7 万平方米，在建 15.2 万平方米，已吸引沃克斯电梯、南洋电机、世友木业等七家企业入驻。

同时，我们积极建设种养循环全产业链农业示范区，大力发展龙安柚、湖羊等特色产业，新（扩）建龙安柚两万亩，建成浔果江南龙安柚深加工基地；大力实施湖羊入川、湖羊致富、湖羊万户奔康三大工程，建成首个万头湖羊种羊基地和浔味江南湖羊屠宰深加工基地、75 个商品湖羊家庭农场，全区存栏湖羊达 2.5 万余头。

在人才交流方面，我们实施干部人才交流"四个一百"三年行动计划，选派专业技术人员赴南浔区挂职锻炼、跟班学习，通过举办专题培训班、现场授课教学等方式，培训党政干部 535 人次、专技人才 682 人次。出台《广安区干部挂职锻炼管理办法》，采取"两地组织部门 + 临时党支部 + 挂职单位"的管理模式，确保专项培训、挂职锻炼、跟班学习取得实效。

在劳务协作方面，我们建立了"南浔区 – 广安区劳务协作工作站"和供需对接及政策激励机制，帮助劳动力有序稳妥赴南浔区转移就业。疫情期间，我们通过"线上发布，两地共享"招聘模式，积极对接南浔区提供就业岗位 1152 个。开展专车"点对点、一站式"直达运输服务，组织专车 14 车次，定点送返农民工 732 人次。建立扶贫车间（就业基地）15 个，帮助贫困人口就近就业增收。

问：脱贫摘帽不是终点，而是新生活、新奋斗的起点！您能给我们介绍一下广安区目前做了哪些工作来推动巩固拓展脱贫攻坚成果同乡村振兴有效衔接？

文阁：目前广安区农村群众基本生活条件已明显改善，可以说脱贫攻坚为乡村振兴打下了坚实基础。在完成脱贫攻坚任务后，我们按照"摘帽不摘责任、摘帽不摘政策、摘帽不摘帮扶、摘帽不摘监管"的要求，保持帮扶政策总体稳定，确保脱贫群众享受的各项政策，在上级没有调整改变之前，均严格按照前期标准执行，对教育、医疗、住房、饮水等民生保障政策接续推进，并适度向脱贫人口倾斜，最大限度防止因

"政策急刹车"出现贫困反弹。

在脱贫攻坚过程中，通过解决交通、水利、电力、通信等问题，农村基础设施条件得到了大幅改善，但距离实现乡村全面振兴仍有较大差距，需要全面提档升级农村交通、水利等基础设施。接下来，我们将实施交通建设"双百工程"，每年实施 100 公里美丽乡村旅游路和产业路，每年提质改造 100 公里县乡村道。到 2025 年，建设通组硬化路工程 500 公里、建制村联网工程 500 公里，改善提升县乡村道 1650 公里，实施农村公路安全改造工程 503 公里；实施农村饮水通村入户、农村水利灌溉、防洪抗旱减灾等 29 个水利设施项目，全面改善农村生产生活用水现状。

乡村振兴关键是产业振兴，我们制定了《关于大力实施乡村振兴战略的意见》《关于促进现代农业高质量发展的意见》等系列文件，将发展现代农业作为推进乡村振兴的有力抓手。按照"串点成线、连线成片、扩片成带、集带成面"思路，分北中南"三大片区"集中连片布局主导产业和特色优势产业，以构建"2+6"（优质粮油、优质生猪两大主导产业，龙安柚、湖羊、开花水果、稻渔综合种养、晚熟柑橘、乡村旅游六大特色产业）现代农业产业体系为重点、现代农业园区为依托，突出建基地、搞加工、创品牌，引领现代农业"接二连三"融合发展，推动农业提质增效、农民增收致富、农村全面发展。到 2025 年，新发展优质粮油基地 12 万亩、开花水果 5 万亩、晚熟柑橘 5 万亩、稻渔综合种养 8 万亩，巩固提质龙安柚 25 万亩，年出栏优质生猪 90 万头、湖羊 10 万只，确保脱贫群众收入增长可持续。

乡风文明建设是产业发展、生态建设、乡村治理的精神动力，是促进农村群众养成文明卫生习惯、提升文明素质的务实举措。我们聚焦改善农村人居环境、加强农村精神文明建设，在全区 16 个乡镇、242 个村（社区）全覆盖开展"一榜两评"活动，通过村庄环境卫生整治、文明村民评比、积极开展志愿服务、家风家教建设、选树先进典型等活动，彻底整治农村人居环境"脏乱差"问题，着力改变村民卫生习惯差、环保意识淡薄的现状，切实改善农村封建迷信、攀比盛行的不良风气，确保村容村貌干净整洁、家庭卫生洁美有序、村民思想素质有效提升、乡风文明程度显著提高。到 2023 年，实现全区所有乡镇和 95% 以上行政村达到区级文明村镇标准，真正让广大农民群众住上好房子、过上好日子、养成好习惯、形成好风气，助力乡村振兴。

（周娟　整理）

高质量脱贫攻坚的大英答卷

王涛

　　遂宁市大英县是革命老区，也是川中丘陵地区典型"插花式"贫困地区。2014 年，全县建档立卡贫困人口 34191 人、贫困村 45 个。作为一个普通丘区县，大英连续实施"翻身战""整体战""巩固战"三大战役，现行标准下贫困人口全部脱贫，贫困村全部出列，历史性地消除了绝对贫困，全县脱贫攻坚工作成功实现了向"特等生"的转变。2021年大英县扶贫开发局被党中央、国务院表彰为全国脱贫攻坚先进集体。王涛讲述了大英脱贫攻坚的故事。

　　2019 年 2 月，按照组织安排，我从天保镇党委书记调任大英县扶贫开发局党组书记、局长。多年来，我一直深耕基层脱贫攻坚，脱贫攻坚很苦、很难、很累，但我绝没有想到，大英的脱贫攻坚有这么苦、这么难、这么累。从 2019 年开始，我和同志们一刻也没有松懈也不敢松懈，连续打响了三大战役，换来了组织肯定、群众满意、社会认可的高质量答卷。

接过"低分卷"，精准发力打好"翻身战"

我在天保镇工作期间，阳光是我的底色，干练是我的外在，先后任天保镇社会事务办公室主任、副镇长、镇长、党委书记等职，各项工作从不落后，年年获得县委、县政府表扬表彰。但到县扶贫开发局后，我还是对面临的困难急了眼。当时，大英脱贫攻坚正面临前所未有的低谷，2018年度考核反馈问题全市最多、群众满意度全市最低、总体排名全市最后。我记得，那时凡是县委、县政府开会，县扶贫开发局都是作为批评的反面典型。我印象最深的是身边的同事跟我抱怨，是我们不努力吗？是我们能力差吗？再这样批评就不干了！辛苦加班得不到理解，全力付出看不到回报，那段时间，整个扶贫开发局充斥着不满和焦虑。

面对同志们的负面情绪，我一边默默扛起上级的压力，一边耐心疏导同志们的心理。我反复强调，在哪里跌倒就要在哪里爬起来，应对质疑最好的回答是实实在在的战果。为了找准症结所在，我和同志们三个月内重新走遍290个有扶贫任务的村子。白天找问题、鼓干劲、问新招，晚上细梳理、精分析、深研究。我们发现，群众满意度低、考核评分低只是外在，根子是增收效果不明显，核心在于产业与群众利益联结不紧密。投入方面贫困群众没本钱、工商资本不敢投，收益方面市场风险大、分配不对等，赚钱时人人眼红，亏本时各自跑路。

症结一弄清，难题就好解。我们借鉴天保镇花天坝村黑玉米产联式合作社成功案例，在全县推行"产联式合作社扶贫"模式。资本联投实现投入多元化，采取将村集体、农户作为固定主体，与工商企业、政府、国有公司灵活联结，形成"四类八种"联动发展方式，在每个贫困村安排产业发展资金30万—50万元直接用于生产经营。生产联营实现产品标准化，政府、工商企业、村集体、合作社、入社农户五方主体科学分工，实行规模化产业布局、标准化生产经营、制度化运行管理。经营联动实现优势最大化，创新企业统购统销、政府搭台促销、社会各界助销的举措。风险联控损失最小化，成立产联式合作社监委会，设立产业发展保障基金，将各方主体权益牢牢捆绑在一起。效益联赢收益共享化，设定工商资本收益分配占比不超过40%，最大限度让利于农户和村集体。

措施对路，成效自然显现。工商资本下乡从"无动于衷"到"纷至沓来"，组织体系从"各自为政"到"统筹推进"，生产销售从"单兵作战"到"团队经营"，风险防控从"相互谦让"到"合同约定"，收益分配从"一家独大"到"利益共享"。2019年，全县工商企业投资扶贫产业资金额净增加1.5亿元，入社农户人均增收2800余元，45个贫困村集体经济收入平均达到6万余元。年度考核，大英县成功摆脱了"全市垫底"的尴尬，"翻身战"初战告捷。

应对"加试卷"，综合施策打好"整体战"

时间进入2020年，正当我们满怀信心，决心在脱贫攻坚收官战当中更进一步的时候，新冠肺炎疫情不期而至。最难的时候，扶贫项目全部停工，扶贫产品烂在地里，务工群众窝在家里。2020年3月8日，我陪同领导入户走访。隆盛镇百盛村贫困群众李长青，因疫情影响和儿子入园，不能外出务工，午餐就一点稀饭泡菜。卓筒井镇骑龙寨村建档立卡贫困户杨鹏，原本与母亲在福建务工，收入可观，但因为疫情，母子两人双双在家啃老本。

一方面决战决胜脱贫攻坚没有任何退路和弹性，一方面疫情防控必须要严防死守。两难之间，我组织扶贫干部闻令而动、迅速集结，走向乡村、走向群众。我提出以保收增收为核心，以开工复工为抓手，针对性解决具体困难的综合性举措，下好全县疫情防控和脱贫攻坚"双胜利"的"先手棋"。一是"心贴心"促转移就业，采取务工专车送达、落实务工补贴政策、奖补县内企业吸纳贫困劳动力就业；同时稳定开发常规公益性岗位 400 余个、紧急开发临时公益性岗位 1000 余个，帮助无法外出的贫困劳动力在家上岗务工。全县有务工意愿的一万余名贫困人口全部稳定就业，就业人口比 2019 年逆势增长 2.3 个百分点。二是"实打实"抓"短平快"产业。制定《大英县 2020 年农业"短平快"产业发展扶持农村贫困人口增收的激励措施》，挤出资金 700 余万元，定向支持贫困群众发展小家禽等产业，惠及贫困群众 5700 余户，户均增收 850 元。三是"一对一"量身兜底，对无法离乡、无业可扶、无力脱贫及收入不稳定、持续增收能力弱、返贫风险高的贫困家庭户户研究、量身制定个性化帮扶措施。对失能且缺少照护的十人落实"一对一"看护；对患大病自付医疗费用困难的重点监测，并制定具体救助办法。全县贫困户新增低保 858 人、政策调标 487 人，低保人口占比 24.5%，做到了应兜尽兜。

通过一系列具有针对性的"组合拳"，2020 年，全县贫困群众在保持新冠肺炎疫情"零确诊"的同时，成功实现问题全部清零、对象全员脱贫，成色较大提升。全县三万余名脱贫群众年度人均纯收入实现 8568 元，较 2019 年度增长 24.38%。杨鹏疫情期间在临时公益性岗位务工，疫情缓解后与母亲一同在福建务工，全年总收入 3.3 万余元，人均收入 1.6 万余元。李长青通过介绍在县内务工三个月，同时申请小额扶贫信贷 3 万元发展跑山鸡养殖，年度家庭纯收入 2.2 万余元，人均1.1 万余元。群众普遍反映，本以为疫情的影响要延续很多年，没想到你们硬是"病毒口中夺食"，如期兑现了承诺。

着眼"衔接卷"，稳中求进打好"巩固战"

2020 年 3 月以来，按照省委、市委"遂宁市要全域试点"的要求，我们一边强力攻克脱贫攻坚最后的"硬骨头"，一边开启探索解决相对贫困的"破局"之路。经过深入分析，我们发现，大英的贫困具有因病因残多、年老体弱多的鲜明特色。13248 户贫困群众中，因病因残致贫的达 11058 户，占总数的 83.47%；29405 名贫困群众中，男性 60 岁以上、女性 55 岁以上老人 13263 名，占总数的 45.1%。这些人自我增收能力弱，一旦断了帮扶，极有可能再度返贫。

决不能让我们八年脱贫攻坚的成果付诸东流，带着必胜的信念，我们再度出发，积极投身巩固拓展脱贫攻坚成果与乡村振兴的有效衔接。我们全面贯彻落实习近平新时代中国特色社会主义思想，牢牢把握脱贫攻坚与乡村振兴的内在联系和有效衔接的丰富内涵，提出并落实了"三变三强化"举措，实现了脱贫攻坚与乡村振兴全方位衔接。

一是变绝对为相对，强化战略衔接。把减少相对贫困作为经济社会发展的长期目标任务，建立了前后过渡、规划融合、城乡统筹、点面结合四项机制。对 38 个省定贫困村、全县 13091 户 28987 名贫困人员持续帮扶；选择三个贫困村先行先试示范推动贫困村乡村振兴战略；编制《大英县乡村振兴战略规划》，发展柠檬、柑橘、甜桃等优质水果基地 6.3 万亩、绿色蔬菜 4.5 万亩、小龙虾等特色水产 5000 亩、中药材基地 1.2 万亩，全县产业实现新旧动能转换。

二是变局部为整体，强化政策衔接。继承脱贫攻坚"老"政策，将驻村帮扶、饮水、社会保障、教育、医疗、住房六项脱贫攻坚临时性、超常规政策转化为常态化的民生政策。制定乡村振兴"新"政策，对部分非贫困村在设施农业、高标准农田、冷链物流设施建设和农村人居环境整治、农村垃圾、污水处理和农村改厕等方面给予倾斜，统筹推动全县乡村振兴。适时动态"变"政策，建立贫困标准动态调整机制，按照"收入型贫困"和"支出型贫困"两种类型和 11 条"相对贫困对象识别负面清单"，全县共识别相对贫困监测对象三户四人。出台《关于设立致贫预警处置基金帮助边缘户解决实际困难的实施意见》，筹集资金 500 万元建立"致贫预警处置基金"，累计兑付各类补助 19 万余元，有效降低边缘户致贫风险。

三是变救助为发展，强化重点衔接。抓好产业发展相衔接，持续推进"产联式合作社"建设，鼓励涉农企业在发展模式上、经营方式上、整合资源上大胆探索、大胆创新，做大做强特色产业，带动相对贫困人口依靠农业产业增加收入，实现由扶贫产业到乡村产业发展的扩面提质升级。抓好能力提升衔接，采取"内育"与"外引"相结合，累计回引2500余名农民工返乡创业就业，198名优秀农民工到村任职，储备优秀后备力量640余名，补足乡村振兴人才短板。抓好基层治理衔接。推广运用"三级书记抓扶贫"经验，利用村建制调整，选优配强村级组织班子，选好用好第一书记和驻村工作队，合力打造乡村振兴"不走的工作队"。大力实施"乡村振兴与村庄环境整治、增加农村集体收入、解决相对贫困、农田水利建设、道路整治、基层组织建设、社会综合治理相结合"等"七个结合"行动，采取"听群众说、向群众讲、带群众干、让群众享"工作法，引导群众广泛参与、共同治理，打造生态宜居、高质量发展的美丽家园。

脱贫攻坚已经取得全面胜利，乡村振兴正当其时。我们将继续传承和弘扬伟大脱贫攻坚精神，牢记共产党人初心使命，永葆共产党员的本色，充分发挥党组织战斗堡垒作用，不断谱写崭新的篇章、争取更大的胜利和荣光！

（蒋林松　廖成龙　林金凤　整理）

我在屏山扶贫脱贫工作一线

文兴培

十年扶贫终不悔，一腔热血献伟业。文兴培长期奋战在基层扶贫岗位，认真贯彻习近平总书记关于扶贫工作的重要论述，深入贯彻落实党中央和省委、市委、县委关于脱贫攻坚系列决策部署，在脱贫攻坚主战场上积极践行共产党员的初心使命和责任担当，抒写了一名基层扶贫干部的公仆形象和为民情怀。他积极推行组建"联合党委"机制，凝聚脱贫攻坚合力；率先提出"三图两表"村规划户计划，探索推行的"股权量化""歇帮"惩戒机制在全省、全国推广。他是屏山扶贫工作的"活词典"，受到群众信赖和干部称赞。2021年文兴培被党中央、国务院表彰为全国脱贫攻坚先进个人。

兜兜转转　绕不开的扶贫情结

我老家在屏山县一个偏远的贫困村，国家实施"八七扶贫攻坚"期间，我就在县扶贫办工作任副主任。后来辗转了几个农字头单位又回到扶贫工作岗位上。我是2011年11月底被县委任命为屏山县移民和扶贫工作局党组副书记、副局长、县扶贫开发领导小组办公室主任；2016年1月调整为屏山县扶贫和移民工作局党组书记、局长；2016年5月兼任屏山县政府党组成员、政府办副主任；2019年3月县扶贫和移民工作局更名为县扶贫开发局，并继续任职至今。可以说，我全程参与了党的十八大以来的扶贫攻坚工作。从"扶贫攻坚"到"脱贫攻坚"的提法，应该是以2015年11月习近平总书记主持召开的中央扶贫开发工作会议为界线，之前提的是"扶贫攻坚"，以后提的是"脱贫攻坚"。一字之差，但有着本质的区别。"扶"是对贫困人口提供一种道义上的帮助，扶一下，拉一把，扶贫是长期的任务。"脱"不仅仅是扶一下、拉一把了事，而是要让中国贫困人口，在规定时间2020年以内必须摆脱贫困。这是一个政治责任，是历史赋予共产党人的使命，充分体现了以习近平同志为核心的党中央彻底战胜贫困的坚定意志和决心。我非常荣幸能直接参与、亲身经历这场由习近平总书记亲自指挥、亲自部署、亲自督战的脱贫攻坚战役，为老百姓办实事，为屏山促发展，贡献我的智慧、做出我的努力，感到非常幸福和光荣。

听令而行 誓要啃下脱贫攻坚"硬骨头"

2011年，屏山县被列入国家扶贫开发工作重点县、乌蒙山集中连片特殊困难地区县，扶贫工作没有间断过。那个时候向家坝水电站屏山库区移民正处在关键时刻，举全县之力必须在规定时间之内完成一座县城、五个集镇、六万移民的搬迁安置，时间非常紧、任务非常重，县里一时顾不过来。当2013年移民工作刚刚结束基本稳定后，县委、县政府迅速把工作重点转到经济发展和扶贫攻坚上来。2013年9月25日，县里召开有国家、省、市对口帮扶屏山部门参加的加快屏山脱贫达小康动员大会，确定"区域发展带动扶贫开发、扶贫开发促进区域发展"的基本思路，采取"转移脱贫、产业脱贫、技能脱贫、保障脱贫"等措施，实现2017年脱贫、2019年实现全面小康总目标，让群众真正过上不愁吃、不愁穿，住房、医疗、教育有保障的好日子，同时出台了建房补助到户、产业发展贷款贴息到户、教育扶贫到人、技能培训补贴到人等很多政策。

这次会议把我们县的扶贫工作延续和连接起来。当时很多地方放松了抓扶贫工作力度，有的甚至把扶贫办这个专司扶贫工作的机构都撤销了，在这种背景下，屏山大张旗鼓抓扶贫，说明县委、县政府具有远见卓识。所以，当习近平总书记关于打赢脱贫攻坚战号令一出，县里立即响应，对定下的目标作了调整，与国家、省、市的规划目标相吻合相一致。2012 年，屏山就按要求对贫困户进行了建档立卡。2014 年，国家统一要求重新建档立卡，屏山又用了两个多月时间做这项工作，创新提出了"三比三看九不评"的贫困对象识别办法，让基层干部群众很有操作性。大家做的非常认真和仔细，9 月进行数据调整并录入全国全省贫困对象管理系统，10 月 3 日以县政府名义发布公告，确定了贫困村、贫困人口名单。以后每个年度都对贫困对象进行动态管理，应进则进、应退则退，确保扶贫对象精准。

从 2016 年开始，县委、县政府就始终盯住 2019 年屏山脱贫摘帽这个目标进行总体安排和部署，从制定全县"十三五"脱贫攻坚规划到制定每一个贫困村脱贫退出规划和每一户贫困户脱贫计划，从组织体系、工作体系的构建到驻村帮扶干部队伍的组建，从确定年度目标任务到细化"22+N"工作方案，从整合财政涉农项目资金到按政策开展融资做大资金盘子，从制定严密的考核评估办法到开展常态化严厉的督查督办，从每年大张旗鼓进行表彰奖励、晋级晋升到不留情面的追责问责，我们打出了一套组合拳、用足了一番"绣花"功、答好了一道疫情灾情加试题，打出了屏山干部群众的精气神，打响了屏山脱贫攻坚的声势，促进了屏山大地发生翻天覆地的巨大变化，高质量兑现了脱贫攻坚军令状和向人民作出的庄严承诺。

当好参谋助手　调集精兵强将扶真贫

2019 年是屏山要"摘帽"的年头，我提出干部必须压上阵，在县级机关事业单位抽三分之二的党员干部到乡镇和村上去工作。谁知此言一出，立即招来一片反对声。原因很简单，部门不愿意抽调那么多人去，乡镇也不愿意接手这样多人来，一片否定怀疑的声音："这样做怎么行？各部门的工作不抓了？"

县委、县政府领导认真分析了利弊关系，认为从 2018 年 8 月起，项目建设任务特别重，大规模聚居点建设才开始推进，仅靠乡镇的人不行，何况很多人不懂技术和专业知识。其次是没脱贫的贫困村和贫困户，需要对照脱贫验收标准，花大量时间把整个工作做细做实；脱贫的贫困村和贫困户，也需要继续巩固提升。再则是非贫困村非贫困户，以及非贫困村中的"插花"贫困户，以前对这一部分人关心不够；还有是贫困户与非贫困户之间也存在着不少矛盾和问题，需要理顺情绪，解开疙瘩，没有干部去做工作不行。汲取摘帽兄弟县的经验，大多都会集中人力物力，用四五个月时间作最后冲刺。而我县的任务比他们重，把时间延伸到一年才会争取到主动。脱贫攻坚战是习近平总书记亲自指挥、亲自部署、亲自督战的一项重点工作，是政治任务政治责任，必须坚决完成。屏山是国家扶贫开发工作重点县，2019 年脱贫摘帽是最大的政治任务，全县上下每一家单位每一个人，都应该成为扶贫干部，都应该到脱贫攻坚一线工作。

宜宾市有 13 名市级领导、97 个部门对口帮扶屏山，派来干部 54 名，其中第一书记 30 名，驻村工作队队员 24 名。县里"硬抽人，抽硬人"，明确县委办、政府办、财政局、发改局等九个单位主要负责人留守单位，其余单位留一名副职负责单位日常工作外，全部下沉到脱贫攻坚第一线；干部则按 50%—70% 比例抽县级部门在职在编人员，包括 32 名县领导在内，一共抽了 666 名干部，7 月后稍微有点调整。加上乡镇干部、村"两委"干部，集结成一支 2000 余人的攻坚队伍，对全县 78 个贫困村实施"五个一"帮扶力量全覆盖，具体为一名县领导联系、一个县级行政事业单位或国有企业包村帮扶、一名第一书记、一个驻村工作队、一名农技员；每个驻村工作队不得少于三人，对非贫困村也是全覆盖驻村联系帮助。

抽调到镇村帮扶的干部，代表着单位形象，为保证"下得去、驻得住、干得好"，县里配套了"六个一"保障体系，即 15 个一线作战指挥部，一支攻坚队伍，一张任务清单，一笔对标补短项目资金，一笔工作经费，一张奖惩清单。具体考核方面，按照"人随事走，钱随人走"原则，全部参与乡镇捆绑考核；综合补助费、差费报销等，均在乡镇领取与报销。工作干得好，不仅与奖励挂钩，还与提职晋级挂钩。对那种工作不严不实不称职、"呼着新鲜的空气，吃着有机的蔬菜，拿着国家的补贴，过着田园式的生活"的人，实施召回管理；凡是被召回的，三年内不得评先评优；属于培养对象或后备干部的取消资格，三年内不得提拔或重用；派员单位及主要负责人要负连带责任，当年年度考核不得评先评优。2016 年以来被召回 18 人。县里的选人用人导向转向面对脱贫攻坚第一线，有被召回的人希望"从哪里倒下去，就从哪里爬起来"，又申请重返扶贫岗位。

高质量脱贫　圆满完成目标任务

我们始终牢记习近平总书记嘱托，扶真贫、真扶贫，精准扶贫、精准脱贫。一是每年都高质量完成贫困村退出、贫困户脱贫目标任务，确保脱贫质量成色好、底色足、群众认可。从 2016 年开始，我们每一年都要组织县级脱贫验收队伍，对当年计划退出的贫困村、当年计划脱贫的贫困户，开展严格细致、标准一致的验收核查。我县每一年都经受了省级组织的脱贫攻坚成效考核和评估，并且代表四川省接受了四次国家组织的考核评估，均受到高度评价和充分肯定。二是贫困县摘帽验收取得优秀成绩。2019 年 12 月中旬，省脱贫攻坚领导小组委托第三方对我县开展贫困县脱贫摘帽专项评估检查，历时一周时间，随机抽查了 25 个村（其中贫困村 18 个），农户 1540 户（其中贫困户 768 户），评估结果为：零漏评、零错退、群众认可度 99.89%。2020 年 7 月，高质量接受国家脱贫攻坚普查，无"两不愁三保障"突出问题。三是屏山县分别于 2016 年、2017 年、2019 年、2020 年被省委、省政府表扬为四川省脱贫攻坚先进县，先后有 1 个单位、1 名干部受到党中央、国务院表彰，有 26 个单位、48 人受到省委、省政府表彰。屏山脱贫攻坚圆满实现了市委、市政府提出的"屏山要高质量脱贫摘帽、考核要走在全省前列"的目标。

（刘光友　整理）

邻水县划"片区"推动精准扶贫

蒋清裕

广安市邻水县地处川东门户，属秦巴山区连片扶贫开发县之一。2014 年，建档立卡贫困村 152 个、贫困人口 78304 人，贫困发生率 9.13%。党的十八大以来，邻水县认真学习贯彻落实习近平总书记关于扶贫工作的重要论述，始终聚焦"两不愁三保障"目标，以"六大片区"为引领，以"六个精准、六个结合"为路径，兴产业、畅交通、优人居、淳民风，让老百姓既富"口袋"又富"脑袋"。2018 年，邻水县成功实现贫困县摘帽，2018 年、2019 年连续两年被评为全省脱贫攻坚先进县，贫困村全部退出、贫困人口全部脱贫，实现全域全员脱贫。全国脱贫攻坚先进个人蒋清裕同志讲述了邻水县脱贫攻坚中的那些故事。

岁月不居，时节如流。从 2014 年我调到邻水县扶贫移民办当主任算起，到 2020 年底调任县交通运输局担任党委书记、局长，我从事脱贫攻坚工作近七年。回首决战决胜脱贫攻坚的峥嵘岁月，那些战斗在扶贫一线的青春时光，一幕幕犹如电影蒙太奇播放在眼前……

寻找脱贫路

俗话说，没有调查研究就没有发言权，不熟悉情况，不调查研究，不深入基层，一切都无从谈起。于是，上任之初我就深入全县45个乡镇进行实地调研，用脚步丈量百姓的疾苦和心声，用尺度衡量制约地域贫困的各种因素。不管是地处华蓥山麓的岐山村、铜锣山的贵人槽、明月山上的金竹坪，还是在大洪河、御临河沿岸的水库移民搬迁村，都曾留下我跋涉寻路的脚印。经过实地调研发现，由于邻水县"三山夹两槽拥两河"的特殊地形地貌，境内水淹区、地质灾害区、旱山区、二环山区等"四大类区"交错叠加，基础设施薄弱、产业发展特色不明显、公共服务设施缺乏等，这些都是导致贫困的主要原因。要想脱贫，就必须逾越这些障碍；要想攻坚，就必须寻找一条适合县情的脱贫之路。

为了拓宽思路、开阔视野，2015年9月，我走出县外看世界，到贵州省遵义市枫香镇花茂村、黔西县中建乡红板村考察精准扶贫工作，学习当地把扶贫开发与富在农家、学在农家、乐在农家、美在农家的美丽乡村建设结合起来的做法，和"结对帮扶到村到户、产业扶持到村到户、农村危房改造到村到户、基础设施建设到村到户"等精准扶贫经验。后来，我还到陕西以及省内的阿坝州等地考察学习精准扶贫工作。

回来之后，我思考的首要问题就是如何将中央的精准扶贫精神与邻水县的县情实际结合起来，走出一条适合邻水县的脱贫之路。既然邻水县内呈现"四大类区"的特点，那可不可以分类施策呢？比如地质灾害区，因为煤矿开采、地质沉陷滑坡等原因造成群众生活困难，是否可以采取生态修复和退耕还林等办法，发展适度规模畜牧业、经济林木、木本油料等产业解决贫困难题呢？如果确实"一方水土养育不了一方人"，还可以采取易地扶贫搬迁的方式解决。以此类推，水淹区、旱山区、二环山区也可以采取对应的脱贫办法。

虽然在理论上我觉得可行，但实际操作中是否行得通，我也不敢打包票。我将我的想法向县委、县政府领导作了汇报，指示可以选择一个点先行先试，如果可行再全面铺开。就这样，最先在城南镇的芭蕉村和花石村进行了试点。这两个村位于二环山区，我多次到村上调研，指导他们引进业主、流转土地发展山地特色农产品及生态旅游业，种植绿色有机蔬菜，发展牛羊养殖，修建星级农家乐。这两个村的贫困群众通过土地租金、经营特色小吃以及务工等多种形式，每年可实现稳定增收4000元以上。有了芭蕉村和花石村的成功试点，再结合邻水县的地形地貌、资源禀赋、贫困人口分布等因素，我向县委、县政府提出了"四大类区、六大片区"分区作战规划。这个规划因为指导思想明确、措施有力，很快得到县委、县政府的认可，并上升为全县脱贫攻坚全域谋划发展战略，为全县脱贫攻坚寻找到了一条好路径。

啃下"硬骨头"

俗话说得好："要致富，先修路。"我到各个村上调研时，对这句话的感受尤为深刻。2016年初，我到观音桥镇六合寨村调研。六合寨村位于华蓥山山腰，地理位置比较偏僻。一路上我跋山涉水、爬坡上坎，等我和群众亲切地坐到同一根板凳上，太阳都快要下山了。当时，全村通村公路里程不足两公里，好几个社都没有修好硬化路，严重影响到群众出行和生产生活，有个群众说道："想卖一头猪，肩挑背扛到街上，就得两个小时。"更有群众向我诉苦，由于交通差，娶不到媳妇，村上的光棍都有十几个，自己外出务工，好不容易从贵州娶回一个媳妇，不到一年，便离家出走，一去不返。陪同的村干部形象地编了两句顺口溜："山高坡陡路难走，稀烂破壁到处有，好女看了不回头，男女老少都犯愁。"同样饱受交通条件困扰的还有紧邻的柑子镇岐山村，岐山村素有种植李子的传统，听当地的村民介绍说，一棵李子树上成熟的李子总共可以卖到200多元钱，但就是因为运输不便，导致李子卖不出去，他们也不敢大规模种植。

民之所盼，政之所向。为了解决交通难题，我多次召集交通、财政、旅游等部门召开会议，一方面请他们积极向上级争取政策、项目、资金；另一方面协调整合县内财政、交通、国土、扶贫、农业等资金，加快推进交通基础设施建设。2016 年 7 月，全长 23 公里的"柑子—观音"扶贫旅游环线公路修建完成，解决了困扰当地群众多年的出行难、运输难问题。

路的问题要解决，如何发展扶贫产业也是摆在我面前的一道难题。虽然柑子镇和观音桥镇都引进了部分业主，但多数村都没有、也不懂如何与贫困群众、村集体建立利益联结机制。我在 2016 年 3 月到陕西省杨凌农业科技园考察学习，对他们探索出的"土地银行"模式印象深刻，他们在土地规模化、产业化经营方面取得了较好成效，有力地促进了农民增收、农业发展。

考察回来之后，我就对观音桥镇的负责同志讲，陕西杨凌有现成的模式，你们不妨借鉴他们的成功经验，找个村试点一下。就这样，六合寨村的"土地银行"模式开始启动。最初，村上的干部群众思想比较保守，害怕流转的土地因产业发展失败而撂荒，业主跑路之后村民们也拿不到钱。我就建议他们要多召开村民大会、院坝会，宣传国家的精准扶贫政策、土地规模经营带来的好处，争取群众的理解和支持，另外也可以组织村民代表到陕西杨凌参观学习土地集中规模经营先进典型，以实实在在的例子打消村民的疑虑。最终，六合寨村民统一了认识，流转土地 1500 多亩，引进有实力的业主，种植特色中药材黑老虎、香桂，修建休闲观光生态桃园，打造"四季花海"，发展芍药、牡丹、梨树等产业，带动 400 多户贫困户户均增收 2000 元以上，村集体经济每年获得收益 5 万元，实现贫困群众、村集体、业主三方共赢。

每年春天，到"柑子—观音"扶贫旅游环线欣赏桃花、李花的游客络绎不绝。果子成熟的季节，举办鲜果采摘体验等活动，游客既品尝了美食，又极大增加了当地村民的收入，真正做到了"产村相融、农旅结合"，老百姓的日子越过越有滋味。

除了"土地银行"模式，我们还创新建立"贫困户 + 公司""贫困户 + 业主 + 订单"等五种产业发展模式，培育新型经营主体 460 余个，帮助贫困群众增收。盛世种植专业合作社就是我们培育的一个典型代表。

　　邻水县是典型的深丘地区，农业生产条件较差，农民耕种意愿较低，土地撂荒现象较严重。"谁来种地""规模经营水平低""生产效益差"等难题一直困扰着我们。2014年11月，我了解到长期在外经商的方智勇回到家乡，创办了邻水县盛世种植专业合作社，在袁市镇一带流转土地种植水稻，但是规模较小，贫困群众参与的意愿不高。我会同袁市镇的领导干部现场办公，提出可以采取"土地托管"模式，实行"兜底分红＋轮种分红＋加工分红"三次分红利益联结机制，增加贫困群众收入，提高贫困群众参与积极性。我们发动村上广泛宣传，做通群众工作，同时协调农业农村局开展技术支持，在产业基础设施上也配套政策支持。方智勇就风风火火干起来，购买了收割机、大型犁田机、大型烘干机等农机，实行规模化、机械化、现代化种植，最终合作社在袁市镇成功流转2000多亩土地。不过合作社只是单纯地种植水稻，卖稻谷，除去各项开支，利润很低，甚至略有亏损，为此，我建议合作社可以盯着市场种地，实行无公害粮食生产，延伸产业链，发展优质大米深加工，做响品牌。方智勇也干劲十足，带领合作社制定统一种植标准、全程采用有机肥，发展绿色种植，注册"滋心源"商标，1000余亩稻田通过国家绿色食品认证。如今，合作社发展得红红火火，在邻水的袁市镇、太和镇等多个镇建立了生产基地，优质大米深受市场欢迎，"滋心源"精米每斤能卖到八块钱。通过三次分红模式，合作社累计为群众分红128万元，村集体分红77万元，2019年被农业农村部作为全国农民合作社典型案例推广。

奏响大合唱

　　作为社会扶贫专项牵头部门负责人，我始终在思考如何动员全社会力量支持、参与脱贫攻坚。

要让社会力量参与到脱贫攻坚中，首先要给他们提供一个参与的平台，或者说一个组织，既能够代表政府发出正面的声音，又要让社会相信捐款资金是真正用在扶贫事业上。经过几番思考，一个成立扶贫开发协会的想法在我脑海里产生。通过精心策划、积极筹备，邻水县扶贫开发协会于2015年10月16日成立。扶贫开发协会的成立开了全市的先河，得到市领导高度评价。

光有平台还不够，要扩大邻水社会扶贫的公众影响力，还需要下一番"绣花"功夫。10月17日是国务院设立的"全国扶贫日"，我就想以开展"扶贫日"系列活动为契机，在全县凝聚强大的脱贫攻坚合力，营造打赢脱贫攻坚战的浓厚氛围。经过与县委宣传部、县工商联等单位充分地讨论，邻水县开展了"扶贫日"宣传、企业家座谈、公益晚会、特色扶贫活动、资源募捐这"五个一"系列活动。具体来讲，就是在中央和省市主流媒体发表有影响力的文章、新闻稿，举办扶贫开发成果图片展，宣传和展示这些年邻水县脱贫攻坚取得的成果，激发社会各界打赢脱贫攻坚战的决心和信心。组织在邻水境内投资兴业的企业家和邻水籍在外企业家座谈会，通过成功企业家带动更多的人参与扶贫。举办扶贫公益晚会，对大力支持脱贫攻坚的爱心企业和爱心人士进行表扬。各行业牵头部门根据各自行业特点开展特色扶贫活动，例如团县委负责实施"童伴计划"项目、"我要上大学——希望工程"助困入学关爱行动，投促局负责开展"回引返乡创业参与扶贫"行动计划等。另外，各乡镇人民政府，县级各部门、中央和省驻市单位积极宣传动员单位干部职工、社会爱心人士开展扶贫日募捐活动。

通过认真开展社会扶贫活动，累计募集各类扶贫物资和资金共计2.13亿元，资助了数千名贫困学生，发展了上万亩富民产业，救助患病贫困人口一万多人次。我带头探索的"搭平台、搞募捐、结对子、造氛围"等工作举措，因社会扶贫成果明显，在全省社会扶贫工作经验交流会上作了发言。

以上这些只是邻水县脱贫攻坚工作中的点滴故事。七年来，影响全县贫困群众的出行难、就医难、上学难、饮水难等一个个难关都被我们攻克了，全县人民的生产生活条件得到了极大的改善，幸福感、获得感、安全感不断提升。

打赢脱贫攻坚战可以说是中国历史上对贫穷发起的最广泛、最彻底、最坚定的一场战役。我作为脱贫攻坚的亲历者、实践者和见证者，无疑是幸运的。我们将继续按照党中央和省委市委决策部署，弘扬伟大脱贫攻坚精神，为做好巩固拓展脱贫攻坚成果同乡村振兴有效衔接接续奋斗。

（陈骞　郭佳男　整理）

丘陵地区脱贫攻坚的荣县担当

杨逢明

自贡市荣县位于四川省南部，幅员面积 1609 平方公里，人口近 70 万，其中农业人口 45.7 万，是典型的四川丘陵地区农业大县，是全国首批、全省唯一的国家农业可持续发展试验示范区，是省级农业农村改革示范区、省级现代农业示范县。2014 年以来，32 个贫困村、12093 户 33192 名贫困人口如期脱贫，脱贫攻坚任务全面完成。2021 年 2 月，荣县扶贫开发局被党中央、国务院表彰为全国脱贫攻坚先进集体。荣县扶贫开发局负责同志杨逢明讲述了他们的扶贫故事。

号角吹响　激活"初心"

20 世纪 60 年代末，我出生在富顺县农村，对"贫困"的记忆很深刻，当时家中弟兄姐妹多，父母在一亩三分地上面朝黄土背朝天的拼命劳作，仅能满足全家老小基本生活。风调雨顺还好，一旦遇到天旱水涝，全家就会出现下顿不接上顿的情况。特别是进入冬天后，年幼的我老觉得黑夜特别漫长，家里棉被因使用多年，早已破了洞或板结如铁。

于是，从小我就下定决心，通过努力学习改变贫困的家境，帮助更多像我那样的家庭。

脱贫攻坚是体现我们党初心和使命的伟大事业。党的十八大以来，以习近平同志为核心的党中央把贫困人口脱贫作为全面建成小康社会的底线任务和标志性指标，在全国范围内打响脱贫攻坚战，脱贫攻坚力度之大、规模之广、影响之深，前所未有。2013年，党中央提出精准扶贫理念，创新扶贫工作机制。2015年，党中央召开扶贫开发工作会议，提出实现脱贫攻坚目标的总体要求，实行扶持对象、项目安排、资金使用、措施到户、因村派人、脱贫成效"六个精准"，实行发展生产、易地搬迁、生态补偿、发展教育、社会保障兜底"五个一批"，发出打赢脱贫攻坚战的总攻令。2017年，党的十九大把精准脱贫作为三大攻坚战之一进行全面部署，锚定全面建成小康社会目标，聚力攻克深度贫困堡垒，决战决胜脱贫攻坚。当时我在荣县度佳镇任党委书记，全镇党员干部共同努力，全力推进精准扶贫，制定并落实全镇2个贫困村和623户建档立卡贫困户的责任人和帮扶措施，加快贫困人口脱贫致富步伐。到2017年12月，两个贫困村完成村道、蓄水池、文化室和卫生室建设并投入使用。易地扶贫搬迁和危破房改造全面展开，动员各界力量资助贫困学生就学，扶贫工作进展有序，顺利完成省市县下达的目标。

2017年12月，县委主要负责同志找我谈话，了解我在乡镇脱贫攻坚工作的情况，并让我对荣县脱贫攻坚工作谈谈自己的一些想法和看法，谈话快结束时，让我做好去县扶贫移民局工作的思想准备。面对这一光荣使命和艰巨任务，我心里很激动，感觉通过积极努力工作，与同事们一道携手帮助更多人摆脱贫困，既能圆我青年时的梦想，更是党和人民对我们这一代人的信任。于是，我下定决心，一定要在扶贫移民局的岗位上认真工作，撸起袖子把"贫困"打个落花流水。

尽锐出征　践行"使命"

习近平总书记强调，消除贫困、改善民生、逐步实现共同富裕，是社会主义的本质要求，是我们党的重要使命。荣县扶贫移民局有不怕吃苦、敢打硬战的优良作风，通过几年的努力，全县达到退出标准的贫困村就有22个，达到脱贫标准的贫困户25769人。2017年12月17日，我带着组织的嘱托来到县扶贫移民局，为打好剩下的八个贫困村和一万多名群众摆脱贫困攻坚战，巩固脱贫攻坚成果接续努力奋斗。

为尽快熟悉贫困村和贫困户情况，我组织全局同志走村入户调查研究，发现有的贫困村道路"晴天一身灰，雨天一身泥"，有的贫困村产业基础不强，有的贫困村产业缺乏专业技术指导，有的贫困村出产的农副产品营销方面存在困难，有的贫困村基层组织战斗堡垒和部分党员先锋模范作用发挥不明显……有的贫困户基本没肉吃，有的贫困户喝的水还不够安全卫生，有的贫困户住在破破烂烂的房子里，有的贫困户长期卧病在床，有的贫困户子女上学困难，有的贫困户不思进取，剩下的都是难啃的"硬骨头"。在认真学习习近平总书记关于扶贫工作的重要论述和党的十八大以来中央以及省市相关文件内容，学习脱贫攻坚好经验、好做法，广泛征求扶贫干部意见建议基础上，2018年我们制定了《关于如何打赢打好脱贫攻坚战三年行动的实施意见》，为决胜全面建成小康社会，打赢脱贫攻坚战，全面消除绝对贫困，设定了具体明确的时间、步骤、方法，指明了攻坚行动方向。我们采取分片包干方式，县四套班子挂帅出征，与帮扶部门、驻村工作队、第一书记等组成六个工作组，奔赴27个乡镇、32个贫困村，一起分析贫困村和贫困户致贫原因，商量"一对一"脱贫方案，逐一细化脱贫措施。

在这场硬战面前，很多同志忘我的工作作风令我印象深刻，也特别感动。有的同志一再推迟婚期，有的同志放弃了原本的二胎计划，有位同志在阑尾炎手术刚三天就主动回到工作岗位。

单位职工老杨，他的母亲患喉咙肌肉萎缩症晚期。有天晚上家中打电话来说母亲病危，他匆匆忙忙跑回百里之外的老家，一直陪到凌晨四五点钟，母亲神志清醒后对他说："你回去吧，别影响工作……"老杨抚摸了一下母亲瘦弱不堪的脸颊，转过身流着泪回到工作岗位。不久，家人打来电话说母亲走了，老杨再也抑制不住，自己找个角落让眼泪流了一地。他下午回到老家时，母亲已经入殓，没能看到母亲最后一眼，成了他永远的遗憾，永远的痛。像老杨这样舍小家为大家的同志还有很多，正是因为有这样的大批同志把扶贫工作当成神圣使命挑在肩上，挺起了我们荣县脱贫攻坚事业的脊梁。近三年来，我的同事中先后有 15 名奋战在脱贫攻坚一线的战友获省级扶贫优秀奖励。

共克时艰　决战决胜

到 2018 年底，32 个贫困村全部逐年达标退出。到 2019 年底，全县所有贫困户实现如期脱贫，贫困发生率从 7.4% 降至零。2018 年、2019 年，荣县连续两年被四川省委、省政府评为全省农民增收工作先进县。2019 年，荣县扶贫移民局更名为荣县扶贫开发局，同年，获全省脱贫攻坚先进集体。

2020 年，当我们正准备在完成脱贫基础上，进一步巩固脱贫成果，在乡村振兴上大干一场的时候，一场突如其来的新冠肺炎疫情打乱了我们的计划。荣县是劳务输出大县，务工收入是老百姓稳定脱贫的重要支撑，因疫情影响，老百姓外出务工受阻。同时，全县蔬菜、水果、茶叶等特色农产品销售也受到较大影响。这些都给荣县巩固脱贫攻坚成果带来不小挑战。

如何做好疫情影响下的脱贫工作？ 3 月 6 日，习近平总书记出席决战决胜脱贫攻坚座谈会并发表重要讲话，强调坚决克服新冠肺炎疫情影响，坚决夺取脱贫攻坚战全面胜利。总书记的讲话是及时雨、是强心剂，我们愈发感觉扶贫开发局肩上的责任更重了。3 月 18 日，自贡市委主要负责同志到荣县新桥镇新屋坝村和望佳镇高嘴山村进行考察调研。市领导认真查阅帮扶手册和资料，走村入户向老百姓了解真实情况。市领导对荣县脱贫攻坚工作给予肯定，同时也提出一些改进意见，强调要全面补齐"两不愁三保障"和农村基础设施、社会公共服务短板，确保全面完成脱贫目标任务。次日，自贡市委、市政府提出全市"1+3+7+70"的工作体系，即1个指挥部，3个工作组，7个督战队，70个突击队，吹响了决战决胜脱贫攻坚的冲锋号。

市领导调研后不久，县委、县政府主要负责同志找我谈话，要求我在3月20号给全县领导和正科级以上干部就脱贫攻坚应知应会进行培训。我感到压力很大，因为脱贫攻坚不断变化和优化，涉及"两不愁三保障"政策，还涉及20多个专项部门的政策，要在短短的两小时内讲清楚不是易事。我硬着头皮，连续熬了两个通宵，把所有政策进行透彻地学习。3月20号，县四大班子领导以及正科级干部全部在县委会议室进行了培训，内容大概分为三个部分，一是脱贫攻坚的政策、规定；二是结合荣县实际，分析各个部门的政策在运行过程中的风险点，以及如何对风险进行防范和化解；三是从科级干部到县委书记，在脱贫攻坚中分别有几种身份和角色，每种身份、角色所要承担的责任和要开展的工作有何规定的动作，进行了分析。培训后，县委主要负责同志进行了点评和抽问，检验对脱贫攻坚的政策是否真正弄懂弄透了，这对全县领导干部都是很大的鞭策。

随后，县委、县政府按照上级的统一部署，成立了由党政主要负责同志任组长的县镇两级脱贫攻坚领导小组，县设办公室，办公室下设六个组，分别是综合组、基础组、项目组、督查组、文字材料组、后勤保障组，负责指导协调产业发展、住房安全保障等22个专项工作组具体工作。在新冠疫情特殊情况下，我们又成立了一个指挥部，下设20个战区，由原来的科级干部担任专班班长，升格到由县委领导任战区负责人，督查组由原来的科级干部升格到纪检委领导担任，进一步加强领导，构建起"县委总管、政府主抓、部门真帮、基层落实"的全域作战体系，全县脱贫攻坚工作高效快速推进。同时，县纪委和县委组织部提出六条禁令、六条激励措施，让全县脱贫攻坚在冲刺阶段有了更强有力的制度保障。

县委、县政府向贫困发起最后总攻，开展"大培训、大排查、大整改、大走访"四大行动。对于发现的问题，我们采取周调度、周通报的形式推进整改，要求连续两周排名靠后的乡镇党委书记、镇长公开检讨。不到 80 天的时间，所有问题全部清零。同时，按照上级要求在全县开展查找问题回头看，确保所有问题彻底清零，打了一场完美收官战。

2021 年 2 月 25 日，全国脱贫攻坚总结表彰大会在北京人民大会堂隆重举行，荣县扶贫开发局获得全国脱贫攻坚先进集体称号。这份沉甸甸的荣誉，是全县人民在各级党委、政府坚强领导下与贫困长期斗争的硕果，凝聚着广大党员干部的心血和汗水，更是党中央对基层扶贫单位的激励和鞭策。我们将倍加珍惜这份沉甸甸的荣誉，不忘初心、牢记使命、奋勇前进，为奋力夺取全面建设社会主义现代化荣县新胜利而不懈奋斗。

（程守峰　古仕华　周宇　罗秀能　整理）

用心用情 务实精准抓好威远脱贫攻坚工作

刘忠明

2014 年，内江市威远县有建档立卡贫困户 11933 户 31841 人，贫困村 54 个，贫困发生率 5.74%。打响脱贫攻坚战以来，威远县认真贯彻落实党中央和省市决策部署，聚焦"两不愁三保障"，探索丘陵地区"插花式"贫困精准扶贫精准脱贫新机制新路子，切实抓实抓好脱贫攻坚工作。2019 年底，威远县实现全部贫困户脱贫、贫困村退出，2020 年 8 月，顺利通过国家脱贫攻坚普查。2021 年 2 月，威远县扶贫开发局刘忠明同志被党中央、国务院表彰为全国脱贫攻坚先进个人。

问：2019 年底，威远县实现全部贫困户脱贫、贫困村退出。作为县扶贫开发局局长，你做出了哪些努力？

刘忠明：2019 年 3 月，我从新场镇调任县扶贫开发局局长。在此之前，全县 54 个贫困村已经退出 48 个，11933 户贫困户 31841 名贫困人口已经脱贫 11095 户 28688 人。如果只从数量上看，脱贫任务已经不是很重，但剩余的贫困户都是贫中之贫，困中之困，完成脱贫的难度很大。同时，如何巩固脱贫成果，让已经脱贫的人口不返贫也是全县必须面对的一个艰巨任务。

没有调查就没有发言权。我曾在乡镇一线直接从事脱贫攻坚工作，对工作落实情况比较了解。到扶贫开发局工作后，我利用两个多月的时间，跑遍全县 20 个镇 54 个贫困村，深入实地开展调查研究，发现脱贫攻坚工作还存在不少问题，我感觉压力很大，必须解决好这些问题，完成好脱贫任务，巩固好脱贫成果。

也是在这个时候，省脱贫攻坚领导小组决定在全省开展"两不愁三保障"回头看大排查工作。县委县政府高度重视，县委主要负责同志亲自动员部署。全县"两不愁三保障"回头看大排查工作按照"动员部署、试点示范、镇级自查、县级抽查、对标整改、资料归档"六个阶段推进，成立了以县党政主要负责同志为组长的工作领导小组，从扶贫专项部门抽调 30 多人组建工作专班、巡回指导组和业务咨询组，实行县级领导包镇、联系部门包村的"两包"负责制。我们采取镇内村与村之间交叉排查方式，两人一组，按照"一进二看三算四核五填六评七签"的方法逐户开展排查。为了确保排查质量，我们坚持每组每天排查不超过八户，坚持每日会商、每周调度，及时明确相关要求，协调解决相关问题。在排查的同时，我们坚持边查边改，对能够立行立改的问题立即整改，对不能立即整改的限时整改。整个大排查工作历时 108 天，组织排查人员 2164 人，做到了户户到位，共计排查问题 1614 个，并在 9 月底前全部完成整改。大排查工作虽然辛苦，但夯实了脱贫攻坚工作基础。通过大排查，把该填的坑填平了，把该补的缝补好了，心里更有底气了。

我到镇村指导工作喜欢"一看二问三比"，和镇村相关责任人一起直接深入到贫困户家中，查看脱贫攻坚数据、帮扶手册记录和贫困户的现状，询问帮扶干部和贫困户有哪些扶贫政策、收入情况怎样，比对数据、记录与贫困户的实际是否相符，和政策标准还有哪些差距。我发现各镇村干部在思想认识上存在差距，重视不够；工作能力不足，业务水平还不高；工作责任心不强，落小落细不够；工作统筹协调不到位，部门职能作用发挥不够。我认识到必须从工作机制上采取措施解决问题。为此，我们统筹 19 个专项扶贫部门，通过召开培训会、录制培训视频等方式，对 20 个镇 316 个村的扶贫干部开展以讲解扶贫政策、业务知识、作风纪律等六个方面的"六讲"全员培训，提高镇村干部和帮扶责任人思想认识、工作能力和业务水平。我们制定《关于进一步发挥帮扶部门和帮扶责任人作用 完善问题排查整改工作机制的意见》，建立起"发现问题、反馈问题、整改问题、督导落实"的工作机制，常态化开展以查找政策落实、数据资料、公共服务等六个方面问题的"六找"行动和整改上级督查反馈问题、自查发现问题、群众反映问题等六个方面问题的"六改"行动，进一步夯实基层基础，补齐了短板，脱贫攻坚数据质量一直名列全省前列。我们采用清单制＋责任制，压实各级责任，对标脱贫任务，逐户分析研判，精准施策；倒排工期，顺排工序，采用非常规手段加快基础设施项目建设。通过全县坚持不懈的努力，如期完成了 2019 年脱贫任务。

问：2020 年，在应对新冠肺炎疫情的同时，威远县接受了全国脱贫攻坚普查，你们做了哪些工作？

刘忠明：2020 年 3 月，我们接受了全国脱贫攻坚普查。只要工作做得扎实，无论怎么查，谁来查，我们都不怕。在 2019 年底我就在思考，2020 年是脱贫攻坚收官之年，我们应该进一步提高脱贫质量，提升脱贫成色。为此，我们针对全县脱贫攻坚工作中的短板弱项起草了一个巩固提升方案，向县委县政府主要负责同志和分管领导做了汇报，得到高度重视并迅速实施。2020 年 3 月，市脱贫攻坚领导小组作出在全市开展巩固脱贫成果百日攻坚十大行动的决定，我们迅速按照市领导小组的要求调整了我们的方案。

突如其来的新冠肺炎疫情确实打乱了我们的部署节奏，给工作造成了很大的压力。2020 年 3 月疫情得到基本控制后，我们不得不采取超常规手段推进各项工作。我们实行县级领导、帮扶部门、"五个一"、"两不愁三保障"、专项扶贫五类挂牌；我们实行县级领导、帮扶部门、县脱贫办、行业主管部门、乡镇五级督战；采用"入户调查、查阅资料、建立台账、提出建议、解决问题、回头看"六步工作法扎实推进各项工作。

针对威远县的实际，我们把重点主要放在增加贫困户收入、住房、饮水安全质量提升、扶贫政策落实上。为了增加贫困户的收入，我们千方百计组织贫困劳动力务工就业，加大财政专项扶贫资金产业扶持力度，加大公益性岗位开发力度，加大低保政策兜底力度，使贫困户的收入不降反增，从 2019 年的 7471.14 元增加到了 2020 年的 10294.77 元。为解决住房视觉贫困问题，我们利用两个月的时间，投入 2500 万元对 2927 户贫困户的住房质量进行了提升。为提升贫困户生活用水安全性和便捷性，我们投入 570 万元为 1881 户贫困户安装了自来水。为保证扶贫政策落实，我们再次组织帮扶干部和专项部门对六大类 31 项扶贫政策进行全覆盖清理，做到不漏一户，不漏一人，不漏一项。同时，我们将所有贫困户 2014 年以来享受的扶贫政策全部归集成册，修改帮扶明白卡张贴上墙，让干部清楚，让贫困户明白。

到 2020 年 6 月底，我们通过百日攻坚，实现了所有查找问题全部清零，为脱贫攻坚普查奠定了扎实的基础，心中底气更足了。7 月 20 日到 8 月 30 日，我们顺利通过国家脱贫攻坚普查验收，普查质量得到省脱贫攻坚普查办的充分肯定。

问：在扶贫工作中，你认为贫困户最大的心愿是什么，你们是怎样帮助他们实现这些心愿的？

刘忠明：我经常到贫困户家中交流座谈，我也经常问他们，你们最想的是什么？不同的家庭有不同的回答。老弱病残家庭说：党的政策好呀，让我们这些没法挣钱的人能够有吃有穿有住，娃娃能够上学，生病能够住院。政策不能变呀，变了我们就没法生活了。有劳动力的家庭说：我们最想能挣钱，党的政策虽好，但也不能管你一辈子呀，还是得靠自己。我又问他们：你想怎样挣钱？有人说，最好能外出打工，收入高，来钱快；有人说，在家种地种水果，养猪养羊，还能帮帮人，也能挣钱。总的来看，贫困户最想的还是增加收入，过上好日子，这也是我们需要解决的根本性问题。

对于没有劳动力的家庭和一些特殊困难家庭，没有办法通过就业和产业来解决收入问题，我们就用农村低保和特殊困难救助等方式解决了3046户5339名贫困人口的收入问题，让他们吃穿不愁。

对于有劳动力的家庭，我们主要通过劳动就业和发展产业来帮助他们增加收入。为了帮助贫困家庭劳动力就业，我们专门组建就业促进小分队提供就业信息，经常性组织就业技能培训和就业招聘会，大力开发公益岗位，要求县内企业、各种工程项目同等条件下优先招用贫困家庭劳动力。通过各种途径，全县贫困劳动力就业人数逐年稳步增长，收入逐年稳步提高，至2020年达到10694人，人均务工收入达到6720.08元，占贫困户收入的65%以上。

为了帮助贫困户发展产业，我们大力加强农村交通和水利等基础设施建设。产业发展到哪里，设施配套到哪里，真正解决好产业发展的"瓶颈"。我们大力发展农村新型经营主体，培育21家农业龙头企业、432个专业合作社、582个家庭农场，充分发挥示范引领作用，45个贫困村都发展了一两个特色产业，形成了以"东部中药材＋南部无花果＋西部樱桃＋北部茶叶＋全域生猪粮油"的农业产业格局，贫困户通过自身发展、入股分红、就地务工等多种方式增加了产业收入。为了解决贫困户农产品的销售问题，我们从2018年起开展了"第一书记代言活动"，持续推出第一书记为贫困村特色农产品代言宣传，每年为贫困村特色产业增收530万元，被央广网、人民网等中央媒体深度报道。我们组织申报"四川扶贫"公益性标识助力消费扶贫，成功申报用标产品153个，名列全省前列，2020年农产品线上销售达到1.36亿元。

问：在脱贫攻坚帮扶工作中，让你感触最深的是什么？

刘忠明：我们对贫困群众的帮扶真是要用心用情，切实帮他们解决实际困难和问题。我在新场镇工作时，有户贫困户叫周光书，一家三口人，妻子患病，女儿在上学。周光书干农活时不小心受伤造成了残疾，欠了十多万元的债。我经常到他家里鼓励他自立自强，靠自己的双手改变生活。周光书夫妇也很勤劳，他们先办了养猪场，又通过亲戚介绍引进种植黄桃。在养殖和种植过程中，我经常到他家了解实际困难，帮助解决资金和技术上的问题。通过几年努力，他不仅还清了债务，自己种植50多亩黄桃，成为黄桃种植专业合作社的负责人，家里条件越来越好，日子越过越红火。只要我们用真情激发贫困户的内生动力，就能实现巩固脱贫成果的永续性，就能做到真脱贫。

脱贫攻坚是一项创造奇迹、彪炳史册的伟大事业。我作为脱贫攻坚的亲历者、实践者和见证者，感到幸运。现在脱贫攻坚取得了全面胜利，"三农"工作的战略性任务转移到全面推进乡村振兴，我们将在巩固拓展脱贫攻坚成果同乡村振兴中再启征程，再立新功，再造辉煌。

（张驰　邓佳俊　李真　李传梅　整理）

资阳乐至的创新扶贫路

夏文义

资阳市乐至县扶贫开发领导小组办公室战斗在脱贫攻坚主战场，用心用情谱写出脱贫攻坚新篇章。面对四川省片区外贫困村数位居第四、贫困人口数位居第十的困难局面，聚焦脱贫、解困、治穷三大难点，助力全县于2019年底实现所有贫困村退出、所有贫困人口脱贫的目标。2021年2月，乐至县扶贫开发领导小组办公室被党中央、国务院表彰为全国脱贫攻坚先进集体，乐至县农业农村局负责同志夏文义讲述了乐至创新扶贫路上的故事。

我是一名从农村走出来的干部，从小就对贫穷有着很深的感触。2016年，组织安排我担任县扶贫办主任后，我时刻把脱贫攻坚责任扛在肩上、抓在手上，尽心尽力为群众排忧解难惠民生，带领扶贫办一班人马战贫斗困创佳绩，得到了组织认可和群众称赞，我也实现了自身最朴素的职业理想和人生价值。

聚焦"脱贫" 创新产业发展新模式

我一直坚信，要脱贫，首先就必须要发展产业。我们乐至又是农业大县，本身底子就差，基础非常薄弱，怎样壮大扶贫产业是我一直思考的问题。2016年上任后，我利用一切时间到各乡镇和贫困村去调研，看看能够从中寻找到什么好的对策。

在调研金光村时，我看到村上到处都是撂荒地，地里杂草都长满了，这怎么能够发展产业？村干部也很委屈，"我们村上常年在家的只有200多人，绝大部分青壮年都外出务工了，剩下的都是老弱病残，又没有人来流转土地，怎么发展产业嘛"。我意识到扶贫产业之所以发展难，难就难在缺人缺技术缺路子。能不能发挥村组干部、乡村能人带动呢？有了这个想法后，我召集镇村干部，在撂荒地中"会商"，给贫困村产业发展支招。金光村开始进行"代耕代种"尝试，村社干部都下地干活，种植蔬菜、花生等。一年下来，经济效益不是很高，还是解决不了谁来种地的问题。由于耕种不便，也没人来流转承包土地。2017年，我再次到金光村调研时对镇村干部说："发展产业，要解决好谁来做、怎么做、怎么管的问题，这其中的关键是要做好利益链接。"他们决定利用撂荒地发展村集体经济，由村集体经济合作社与村民签订代耕协议，统一收回闲置撂荒地交由村集体经济合作社经营，给村民支付租金和二次分红。2018年，三河咀村集体经济合作社集约化经营水稻150亩，发展稻渔综合种养，产出水稻七万余斤，村集体经济增收八万余元。注册的"粮穗香"大米荣获2018年国际农业·农产品国际展览会参展农产品（食品）金奖。新华社记者实地采访并以《"撂荒地"成了"丰收田"》《荒沟又闻稻花香》为题进行连续报道。

后来，我们在全县范围内反复调研、反复论证，成功总结探索出"五大产业扶贫模式"。一是"代耕代种"土地托管采取"集体经济＋专合社"生产模式盘活闲置土地两万余亩，群众户均增收500余元，有效解决丘区撂荒地难题。二是"贷资入股"金融扶贫让贫困户依托集体经济、小额信贷做股东，足不出户可分红增收。三是"农旅结合"旅游扶贫让贫困村依托自然资源，建起村级旅游公司，老百姓搞旅游。四是"村电入网"能源扶贫推动全县建设光伏发电站 43 处，实现年发电量 80 余万度，年收益 60 余万元。五是"城乡互通"电商扶贫建成贫困村电商扶贫站点 87 个，带动 4000 余户贫困人口开展网络销售。这些扶贫的尝试探索，被新华社、《四川日报》等中央和省市媒体进行了宣传报道，产生了不小影响。

聚焦"解困" 探索服务群众新路径

接手工作不久，我就发现脱贫攻坚工作点多面广，涉及住房、医疗、教育等方方面面。贫困群众有困难要问几个地方才问得清，干部有疑惑要跑几个部门才弄得懂。针对这一棘手问题，我向县领导建议，能否借鉴"110""120"模式，搭建一个为群众解难、帮干部解惑、替行业减负的综合平台。2016 年 7 月，经县委县政府组织行业部门认真研讨，一个全省首创的精准扶贫"120"工作体系正式建立。

平台搭好了，关键在运行。为充分发挥精准扶贫"120"体系作用，我们在"120"指挥中心下设扶贫政策、资金保障、社会扶贫、产业就业、医疗救助、基础设施建设、监督检查七个分中心，组建了相应专家（服务）团队，实行三天限时结办、建立"回访""督办"等制度。通过这个平台，我们与县动防中心联动连续十多天入村治疗和巡查防疫，控制住高寺镇燕子村贫困户山羊疫情；2017 年初，协调县领导带队各部门，现场会商石佛镇荣家沟村产业发展难题，促进该村成功走出旅游增收脱贫路；2020 年新冠疫情期间，我们"120"团队还主动出诊，通过电话抽查、下村走访等方式收集贫困户外出务工意愿和产业发展需求等情况，根据反馈情况出台贫困户外出务工补助、环保公益性岗位等举措，有效解决贫困群众增收难题。

精准扶贫"120"一站式解决了脱贫攻坚工作中的各种疑难杂症,得到干部群众的高度认可,其成功经验还被中组部组织工作网、中共四川省委办公厅《每日要情》等刊载,《四川日报》等主流媒体争相报道,省市相关部门也多次来乐至进行调研。

聚焦"治穷" 志智双扶激发新动力

随着脱贫攻坚向纵深推进,贫困村特色产业初具规模、基础设施明显改善、贫困群众收入较快增长。但是,仍有部分群众存在等靠要等落后思想。我意识到如果不转变他们的思想观念,拿再多的钱给他们,也还是不能脱贫。

为此,我冥思苦想,决定整合各类评比激励方式,探索实施"幸福基金"评比,"幸福超市"兑换活动,通过群众表现兑积分,用积分换物品。我们选择在群众基础较好的宝林镇万斤沟村试点,精心设计工作方案、反复衡量评比方式、时刻关注进展情况。在村部门口张贴"积分兑换券",固定积分兑换日,采取集中兑换和个别灵活兑换的方式,由全覆盖参与的贫困户和非贫困户自选物品,未兑换积分可累计。按照"人人参与、户户评分、家家受益"的原则,各村因地制宜制定积分评定办法,驻村工作队、村"两委"干部和群众代表等随机分组每两月一次入户评比。2018年8月,我再次到万斤沟村调研活动实施情况,基层干部都对这个活动赞不绝口,"原来喊群众搞卫生,别人都不理睬你,搞了评比,现在自己晓得干了!"群众也拍手叫好"自己的事情是该自己做嘛,做了还有积分兑换东西,咋要不得?"幸福基金、幸福超市,真正让大家感受到了幸福。2018年9月,我们在全县推广这项活动,共设立"幸福超市"87个,截至2020年底全县共投入资金2100余万元用于"幸福超市"奖品兑换。活动开展以来,各村群众内生动力、人居环境、乡风文明均有明显改善,惠及群众十万余人。该模式被中国青年网、《四川日报》、封面新闻等媒体联合采访报道。

在宝林镇调研时,我们也了解到年轻人大多外出务工,留守儿童放学后的教育是大家都很关心的问题。为此,我们结合农家书屋探索设立"五点钟书屋",在关心留守学生教育,为家长减负助推脱贫上走出了一条新路径。"五点钟书屋"由驻村工作队牵头,整合学校、村"两委"、家长三方力量,驻村工作队、村"两委"负责组织实施,学校负责提供教学资源和适当师资,家长负责组织动员学生参加,共筑"学校、社会、家庭"三位一体的教育平台。成立由村"两委"、驻村工作队、学校教师、志愿者、村图书管理员为主的志愿队伍,每日一名志愿者进行服务,每周开展一次专题活动,每月开展一次评比。村"两委"收集并向学校反馈学生表现,为联建学校提供"小农场"等实践基地;联建学校提供网络教学资源账号、教学物资和相应的教师,确保书屋教学质量,从而实现校村共育。自开办"五点钟书屋"以来,全县参加学生及家长近三万人次,共计发放幸福积分5000余分,得到学生及家长的支持和好评。一些接受过"五点钟书屋"志愿服务的学生还表示,以后学业有成也要回到家乡,为留守儿童教育作出自己的一份贡献。

能够参与脱贫攻坚这场伟大战争,我很光荣;能够让这么多贫困户顺利脱贫,我很自豪;能够为广大贫困群众排忧解难,我很骄傲。人的一生不因碌碌无为而羞耻,也不因虚度年华而悔恨,我愿意把有限的生命投入到无限的为人民服务当中去。在临近退休之际,我将尽我所能,坚决筑牢防止返贫致贫防线,努力做好与乡村振兴有效衔接,让群众过上更加美好的生活,这就是我的毕生所愿。

(伍琼瑶　刘宏丽　整理)

渡口土家族乡的蜕变路

丰雪　曾旭辉

　　达州市宣汉县渡口土家族乡，总人口2707户8040人，其中土家族人口7638人，属土家族聚居乡。全乡有四个贫困村，2014年建档立卡贫困户466户1619人，贫困发生率20.13%。渡口乡党委紧盯特困地区，结合文旅扶贫规划，强基础抓产业，于2018年四个贫困村全部摘帽，2020年全域建档立卡贫困户全部脱贫，全面完成脱贫攻坚任务。2020年被评为省级卫生乡镇；2021年被评为全国脱贫攻坚先进集体。渡口土家族乡的丰雪和曾旭辉讲述了在脱贫攻坚工作的那些故事。

　　自全国脱贫攻坚的号角吹响，时间已过去了六年了，我们见证了渡口土家族乡从一个昔日全县最贫穷、最偏远的山区变成了全县最富最美的地方，内心感触颇深，那些为之战斗过的青春岁月，总在我们的脑海中回放。

找准脱贫道路　坚定目标方向

　　党的十八大以来，乡党委政府认真学习贯彻习近平总书记关于扶贫工作的重要论述，认真研判全乡贫困人口多、贫困程度深等特点，理清脱贫思路、明晰攻坚举措，扎实有力推进精准扶贫、精准脱贫各项工作。我们到渡口土家族乡工作不久，就走遍了本乡的所有村庄，贫困群众的生活现状触及我们的灵魂，狠狠地叩击着我们的心灵……每每下村入户，群众生活困难的场景就在我们的眼前一幕幕重播，越发坚定了我们要改变现状，增加收入，带领群众脱贫奔小康的决心。

2014年，渡口土家乡甜竹村、马老村、立石村、钦家村四村被确定为贫困村，脱贫攻坚的重任压在每位干部的身上，但我们都斗志昂扬，坚信一定能打赢这场脱贫奔康的攻坚战。为了找到一条适合本乡发展的道路，我们多次向县委、县政府领导汇报工作，争取资金和政策支持。同时到宣汉县庙安乡参观学习产业发展模式。通过学习，结合全县的工作安排，乡党委决定：依托全县文旅扶贫规划，抢抓宣汉县建设巴山大峡谷文旅扶贫景区的大好机遇，深入挖掘本乡特色，发挥资源优势，全力融入"开发扶贫""文旅扶贫"战略中。紧盯特困地区，抓住关键，发展产业，打赢脱贫攻坚战。

为了打好脱贫攻坚战，摸清全乡村情，吃准国家扶贫政策，是必备的工作能力。在脱贫攻坚工作开始之初，我们积极与四个贫困村的驻村工作队对接，到各村摸排走访村民，用本子记录村民的生产生活情况，观察村落环境，倾听百姓心声，感受村民的需求。通过一段时间的走访，我们基本掌握了全乡的基础数据，随后根据"六个精准"的要求，召开村民大会，评选出466户1619名贫困群众。在入户走访的这段时间，我们深刻感受到群众对交通改善的渴望，以及解决饮水、住房安全的需求。

2015年，乡党委决定借巴山大峡谷文旅扶贫景区的创建，让全乡群众吃"旅游饭"，推动资源入股、劳动就业、经合组织、经营帮扶、农旅联动、文旅融合、广厦行动等"七大脱贫模式"落地生根。我们的内心万分激动，景区建设以渡口土家族乡为中心，将会带来多少就业岗位，群众的收入肯定会有大幅增加，那时候一定会发生翻天覆地的变化。

完善基础设施　夯实脱贫基础

渡口土家族乡距县城 100 公里，山高路远，群众出门办事极其不便，在最艰苦的钦家村，村民到乡上办事，还必须要绕道万源市，且山路陡峭，地势险峻，稍有不慎便会跌入山崖，因此许多村民连村都没有出过，有急事就让村干部代办。为解决群众出行难的问题，自 2014 年开始，乡党委就把公路硬化纳入打赢脱贫攻坚战的第一战。但美好的期望与现实的工作却总是会有差距，在通村道路实施过程中，因修建道路会毁坏、占用农民土地，村民之间有利益冲突……修建过程中，总会因一些小矛盾而停工。那几年，我们经常带领村干部跑现场，解决矛盾纠纷，处理群众提出的困难和难题，为他们做思想工作，一遍又一遍，确保项目有序推进。

记得最清楚的是 2016 年修建入户路，其中两户村民之间有隔阂，互为邻居却不愿共用一条道路。在砂石、水泥即将入户之时，一位村民拦住运输车辆不让通行，村干部上前解决问题，反而指着他们大骂，点名要乡上给他一个说法。我们立即赶往现场，到他家里谈心做工作，并晓之以情动之以理，将县、乡的政策和关怀讲给他听，并给他们商量好占用土地的数量，化解彼此间的矛盾。在我们的努力下，该村民终于同意修建道路，并表示以后会配合村里的各项工作。自脱贫攻坚开展以来，困难和挑战时刻迎面而来，但全乡党员干部不怕艰险，舍己忘我的工作，确保了许多项目有序推进。六年的时间，乡党委通过集中开展农村公路联网工程，累计投资 3476.64 万元，新建及硬化农村公路 97.28 余公里，维修道路 27.16 公里，新建入户路 9.85 公里，新建生产便道 16.03 公里，突破了钦家村无路可走难题，实现了所有村通硬化路，解决了群众出行难的问题。在特困村桃溪村，入村的环形线路还铺上了沥青，在 2020 年被评为四川省六无平安村、四川省乡村振兴示范村。

渡口乡村庄多位于高山之上，虽场镇有河流，但村民居住分散、饮水管道未全面覆盖，部分村民吃水往往需要往返一个多小时到小河沟挑水，因此饮水问题严重制约着本乡发展。近年来，乡党委大力开展饮水安全工程，联合帮扶单位、县水务局对全乡的饮水安全进行检测评估，实地勘测饮水源，合理规划管道铺设路线，累计投资262万元，新改扩建农村饮水安全工程66处、维修加固饮水池11口，成功解决8000名群众的饮水难问题，巩固和提升了饮水质量。现在无论在哪个地方，村民只要拧开水龙头就有干净放心的自来水流出。

完善基础设施，民心之所盼，党心之所向。渡口乡为少数民族聚居地，土家风情小居特色十足，但存在着结构不牢、地基不稳、屋顶漏雨等情况。乡党委多次召开会议，动员村"两委"干部积极行动起来，依托易地搬迁、地灾避险安置、危房改造等惠民政策，修建新居，鼓励贫困群众搬入新房。经过多次努力，累计投资1927.42万元，改善住房592套，有力保障了群众住房安全。我们还协调帮扶责任人捐赠电视，保障所有贫困群众都能看上广播电视，贫困群众生产生活水平明显提高。

在乡党委、政府的协调和带领下，我乡还实施了农网改造、山坪塘整治工程。累计实施四个贫困村农网改造、四个贫困村通信网络建设工程，实现了行政村电力、通信和网络全覆盖；新建渠堰13.607公里，维修整治山坪塘三口，保障了群众农业用水。

探索特色产业　带动群众增收

历经脱贫攻坚的持续奋战，渡口乡的住房、用电、用水、交通等基础设施建设得到极大改善。但一个乡的发展，离不开产业的带动。2018年8月，巴山大峡谷开园，游客纷至沓来，市场极度活跃。渡口土家族乡位于巴山大峡谷4A级景区的核心地带，我乡规划发展的第一产业就是旅游服务业，最开始我们动员当地村民借助自家房屋进行改造，开办民宿，售卖农家特色土产品，但响应者寥寥无几。许多村民因一辈子未出过大山，旅游这个概念还未形成，且长期居住于此地，觉得本地风光毫无特色，认为时间久了就没有游客来游玩，投入太多要亏本。乡党委、政府召开全乡干部大会，给村干部讲优惠政策，贫困户实施三年无息贷款，政府在办理证件时给予便利，还举办培训班给他们培训。村干部回村后紧密宣传，经过一段时间动员，终于有年轻的群众愿意试一试。随着景区的功能更加完善，前来参观游玩的游客越发多了起来，更多的村民自发到景区务工、开办民宿、餐饮、售卖土家特色编织品，村民的收入日益增长。其中桃溪村村民闫家轩感触最多，他因照顾家中老小，无法外出务工，以前仅靠在附近乡镇打零工，每月收入1000多元，勉力维持家庭开支，但自从景区开门迎客后，他竞聘为大象洞的保安，每月收入达到3000元，家庭收入大幅提高。

在景区大力开发建设的同时，渡口土家族乡也主动作为，融入其中。自古以来，土家汉子就有不畏艰险，敢于拼搏的精神，这种精神与腊梅的精神有异曲同工之妙。2019年，众多游客来巴山大峡谷游玩后，都觉得核心景区风景优美，但坐车前往下一个景区时，路上的风景有些单调，建议景区丰富农家生活体验，增强沿途风景的观赏性。这些建议给我们进一步发展提供了很好的思路：我们何不在景区沿线的贫困村种植一些花卉、植物，结合农家乐吸引游客驻足观光，增加群众收入？经过调研，决定扩大甜竹村的野生腊梅种植面积，在景区沿线造出一个全新的网红打卡点，冬日踏雪赏梅，嗅一嗅梅花的芳香，感悟梅花的精神品格。乡党委、政府召开村民大会商议此事，向群众阐述种植腊梅的想法，村民大多热情高涨，对腊梅产业充满期待。政府随即许诺，无偿提供腊梅苗，不需要村民投入资金，只需投入劳动管护，再出售带花苞的枝条、梅花、树苗获利。随着腊梅产业的日益完善，收益增加，我们还在龙潭村、立石村发展天麻、木香、厚朴、党参等中药材，在钦家村发展高山水果200亩。靠发展乡村旅游，2020年渡口土家族乡通过文旅开发扶贫，带动全乡老百姓增收5199万元，人均增收6500元。

注重精神脱贫　拧紧思想阀门

　　脱贫不脱贫，关键看老乡，我们时刻以扶贫、扶志为己任，发挥党员先锋示范作用，抓好公民道德教育。渡口土家族乡的发展离不开上级党委、政府的关心，更依赖于本地群众有一颗积极向上，勇于奋斗的心。为提升全乡群众的精神风貌，乡党委每年开展"公民道德教育模范户""五好家庭""好媳妇"等评比活动，弘扬和睦家庭，孝敬父母、睦邻友好的传统文化和风俗。同时结合党建工作等完善阵地建设，通过党务、政务公示栏，农民夜校、村广播站、农家书屋等媒介，不断宣传培育社会主义核心价值观活动。每年农历腊月二十，全乡还举行颁发红灯笼仪式，为优秀脱贫户、感恩奋进户集中颁发和悬挂红灯笼，引导形成"争当模范户、争挂大灯笼"的良好局面。

　　在脱贫奔康的路上，我们始终牢记将土家特色发挥出来，坚持打造具有鲜明地域烙印和人无我有的竞争优势，广泛动员全乡干部群众进行民间特色文化的挖掘、植入和再创造。在全乡普及开展"穿巴人服、唱巴山歌、跳巴人舞"等传统民俗文化活动，每逢节假日乡领导亲自带队，在广场上跳巴人舞。同时，大力传唱《苏二姐》《敬酒歌》等巴山民歌，营造浓厚的具有土家族特色的文化氛围、丰富精神内核、增加群众获得感满足感，不断让贫困群众的文明意识树起来、精神面貌好起来。

（李蓉兰　邓小林　整理）

发挥基层干部堡垒作用　同力促仓山脱贫

徐万俊

德阳市中江县仓山镇建档立卡贫困户2280户6062人，贫困发生率6.2%。2014年以来，仓山镇党委、政府团结带领全镇十万干部群众砥砺前行、接续奋斗，充分发挥基层党组织战斗堡垒作用，攻克一个又一个贫中之贫、坚中之坚，夺取了脱贫攻坚的全面胜利，实现高质量脱贫。2019年，仓山镇党委被表彰为四川省先进党组织，2021年，荣获全国脱贫攻坚先进集体、全国先进基层党组织荣誉称号。仓山镇党委负责同志徐万俊讲述了仓山镇脱贫攻坚的故事。

我是土生土长的中江人，在农村长大，对家乡有着深厚的感情。年轻时从部队转业回到家乡，成为一名基层干部。在乡镇工作20年来，我亲眼见证了中江乡村发生的巨大变化，我们这个曾经远近闻名的"红苕县"如今也走上了乡村振兴的快通道，我工作的仓山镇党委更是荣获全国脱贫攻坚先进集体荣誉称号，这是几年来广大干部群众团结一心、共同努力的成果。回想起几年来大家脱贫攻坚的艰辛历程，一幕幕仿佛就在昨天。

啃下住房"硬骨头"

仓山镇是中江县最南端的一个大镇，面积虽广，但多丘陵、多山地、少平坝，历来是我县比较贫困的地区，是我县脱贫攻坚事业中的一块"硬骨头"。2018 年之前，仓山镇脱贫攻坚工作仍相对滞后，贫困户数量庞大、脱贫任务繁重，很多贫困户"一超六有"难以保障，其中最为突出的问题就是住房安全问题，拆除土坯房、危房改造、易地扶贫搬迁成了当时的几座大山，为了啃下这块"硬骨头"，镇村干部、帮扶干部一户一户走、一户一户摸，动员贫困户拆房、建房。

仓山镇土坯房存量大，为了更好开展土坯房改造工作，联系仓山的中共德阳市委办公室领导同志带领中江县仓山镇 62 名脱贫攻坚干部，赴遂宁市船山区考察学习土坯房改造先进经验。考察过程中仓山镇党政领导班子认真参观了黄家湾土坯房整治点、船山区永河现代农业园、船山区"梓桐人家"场镇聚居点、十里荷画板桥村民宿山庄，听取土坯房改造工作经验介绍。这里具有文物价值的土坯房被保留下来，成为了民宿山庄一道亮丽的风景线，这样的改造方式值得我们去学习和借鉴。作为领导干部，光是埋头苦干是不够的，更重要的是要不断地实践、不断地学习、不断地提高，这样才能成为干部和群众的领头羊，带领干部和群众一起谋发展、谋幸福。

这几年来，经过全镇上下的努力，我镇通过易地扶贫搬迁、地灾搬迁、C、D 级危房加固改造、土坯房拆除等政策，解决保障了 1628 户贫困户住房安全问题。

建设产业致富路

扶贫之路的尽头就是致富，仓山镇始终坚持产业扶贫提升"造血"功能，谋划"一城四区多点协同"的发展战略布局，扎实以城带乡、城乡统筹工作。

要致富、先修路。打响脱贫攻坚战以来，我镇持续完善农村路网，新建道路 156.97 公里，实现所有村通路到组。杨宏辉于 2018 年 7 月到富家村担任第一书记，富家村是典型的浅丘山村，基础设施落后，经济发展滞缓，村上的道路狭窄，社道断头路较多，对村民的生活和经济发展带来了很多不便。一到村上，他一边积极开展工作，一边积极协调相关部门，修建了 500 米的社道断头路、5000 米产业道，4.5 公里的村道由原来的 3.5 米加宽至 5 米，方便了村民的出行及农产品物资的运输。

仓山镇每个村的第一书记、驻村干部、村干部都根据本村的地理环境和实际情况，大力推动土地流转和产业发展，从脱贫攻坚开展以来，我镇从产业发展滞后转变成村村都有自己的产业，其中独楼村的蔬菜基地已经扩大到 1000 余亩，同时，由独楼村蔬菜基地业主邵开金引荐业主，在玉宇村、踏水桥村整村建设优质粮油基地 4000 余亩。通过镇村干部共同努力，在偏偏店、跳蹬、蒲溪等村发展五月李上万亩。通过发展产业，全镇 612 户贫困户可实现年租金收入 33.7 万元。仓山镇大力发展菜篮子、桑园子、果盘子、米袋子工程，发展响滩村菇世界、独楼村蔬菜、妙沟村莲藕、园山村白芷、马家湾蚕桑等 33 个基地和小微企业。用好扶贫产业分红机制，全镇投入 330 万元到企业或产投公司，贫困户年分红达 38.72 万元。通过宝金生猪代养分红形式，每年按照 30 万元分红资金，对 100 户贫困户进行分红。

让我印象最为深刻的是园山村的变化，园山村作为我镇的市级贫困村，不但没有任何产业，村集体经济也很薄弱。2018 年，市委办下派的第一书记何春林，经过实地考察，发现园山村的地理环境非常适合发展蚕桑产业，于是积极动员外出务工人员赵黎明返乡创业，并争取到产业扶持资金30万元。可是习惯了祖祖辈辈种玉米的村民们，并不愿意把土地流转出来，那段时间我几乎每天都和村"两委"一道，挨家挨户宣传动员，最终，一个上百亩的蚕桑扶贫基地落户园山村。两年过去了，如今的园山村土地流转接近1000亩，蚕桑、果蔬、小龙虾、食用菌等产业初具规模，正在创建中江县农业产业园区。

2018年起在市委的帮助下，我镇率先开展"以购代扶"帮助贫困户增收，我率领具体负责同志到中江县各大企业和单位的食堂"推销"贫困户的猪肉和油菜，有的单位有稳定的供货渠道，但是一听是为贫困户增收的政策，二话不说就答应下来，这很让我感动和欣慰。一年下来，反响不错，当年全镇通过以购代扶集中收购108户贫困户生猪249头64099斤，价值56.498万元，收购265户贫困户油菜籽133884公斤，价值80.3万。以购代扶让农民增收60.19万元。截至2020年，我镇实现以购代扶帮扶资金共534.79万元。

同心协力促脱贫

自脱贫攻坚开展以来，仓山镇作为中江县域副中心，脱贫工作备受市委、县委的关心与重视，我镇广大干部为解决贫困人口"两不愁三保障"突出问题付出了无数的心血。

有时候，解决一户危房问题需要我们入户动员十几次，解决一户贫困户收入不达标需要我们十几次对接。贫困户的吃穿、住房、收入、教育、医疗保障我们要时时刻刻记在心里，一遍遍入户核查，一次次入户动员，"5+2""白+黑"是我们的工作常态。很多时候，都不记得我们什么时候回过家，多长时间没有见过父母孩子。

仓山干部在脱贫攻坚工作中的付出是舍小家、顾大家，年轻母亲连续十几天乃至一个月都见不到家中的孩子，甚至就连孩子生病都无法亲自照顾；年轻小伙子因为白天入户核对信息、晚上又要连夜修改数据而一两个月回不了家见不到对象，导致对象和他分手。正是广大干部齐心协力，筑牢组织堡垒，我们才能取得今天的成绩。

习近平总书记指出："全面建成小康社会最艰巨最繁重的任务在贫困地区，特别是在深度贫困地区，无论这块硬骨头有多硬都必须啃下，无论这场攻坚战有多难都必须打赢，全面小康路上不能忘记每一个民族、每一个家庭。"看着村里基础设施建设越来越好，村集体经济收入越来越高，村民的产业发展起来了，贫困人口人均可支配收入稳步提高，住上了安全稳固的住房，喝上了干净卫生的自来水，孩子们坐在宽敞明亮的教室上课，党的各项惠农政策通过我们完完全全地落实到农户手里，我们虽然辛苦，但心里却充满了成就感，充满了快乐。

脱贫攻坚是一项必将载入史册的世纪伟业，是历史上波澜壮阔的一次减贫进程，这一项项成果背后隐藏了万千无名者的奉献，我很荣幸能够成为其中的一分子，也很自豪仓山镇的贫困历史在我们的努力下彻底结束，村民开启了崭新的生活。

（中共仓山镇委员会办公室　整理）

普安镇决胜脱贫的五场硬仗

罗永茂

广元市剑阁县普安镇已有 1600 多年的历史，历来为州、府、郡、县治所，是首批四川省历史文化名城、四川省卫生县城，第二批全国重点镇、四川省第三批"百镇建设行动"镇、四川省"十三五"特色小城镇、四川省经济发达镇行政管理体制改革试点镇，有"蜀道明珠"之美誉。2016 年以来，普安镇成功组织筹办召开全国易地扶贫搬迁现场会，总结宣传"六要六有"群众感恩教育，积极开展"三边三化、三清三查"农村人居环境综合整治，创新探索"12345"脱贫攻坚共建共管共享工作办法，2020 年全镇建档立卡贫困户共 2984 户 8558 人顺利脱贫。2021 年 2 月，普安镇党委负责同志罗永茂被党中央、国务院授予全国脱贫攻坚先进个人荣誉称号。他讲述了普安镇脱贫攻坚的故事。

2016 年 10 月，我受组织委派到普安镇担任党委书记，领导开展了全镇的脱贫攻坚工作。在此之前，我担任县人大常委会办公室主任，驻武连镇计划村和四合村的脱贫攻坚工作队长，带领当地群众致富增收成效显著。到了新的工作岗位，普安镇脱贫任务工作量大，担子更重。现在回想起那段艰苦奋斗的岁月，我感慨万千，将五年来的脱贫工作总结为以下五个方面。

百日攻坚　鏖战光荣

2017年3月28日，县委召开有11名乡镇党委书记参加的会议，共商共谋全国易地扶贫搬迁现场会点位准备。我回到普安镇后进行研究，提出聚居点选址定在光荣村朱家大院。定下初步方案后，4月初我带领镇干部进行实地考察并最终确定为朱家大院。我带领相关同志到仪陇县新政镇安溪潮村参观学习，并因地制宜对光荣村安置点进行规划，一是根据"小规模、微田园、组团式、生态化"的发展思路，建三个小组团；二是水（包括排水排污）、电、气、通讯线路均采用地埋入户；三是住房采用二拼或三拼模式，共墙降低成本，共基节约土地，联体外表美观。在房屋设计上，打造川北民居风貌，采取框架式结构，三人户及以上的户型，在二楼留平台，为续建预留足空间。

动工之际，镇党委、政府第一步成立焱宁晶座小区建设领导小组和指挥部，第二步确定三家施工单位，第三步保证施工的进度、安全和质量。我要求施工单位购买施工团体险，制定干部和部门每日签到制度、村社包楼包户制度，聘请三名技术指导员，同时建立食堂，向县医院、中心卫生院争取藿香正气水等防暑药品。我每天早上6点到工地督察施工签到情况，随时在各村（社区）调度劳力，保证用工充足。

2017年8月正是雨季，化粪池建设困难重重，一是建设选址和民房距离近，老百姓坚决反对，随后化粪池迁至一平台17号楼边，仅1.5米的间距；二是传统混凝土浇筑的方式因承重不够失败了两次，后来积极探索了新方法才成功。但是仍存在安全隐患，下大雨化粪池积水易引起垮塌和滑坡。为排除隐患，我想了很多办法，一是基础填充全部使用鹅卵石压紧压实，再使用钢筋编筑基础；二是每天保证三班倒，一班对17号楼周边地面用彩条布全面覆盖，防止雨水渗入；二班负责保障每天几台抽水泵抽化粪池积水；三班负责全程监督化粪池主体建设，我亲自指挥组织材料装运使用。8 月 12 日晚，浇筑混凝土的最后一天，泵车工作了一晚，我也守了一晚，悬着的心才终于落地。

9 月 16 日，载着中央国家机关部委和各省领导共 120 人的车队到达光荣村，中央电视台现场同步直播。现场会非常成功，当天下午我异常轻松又异常疲惫，随即写了一首词《增字诉衷情——战光荣》：百日千军战光荣，赤焰耀长空，挥汗洒泪今何在，帧帧相册中，贫未脱，路未修，鬓先秋，仰天长唤，阳光雨露，洒我剑州。

在脱贫攻坚中，我与人民群众结下深厚友谊。我与比大我 20 岁的建档立卡贫困户姜文武成了忘年交，他隔段时间就给我打电话，问我睡得香不香，吃得好不好，对我千叮咛万嘱咐，像长辈大哥一样关心我，每次接到他的电话，我心里就像有一阵春风吹过，一阵暖流激荡，感觉到一种温暖，感受到一种亲情。

三年变样　攻克剑西

剑西村定于 2017 年脱贫，这年的上半年我们把精力全部用在了光荣村，光荣村的任务结束后，我就把所有力量集中到剑西村。主要开展三大工作，一是产业园区大提升，我们在三、四组新建产业园 150 亩，主要发展莴苣种植业；二是人居环境大整治，重点开展农村环境清杂理乱行动；三是群众感恩教育大宣传，总结提炼出"六要六有"：要明白好歹、要知道满足、要懂得感恩、要学会自强、要养成好习惯、要形成好风气；有个好心情、有个好身体、有个好精神、有个好名声、有个好家风、有个好风尚。通过三年的脱贫攻坚战，剑西村茂林修竹，美田弥望，青砖白瓦，三年大变样，变成全镇幸福美丽新村。

芬芳尽吐　智斗白虎

白虎村是 2018 年脱贫村，白虎村发展思路和工作重点是"一委两路三园四点"。为建好村委会和聚居点，我多次召开党委会，讨论规划调整、资金使用的问题。

2018 年 3 月，我在白虎下村时不慎摔伤，用正骨水、红花油揉了七八天，结果越来越痛，到医院照片才发现三根趾骨撕裂，我打着石膏，开始长达两个月拄着拐、四条腿下村的历程。应该养伤的两个月却是最忙的两个月，我没有因为受伤耽误一天工作。我拄着拐杖坐着轮椅参观学习脱贫攻坚先进经验。

在建档立卡贫困户唐述培迁入聚居点时，我看到破旧衣物堆积如山，屋里摆放也是极其混乱。我们在征求他同意后，清理了一皮卡车废弃物。随后镇上的干部手把手教搬迁户如何收拾、摆放物品，同时将整治人居环境前后照片给他们参考对照。通过这个活动我总结出农村环境综合整治"三边三化三清三查"的经验，三边三化：对公路边、水源边、庭院边，进行绿化、洁化、美化；三清：一清旧衣旧物不用要扔掉，二清粮食农具摆放要分开，三清柴草杂物要堆放到屋后；三查：一查院坝、房间扫没扫，二查被褥、衣物叠没叠，三查厨房、厕所拖没拖。

后来我只要到白虎村，一定要到唐述培家看环境卫生，久而久之他也养成了保持环境卫生的好习惯，还带动周边农户打扫卫生。同年 11月，白虎村脱贫攻坚工作顺利通过市级验收。贫困户梁庭周由衷地感谢我们干部的付出，鼓励我们大胆干，他说我们干的都是为民造福的好事情，相信在共产党领导下，农村会越干越好。

看着白虎村一步跨千年，水泥路连接着家家户户新房，我久久不愿离开，由衷的感慨：农村真美。后来村委会前新修了一座丰乐亭，我发动全村群策群力，在丰乐亭上写道：一脉长廊映碧水，万缕紫气绕新村。我很喜欢到亭里静坐，看白虎村沐浴在晚霞的余晖中。

勠力同心　齐上银山

　　普安镇的脱贫攻坚工作一仗接着一仗。银山村是 2019 年脱贫的。银山村脱贫思路有三点：一是发展黄金梨、软籽石榴、有机水稻三个产业园；二是突出住房建设，新建九个聚居点，对银山村危旧房进行改造；三是建设基础设施，创新提出"12345"的共建、共管、共治、共享的模式，即一般村民每家一个工，党员家庭两个工，建档立卡贫困户家庭三个工，村干部四个工，易地扶贫搬迁户五个工。银山当年通过"12345"的模式整合了 615 个劳动力。为了实现多年通路的梦想，村民们积极主动、热情空前，把方便面、矿泉水背到现场，不少村民自己带工具走在施工队前面，全程参与，确保道路硬化基础扎实。

　　我后来总结了几条公民自治公约：党纪国法我来学，歪风邪气我来治，邻里有难我来帮，环境卫生我来管，家德家风我来领，公益事业我来办，发展大计我来献。伟大的脱贫攻坚战，不仅仅是党委政府的事，还是贫困群众自己的事，所以要激发群众内生动力，突出"我"的作用。

　　2019 年 12 月 3 日晚上，在会计王锦荣家院坝里，镇村组干部围着火堆商量第二天的省级脱贫攻坚考核工作，在座的有不少是六七十岁的老党员老同志。会议结束后，大家还要挨家挨户上门打招呼，告知贫困户作好迎检的各项准备，所有工作完成后我们才摸黑回家。大家对党、对人民事业高度负责的态度值得我们学习。脱贫攻坚工作是基层党员干部一步一步走出来的，一手一手抓出来的，不是轰轰烈烈而是默默无闻。在银山村那个寂静漆黑的冬夜，我思考了很多，我个人能力极其有限，一个人修不好一间房，建不起一个园，推不了一车水泥，搬不了一车砖，我只能用我的实际行动团结带领广大党员干部和人民群众，坚定不移地走在脱贫攻坚的道路上，大家积沙成塔、集腋成裘、积小流成江海，积跬步成千里，只有这样我们才能共同创造彪炳史册的人间奇迹。

一鼓作气　全镇脱贫

2020 年 6 月行政区划调整改革后，原城北镇、闻溪乡、田家乡和凉山乡六个村、北庙乡三个村划到普安镇，建档立卡贫困户共 2984 户 8558 人，脱贫攻坚任务居全县第一。我们迎接了县区间交叉检查、通过了各级验收。

普安镇在脱贫攻坚战中从大调整、大改革中实现了大交流、大融合。我跑遍了全镇所有村，熟悉村情，了解干部，通过加班加点的工作尽快熟悉大普安，为普安的发展厘清思路。每到一个村我都要看现场，听汇报，与干部群众进行交流，之所以我对干部熟悉，对村情了解，是和我扎实的工作分不开的。大家都很佩服我务实的工作作风，敬业勤政的精神，跟着我一起为普安镇的脱贫攻坚出力，在大决战中打好"1+5"歼灭战。

2021 年 2 月，我被党中央、国务院评为全国脱贫攻坚先进个人。在人民大会堂，尤其是现场聆听了习近平总书记的重要讲话，泪水无数次打湿我的眼睛。在长安街，北京的市民、车辆、行人都为我们车队让行，我流泪了，是感恩的泪水；在人民大会堂，习近平总书记亲切地接见我们，和我们挥手示意，我流泪了，是激动的泪水；人民大会堂雄壮的国歌奏起，习近平总书记庄严地宣布中国的脱贫攻坚取得了伟大的胜利，我流泪了，是自豪的泪水。脱贫攻坚路上有千千万万的人，我只不过是一颗小小的石子！在脱贫攻坚战中，我只是全力干了自己该干的事情，其他同志比我干的更多，干的更好。这份沉甸甸的荣誉属于坚强有力的组织，属于战斗在全县扶贫一线的广大干部群众！

我生在伟大的祖国，伟大的时代，从事伟大的事业，见证伟大的时刻，我感恩伟大的祖国、伟大的党、伟大的人民。我告诫自己，党组织给了我这么高的荣誉，我一定会以这次表彰为新的起点，新的动力，时刻牢记总书记的嘱托，继续扎根基层加油干，在乡村振兴伟大实践中再立新功，再创奇迹！

（向晟铭　王绍安　整理）

干在实处走在前列　打造脱贫"东河样板"

曹加伦

广元市旺苍县东河镇共有四个贫困村，贫困人口 927 户 2629 人，贫困发生率 10.85%，2018 年四个贫困村全部退出，2019 年底贫困人口全部脱贫。2016 年，曹加伦担任东河镇党委书记后，带领干部群众按照"三园联动助脱贫、农旅融合促振兴"的思路，践行"行在先、走在前、作表率"的诺言，奋力建设"脱贫攻坚先行区、乡村振兴试验区、城乡统筹示范区"，走出了一条决战决胜脱贫奔小康、有效衔接乡村振兴的"东河路径"。2021 年 2 月，曹加伦被党中央、国务院授予全国脱贫攻坚先进个人荣誉称号。

全程参与　见证千秋伟业

2012 年，党的十八大召开后不久，拉开了脱贫攻坚的序幕，到 2021 年 2 月，习近平总书记宣布脱贫攻坚战取得全面胜利，这八年是全国上下齐心协力奋战脱贫攻坚的八年，也是我在乡镇担任党委书记的八年，我有幸全过程参与并见证了脱贫攻坚的伟大实践，亲身感受到党领导人民创造的彪炳史册的人间奇迹。2021年2月25日，人民大会堂，当我聆听习近平总书记庄严宣告"我国脱贫攻坚战取得了全面胜利"的那一刻，多年来在脱贫攻坚一线的奋斗场景，一幕幕不由自主地浮现在我眼前，全过程参与脱贫攻坚，是我人生中最珍贵的财富，更是我人生中浓墨重彩的一笔，让我感到特别的激动和自豪。

打响脱贫攻坚战时，不管是我当时所在的三江镇，还是全县其他一些乡镇，农村基础设施都十分薄弱，产业发展严重滞后，群众行路难、吃水难、用电难、通信难、上学难、就医难等问题非常突出。那时候，针对贫困落后的农村面貌，如何让农民富起来，如何让农业强起来，如何让农村好起来，我感到很彷徨，也很焦急。2013年，习近平总书记提出精准扶贫理念，2015年习近平总书记又提出"六个精准""五个一批"的要求，这为我们基层干部打赢打好脱贫攻坚战、实现全面小康，增添了信心、指明了方向、明确了措施。经过多年的不懈努力、苦干实干，农村面貌发生了翻天覆地的变化，不仅基础设施完善了、农村产业壮大了、农村条件改善了、群众腰包更鼓了，而且农村群众精神面貌焕然一新、彻底改变。

攻坚破难，补齐基础短板

乡镇作为脱贫攻坚的主战场，党委书记则是乡镇脱贫攻坚的"设计师"和"操盘手"。2016年，我刚到东河镇任职，面对全镇4个贫困村、927户2629名贫困群众，我深感责任重大，任务艰巨。为了尽快摸清情况，我花了近两个月时间，带领200余名镇村干部，走村入户、访贫问苦，在掌握了第一手的信息资料后，确定将基础设施建设作为东河镇脱贫攻坚的先手棋和突破口。

东河镇虽是县城驻地镇，但交通条件还是相当落后，当时金坪村整村不通公路，有三个村不通水泥路，社道路通达率不足20%，即使是一些硬化路，大多都不足三米宽，群众出行的确是"晴天一身灰、雨天一身泥"，极不方便。我多次向县领导汇报，多次到部门沟通对接，争取交通、园区建设、以工代赈、入户路硬化等项目资金 6000 余万元，大力推进交通基础设施建设，经过艰苦努力，新（改）扩建和硬化道路 220 公里，实现了村社通硬化路，入户路通达率达到 90%、硬化率达到 85%，彻底改变了全镇交通面貌，有效解决了群众出行问题。

高山村缺水，是南阳山片区面临的普遍问题。2016 年 8 月，我到石桅村四组调研时，发现村民蒲远明正在河沟里用小水管接水，他说家里平时饮用水全靠这根小水管，但天一下雨，水就很浑浊，无法饮用。通过交流了解，这种情况全村普遍存在，甚至还有 30 多户靠背水、挑水吃。听到这些情况后，我心情非常沉重，觉得解决群众饮水问题是当务之急。于是，我抓紧召开党委会，研究提出采取集中供水与分散供水相结合的方式来解决群众安全饮水问题。四年多来，新建安全饮水工程 60 余处，铺设供水管网 300 多公里，新建和维修蓄水池 50 余口，整治山坪塘 40 多个，整治渠堰 5 公里，有效解决了 3.2 万群众生产生活用水问题。同时，全镇加大农村电网、通信网络、村文化室卫生室等基础设施改造和配套力度，截至 2019 年底，全镇新建农村通信网络服务基站 8 个，22 个行政村完成宽带接入，电网升级改造率、电视入户率均达到 100%，"1+6"公共服务中心、卫生室、文化室实现全覆盖，农村群众的幸福感获得感明显提升。

用好政策　兜住民生底线

保障民生，关键在于结合实际，落实好政策措施，而解决好住房保障问题，则是脱贫攻坚的重中之重。2017 年初，县上没有在东河镇规划建设易地扶贫搬迁集中安置点，经过现场调研，我们发现凤阳村旦家垭距离县城只有三公里，区位条件非常优越，自然禀赋独特，如果在那里建设聚居点，既能集中安置农户、改善居住条件，将来还可以以此为"圆心"，发展建设县城的"后花园"，使之成为县城居民周末休闲的好去处，这样就能达到资源开发利用与群众稳定增收致富的双赢效果。几经考虑，我提出将园区建设与易地扶贫搬迁有效结合，在凤阳村旦家垭建设一个集中安置点，打造乡村旅游示范点。

说干就干，马上就办。2017 年 9 月，按照"小组微生"要求，采取"贫困户 + 非困户"的建设模式，启动了旦家垭集中安置点建设，依山就势布局，错落有致安置，搬迁贫困户 18 户 63 人，同步搬迁非贫困户 13 户 46 人，统一配套基础设施、公共服务和特色微庭园，集中发展产业，精准促进就业，全镇高质量完成 108 户 348 人的易地扶贫搬迁，实现了"五个提升"，既保障了群众搬得出、稳得住、逐步能致富，又激发了群众内生动力，南阳片区易地扶贫搬迁集中示范区成为 2018 年全省现场会唯一参观点。累计投入资金 2400 多万元，实施农村危旧房改造和除险加固项目近 1200 户，有效改善了 4500 余名困难群众的居住条件。

这些年，我们充分用好教育、医疗和兜底保障等相关政策，通过多方努力，没有让一户农户因病、因学、因灾以及因突发事故导致返贫致贫，并针对残疾人、低保户、五保户等特殊困难群体，落实了有效的监测阻击措施，打好了政策"组合拳"，真正做到了脱贫奔康路上不少一户、不落一人。

因地制宜　发展特色产业

发展特色产业是群众稳定脱贫、增收致富的根本之策。如何发展产业，如何让老百姓的腰包鼓起来，这一问题让我感到很棘手，加之以前一些产业发展失败，致使土地荒芜，老百姓土地流转金都收不上，更增加了产业发展的困难。面对这一难题，在 2017 年和 2018 年初，我先后两次带领部分镇村干部前往绵阳、成都和浙江仙居、庆元、德清等产业发展成效突出的市县考察学习后，结合我县米仓山茶产业发展经验，我通过反复思考、研究分析，逐步明晰了采取"现代农业园区 + 一村一品示范园＋户办特色微庭园"的"三园联动"模式，立足南阳山土地肥沃、集中连片、临近城区的优势，因地制宜发展猕猴桃、蓝莓、杨梅、脆红李、柑橘等特色水果和黄茶产业，走乡村农旅融合发展之路。

思路决定出路，我迅速组织镇村干部研究讨论并形成共识后，就安排镇村干部分村分组召开群众会议，充分征求群众意愿，很快就得到了大多数群众的支持。三年多来，我们依托土地整理、高标准农田建设、园区建设等项目资金，并引进业主和发动群众，在红垭、南峰、凤阳、南阳、川山等村，大力发展猕猴桃 7300 亩、杨梅 2200 亩、蓝莓230 亩、柑橘 270 亩、黄茶 1300 亩等，建成了"缤纷世界·花果南阳"农旅融合特色产业园区 2.5 万亩，辐射带动园区内九个村 8000 多人通过产业发展、园区务工、土地流转、利益分红等方式，实现年人均增收2200 元。

先行先试　探索乡村振兴

脱贫只是迈向幸福生活的第一步，乡村振兴才是实现农业农村现代化的必由之路。党的十九大提出乡村振兴战略后，我日思夜想、反复思考，如何在既抓好脱贫攻坚的同时，又先行先试探索推进乡村振兴。

浙江德清县裸心谷、莫干山的考察之行，让我找到了破题的办法和措施，那就是依托"缤纷世界·花果南阳"现代农旅融合示范园区建设，由点及面、点面结合，进一步完善提升水电路讯等基础设施，统筹推进民居风貌改造、生活垃圾治理、"厕所革命"等农村人居环境整治行动，建链延链发展特色产业，党建引领"一核四治"培树文明乡风，建设美丽幸福新村示范片五片，建成了脱贫攻坚先行区、乡村振兴试验区、城乡统筹示范区，走出了一条决战决胜脱贫奔康、有效衔接乡村振兴的"东河路径"。东河现代农业园区被广元市授予美丽田园十乡百景，被农业部评为全国休闲渔业示范基地，并建成为国家 AAA 级旅游景区，四新村等五个村先后创建"省级四好村"，2019 年东河镇成功创建为四川省首批实施乡村振兴战略先进镇，得到国家和省市领导的充分肯定和高度评价。

回顾八年来的脱贫攻坚工作历程，我只是千千万万个奋战在脱贫一线的身影之一。开展脱贫攻坚，基层的干部都非常辛苦，有时候我对干部也感到很愧疚，特别是最后的几年，在攻坚拔寨的关键时期，全镇上下都是"白＋黑""5+2"全力以赴奋战脱贫攻坚，牺牲双休日和法定节假日。我们广大基层干部，很多时候为了脱贫工作，舍小家为大家，他们有的没有好好为父母尽孝，有的没有照顾好妻子儿女，而我能给予他们的鼓励和安慰很少。一路走来，有辛酸，也有汗水，但是我想，我们广大基层干部和我一样，有幸亲自参与、亲眼见证脱贫攻坚这一伟大的人间奇迹，曾经所有付出、所有辛苦都是值得的。

人生奋斗没有止境，为人民服务没有终点。虽然现在我已不在乡镇一线工作，但是我将坚定传承和发扬"上下同心、尽锐出战、精准务实、开拓创新、攻坚克难、不负人民"的伟大脱贫攻坚精神，在工作岗位上勇于拼搏、苦干实干、砥砺奋进，努力为人民事业、为党的事业，作出新的更大贡献。

（李林波　胡春阳　向勇　王绍安　整理）

铜鼓铮铮战贫困

何涟

南充市仪陇县铜鼓乡因境内铜鼓寺得名，总人口 6115 户 21185 人。其中建档立卡贫困人口 581 户 1912 人，贫困发生率达到 10.7%。脱贫攻坚战打响以来，乡党委主动作为、靠前指挥、全力攻坚，2018 年全乡所有贫困村出列、贫困户脱贫。2020 年在全省现代农业园区建设现场会被南充市委、市政府评为先进集体；2021 年 2 月被省委、省政府评为 2020 年度四川省实施乡村振兴战略工作先进乡镇；2021 年被党中央、国务院评为全国脱贫攻坚先进集体。何涟讲述了铜鼓乡的脱贫故事。

发展产业促增收

为了突破局限，拓宽贫困群众增收渠道，乡党委根据铜鼓的自然禀赋和区域特点，打响了特色产业培育攻坚战。

经邀请农业专家实地反复考察论证，在乡党委的大力支持下，铜鼓乡积极推行"龙头企业＋业主＋农户""专合组织＋农户"等模式，鼓励群众以土地、劳务和扶贫资金入股，因地制宜发展投资少、风险小、易操作的蚕桑、柑橘、蜜柚、李子等特色产业，同时派农技人员蹲点，手把手传授种植技术，引导农民科学种田，适度发展。共流转土地1.6万亩，建立脱贫奔小康产业园区8个，培育了新型农业经营主体专业合作社26家、家庭农场43家，全乡贫困村集体经济组织年均收益1.9万余元。上述几大特色产业，早已成为铜鼓群众稳定增收的支柱产业。其中，蚕桑种养所生产的蚕丝，更是因其"爽滑柔和，温而不燥"驰名四方。

2019年，铜鼓乡引进香港利达丰集团建立万亩有机蚕桑基地，蚕桑种养自此成为铜鼓最大的产业，带动全乡群众600余人参与进来。蚕桑基地在建设推进过程中，根据本地蚕桑种养能手的经验，制定相应的生产技术标准，要求按照操作标准严格规范。同时基地为业主桑树种植、蚕丝加工、产品销售提供技术、信息、市场服务，提升蚕桑种养标准化、专业化水平。

为升级打造蚕桑文化主题旅游目的地，基地建设了生态停车场3个、旅游星级厕所2处、蚕桑文化展示墙50处、观景平台1个、蚕桑文化长廊、蚕桑丝绸展示厅1处，同时对园区内的500余户农户房屋进行风貌改造，既改善了村民人居环境，又吸引了周边农户发展蚕桑产业，真正实现了一二三产业融合发展。

与此同时，乡党委主动作为、积极引导，广泛发动群众参与，充分利用政府与企业的利益联结机制，招引返乡创业的业主85户入园养蚕，引导闲置劳动力进园务工，邀请专家提供技术培训。引导贫困户通过入园务工、土地流转、固定分红等方式实现年均增收1.13万元。

"在自己家门口就能做事，一年的收入都快赶得上在外面打工了。多亏了我们铜鼓的这个桑园！"进园务工的贫困户刘菊英对我说，"有了产业园，不但能稳定脱贫，还能有长期收入了，感谢乡党委、政府的帮助，我家的日子越来越好了。"

危房改造焕新颜

为了让贫困群众告别"漏风撒气"的"担心房"，住上整洁明亮的"安心房"，乡党委统一安排部署，按照"两不愁三保障"目标要求和"户申请、村评议、镇审核、县审批"的操作程序，组织人员对全乡的住房、厨房、厕所进行全覆盖排查，不漏一人、不落一户，列出清单、因户施策，集中对符合条件的村民统一实施危房改造和厨厕配套工程。同时，组织联村干部对所挂联村进行全方位督察、指导，着力解决群众实际问题，持续巩固脱贫攻坚质量。

在合同约束上，先亮标准。确定为危改户后，由乡、村、户三方签订危房改造协议，明确三方责任、房屋改造后面积、开工竣工时间、补助资金数额及拨付方式等，在工程开工前就把规定、标准说清楚、讲明白。

在施工监管上，讲明规则。组织专业人员定期、不定期对危改施工进行监督检查，强化过程监督，在关键施工环节，及时入户进行技术指导，对发现存在安全隐患的及时指导解决。

在验收资补上，确保安全。改造住房竣工后，组织专业人员及时初验，在此基础上，请县住建、财政等部门，对房屋查验，坚决确保房屋质量安全。

到 2021 年，全乡已累计实施 C、D 级危房改造 433 户，其中贫困户 363 户，非贫困户 70 户；自建 287 户，代改建 146 户，均已竣工验收，累计拨付补助资金 990 余万元。

九龙山村非贫困户郑波与其母亲原常年在外务工居住外地。2020年初，母子俩因疫情影响暂时回村居住。驻村工作队、乡干部日常下村走访时，发现其房屋板壁损坏，立即将情况报给乡党委。乡党委依据危房改造政策迅速组织人员对其房屋进行了全面的换瓦、刷墙、加板壁等项目，房屋里外焕然一新。"以前常年在外，没有回家居住，也不去管老房子有没有破旧,这次我们回家,乡干部、扶贫队主动来把我们的房子翻新了,让我儿子可以放心地外出务工,感谢党和政府的好政策!"

易地搬迁暖民心

为了让铜鼓乡每一名困难群众都能乐业安居,2016 年开始,乡党委按照"政府主导、群众自愿"的原则,通过"挪穷窝、换穷业、拔穷根",将居住在生存条件恶劣地点的 70 户 235 名贫困人口实行易地搬迁分散安置。

搬迁前,易地搬迁户大多生活在偏远的山沟里,生产生活条件较差,一方水土养活不了一方人。但是,穷家难舍、故土难离,要他们迁离世世代代居住的地方,确实是一件痛苦的事。为了消除群众疑虑,扎实推进易迁工程,乡党委立下愚公移山志、风雨无阻勇向前,逐户制定项目计划,倒排工期,稳妥推进。

各村帮扶干部守初心、担使命,尽职尽责、任劳任怨,奋战在搬迁工作第一线。他们挨家挨户讲政策、解难题、说产业,把施工现场当战场,把搬迁群众当亲人,舍小家、为大家,做了大量扎实有效的工作。为确保搬迁群众"搬得出、稳得住、能脱贫",乡党委"对症下药"出台一系列帮扶政策,采取入股分红、土地流转等方式帮助搬迁贫困户脱贫致富:鼓励群众以土地、劳务和扶贫资金入股,因地制宜发展蚕桑、柑橘、蜜柚、李子等特色产业,拓宽群众增收门路。

目前,搬迁对象住房安全均已得到有效保障,安全饮水、出行、用电、通讯等基本生活需求得到基本满足,享有便利可及的教育、医疗等基本公共服务,搬迁对象有稳定的收入渠道,生活水平明显改善,全部实现稳定脱贫。易地搬迁户陈英对我说:"当时你们干部到我家动员搬迁时,我还有点舍不得我家那点山坡地。但是现在你看,搬了之后我们什么都不用愁,还能进桑园干活,真是比原来种地强多了。"

志智双扶谋长远

为了从思想上、精神上帮困难群众树立摆脱困境的信心和斗志，乡党委多点发力、积极引导，以脱贫先进典型评选活动为契机，利用各种宣传阵地，放大头雁效应，在各村（社区）以横幅、墙体等载体印刷宣传标语，通过入户宣传、面对面说扶贫、村村通广播等方式进行扶贫政策宣传，营造因懒致贫可耻、勤劳致富光荣的浓厚氛围；深入到贫困村、困难群众中，以文艺演出、露天电影等群众喜闻乐见的形式，开展示范户脱贫故事宣讲，激发贫困户"我能脱贫"的自信；利用微信、QQ等平台，宣传群众身边的脱贫故事，进一步营造艰苦奋斗、矢志脱贫的浓厚氛围，凝聚脱贫攻坚向心力。一时间，一批批脱贫示范户成为全乡励志脱贫的典型代表，群众之间互比争先，不断寻找自身差距，全乡贫困户的思想和行动发生了很大变化：主动向帮扶干部问点子的多了，伸手要救济的少了；主动要求进步的多了，有等靠要想法的少了；主动参加村上集体活动的多了，闲在家里的少了……

铜鼓的贫困群众大多受教育程度不高、没有技术傍身、没有可持续再生产的意识。为了解决好这些"非物质"问题，真正拔掉穷根，乡党委明确，扶贫不仅要扶志，更要做好扶智工作。为了让全乡每个孩子都能享有公平而有质量的教育，确保一个不漏，应助尽助，不让一个孩子因贫辍学、失学，通过教育扶贫阻断贫困代际传递；"授人以渔"加大技能培训，让脱贫有"技"可依，坚持因户因人施策，面对市场需求，结合贫困人员特点，及时调整培训内容，不断提高培训的针对性、实用性和有效性。

全乡已组织开展技能脱贫培训班六期12个班，培训合格360人；培育致富带头人让脱贫有"机"可乘，加大培训力度，培养有文化、懂技术、会经营的新型农民，通过发展壮大小微企业、培育特色产业等，充分发挥他们在脱贫攻坚中的引导带动作用，不断探索集体经济和农民增收的有效实现形式，引领贫困群众树立自主脱贫思想，全乡已培育创业致富带头人 15 名，稳定带动 150 名贫困群众通过自身劳动实现年均增收 3000 元。

旌旗招展铸铁军

我们铜鼓的扶贫干部是一支"铁军"。脱贫攻坚是一场时间长、跨度广、难度大的攻坚战、持久战，是一场考验意志力、锤炼党员干部队伍作风的硬仗。铜鼓乡之所以打赢了这场硬仗，靠的就是这支苦干实干、不拔穷根绝不撤退的"铁军"。

在脱贫攻坚战役中，乡党委统一指挥、协调各方，干群联动、全员参与。班子领导各负其责、挂图作战、强力推进。上级协调安排 7 个帮扶单位、14 名第一书记充实到铜鼓乡的脱贫攻坚队伍，实现了第一书记、帮扶工作队行政村全覆盖，乡村两级脱贫责任组全覆盖。全乡 312 名帮扶干部奋战一线，联系全乡 581 户贫困户，逐户摸清家底。县级干部、乡科级干部、村社干部、第一书记、驻村工作队、帮扶责任人明确建立责任清单，层层压实帮扶责任，蹲点督导，严格考核。对不胜任、不适应的干部及时调整；对能干事、出成绩的干部及时表彰。

这是一场层层立下军令状、指挥高度统一的大决战。人人肩上有压力、心里有动力，千帆竞发、你追我赶。领导干部进村到户、遍访贫困户。每次入户走访，随身携带笔记本，将建档立卡贫困户的致贫原因、家庭人口数、土地亩数、联系方式、家庭年平均收入、住房面积、是否危房等信息详细记录。白天走访贫困户收集资料，晚上针对走访情况进行"一户一档"和"一户一袋"资料整理归类，时常工作到深夜，真正为老百姓想办法谋实事。

贫困户家里的事儿，就是我们自己的事儿，扶贫干部们以身作则，心心念念，用心化贫解困。大家累并快乐着、苦并幸福着，沉下去、贴着帮，将心比心、以情换情。李桂华是原常家营村的第一书记，铜鼓脱贫后，他感慨地说道："到铜鼓工作 24 年，现在亲眼见证所驻常家营村摘掉贫困帽，一切苦和累，都值了！"

脱贫攻坚是练兵场，是试金石。通过脱贫攻坚的洗礼，铜鼓锻造出了一支忠诚、担当、奉献的党员干部队伍。有了这支"铁军"，铜鼓便有了底气，今后在乡村振兴的新征程上，我们必定能够攻克堡垒、打赢硬仗。

（唐榆杰　整理）

青春无悔　筑梦岫云村

李君

广元市苍溪县白驿镇岫云村牢记习近平总书记殷殷嘱托，在村党支部书记李君带领下，立足实际，探索"互联网＋小农户"模式，走出了一条山区小农户充分融入现代农业的新路。2019年，岫云村贫困户全部脱贫，创建为全省实施乡村振兴战略示范村。李君先后获得全国脱贫攻坚奖奋进奖、四川省优秀基层党组织书记、全国脱贫攻坚先进个人等荣誉称号。2018年2月，习近平总书记在成都主持召开打好精准脱贫攻坚战座谈会，李君作为基层代表汇报了岫云村脱贫攻坚工作，总书记勉励他"年轻人，好好干"。

岫云村是秦巴山深处的一个普通小山村，没有矿藏、没有独特的旅游资源。十多年前，全村虽有一辆小汽车，却没有一寸水泥路，没有一分钱的集体经济收入，全村的年人均纯收入仅3000多元，246户人家中180多户住着土坯房。村里在全镇考核中连年排名倒数第一。

2003年，我走出岫云村，到省城一所重点大学读书。在城市生活五年后，2008年家乡遭遇地震，看到家乡落后的面貌，我第一次萌发了要回村做点什么的念头。后来，43岁的表哥因为救灾过度操劳，突发脑溢血牺牲在工作岗位，更坚定了我要回到家乡的决心。

"讨钱"修路，赢得群众的信任

冠冕堂皇地讲，回乡是因为情怀。更实际一点地说，我从灾难和贫穷中看到了机会和希望。

2008年，我选择回到岫云村。先是兼任村主任助理，两年后，村"两委"换届，我全票当选岫云村党支部书记。一个"娃娃"当书记，"嘴上无毛，办事不牢"，一时风言四起。人年轻，还没干出成绩，群众不信任。我明白，要改变这种情况，只有把事情做出来做好了，才能让老百姓心服口服！

当时大家最关心的就是修路的事情，但是修路需要巨额资金，钱从哪里来呢？群众筹资，不可能。一是群众本身穷，二是群众怕出了钱，被我这个"娃娃"书记打了水漂。

"没有钱，我来找！哪怕是讨口要饭，我也要把路修通！"会上，我打了包票。接下来的半年，我四处"化缘"找钱。我跑了很多知名的富裕村：一是开阔自己的视野，完善我对岫云村的发展规划思路；二是想向这些富裕村"讨"点钱修路。

8000多公里行程，为了节约钱，我舍不得买卧铺票。遇到节假日，硬座都没有，就在火车过道站着，一站就是几十个小时。实在太累了，我就拿出村里的介绍信看看，给自己打气。最后，四川宝山村、中国大唐集团、苍溪红军渡建筑公司等支持了85万元。再加上国家的配套资金，2010年，我们村三条长达六公里的水泥路修成了。路通的那一刻，我哭了，家里的人哭了，村里的很多人都哭了。后来的几年时间，脱贫攻坚的春风吹进了岫云村，国家投入数百万元，又修了十多公里的水泥路，一直通到村民的家门口。

远山结亲，首创"以购代捐"活动

路通了，有了信任基础，很多老百姓说，这个娃娃还是能干事的！接下来，我又把产业发展提上日程。可是老百姓对发展产业积极性不高。他们经历过栽桑树砍桑树、栽梨树砍梨树、种蘑菇烂蘑菇等太多的产业发展失败之痛。还有人说"凡是你们让做的，我坚决不做，凡是你们让干的，多半都会失败"。

岫云村要发展什么产业呢？怎样才能把这里的青山绿水好空气，满山遍野的生态资源，变成老百姓口袋里实实在在的收入？我们最后决定把发展重点放在种植业和养殖业上，不走大规模的养殖道路，走"绿水青山就是金山银山"的生态产业发展模式。我们动员各家各户分散养殖，与此同时，加强技术培训，引导大家绿色养殖。

我在成都学习、工作时发现，城市消费者对农村的生态食材需求旺盛，可他们却没有可靠渠道。我们农村有好东西，却卖不出去。能不能把他们请到村里来看看呢？

有了这个想法，我跑到成都开始了我的"远山结亲，以购代捐"计划。我一家一户按门铃、叩铁门，受过白眼，挨过骂。一开始很多人认为，我是找他们要捐款捐物的。可我告诉他们，不需要捐一分钱，而是让他们少花钱就能直接买到更好的农产品。

2014年3月，我们村成功开展第一次"远山结亲，以购代捐"活动。现场来了10多家企业、50多个爱心家庭，现场认购了50多万元的农产品。一下就在我们县炸开了锅！家家户户的鸡鸭猪、米面油蔬菜，都以高于本地市场价30%以上的价格卖出去。后来，我们又陆续邀请中国建设银行、启阳集团、中国大唐等单位到村里开展"以购代捐"活动十余次。两年多的时间，结对认购的城市家庭达到1200多个。中国大唐集团还给我们村捐赠了一辆运输农产品的冷藏车。2018年6月，岫云村的"以购代捐"扶贫模式写进了党中央、国务院《关于打赢脱贫攻坚战三年行动的指导意见》。

为了持续开展认购活动，我每个月都要往返成都和村里。2015年11月3日，我在回村的路上出了车祸，肺部受损，肋骨断了六根，可我只住了13天医院就出院了。因为我知道，如果不能及时组织城里的家庭到村里认购产品，老百姓的东西卖不出去，辛辛苦苦建立的信任可能就要泡汤。正是这次车祸，逼着我思考怎样更好地解决农产品稳定上市的问题，岫云村怎样走出去的问题？

跟紧时代，探索"互联网＋小农户"模式

2016年，我们以岫云村为品牌的扶贫体验餐厅在成都锦城大道正式开业。这个扶贫体验餐厅成为连接城市和山区农村的窗口和桥梁，城市消费需求和农村的生产需求无缝连接，岫云村品牌真正扎根在了大都市。

三年多来，消费者在我们村的餐厅不仅吃到了健康的食材，顺带买走村里的农产品，他们也用实际行动参与了扶贫工作。在这里，我们做菜的20多个工人都来自岫云及周边村子。在这里，他们说着岫云村的话，卖着岫云村的产品，讲着岫云村的故事。他们收获的不仅仅是物质上的回报，更是精神上的满足和自豪！

2017年12月4日，在世界互联网大会"共享红利：互联网精准扶贫"论坛上我作了《互联网＋小农户　打通产业扶贫最后一公里》的主题演讲。2018年在成都和苍溪县又开设了三家岫云村农产品专卖店，还在盒马、华西医院设立了专柜销售。2019年，我们开发了小农户的数字化管理平台，不仅让小农户的产品实现了标准化生产和可溯源，还有效解决了销售难题。我们这个"互联网＋小农户"模式具体是这样的：

首先构建生产组织体系，着力扶优生产主体。一是产业布局精准化。我们重点发展以生猪、小家禽为主的健康养殖和以苍溪红心猕猴

桃、柑橘、有机蔬菜为主的特色种植，拓展延伸发展创意休闲农业和农产品加工，通过农业企业、农民合作社等新型经营主体对接城市市场对健康食材的旺盛需求，为全面实施乡村振兴提供物质保障。二是生产标准规范化。对村民饲养的土鸡、土鸭、土猪，摒弃传统"以重量计价"的方式，改为"以基准养殖时间保底，按只数或头数计价"的方式保底采购。其中生猪饲喂时间不低于 300 天、鸡鸭饲喂时间不低于一年，农户仅需按照公司计划和标准进行养殖，就能拿到高于同期市场销售价20—30% 的收购价，对养殖质量高的农户还给予额外奖励，农户从事健康养殖的积极性和主动性大幅提升。三是养殖适度规模化。建立"小农户 + 企业 + 农民专合社"利益联结机制，签订"订单生产"协议，推行生态畜禽"共享养殖"。《协议》明确以与小农户生产能力相匹配的"去规模化"方式推进适度规模健康养殖。

其次构建科学管控体系，着力建优组织方式。一是在"第一车间"建立村级管理员。招聘 57 名熟悉农情村情且有较强互联网运用能力的大学毕业生作为村级管理员，实现近 100 个合作村"第一车间"生产管理全覆盖。二是在"供需之间"搭建智能化平台。成立岫云村生态农产品专业合作社，与周边 50 多个村近 3000 户养殖户签订订单，把特色产品推介给成都农副产品加工企业。为确保原生态养殖和畜禽产品品质，我们引进高科技智能产品，给鸡鸭安装"身份证"——编码脚环，给仔猪佩戴蓝牙耳标，应用 Handle 溯源技术，研制开发"岫云村"App 软件，通过"一物一码"将产品与编码一一对应，数据实时入网，消费者通过畜禽的编码和耳标可实时查询养殖信息，通过拍摄的视频可察看养殖情况，充分保障每个城市家庭买到的都是合格的绿色产品。三是在"生产内外"开展诚信度评价。对合作农户诚信度开展"双向评价"，并在一定范围内进行公示。对信用等级差的农户，建立适时预警和剔除惩戒机制。对信用等级高的农户，建立养殖和销售优先激励机制。

再次构建优质品牌体系，着力培优农业品牌。一是以创意时间概念定义农特产品。坚守生态养殖初心，在全国率先运用时间概念将土鸡、土鸭、土猪定义为"时光鸡""岁月鸭""年华猪"，目前"文艺范儿"十足的农产品已成为消费市场的网红产品。同时，积极引进"川藏黑猪"等适应产地环境的优质品种进行养殖。二是以稳定购销关系拓展扶贫成效。岫云村秉承"让捐助者有回报、让受助者有尊严"的帮扶理念，创新推出"远山结亲·以购代捐"社会扶贫模式，即爱心企业和个人依据当地的市场价格，认购不少于一万元的原生态农产品，由岫云村原生态农产品专业合作社按产品生产季节直接配送到爱心企业或员工家中。三是以做靓村名打造农业品牌。抢抓重要机遇期，2019 年注册了"岫云村"商标，获得四川省扶贫开发协会颁发的"四川扶贫"商标授权书。目前，"岫云村"正携手"一品一家"农业公司进一步打造"岫云村"品牌，努力成为一个值得信赖的农业品牌。

最后是构建精准营销体系，着力做优市场流通。一是线上做优"品牌营销"。坚持用互联网思维来整合和连接农村闲散资源，充分发挥互联网"连接"和"共享"优势。截至目前，通过直播带货、线下体验店累计销售近 60 个村、3000 多农户生态农产品 2000 多万元，带动 30 多个贫困村、800 余户贫困户年均增收 3200 元。二是线下做活"农超对接"。积极拓展城市消费市场，与盒马鲜生等知名连锁超市签订供货协议，推动岫云村生态农产品进城。购置冷链运输车三台，常年运输生态农产品直供大型商超，有效减少了农产品流通中间环节，让消费者和生产者得到实惠。三是创新做实"社区体验"。建立岫云生态农产品体验店，在锦城大道开设全省首家扶贫体验餐厅。依托线下社区店，搭建消费体验平台。社区店集展示、体验、销售等功能于一体，通过图片、文字、视频等真实还原岫云村产地、生产者及产品溯源过程，赢得了城市消费者家庭的充分信任。目前，累计在成都、苍溪开设社区店三家。

截至目前，我们已经带动周边近 60 个村，2800 多户加入"岫云村"品牌计划。我希望用互联网去连接千千万万的小农户，打造"岫云村"品牌去对接城里的大市场。通过市场化和品牌化运营，让合作的老百姓的劳动更有价值，让他们的生活更有尊严。

坚定信心，打造山区农村乡村振兴可复制样本

这些年，随着岫云村小有名气，各级党委、政府也给了我很多荣誉。2014年，省委表彰全省优秀基层党组织书记，要找党员和群众座谈，几个党员就悄悄地对我说："李书记，我们不得说你好话哟，说你好话你就调走了，我们怎么办啊？"当时我心里好一阵发酸，眼泪唰唰地掉下来。其实这就是老百姓对我的另一种肯定和信任！从那一刻起，我暗暗下定决心，我哪里都不去，就当好这个村党支部书记。

今天的岫云村，已经实现整村脱贫，成为四川省省级四好村、全省乡村振兴示范村！今天的岫云村，541户人家中300多户有了小汽车；今天的岫云村，走出了一条以村为品牌、市场需求为导向的产业可持续发展之路；今天的岫云村，每天都有专人指导生产，收购产品；今天的岫云村，每个老百姓的脸上都洋溢着幸福和自豪的笑容！

2018年2月，习近平总书记在成都主持召开打好精准脱贫攻坚战座谈会。我作为基层代表向总书记汇报了岫云村的情况，发言结束后，总书记鼓励我说，"现在的精准扶贫，下一步的乡村振兴都需要有知识有文化的年轻人。年轻人，好好干！"总书记的殷切嘱托更加坚定了我要打造岫云村品牌，做好山区农村乡村振兴可复制样本的信心和决心。

我是个普通农民家庭出身的人，我的父母都是地地道道的农民。感恩伟大的祖国，感谢这个伟大的时代，让我这样一个平凡的人也能有人生出彩的机会！

（赵军　熊玉琼　帖君帮　张剑　白咸荣　王绍安　整理）

三河村的巨变

李凯

凉山州昭觉县三岔河镇三河村实施脱贫攻坚以来，党支部用实际行动和辛勤付出赢得了彝族群众的信任和认可，兑现了向习近平总书记和全村贫困群众的庄严承诺，带领着贫困群众走上了致富路。三河村旧貌换新颜，实现了社会制度千年跨越之后的又一个千年跨越，让产业强、村民富、新村美的梦想照进现实。2021年2月，昭觉县三岔河镇三河村被授予全国脱贫攻坚楷模荣誉称号。李凯讲述了三河村发生的巨变。

2021年2月，昭觉县三岔河镇三河村被授予全国脱贫攻坚楷模荣誉称号，我代表三河村全体干部群众对总书记说："总书记您好，您让三河村的乡亲们脱贫，让他们过上好日子。乡亲们非常想念您，他们托我向您再道一声'卡莎莎'。"我自己做梦都想不到，转任三河村第一书记一年后，竟然有幸站在习近平总书记面前说出这句"卡莎莎"，表达彝族同胞对总书记，对党和国家的感恩之情。

回想三年前的三河村，处处都是低矮破旧的土坯房、进村的机耕道坑坑洼洼，晴天一身土、雨天两脚泥。习近平总书记十分牵挂彝区群众脱贫奔康。2018年2月11日，习近平总书记来到我们这个位于大凉山腹地的小村庄看望慰问贫困群众，指出"全面建成小康社会最艰巨最繁重的任务在贫困地区，特别是在深度贫困地区，无论这块硬骨头有多硬都必须啃下，无论这场攻坚战有多难打都必须打赢，全面小康路上不能忘记每一个民族、每一个家庭"。总书记和干部群众一起围坐在火塘边，为决战决胜脱贫攻坚把脉问诊，开出良方，总书记离开时叮嘱我们，"要把共产党对老百姓的承诺一一兑现"。总书记的话像火塘里的火苗一样，让我们既感到无比温暖，也让贫困群众升腾起了无限希望。

三年后的今天，三河村已经发生了天翻地覆的变化，无论是"面子"还是"里子"，可以说都已经脱胎换骨，土坯房变成了小洋房，羊肠小道变成了康庄大道，孩子们的琅琅读书声在山间回荡，脱贫致富的喜悦在贫困群众的脸上绽放……三年间，全村贫困户人均纯收入从2015年2284元增加到2020年11245元，增长了近四倍，脱贫攻坚取得全面胜利。

加快补齐民生短板

说起三河村的脱贫之路，还要从2013年开始。当时三河村共识别出建档立卡贫困户151户789人，贫困发生率高达46.5%。三河村祖祖辈辈都住在瓦板屋、石板屋和茅草屋里，统称为"三房"。这些简陋的房子墙不避风、瓦不挡雨，且低矮、潮湿、人畜混居。路能不能走，要看老天爷的脸色。成片破旧的土坯房、狭窄泥泞的进村道路……打响脱贫攻坚战后，才让彝区群众逐梦奔小康的千年夙愿得以实现。

60多年前凉山的民主改革，让彝族同胞实现了第一个千年跨越；如今，正经历第二个千年跨越。脱贫攻坚以来，我们村党支部紧盯"两不愁三保障"和村"一低七有"目标，齐头并进补齐民生短板。把住房安全作为贫困户脱贫的重要标志，按照"组团式、微田园，大聚居、小杂居"规划建设思路，先后规划了九个易地扶贫搬迁安置点152套安全住房，惠及816人，在集中安置点建起党群服务中心、村史馆等公共设施。解决群众出行难、饮水难等困难，让贫困群众住有安居、生活便利。饮水问题长期困扰着三河村村民，为了让群众喝上放心水，三河村驻村工作队请来水利专家，跋山涉水，找到了稳定水源，彻底结束了老百姓从几公里的村外背水吃的历史。要想富先修路，为解决老百姓出行难、农产品优质难变优价问题，村里不仅建成了通村柏油路，还积极争取资金，修建了20.3公里的通组环形入户道路，打通"主动脉"，完善"微循环"，让老百姓出行更加便捷更加安全。同时，还积极争取佛山援建资金和凉山州烟草公司捐赠资金，在全村规划建设四处幼教点，90余名儿童在家门口就能享受与城镇幼儿园一样的设施和师资。全村群众全部实现签约医生服务，贫困户医疗保障实现100%，彻底阻断了因病致贫。经过三年多的艰苦努力，贫困群众的生产生活条件得到显著改善，贫瘠的小山村正上演着新时代的山乡巨变。

文旅融合　持续稳定群众收入

习近平总书记指出，发展是解决一切问题的总钥匙，摘掉穷帽子不是终点，而是新生活、新奋斗的起点。综合帮扶既是脱贫攻坚的护航工程，也是乡村振兴的奠基工程。三年来，我们三河村的第一书记、驻村工作队、村干部始终坚持把发展产业作为三河村发家致富的"金钥匙"，带领贫困群众不断探索实践，走"短中长"结合的发展路子。把发展产业就业作为主攻方向，着力当前抓脱贫、吹糠见米，着眼长远抓发展、稳定致富。

短期主攻养殖和组织劳务输出。经过考察论证，结合三河村自然条件，引进了西门塔尔牛，采取"分散到户养殖、合作社统购包销"的方式，帮助贫困户户均增收一万元以上；在村民技能和素质提升方面，2020年我们通过乡村两级农民夜校，培训实用技能，输出贫困劳动力220余人，实现人均务工收入两万元以上。

中期发展特色种植，向土地要效益，为改变当地传统种植效益低的状况，经过前期小规模试种，并邀请省农科院专家实地论证，确定了种植产值更高的云木香、花椒、冬桃等特色农产品和水果，目前已种植云木香 1000 亩、冬桃 370 亩、花椒 2800 亩，预计两三年后，能带动贫困户户均一人在村内稳定务工就业，实现户均年增收两万元以上。

长期走产业融合发展之路。三河村已入选四川省 100 个乡村旅游重点村，被增补为四川省第九批省级文物保护单位，入选长征干部学院实践教学点之一。三河村立足自身资源禀赋，大力发展乡村旅游，把旧址、新居和村史馆串联起来，无缝对接乡村振兴大业。随着党建教育基地、精品民宿规划建设、红色旅游路线打造和州级脱贫攻坚实景博物馆的建设契机，三河文旅产业势头强劲。现在不仅村情村史馆开馆了，青山松林间，黄墙黑瓦的彝家新居也十分醒目。旧址重点突出"总书记暖心之路"主题，一体规划建设旧址、新居和村史馆，发展乡村旅游和干部培训教育基地，吸引群众就近就地就业，帮助群众实现长期稳定增收致富。农业产业也在不断壮大，"地里核桃、山上桃树、林下药材"的生态与产业融合发展之路越来越清晰，成效越来越明显。

改变观念　倡树新风

在扶贫工作中，我们始终坚持扶贫先扶志、治穷先治愚，引导群众破除陈规陋习，移风易俗树新风，积极倡导科学、文明、健康的生活方式。以前生病时，老百姓总以为是有鬼附身。习近平总书记来三河村时对彝族乡亲说，过去的确是有"鬼"的，愚昧、落后、贫穷就是"鬼"。现在搞脱贫攻坚，不仅要让群众住上好房子、过上好日子，更要促使大家养成好习惯、形成好风气，这样才能真正实现农业强、农民富、农村美。

三河村干部坚持紧扣"3579"工作法内外用力，让现代文明的春风吹遍了全村每个角落。我们坚持身教代替言传，为帮助村民养成爱干净、讲卫生的好习惯，乡村干部、驻村工作队员自带洗衣粉、水盆、扫把、抹布，轮流到贫困户家中帮助洗衣服、被套、打扫卫生，时间一久，再懒散的村民，脸上也挂不住，纷纷加入到讲卫生的行列中。

"学前学会普通话"向纵深推进，全村所有村幼教点教学全时段使用普通话，实现了学前儿童进入一年级时全部会听、会说普通话，为彝家儿女接受现代教育奠定了坚实基础，控辍保学工作成效显著，实现了学龄儿童零失辍学，彻底破除了贫困代际传递的根源。村妇联大力推广"里鲁博超市"，开展清洁乡村和人居环境整治行动，实行积分制管理，重奖先进户、鞭策后进户，引导勤劳朴实的村民创建洁美家庭。

发挥基层党组织引领作用

我们始终注重建强堡垒，让党支部"旗帜举起来"。党支部加强"三会一课"等组织生活，发挥党员先锋作用，统一党员的思想和行动，举起一面有凝聚力、号召力、战斗力的旗帜。党员先锋示范作用带起来，三河村党员自觉从"我"做起，亮身份，承诺发挥先锋作用"一句话"，做到带头发展产业、带头勤劳致富、带头遵纪守法、带头移风易俗、带头养成生活好习惯。

教育引导"群众跟起来"，开展"四好"家庭创建活动，成立村红白理事会，拟定章程，完善村规民约，对厚养薄葬、高价彩礼、大操大办等陋习进行整治；成立"支部＋协会＋家族"禁毒协会，召开禁毒盟誓会，对违反村规民约和禁毒公约者严惩严罚。开办"农民夜校""农民网校"，将习近平总书记系列重要讲话精神、感恩教育、外出务工知识、"昭觉禁毒防艾二十条"、移风易俗，学网、懂网、用网等作为宣讲培训内容，组织群众学汉语、学政策、学法律、学技能，帮助算清政策账、收入账。现在的三河，基层治理水平有保障了，百姓的生活质量也提升了。

千年凤愿，梦圆今朝。在各级党委政府的倾力帮扶和全国人民的关心关注下，在大家的共同努力下，困扰三河村的深度贫困问题已经得到历史性解决。我们三河人将始终牢记总书记嘱托，感恩奋进，感党恩、听党话、跟党走，增强内生动力，撸起袖子加油干，为全面建设社会主义现代化国家、实现第二个百年奋斗目标而继续奋斗、勇立新功。

（朱文峰　采访，沙古金史　整理）

三青沟村从穷山村到先进村的蜕变

陈建清

南充市蓬安县三青沟村是个典型的旱山村、穷山村，2014 年，被确定为贫困村，40 户 124 人被确定为建档立卡贫困户。村支部书记陈建清在身患重病的情况下，带领三青沟村"两委"班子转观念、聚民心、下苦功，确立并实施了"百亩清水鱼，千亩有机稻，万头猪牛羊"的"百千万"工程，在 2016 年成功实现脱贫摘帽。陈建清先后被授予2019 年度四川省脱贫攻坚奖先进个人、四川省优秀共产党员、全国脱贫攻坚奖奋进奖、全国脱贫攻坚先进个人等荣誉称号。

问：请介绍一下您本人的情况以及三青沟村的变化。

陈建清：我叫陈建清，1966 年 4 月出生于蓬安县济渡乡一个普通农民家庭。一大家子团结和睦进取，我就是在这种环境中长大，并读完了高中。1986 年 2 月嫁给了三青沟村的邓怀祥，现在有一儿一女，儿子患有先天性癫痫，生活无法自理，女儿现在外地创业。2005 年我取得了省委党校的大专文凭，圆了我的大学梦。2009 年我得了系统性红斑狼疮，这个病晒不得太阳，还要一直吃药，但我还是把庄稼种起来。

以前村里有赤脚医生，后来他们走了，就没有医生了。因为我和儿子的病，加上我父亲懂医药，我娘家妈也是赤脚医生，我就自己学医，考取了乡村医生资格证，解决了全村村民小病不出村的问题。2001年12月我被选为三青沟村委会副主任、妇女主任，因为做了些实事，大家都认可我，所以2018年7月又被选为三青沟村党支部书记。

三青沟村面积2.39平方公里，9个社、245户、789人，是个典型的旱山村、穷山村。全村仅有一条三米宽的土路，耳巴子（巴掌）这么大，主要靠种养和外出务工为主，基本没有公共文化卫生事业。为了改变这种贫穷落后的面貌，我和其他村干部做了大量的工作。首先就是路修好了。2013年的时候，为了修路，我挨家挨户去征求意见。因为修路涉及村民多，各方利益诉求不一，我就多方做工作，给老百姓解释，就说修了路有什么好处，然后形成了调查报告向上汇报，争取项目资金，2014年三青沟村的第一条水泥公路完工了。到2020年，我们村硬化了水泥路13.2公里，修了三公里油路，油路宽的地方有五六米，窄的地方也有四米，实现社社通水泥路。目前还有几公里入户路没有完全修通，但也作了计划。

其次是村容村貌变好了。通过"五改三建"，房子、厨房、厕所等都进行了升级，人居环境得到改善，通过教育，村民们的卫生习惯也在慢慢变好。但是不准摆柴摆到街沿上（屋檐下），这确实是很难办到，因为屋后头晒不到太阳，毕竟是农村烧的柴，有的时候柴是湿的，就难免摆到街沿上晒。我们就要经常提醒村民，要摆顺扫干净。

最后是水利设施好了。三青沟村是旱山村，缺水很严重。为了解决水的问题，我们新建了蓄水池、山坪塘，修了1480米水渠和享受国家惠农政策的集中供水站，还有我们的鱼塘都是国家拿钱整治了的，农田水利基本设施完善了。2016年，三青沟村实现脱贫摘帽，2017年被评为南充市脱贫攻坚工作先进村。现在，村民人均年收入两万元以上，三青沟村先后被评为省级卫生村、县级乡村振兴示范村和县级文明村。

问：请问您是怎样带领村民们脱贫奔小康的？

陈建清：实现脱贫奔小康主要是靠产业带动，没有产业就没有发展。我们村确立并实施了"百千万"工程，就是百亩清水鱼，千亩有机稻，万头猪牛羊，目前是基本实现了，尤其是养殖业，我们村做得很好。

2013年，我听说邓凌、周世莲夫妇想回乡创业，看中了养殖黑山羊的项目。当时周世莲是成都一家上市公司的高管，待遇很好，而且在成都也有自己的产业，当时三青沟村连路都没有，所以他们顾虑很多。我就主动去和周世莲对接，跟她承诺，只要你落户我们三青沟村，那一切事情我们都帮你做好，一定为你服好务。我们把她引进来后，帮助她协调用地、用工、用水等问题，建起了领头羊合作社。我记得是2014年6月25号深夜，合作社要进一批羊，当时遇到下暴雨，路又没修通，进不来，暴风大雨的又是晚上，怎么办呢？我就喊了一二十个村民，和他们把羊一只一只抱到了合作社。因为这些事，业主就很信任我们。到了9月份，占地1000多亩的领头羊合作社就建立起来了。合作社采取的是专业合作社＋基地＋农户的模式，通过托养和寄养让农户入股羊场。我们村有产业周转金，贫困户莫得（没有）劳力就入股参与分红，有劳力的就自己养羊挣钱。现在羊场入股的有26户，最开始只有5户，后来增加了21户，其中贫困户就有23户。合作社的种羊是2000多块钱一只，按六头母羊，一头公羊送给老百姓托养，然后回收，不用担心没得钱买羊或者是没得销路的问题。种羊还要下崽崽，有一抱（窝）三个五个的，一年可以下五抱。我们有几个养殖大户，比如邓小兵是贫困户，羊场分了他七个羊子，又下了几个崽崽，就有十个羊子，他通过养羊发展得比较好。还有李兴文最早加入进去，一直坚持不断，他现在一年可以收入20万，他不是贫困户，但是他对周围贫困户的带动很大。现在合作社存栏的种羊有1000多只。老百姓屋头的羊有时候要卖，还要下崽崽，就没有准确的数，大概有几百只。为了把羊养好，羊场还专门聘请了技术总监，给他们搞培训，提供技术指导服务。羊场需要劳力的时候，贫困户也可以进去做工挣工资。

2014年下半年，我们动员毛明亮回来创业，帮他流转土地近100亩，建起了年出栏肉牛300多头，年产值400多万元的仟草养牛场。他平均一次养一两百头牛，一年可以出栏三次，他进牛回来，边养边卖。

牛场也请了贫困户在里头务工，固定用工三人，忙的时候还要请工人十多个，每个月开 1800 元的工资。贫困户通过进去务工增加了收入，同时因为土地流转，租地给他，也给了租金，租金是用粮食折的价，一亩给的是 400 斤稻谷。为了更好养羊养牛，专门种了牧草，第一期有几百亩的生态牧草。种牧草的地比较薄，只能种草，种牧草的人 80 块钱一天，也是增收的路子。我们牛场还要在外面拉一些精饲料，也要拉一些外面的草来。羊场就基本靠自己种，用不完的其他人也上去割。

我们村还有个智光农庄，是贫困户罗建光建起来的，专门养虾、养蛙、养鱼。他养小龙虾，几个月就可以出来，已经把钱都挣到手了。他养虾赚了钱，农庄也发展得很好，他上次还跟我开玩笑说："陈书记，你这个千亩有机水稻基地，是不是要改成虾稻基地。"智光农庄不仅搞养殖，也是个农家乐，主要就是靠虾、土鸡引客，一天（每天）还有两桌到他屋吃的。

2020 年 4 月 30 号，我们引入德康公司投资 1.3 亿元建设大型的养猪场，主要是养母猪，采取的是托养模式，就是他给你提供猪苗，给你提供饲料，你养了好多头猪，到时候他全部给你收走，这给群众增加了很大的收入。你想现在群众就在里面做活路，有的小工 120（元）一天，有的懂技术的就是 230（元）一天。还有些贫困户屋头只有两个人，就给外头来做活路的人煮饭，让他们到屋里住，就这样都挣了一万多块钱的现钱。所以还是要靠产业带动，有产业才有人来往，才有地方赚钱。而且他们把庄稼种起的，把鸡鸭子养起的，现在又增加这么大一笔收入，比起在外头务工照顾不到老的小的，强得太多了。

问：在脱贫攻坚中，您觉得最大的难题是什么？是如何解决的？

陈建清：脱贫最大的困难就是帮扶项目安排精准、帮扶措施到户精准，帮助贫困户顺利脱贫并持续发展增收。为了解决这个问题，我和村"两委"班子想了很多办法。首先就是要激发群众的积极性。年初我就主动和贫困户对接，和他规划今年要做些啥，养些啥，共同商议，然后去一一对照，看看有没有落实。像2020年，有的年前计划养猪，猪贵了，就暂时没有买回来，遇到这种情况，就要重新帮他规划。其次就是要走村入户，要花大量心思的去了解民情，毕竟每个人致贫的原因都不一样，有的有劳力、莫得技术莫得资金；有的有经济头脑，但是家里有病人，负担大；还有的是七八十岁的老人，多病又莫得劳动能力。只有做到了精准，才能确保所有贫困户全部达到"两不愁三保障"的标准。再一个脱贫关键还要有产业。引不来产业，又不到外头务工的话，光靠自己种养要脱贫那就困难得很。最后要讲究公平。我们搞"四议两公开"，把班子搞好，把队伍带好，让全村干部群众都来关心帮助贫困户，不折不扣地落实好健康体检、易地搬迁等惠民政策，只要村干部做到公平了，群众自然就亲近你。我们村的群众是非常感恩的，也是非常勤快的。我们的田土没有撂荒的，哪里有一块空地都要想尽千方百计去种点东西。我们村里有些老年人70多岁了，看到哪里有坨土，哪里有点田，都要扯点秧子栽到哪里。2020年更是上至山尖尖，下到河边边，到处都种的是庄稼。疫情期间首先是要饱肚子，我们这里的群众不缺这些。本来大家都觉得三青沟村就是个狭沟沟，相比现在，真的发生了翻天覆地的变化，这都是我见证到的。

问：陈书记，在脱贫攻坚过程中，您印象最深的是什么？您对三青沟村未来有什么规划和想法？

陈建清：印象最深的就是2014年确定了40户建档立卡贫困户，那时候面对一双双渴望的眼睛，就觉得自己责任很大，恨不得一下子就带领他们脱贫致富，扬眉吐气。当看到他们入股入到羊场，看到他们领到分红那么高兴的时候，我就特别有成就感，总算为大家找到了增收的路。还有就是把羊场引来的时候，虽然辛苦，我也觉得很高兴，因为有了主导产业，就有致富的门路。从前山顶上都是荒起的，现在种了牧草，就让荒山变成了金山，野草变成了牧草，生态也变好了。在做事的时候确实非常辛苦非常不容易，但是看到现在山清水秀，变化那么大，其实也觉得非常的欣慰。2020 年 4 月 30 日，德康集团投资 1.3 亿元的种猪场在我村开工建设，这是我感到最为高兴的事，有了这么大的龙头企业带动，三青沟村今后想不富都不行。

现在三青沟村进行了建制改革，三青沟村就更大了，周边三个非贫困村都合并到一起。经过几年的脱贫攻坚，我们贫困村在基础设施方面、群众的教育引导方面都比现在合进来的非贫困村要好一些。在这种情况下，最主要的是抓党建促发展、抓党建促脱贫，磨合现在的新班子，统一思想，分工合作，达成共识。新三青沟村是 4 月 17 号挂的牌，老三青沟村我从 2001 年当村干部到现在，哪家哪户都弄得清楚，现在对于其他村的情况就只是晓得一个大概，所以现在主要是把班子整好，把党的惠民政策通过我们基层干部一步步落实下来，这也是我们当村干部的职责。下一步还是从集体经济入手，因为我们集体经济相当薄弱，所以还是要依托脱贫奔康产业园和德康种猪场，继续实施"百千万"工程，农民就是靠种养殖嘛，不然就只有外出务工了。通过产业带动全村统一持续稳定发展，真正让三个非贫困村与三青沟村融合起来。

问：陈书记，请问您在脱贫攻坚过程中有些什么体会、经验能和大家分享交流的？

陈建清：首先是党的政策特别好，各级干部也非常辛苦，经过几年的脱贫攻坚，成效很显著，群众很满意，我们也很欣慰。我们一直坚持党建引领脱贫，以脱贫促进党建，团结党员和群众的力量，始终坚持党的正确领导，群众感党恩、跟党走，才能达到理想的成效。作为村干部，就是群众的一点小事，都要把它看成大事，你把群众当亲人，群众有啥事都跟你说。我觉得你带着真心、带着感情为群众做事，群众就认你，比如我再困难，看到群众哪个生病啊做啥子啊，我都要去看望一下，表达个心意。

其次是各级领导对三青沟村的帮扶和上上下下的共同努力。他们一家一户地宣传落实政策、一家一户地送生产生活物资几年来坚持不断地帮助制订发展规划，不怕脏乱臭、风雨无阻、干劲十足。对我个人来说，2007年蓬安评最美家庭就选了我，后来还被评为四川好人和四川孝老敬亲楷模，这与党对我的关心关爱离不开。我觉得党的政策这么好，能够做点事真的是心甘情愿的。虽然我自己有病，我不能拉长生命的长度，但是我可以延伸生命的广度，反正就是生命不息，奋斗不止。

最后是热爱。我主要是热爱这个工作，不管有再大的困难，再大的压力，都能把这个事情做好。我从小在读书的时候，就喜欢看这些先进人物的事迹，比如雷锋、黄继光啊，雷锋的钉子精神，以及"挤"、"钻"的精神，我都很受益。现在这么多的事情，主要就是挤时间来完成，这是我们村干部的责任，农村工作，酸甜苦辣都有的。我刚生病的时候，女子（女儿）还在读书，病情也是反反复复的，一个月药费都要三四千，那时候真的很恼火。现在女子参加工作，压力要小得多，我就要趁病情处于缓解期继续努力工作，为我可能短暂的人生，增添更丰富的色彩。

（刘斐　整理）

丹波村高质量打赢脱贫战实践

高让头

阿坝州马尔康市松岗镇丹波村位于马尔康市松岗镇莫足沟内。脱贫攻坚工作开展以来，在各级党委政府的帮扶下，丹波村坚持"以种养殖业为基础、文旅产业为引领、特色农产品销售为突破，农户经济多样化协调发展"的发展思路，老百姓生产生活水平大幅提升，全村面貌为之一新，脱贫攻坚工作获得圆满胜利，2016年实现村退出，2017年贫困人口全部脱贫。2021年，丹波村委会被评为全国脱贫攻坚先进集体。丹波村支部书记、村主任高让头讲述了村子如何打赢脱贫攻坚战、带领老百姓脱贫致富的故事。

丹波村位于阿坝州马尔康市松岗镇莫足沟内，距松岗镇4.2公里，距马尔康市城区19.2公里，平均海拔2760米，属高半山区；全村共有2个村民小组，65户250人，2014年精准识别贫困户16户63人，贫困发生率高达25.7%，成为全市29个贫困村之一。丹波村土地资源偏少、产业基础薄弱，适宜种养殖产品稀少，产业发展看不到希望。唯一一条通村路是水泥硬化路，仅能供一辆车通过，如遇下雨、泥石流，常常寸步难行。贫困群众大多数因病、因残、因学、缺技术与资金等致贫，是典型的"村穷、民贫、资源少"贫困村。丹波村脱贫任务重、压力大。近年来，在丹波村村"两委"的带领下，村民转变思想观念，通过提升村容村貌、发展特色产业等，人居环境有力提升，生产生活条件不断改善，生活水平显著提高，幸福感获得感明显增强。

村子强不强　要看"领头羊"

2015年12月，我开始担任丹波村党支部书记。上任起就认识到：村民富不富，关键看支部；村子强不强，要看"领头羊"。一个敢想敢做的村班子，在凝聚人心、推动发展上可以发挥不可替代的作用。要带领全村百姓脱贫致富，村"两委"班子必须团结和谐，村干部工作得力，群众认可度才高。于是，我与村"两委"班子每个成员紧密合作，根据大家的能力特点，分配工作任务，各司其职，各显其能。明确责任严格考核，每季度末组织党员群众从"德、能、勤、绩、廉"五个方面对村干部进行考核，考核结果与年底绩效挂钩。定期不定期组织召开村"两委"班子会议，讨论研究村上的大事小情，凝心聚力谋发展，力求能干事、干成事、干好事。在抓好班子建设的同时，积极推进党员教育、管理、学习常态化、精确化，认真落实"三会一课"制度、党组织"星级创评"、党员积分评星、乡村分类转化提升行动等，开展各类主题教育活动，建设农牧民夜校培训基地等，省、州、市领导多次到丹波村开展各类会议、讲话精神专题宣讲，现场指导工作，群众对国家政策更加明晰，对党的政策大力支持、衷心拥护，村内爱党爱国氛围更加浓厚。齐美、熊玉芳等一批优秀党员得到市、镇表彰，村支部多次获评优秀基层党组织称号。

发展特色产业　　壮大集体经济

　　产业是发展的根基，产业兴旺，老百姓收入才能稳定增长。五年前，新一届村"两委"成员上任之初，就把如何走出一条既符合丹波村实际又符合市场导向的特色产业发展之路，把产业发展落到促进农民增收上来，作为丹波村如何持续发展的核心问题。经过多年的摸索和总结，我们形成了"一个品牌＋两个平台＋系列产品"的产业发展思路，坚持以村民为主体，激发村民内在活力，变过去的农牧民被动接受为现在的主动参与。"一个品牌"是指村集体经济注册了"云上丹波"农产品品牌，主要销售蜂蜜、核桃等本土农产品，在旅游经济带动下土特产逐渐成为抢手货。"两个平台"是指我们在培养种养殖技术专业人才和发展带头人时采取"引进来、走出去"的两种方法，既通过请专家到村上授课，又组织产业发展带头人和积极分子赴彭州、崇州等地开展驻地培训，手把手教村上的年轻人熟悉和掌握产业发展相关知识，致力培养有文化、懂技术、会经营的新型农民。"系列产品"主要包括发展特色种植业，积极联系蔬菜种植公司，带动全村土地流转400余亩，2020年全村生产蔬菜突破150万斤，村民土地流转收益达到30万元、村民在村务工收入31万元；发展中蜂养殖，落实产业扶持资金10万元促进居民分散养殖中蜂，目前全村阿坝中蜂存量超过200箱，每箱预计年收益近千元。中央电视台新闻联播节目曾对我村发展中蜂养殖进行专题报道；发展腌腊制品加工，投入30万元建设腊肉基地，形成每年1万斤以上的腊肉生产能力，2018年以来，实现腊肉销售额50余万元。2019年以来，村内老树核桃销售额突破5万元。

　　在确定可持续产业发展方向时，我们的想法是既要形成规模，又要实现持续增收，还要具有当地特色。对此，村"两委"干部和驻村帮扶工作组进行了较长时间的论证，通过多方论证，在征求帮扶单位的意见后，我们确定了重点发展高山蔬菜种植业。蔬菜种植，以前村里自己也搞过，但由于缺乏技术、规模和销路，天气不好，种的菜生长发育差、产量低，即使收获了，缺乏销售渠道也卖不出去，最后烂在了地头。村民最开始都对发展蔬菜种植业持怀疑态度。我们请来了专家进行研究，引入专业的农业科技公司，在帮扶单位省统计局和武警阿坝支队协调下，建成两个蔬菜大棚基地。让专业的人做专业的事，将大棚和绿地出租给农业公司，他们有专业的种植知识和成熟的销售渠道。村民每年不仅可收到土地流转的费用，而且农业公司在村里聘请村民务工，每人每天有120元务工费，村民也有了稳定的收入。今年种植的辣椒获得大丰收，在丰收季一个人当月的务工收入就能达到2000多元，看着丰收的辣椒，村民们都喜笑颜开。

同时，我们也一直把乡村旅游定位为丹波村未来发展的方向，在东西部扶贫和省内帮扶政策支持下，投资470余万元修建村内旅游道路，修建堡坎、停车场、维修桥梁等公共设施。出台旅游民宿项目规划，引进外部资金，建设集民宿分流、藏式餐饮、休闲旅游等综合服务于一体的藏式民宿，进一步挖掘旅游潜力，群众参与旅游建设的热情高涨。2018年以来，村内65户农户有30余户对房屋进行了装修，村内新增小农家乐三家、拥有接待游客能力的"示范户"九家，部分外出务工的年轻人"回流"谋划产业发展。在马尔康市各级领导的关心下，丹波村引入了"麦大湿丹波意象酒店"项目。这个项目是一个高端民宿，建在村后面的山坡上，全是由独栋别墅组成。投资的老板是一位健身的网络主播，在各大平台都有很多粉丝，刚开始大家都有点不太相信对方会真金白银拿出几千万到我们村来进行投资，总觉得有点不真实，但看着修建的酒店日益成型，我们逐步建立起了信任，也希望早日建成给丹波村带来更多的人气。麦大湿丹波意象酒店刚开始修建的过程中，也有很多村民不太理解，特别是在涉及项目需要占用一些村民的土地时，刚开始他们都不愿意，村"两委"成员和驻村工作队员做了大量的工作，给村民宣传我们的政策和项目建成后能给大家带来的好处，经过不懈努力，项目正常建设。随着项目的推进，建设方还在村里招聘服务人员，这带来了多个固定的工作岗位，给村民带来了稳定的收入，建成后也将成为丹波村乃至整个马尔康的一张名片。

完善基础设施　优化人居环境

　　完善基础设施建设是脱贫攻坚的一项重大工程，更是村民实现"两不愁三保障"的重要支撑。脱贫攻坚开展以来，我们围绕丹波村基础设施条件改善，多方协调建设资金 2000 余万元用于村内基础设施建设，大力实施通村沥青（水泥）路、农村安全饮水、电力设施建设等基础设施建设，提升脱贫攻坚支撑力，筑牢脱贫攻坚根基。全村建设硬化路四公里、主体桥梁两座、产业钢板桥四座，饮水工程改造两次，新建灌溉设施 3000 米，新建堡坎近 3000 米。随着通村路、通户路、产业路全部硬化，居民用电、用水、网络通信全部保障，便民桥、跨河桥、产业桥全部畅通，小组活动室、医疗卫生室、公共文化室重新修缮，党员活动中心、幼儿园、阳光照料中心陆续建成，污水管网、旅游厕所、农网改造稳步推进，村民生产生活安全、公共活动有了新保障。我们始终立足脱贫攻坚实际、结合乡村振兴规划，大力开展人居环境整治工作。投入300 万元专项资金开展污水管网建设，建成后将实现村内排污规范化、统一化，进一步提升环境保护能力。实施公共环境维护定岗定责制度，分段分人落实 12 个保洁维护岗位，充分保障公共环境整洁；统一购置户分类垃圾桶 30 个、村收集垃圾箱 12 个、储存用垃圾房 5 个，推行垃圾分类、垃圾清运，垃圾处理规范运行。实施"厕所革命"，采用"政府补贴、统一标准、分散建设"的方式改厕入户，全村 60 户完成改厕任务。注重生态建设，狠抓森林防火不放松，在护草、护河、护林方面投入大量精力，有力确保生态稳定、环境提升。

注重思想引导　增强文化自信

习近平总书记强调："没有高度的文化自信，没有文化的繁荣兴盛，就没有中华民族伟大复兴。"脱贫攻坚开展以来，我们始终用文化自信引领群众脱贫自信，持续加强文化建设，深入培育社会主义核心价值观，搞好村内文化活动，以文化建设促村内和谐。制作展板、张贴宣传图、发放宣传资料，针对全村精神文明建设实际情况，大力开展爱国主义教育，以爱国、爱村为出发点，组织教育活动，培育社会主义核心价值观，全村爱国、爱党氛围浓厚。组织开展"看花节"传统庆祝活动，邀请州政协、武警阿坝支队、州统计局、州社工协会，市统计局、松岗镇党委政府等单位到场参加，协调市文体局到村开展文艺下乡展演，活动累计参与人数超过 1300 人。推进村规民约入户工作，重新修订丹波村村民规范和丹波村村民约定，召开坝坝会进行宣传宣讲，统一定制入户，全村 65 户均已实现民约上墙，切实加强村民规范自治。搞好文化载体建设，制定锅庄活动规则方案，打造丹波村锅庄品牌，以锅庄活动为载体引领全村形成良好文化风气，2019 年马尔康市组织大型嘉绒锅庄比赛，丹波村与哈飘村两个贫困村联合组织 60 余人的锅庄队伍，在比赛中荣获三等奖，进一步鼓舞了士气，增强了凝聚力。

经过努力，丹波村成功退出贫困村，建档立卡贫困户全部脱贫，2020 年高质量通过州、省、国家检查验收，并获得了全国脱贫攻坚先进集体荣誉称号。我们如期完成了脱贫攻坚目标任务，这离不开以习近平同志为核心的党中央的正确领导，离不开各级帮扶力量的鼎力援助。站在新的历史起点，贫困村的帽子摘了，但肩上却添了更重的担子，我们不能有一丝的轻松，还要咬定青山不放松，脚踏实地加油干，努力绘就乡村振兴的壮美画卷。

（丹波村委会办公室　整理）

从辍学打工仔到前锋村脱贫带头人

付志洪

眉山市洪雅县中山镇前锋村共有建档立卡贫困户106户311人，是确确实实的"后进村"。自脱贫攻坚战打响以来，前锋村党支部书记付志洪带领全村充分发挥自身优势，加快完善基础设施，努力发展致富产业，村民生产生活条件发生了天翻地覆的变化，村集体经济收入由2013年的5000元增加到10万元，人均可支配收入从10338元增加到30400元，一跃成为远近闻名的先进村。2021年2月，付志洪被党中央、国务院表彰为全国脱贫攻坚先进个人。

1992年，我的父亲因病去世，只有15岁的我因为家庭困难离开了心爱的校园，在母亲的泪光中，我带着从亲戚朋友家借的200元钱，走上打工之路。我先后干过杂工、泥工、涂料工、班组长、包工头，吃了很多苦，流过很多汗，也流过很多泪。经过十多年的奋斗，我终于有了自己的公司，积累了一些财富。钱有了，我却迷茫了，这个时候，中山乡党委、政府领导动员我回乡发展，带领群众增收致富。在党委、政府的引导鼓励下，我回到家乡前锋村开始了人生第二次创业。我创办"雅雨露"茶业公司，成立宏图茶业专业合作社，盘活村内倒闭机砖厂，流转土地3400亩，建成有机茶示范种植基地——雅雨露基地，一些产品还获得欧盟、美国等有机产品认证。我被评为全国农业劳动模范，连续两届被评为全国"创业之星"。

2005 年，我加入中国共产党，就立志要做一个有社会责任的企业家，回馈家乡父老。这一年，我自掏腰包，为村民加宽通村道路 3 公里、新建毛坯路 1.2 公里、新建前锋大桥。2013 年，我当选为前锋村党支部书记，开始了人生第三次创业。此时，全国吹响了脱贫攻坚的号角，带领群众精准脱贫、把家乡的"绿水青山"变成"金山银山"，成了我的职责使命。在各级党委政府的指导帮助下，我们全村共同努力，走上了"党建引领、村企联动、抱团发展"共同奔康的脱贫路。

坚持党建引领　促进合力攻坚

2013 年以前，前锋村的村集体收入和人均可支配收入都比较低，发展面临很多问题。要摆脱贫困，带领全村老百姓致富，是我长久以来一直思考的问题。常言道，"消灭贫困户，关键在支部""产业发展快，全靠党员带"。想如期完成脱贫攻坚的目标任务，必须要做到"靶心不散""响鼓重锤"，发挥好党建引领作用，把党的政治优势、组织优势转化为脱贫攻坚优势。我始终坚持把党建与扶贫工作紧紧相融，抓党建促扶贫，抓扶贫带党建。配优配强前锋村"两委"班子，七名村班子成员中，平均年龄 39 岁，大专及以上文化水平有五人，村"两委"班子相较以往更年轻、更专业。班子组建好后，我带头建立健全自身建设、工作运行、责任落实、服务群众、投入保障等方面的制度，并把森林防火、环境治理、脱贫攻坚、防汛抗旱与党员活动日有机结合，有效提高了党组织的凝聚力和战斗力，使村里的各项工作能得到较好的落实。2018 年，我带领党支部组织动员 52 名村民（包含两名贫困户村民），共筹资 99 万元成立乡缘农民专业合作社和农帮农机专业合作社，盘活闲置农房发展乡村旅游、围绕茶产业发展提供农业社会化服务。2019 年，我们成功争取到省级扶持集体经济项目落地前锋村，在市、县委组织部的指导下，党支部将 100 万元集体经济项目资金入股到农帮农机专业合作社，流转土地发展优质茶叶种植、提供有偿农业社会化服务，村集体经济每年保底分红五万元，三年投产后收益的 40% 作为村集体经济。2020 年，村里也来了"设计师"，在镇党委的引导下，我们成功对接成都一家设计公司，以管理技术和 150 万元资金入股与乡怡乐乡村旅游专业合作社合作发展乡村旅游，壮大集体经济。截至 2020 年，前锋村集体经济收益突破十万元。

坚决转变贫困户等靠要思想

2014 年开展精准识别工作以来，有一些困难群众享受了很多国家政策，生活也一步步在变好。但是，有些贫困户慢慢地就发展成为"等政策""靠政策"吃饭，甚至还有不少人以吃低保为荣。我们都知道，扶贫同时要扶志、扶智，所以在增加贫困户收入，帮助他们过上好生活的同时，我也在思考要重点开展精神扶贫工作。首先，让勤劳、肯干的脱贫典型讲述自己的脱贫事迹，发生在群众身边的事，更有教育意义；其次是村组干部联合帮扶干部，入户宣传政策，让贫困户明白为什么享受政策，才能扭转思想，不等不靠不要；最后是摸清每户贫困户致贫的症结和他们的需求，对症下药，为每户制定"一户一策"，通过产业到户、"抱团发展"、引导就业等多种方式，真正让群众摆脱贫困。原来有一家贫困户只想着等政策，不想劳动。后来，我经常找他们谈心，和帮扶干部一起宣讲医疗、社会保障、教育、住房、饮水等等各项政策，让他听别人的脱贫事迹，为他落实易地扶贫搬迁政策、医疗救助政策，动员他的儿子外出务工，他的思想有了很大转变。现在他儿子在外务工，一家人易地搬迁住上新房，生活越来越好，对党委政府也很感恩，知道要靠自己的双手才能脱贫致富。改变思想最困难，但是看到在我们的努力下，贫困群众等靠要思想一步步扭转，这份成就感，也是难以言喻。

一人富不是真的富，全村富才是振兴路

产业旺则全村富。前锋村地处川藏茶马古道重要分支和"洪雅绿茶"核心区，种茶历史悠久，雅茶文化丰厚，在地茶园达 15000 亩。同时，前锋村土地肥沃，气候适宜，依托地理优势，也可发展畜牧业。我们是农业乡镇，只有立足产业，才能推动全村发展。我具体做了以下这些工作：一是成立宏图茶业专业合作社，实行合作社＋抱团发展。推行"党支部＋合作社＋贫困户"的模式，优先流转贫困户土地、吸纳贫困户务工、带动贫困户发展，将前锋村、金花村 107 户贫困户组织纳入宏图茶业专业合作社，抱团建设扶贫茶叶基地，贫困群众用产业奖补资金入社，共享合作社收益，破除传统产业扶持单打独斗的模式，为贫困户产业发展找到了"硬靠山"。这个经验在全县推广，洪雅县成功实施抱团发展项目 37 个，受益贫困户达 3103 户。二是雅雨露茶业＋资产收益扶贫。实施 50 万元资产收益项目，扩大茶叶加工销售能力，为全镇 50 户无劳动力户提供稳定财产性收益，同时，还新增了就业岗位 20 个，优先提供就业岗位给贫困群众。三是凤凰顶养猪专业合作社＋易地搬迁后续帮扶。2020 年，投资 4500 万元建设能繁母猪规模化养殖场，作为易地扶贫搬迁后续帮扶项目，将吸纳资产量化资金 382 万元，为全县三个镇 101 户易地扶贫搬迁户提供稳定的财产性收入，带动全县易地扶贫搬迁户发展生猪养殖。

巩固拓展脱贫攻坚成果，做好同乡村振兴有效衔接

打赢脱贫攻坚战后，要巩固脱贫成效，做到不返贫，能致富，还有很长的路要走，做好乡村振兴还有很多需要做的工作。我主要从以下几

方面着手：依托创办企业、建设园区，积极争取交通、天然气等各类政策支持，新建、改造升级道路十余公里，完成全村自来水安装全覆盖；改造山坪塘 15 个、建成茶叶文化广场和村级活动场所，全村基础设施和公共服务不断完善。按照"治污、整乱、添美"分步实施，大力开展人居环境整治，完成整村"厕所革命"，其中贫困户 15 户；建成人工湿地 21 个，覆盖 124 户生活污水治理，其中贫困户 19 户；生活垃圾处理购买社会化服务，全面实现"垃圾不落地"处理模式。腰包鼓了，村子的颜值也更高了。我们每年还开展道德榜样评选，弘扬自力更生、艰苦奋斗、勤劳致富的社会正能量。以"殡葬改革"政策落实为契机，争取政策建设前锋村公益性公墓。以村规民约方式规定红白喜事收礼不超200 元，大力倡导红白喜事简单办、文明办，杜绝出现因婚返贫，涵养文明新风，助力乡村振兴。

近年来，前锋村已获得全国一村一品茶叶专业示范村、全国文明村、中国有机茶第一村、四川省乡村振兴示范村等荣誉称号。我知道，脱贫摘帽不是终点，而是新生活、新奋斗的起点。具体来说，就是严格落实"四个不摘"工作要求，对脱贫人口开展监测，跟踪收入变化和"两不愁三保障"巩固情况，定期核查，及时发现，及时帮扶；继续引导外出务工，通过大力组织劳动力参加职业培训、定向招聘等方式，稳定外出务工规模，帮助贫困群众增收；大力推进产业项目建设，助力村级集体经济收入持续增收；积极推广子女孝善养老、激发脱贫内生动力，增强脱贫群众获得感和幸福感。

脱贫路没有终点，我会继续努力，牢记总书记的嘱托，把人民对美好生活的向往作为自己的此生追求，带领前锋村建设美好新农村、营造美丽新家园！

（刘甜　整理）

东西携手浇出乐山彝区"致富花"

朱润晔

按照党中央和浙川两省省委战略部署，由绍兴市越城区、台州市椒江区、衢州市江山市、金华市浦江县分别对口帮扶乐山市马边彝族自治县、峨边彝族自治县、沐川县、金口河区。浙江省赴四川省东西部扶贫协作乐山片区帮扶工作组共有挂职干部 10 名、专技人才 346 名，该团队主动传承践行逢山开路、遇水架桥的精神，做强"党建引领东西协作"品牌，创新民族地区"跨省飞入＋市内跨县落户"新模式，助力夺取战贫、战疫、战汛"三胜利"，创新探索了一批全国、全省率先的有效举措。三年来，该团队用好帮扶资金 4.828 亿元，实施协作项目 162 个，带动 10.5 万名贫困群众增收致富，实现小凉山彝区又一次"一步跨千年"。2021 年 2 月，被党中央、国务院表彰为全国脱贫攻坚先进集体。时任浙江省赴四川省东西部扶贫协作乐山片区帮扶工作组组长、临时党支部书记朱润晔讲述了浙乐协作的故事。

出行前，有友作诗一首《送援川干部赴蜀》赠予我，我也常与浙江援乐团队分享共勉，诗中写道："东西协作谋担当，共商共建奔小康。飞越千山堪重任，片片忠心昭其间。人生正道有沧桑，千锤百炼方才钢。壮志何惧蜀道难，凭栏西子捷报传。"我们共有挂职干部 10 名、专技人才 346 名，跨越两千多公里来到乐山，以"敢教日月换新天"的气概，以"不破楼兰终不还"的劲头，用三年的时间助力贫困地区打好打赢精准脱贫这场攻坚战。

三年援川，言长亦短，征途漫漫，唯有奋斗。我们在双方各级党委政府和浙江省驻川工作组的坚强领导下，主动当好铺就携手奔小康路上"铁道兵"，创新探索了一批全国、全省率先的有效举措。我们有 2 人获全国脱贫攻坚先进个人表彰，1 人获全国模范教师表彰；4 人获四川省脱贫攻坚先进个人表彰，2 人获四川省脱贫攻坚奖先进个人表彰，4人获评浙江省东西协作突出贡献奖；16 名挂职干部人才被评为乐山市脱贫攻坚工作优秀个人，4 人被授予乐山市优秀共产党员。

创新健全片区工作架构汇聚合力的坚定推动

来川之前，我们浙江援乐团队提前了解四川省情，对脱贫攻坚或多或少有所掌握，原以为只有高原藏区脱贫任务繁重，没想到的是乐山处在被誉为"中国最贫困角落"的大小凉山彝区。我之前认为自己应该会到阿坝藏族羌族自治州开展协作，直到随队到川前夕，才知道是被选派到乐山片区担任组长。更没想到是，乐山市作为浙江对口四川的唯一彝区，小凉山马边彝族自治县、峨边彝族自治县、金口河区与大凉山一样，都属于"一步跨千年"彝族聚居地区，自然条件极其恶劣，脱贫任务异常艰巨，可谓是"蜀道之难，难于上青天"。

"为什么来？来干什么？怎么去干？"这是我们初来乍到首先要思考的三个问题。乐山片区帮扶工作组协调对接浙江四市和"三县一区"，是浙江省驻川工作组和乐山市委市政府共同领导的片区负责制的工作体制，这与浙江援藏援疆指挥部体制是不同的。为此，我们把制度建设放在突出位置，抵达乐山第一天就召开全体干部会议，牢固树立"浙乐协作一家亲、脱贫攻坚走在前"工作理念，积聚整合"前后左右上下"各方力量，发挥东西协作联动协同效应，提出打造东西部扶贫协作示范市的目标。

扶贫就是在"筑路"，援川就是来"当兵"。2018 年 5 月初，我们到金口河铁道兵博物馆集中考察，看到老一辈的铁路兵用身体和生命诠释"两路精神"，打通让大小凉山彝族同胞走出大山的一条铁血通道，深受感动，也坚定了思想共识："来到乐山，何尝不是来当兵？我们就是新时代的'铁道兵'，在修一条无形的铁路，从浙江修到乐山，修到小凉山彝区和乌蒙山区，我们要认真传承好优良传统和作风，助力乐山早日打赢脱贫攻坚战"。2018 年 9 月 10 日，乐山片区临时党支部正式成立。誓把天堑变通途，这是援乐团队许下的庄严承诺。

虽然有了片区帮扶工作组，但是东西协作重在"协作"，更需要推动落实西部的主体责任。我们认真贯彻"中央统筹、省负总责、市县抓落实"脱贫攻坚管理体制开展探索实践，建议乐山市从 2018 年起率先实施贫困地区县委书记就东西协作工作向市委常委会进行年度专题述职评议机制，这一做法在四川全省范围内推广实施。不仅如此，我们还主动当好参谋助手，协调推动市县两级成立东西部扶贫协作工作领导小组，增设干部人才、项目资金等七个专项工作组，探索推行办公室实体化运作，在乐山市发展改革委成立全省首个"东西协作工作科"，为顺畅体制机制和高效运转提供有力的组织保障。

通过健全片区工作组协同机制，我们浙江援乐团队始终保持着蓬勃朝气，也涌现出了很多感人故事。挂职马边县委常委、副县长寿建华同志在父亲去世当天，仍在扶贫路上奋战；挂职峨边县委常委、副县长马厉财同志的母亲逝世，没能赶回去见上最后一面；挂职金口河区政府办副主任曹红雨同志，女儿分娩生孩子时还在下乡，回去匆匆陪了几天就返回岗位。我们浙江援乐团队成员舍小家为大家，甘愿用青春韶华书写决胜脱贫攻坚的宏伟篇章。

闯出民族地区脱贫振兴长效发展的坚定探索

初到乐山，常听当地干部群众讲"大凉山不大、小凉山不小"，刚开始我们不了解其含义，在翻山越岭调研走访中，才知道小凉山彝区贫困程度之深，保持稳定脱贫难度之大，摆在面前的是底子薄、区位差、产业弱"三重大山"。2018 年夏天，我们组织 30 余家东部企业到四个贫困县投资考察，但基本都说"位置太远""成本升高""交通不便"，真正有落地意愿的企业寥寥无几。

我们援乐团队一致认为，"浙川东西协作的重中之重是产业合作，而产业合作的核心要有产业平台，针对乐山及小凉山彝区实际，必须要建飞地园区"。我们多次到外地考察园区建设，开展产业调查分析和科学论证，结合乐山"一总部三基地"工业布局，提出整体打造浙川东西协作乐山产业园的建议，在全国率先探索民族地区"跨省飞入 + 市内跨县落户"飞地经济新模式，成为承接东部产业转移和大小凉山贫困群众就近就业的平台基地。我们还着眼长远，协调乐山市设立驻杭州东西产业合作招商小分队，面向浙江四市、浙江省及长三角地区精准招引承接。

"扶贫先扶智，扶智先通语。"在马边彝族自治县下乡调研中，我途经后池村棕树小学时，询问一名三年级的彝族小男孩名字，小男孩怯生生地连续回答了六遍，我和同行的同志都没能听明白，最后站在旁边的一位小女孩帮忙回答，"他叫牛节大取"。彝区幼儿不标准的普通话让我很是触动，这种情况在小凉山彝区十分普遍，容易让孩子们在以后的学习中失去动力。我们援乐团队成员多次专题研究，拿出 347 万元帮扶资金设立"学前学普"项目，用于支持"乐山小凉山学前学会普通话"专项行动，重点提供设备、技术、培训等保障支撑，帮助提升彝区学前学普教学方法，逐步形成"活动、参与、评价、反馈"推普流程。

我们坚持靶向精准，聚力攻克扶贫薄弱点，率先推行专技人才"组团式"服务模式，创新探索陆游班、鲁迅班、元培班、阳明班、椒江班等从幼儿园到高中"全链条"教育人才协作新模式，打造助力"学前学普"行动、义务教育特色班级、高等院校联动共建三大层级教育协作联动格局。援建血液透析中心等一批贫困地区民生"空白"项目，在受扶地引入新技术，实施首例手术数十例，得到了群众的广泛肯定。把"就业一人、脱贫一户"作为重中之重，协调率先开通浙川首个东西部精准就业协作信息共享系统，推动东西双方完善就业保障措施，让贫困群众在东部也能享受到家的温暖，组织输送 1258 名贫困劳动力到东部地区就业，帮助 8416 名贫困劳动力实现省内就近或其他地区就业。

着眼未来，东西协作将由扶贫协作转为区域合作，我们坚定不移下好"先行棋"，承上启下谋划奔康"新蓝图"，在东西协作读书会上认真研讨，向乐山市委市政府提出建议并牵头制定《乐山市实施"五联三融"工程创建东西部扶贫协作示范市行动方案》，于 2020 年 1 月以市委一号文件形式公开发布，积极探索脱贫攻坚与乡村振兴有效衔接，打造"浙乐同行 +"首个地市级层面系统性东西协作工作体系。通过整体性统筹利用各方力量，引入中国美术学院、浙江理工大学、中茶所等优质资源，彝绣文创作品走出国门亮相"伦敦设计节"，红色文化研究院乐山分院挂牌成立。

打造党建引领东西协作担当奉献的坚定标杆

我们认为，东西协作干得怎么样，群众感受最真切，最有发言权。作为临时党支部书记，我在全省率先提出"党建引领东西部扶贫协作"工作品牌，团队成员也立足岗位积极发扬先锋模范作用。我们认真践行习近平总书记提出的"帮钱帮物，不如帮助建个好支部"的要求，率先开展跨省党组织"三方共建"，打造浙川东西协作首个"党建之家"。"党建引领"成为浙江援川的特色品牌，为扶贫输入新血液。通过带动开展"浙企帮百村"活动，累计引导浙江社会力量捐资捐物 1.15 亿元。

我们带着对贫困群众的深厚感情开展扶贫，把群众是否满意作为检验工作成效的唯一标准。我们率先在川开展服务企业、服务群众、服务基层"三服务"活动，重点实施浙商企业助力、民生温暖传递等六大行动，建立挂职干部联络协作项目制度。在了解到从东部引进峨边彝族自治县的东风新城世纪华联超市，面临房东不愿全部腾空场地使得施工受阻的情况后，我们组织各方面对面协商妥善顺利解决。我们结合中药材产业扩大带贫需求，推动浙江中医药大学与金口河区森宝公司开展乌天麻产品开发技术研究，申报浙江省科技厅东西协作科研项目两个，助力大健康产业发展。

团队党员就是旗帜，临时党支部就是堡垒。浙江援乐团队全体同志面对困难冲锋在前，让红旗高高飘扬在东西协作第一线，夺取了战贫、战疫、战汛"三胜利"，帮助贫困地区有效应对化解稳定脱贫的风险挑战。在新冠肺炎疫情防控形势最严峻的时候，我们第一时间协调筹集医用口罩11.6万只、护目镜1.12万副、纱布1万片、防护服和隔离衣1550件等，极大缓解乐山防疫物资紧缺的燃眉之急。协调浙江互联网企业免费开放线上平台，为小凉山彝区学生开设"云课堂"，确保停课不停学。针对西部群众就业难和东部企业招工难，协调组织乐山首趟劳务协作浙江专车专列，帮助1235名农民工"点对点"返岗就业。克服乐山市"8·18"百年一遇特大洪涝灾害的影响，实行挂图作战，加紧组织施工，圆满完成协作项目，帮助拓宽汛情期间农产品消费扶贫渠道，2020年实现浙江采购特色农产品1.03亿元。

我们的工作得到了当地干部群众的认可，2019年9月，我们浙江支教老师们在乐山市开完会后，乘车返回金口河区，在峨边彝族自治县境内遇到堵车绵延数公里，老师们向前面客运车辆询问何时能够通车，前车司机和乘客们立即说道，"你们是来帮助我们的亲人，我们马上让前面的车子都往旁边挪一下，让你们先通过"，车上的彝族大叔们纷纷下车，分别去敲其他车辆的窗子，让我们的车快速通过堵车路段，及时赶到课堂。

三年的浙江援川时光，我们与乐山结下了不解之缘，浙江乐山协作友谊也越来越深厚。虽然乐山有七个区县和高新区不是浙江对口县，但是都积极借助东西协作平台创造机遇、扩大合作、推动发展，与浙江援乐团队共同助推"三县一区"脱贫振兴，形成全市东西协作"一盘棋"，让我们倍感振奋。

"岂不惮艰险，深怀国士恩"。2021年2月，浙江援乐团队被党中央、国务院表彰为全国脱贫攻坚先进集体，我代表团队在北京人民大会堂参加大会并接受表彰。这不仅是对浙江援乐干部人才的褒奖，也是对浙乐协作创新探索的肯定，更是对持续做好东西协作的激励。习近平总书记强调，东西部扶贫协作和对口支援必须长期坚持下去，我和我们团队将不忘初心、牢记使命，干在实处、走在前列，承上启下把携手奔康路一直修下去，依托浙川两省互补优势推动区域合作共赢，助力乐山贫困地区经济社会高质量发展。

（衡艺文　整理）

浙川携手念好高原致富经
东西协作走好乡村振兴路

沈林杰

阿坝藏族羌族自治州位于青藏高原东南缘，属于四川涉藏地区集中连片贫困区，全州辖 13 个县（市），总人口 94 万人，共有建档立卡贫困人口 10.36 万人，贫困村 606 个，贫困发生率为 14.6%。2018 年 4 月，沈林杰响应组织号召，作为浙江援川阿坝片区片长率队入驻阿坝州，挂职担任阿坝州政府副秘书长，主要负责东西部扶贫协作和对口支援工作。开展工作以来，充分发挥浙江优势，紧紧结合阿坝州实际，率领阿坝片区紧紧围绕"援川三问"，重点突出产业帮扶，有力助推了阿坝州产业发展和脱贫攻坚事业。阿坝片区工作组工作得到了浙江省、四川省领导干部和当地群众的充分肯定，先后被评为 2018 年阿坝州脱贫攻坚组织创新奖、2019 年四川省脱贫攻坚奖先进集体，2021 年被党中央、国务院授予全国脱贫攻坚先进集体。

一次现场党课：长征精神激励攻坚斗志

2018 年 4 月 20 日上午，我正在参加浙南产业集聚区党委会，突然接到温州市委组织部电话通知，要我立即去组织部谈话。一路上，我想这么紧急，组织又会交给我什么任务呢？到了组织部后，组织部负责同志开门见山就说："组织上决定选派你去四川担任阿坝州东西部扶贫协作片区负责人。"四川是天府之国，这是我对四川的整体认识。至于阿坝州，我真的没有什么概念。

4 月 27 日晚上，我们来到阿坝州汶川县。28 日上午，在汶川组织召开东西部扶贫协作挂职干部见面会。会后，挂职干部赴各驻地开展工作。一路上，我们乘坐的中巴车一直在高山峡谷中穿行，两旁高山陡峭，山岩裸露，植被稀少，只是依稀看到稍微平缓的高半山山腰上云雾缭绕的地方有一小片一小片的果园和村寨。对于一直在江南水乡成长、工作的我来说，这一路上的地形地貌和羌乡藏寨确实别有风味，但我此时思考的却是，怎么如此"荒凉"？这三年我能做些什么？回去前能给阿坝州留些什么？

一路上，当地接我们的同志给我们介绍阿坝州的基本情况。我们对阿坝州的印象，也从空白逐渐丰富起来：阿坝州是少数民族地区，藏族人口占近 60%，是全国最大的羌族聚居地，是红军长征经历时间最长、最艰难的地方，是大禹故里、熊猫家园、岷江之源……

汽车颠簸了五个多小时，傍晚时分才抵达州政府所在地马尔康。尽管车马劳顿，但当地同志的讲解介绍，让我们对阿坝州这个颇有异域风情的地方产生了浓厚兴趣，特别是当年红军长征的故事深深吸引和激励着我们。经过和团队几个负责同志沟通，我们决定第二天就去参观马尔康红军长征纪念馆，上一次现场党课。

在长征纪念馆，讲解员详细讲解了红军在阿坝州一段段感人肺腑的历史和故事，让我们深入了解红军在阿坝期间艰苦卓绝的斗争壮举，深刻领会了伟大长征精神的内涵本质。联想到组织的重托，浙阿人民的殷切期望，我们在纪念碑前久久不能平静，内心激情澎湃，斗志昂扬。在那一刻，我们找到了为什么要来阿坝的最标准答案，那就是继承和发扬长征精神，不忘初心，勇担使命，为浙阿东西部扶贫协作，为脱贫攻坚事业奉献智慧和力量。

找准一条路子：突出发展产业增强"造血"功能

没有调查就没有发言权。面对三年脱贫攻坚的艰巨任务，不能空凭一身热情。要答好在阿三年干什么的问题，必须一切从实际出发，深入调查研究，尽快理清工作思路。稍作安顿后，我们团队的同志们便各自走村入户实地调查了解。由于山高路远，交通不便，到距离马尔康最远的县城九寨沟县得坐九个小时车，到高半山的羌乡藏寨更是山高坡陡，险象环生。我个人是整整花了近三个月时间，才走遍了全州 13 县的山山水水。

到农区是一条沟一条沟地穿梭、一个项目一项目地看，到牧区是一个县一个县、一个村一个村地跑，经常一下乡就是十天半个月。最耗时的是坐车，一天连续坐五六个小时车是常态。记得 2018 年 9 月，我曾经在一周时间坐了 50 个小时的车。每年坐车的里程数足以绕地球一圈。

通过调查研究，我们发现阿坝州有着丰富的资源，更是个有神奇魅力的地方，与浙江省对口的 5 市 27 县有很大的差异性。这中间巨大的差异性，正是巨大的合作潜力所在，浙阿两地携手合作前景广阔、潜力巨大。

在系统调查研究的基础上，在与当地干部群众深入交流中，我们逐步理清阿坝片区三年帮扶工作的总思路：始终坚持以习近平总书记关于扶贫工作的重要论述为遵循，坚持围绕阿坝实际、坚持围绕贫困群众脱贫增收、坚持围绕浙江元素，重点突出产业领域帮扶，实现"输血"向"造血"转变，突出"造血"功能提升。

在发展农业方面，阿坝州土特产品种类丰富、生态环保、品质优良，农畜牧业是当地群众的主要产业和收入来源，但农业基础相对薄弱，农产品在时间上过度集中，在空间上过于分散，同时又缺乏规模化、标准化、品质化。我与各县挂职的同志商量后，决定根据各县实际，实施十大农业帮扶举措，推进自我"造血"能力提升工程。三年来共投入七亿多元，建设一大批农业基地、农业园区、农业基础设施。建设种养殖生产基地 71 个，面积达 7.27 万亩，引导东部 43 家农业企业来阿投资农业生产，帮助共建 10 多个牦牛、牦牛奶、中草药、野生菌、青红脆李等农产品深加工项目。共在东部设立专柜 63 个，建立电商平台 21 个，销售当地特色农产品超两亿元。为增加群众收入，我们还引进羊肚菌、樱李、白芨等高附加值的特色农产品和中草药等。下乡时，理县的一名农民笑着告诉我说，去年他家抱着试试看的态度，免费领了三亩羊肚菌菌种试种，共收了 900 多斤羊肚菌，卖了 4 万多块钱。利用冬季土地和劳力空闲时间种羊肚菌，菌种还免费，又有这么好的收益，这么好的事到哪里去找呀？

在发展工业方面，阿坝州工业基础差，环保要求高，交通物流成本高，当地工业发展受到很大限制，但是，当地又有较为丰富的造地资源。我们决定利用结对帮扶地区可以实行土地指标跨省调剂的国家帮扶政策，推进实施"飞地"园区共建工程。三年来，我们共协助阿坝州各县在浙江省对口地区落地了九寨—嘉善、庆元，嵊州—马尔康，南湖—若尔盖等"飞地"产业园区 12 个，总面积 1204 亩，总投资 38.35 亿元，引入企业 80 多家，全部建成后 2022 年产值将达 52 亿元，每年可为受援地增加财政收入 7000 多万元。红原县、理县等地还充分利用浙江援助和省内帮扶资源，也就是综合统筹利用阿坝州的政策资源、浙江的企业资源和发展优势、省内帮扶地的土地资源，创新与四川省内帮扶地区共建三地合作"飞地"园区的建设模式，分别在三台、遂宁建设了三地合作"飞地"园区。通过飞地园区税收分成和保底分红机制，有利促进了阿坝当地相关县（市）财政收入，并通过带贫机制促进受援地贫困村集体经济收入，如：嘉善—九寨沟飞地园区每年为九寨沟县 48 个贫困村和经济薄弱村创收 2000 万元。跨省、市"飞地"园区的建成，为阿坝州提供了劳动力转移就业的固定"基地",成为受援地对外开放的窗口和新兴产业发展的实践基地,对受援地产业发展起到了积极的示范和促进作用。

在发展第三产业方面,阿坝州旅游资源极其丰富,推进旅游合作,不但能发展当地经济,促进百姓增收,同时也能通过游客进来,带动当地群众的观念和理念的转变。我们决定实施十大文化旅游合作举措,推进文旅产业升级工程。三年来,利用援建资金投入1.2亿元建设完善景区道路、接待设施等。我们还积极引导浙江旅投、阿里旅业、瑞安顺达、温州君兰民宿等一批知名旅游企业来阿投资旅游项目。为开拓新客源市场,我们助力开通了温州至红原旅游专线航班,通过专线游客达8000余人次。利用各种渠道在东部地区加大阿坝州旅游宣传,并成功打通了浙江省职工来阿坝疗休养渠道。通过文旅合作,阿坝州在浙江的知名度不断提升,各类旅行社组团来阿和自驾游旅客与日俱增。壤塘县还打破了长期没有大型旅行团来旅游的记录。我们在下乡时经常会听到浙江各地方言,这使我们倍感亲切。

坚定一个信念:接续打好脱贫攻坚战三场硬仗

入阿以来,我们全体浙江援阿挂职同志始终牢记使命担当,不负组织重托,干在实处、走在前列、勇立潮头,全面打赢打好了东西部扶贫协作和对口支援"翻身仗""巩固仗""提升仗"。三年来,阿坝片区13县(市)共实施帮扶项目515项,完成投资16.495亿元,树立了一批新典型、创建了一批新模式、凸显了一批新亮点,创新了一批可复制、可推广的浙江经验和浙江模式。创新实施"飞地"园区扶贫模式,建成扶贫"飞地"园区12个,入驻企业95家;创新实施跨省来料加工劳务合作模式,实现贫困户在家就业,2020年实现超过1000人在家就业;创新文旅合作脱贫模式,三年来浙江省来阿坝旅游总人数达40多万人次。

2018 年，我们克服了项目储备不足，资金下达迟，建设项目前期工作滞后、工期短，当地干部群众对东西部扶贫协作认识不到位等诸多主客观不利因素，较为出色地完成了年度任务，为浙江省在国扶办考核中被评为"好"的等次作出贡献，阿坝州得到国家发改委考核组的一致好评。阿坝州片区工作组获得 2018 阿坝州脱贫攻坚组织创新奖。2018 年我们打赢打好了"翻身战"。

2019 年，阿坝州片区提前超额完成了所有上级下达的工作指标，且大多数工作指标名列全省前茅，并在对口工作中树立了新典型、创建了新模式、凸显了新亮点，创新了一批可复制、可推广的浙江经验和模式。当年 10 月浙川两省党政代表团来阿坝州红原县和汶川县考察，浙江和四川两省党委负责同志充分肯定了浙江经验和模式。阿坝片区工作组被评为 2019 年度四川省脱贫攻坚先进集体。2019 年我们打赢打好了"巩固战"。

2020 年，我们在两地党委、政府的领导下，再接再厉，勇于担当，在高质量完成各项年度任务目标和圆满完成对口支援"十三五"规划的基础上，全面总结工作亮点，提炼帮扶模式和协作机制，提升援建项目效益发挥。我们浙江省驻四川省阿坝片区扶贫协作帮扶工作组获得了全国脱贫攻坚先进集体，受到党中央、国务院表彰。2020 年，我们打赢打好了"提升战"。

援阿三年来，我们始终围绕"援川为什么""在川做什么"和"离川留什么"来带队伍、谋项目、推工作，特别是把回答"离川留什么"贯穿我们工作始终。一是留下一批好项目。重点抓好已建项目效益的发挥，全面提前完成全部项目建设，留下了一批优质高效的援建项目，如我们扶持发展的红原县更攀合作社，为当地培育了牦牛全产业链，为全国涉藏地区发展牦牛产业精准扶贫作出示范。二是留下一批好机制。做好亮点工作的总结提升，深化两地交流交往体制机制提炼，留下了一批可参考可复制的工作机制和经验做法，如两地建立高层定期互访，定期召开高层、部门联席会议机制，建立工作队与前后方有关部门定期协商、信息互通机制，形成良好的协同效应和工作合力；在阿坝州，推广完善土地流转收租金、务工就业挣薪金、入股分红得股金、委托经营拿酬金、集体分红分现金"五金"利益联结机制，让贫困人口得到实实在在的利益。三是留下一个好口碑。全体挂职同志严格遵守挂职干部工作规范和学习、工作制度，自觉提高政治站位，在践行初心使命、勇于担当作为上走在前、作表率；自觉践行群众路线，主动进村入户，把脉问诊、对症下药，送政策解难题鼓干劲，帮助转变观念理念、发展产业、增加收入。同志们敬业奉献、担当作为、开拓进取的精神作风受到当地干部群众的充分肯定，留下一个好口碑。

做有意义、有挑战性的工作，时间总是过得特别快，一转眼援阿工作三年期满结束了。回想三年的援阿工作，我们付出了许多，"抛妻离子"远离家庭，经历高原民族地区的工作生活不适应，克服种种困难障碍，高质量圆满完成各项援阿工作任务，不负组织重托，不负受援地特别是少数民族地区干部群众期盼。我们有幸参与脱贫攻坚这个国家大战略、大布局、大举措，亲身经历中华民族几千年历史发展中消除绝对贫困的伟大实践。这三年，将是我们人生中最浓墨重彩的一笔。

（陈正宇　整理）

从广东到甘孜的医疗帮扶点滴

郭蕾

广东省第二人民医院妇科副主任医师郭蕾，连续三年三次随广东援甘医疗队，来到地处川藏高原的四川省甘孜藏族自治州人民医院，开展东西部协作、结对帮扶工作。她用自己所掌握的医疗技术理论和多年积累的临床医疗经验搞好"传帮带"，为打造一支扎根甘孜本土医疗队倾心尽力，也为甘孜留下一个百万级的科研合作项目。郭蕾医生三年三次入川为甘孜藏族老乡服务的事迹在当地广为流传，受到当地党委、政府和群众的一致好评。2021 年 2 月，郭蕾被党中央、国务院表彰为全国脱贫攻坚先进个人。

问：您是何时接到援甘孜通知的，行前做了哪些准备？

郭蕾：广东省第二人民医院和四川省甘孜藏族自治州人民医院于 2017 年 10 月签署结对帮扶合作协议，我是 2018 年 3 月 15 日作为广东省援甘医疗队成员抵达康定，开始为期半年的结对帮扶工作。

这是我第一次到高原工作生活，行前查询了如何预防高原反应。为了尽快适应以便开展工作，我提前一周开始每天泡红景天，准备好羽绒服、手套等保暖衣物。我还开始改变饮食习惯，多吃当地食物，尤其是酥油茶，所以到了甘孜以后，我很快就融入康定的生活。

我的家人对我作为医务工作者承担对口支援工作非常支持。我的孩子当时还小，刚刚停止哺乳不足一年，家里四位老人轮流上阵帮忙看娃，解决我的后顾之忧。每晚只能通过视频，缓解我的思乡之情，他们每天都鼓励我认真工作。我也决心发挥医务工作者的优势，多为当地群众做实事。

单位领导在出发前的动员会上说："省二医是援甘医疗队的家，我们会全力保障，做坚实后盾，有想法和需求随时沟通。"并建立包括医院领导和行政同事在内的微信群，打通沟通的便捷通道。

到了甘孜后，我发现甘孜山高路远，地广人稀，很适合应用互联网医疗解决当地偏远地区看病难问题。在广东省援川工作组的大力支持下，我们充分发挥省二医在互联网医疗方面的优势，做了很多创新工作。

问：您初到甘孜时的感受，和您来之前自己印象中的甘孜有何异同？

郭蕾：初到甘孜，我的心率陡然变快，晚上基本都是凌晨 2 点多入睡。我能清晰地听到自己的心跳声，这是在广州从来没有过的。康定的同事们热情体贴地为我们配备了包括吸氧瓶、房间通风设施、保暖设施等设备，我们出发前也作了充足准备，所以很快度过初始几天的身体适应期。

久居钢筋水泥森林的我呼吸着康定的清新空气，欣赏着康巴大地的美景，看着折多河清澈流淌的雪山水，加上援甘医疗队在工作上的齐心协力，日子过得很充实。作为一名妇产科医生，完成一台手术、开展一项新的技术、使用一台新的设备，被感谢、被认可、被尊重，看着甘孜同事和病人清澈的目光，发自内心的情感交流，令我备受感动。

问：初来时，让您感到最困难的事情是什么？生活和工作上遇到过什么问题？

郭蕾：从广州一起过来的同事出现高原反应，因为身体因素被迫结束对口支援工作，非常惋惜和无奈。从广州过来探望我的家人，也屡屡出现头晕、头痛、入睡困难、心跳加速的情况，我自己从州医院借了两个氧气瓶，每周都带着两个沉甸甸的瓶子前往机修组去灌氧气。

问：其间最令您感动的瞬间是什么？

郭蕾：2018 年 4 月，我第一次参加义诊，前往色达。当天下午下过阵雨，还有的人是饿着肚子排队，但数百人排队依旧秩序井然。我负责妇产科查体，当每个人的问询检查结束后，她们都用真挚并信任的目光看着我，双手合十。虽然她们说的是藏语，但我可以清晰感受到来自对方的真诚。这一幕我时常想起，让我久久不能忘却甘孜淳朴的人民。

问：支援期间有哪些事情让您觉得您的工作是很有意义的？

郭蕾：我们援甘医疗队在扶贫协作方面共立项五项，研发并开拓了健康数据平台"叮呗健康、叮呗医生、叮呗科研"在甘孜的应用，推广了健康小屋和远程心电设备的建设、连接和应用。我所在的甘孜州人民医院妇产科得到广东省援川前方工作组的援助资金，受捐最新宫腹腔镜设备，我顺利完成了新设备投入后的第一台手术，更欣慰的是我离开州医院后，设备没有封尘，而是能够继续使用。

问：支援工作给受援地带来哪些创新和改变？请你详细介绍一下由广东援川团队策划和引进的"AI 医生"，以及在当地使用取得的成效。

郭蕾：在石渠县义诊期间，我们团队白天义诊，晚上进行信息核对，义诊的群众使用微信小程序第二天就能查看到义诊做的超声、心电图、胸片、身高、体重、血压、脉搏等结果。我们汇总所有检查检测结果，由两家医院医生完成健康报告。对于当下可以确诊的患者，我们派发携带的药物；对于有需要进一步治疗的老乡，当日确诊，当日就开好住院证明，让他们就近医治。目前甘孜一市17县均已完成县医院、妇幼保健院的建设并投入使用，方便老百姓看病就医。对于疑难病例，我们则会开展全院会诊，并在妇科肿瘤、骨关节疾病、白内障、结核、包虫病方面充分利用当地的医疗援助政策和经费，让当地的老乡得到更近、更适宜的医疗保障。

问：请您说说这些年援助甘孜的感想？

郭蕾：我连续三年三次赴川工作，用自己多年积累的医疗技术搞好"传帮带"，打造了一支扎根甘孜的本土医疗队；随广东省援川前方工作组和州医院下乡医疗队多次深入偏远山区巡诊，推广互联网医疗、AI医生，助建健康平台，申请五项医疗扶贫立项，助力当地群众实现"家门口看病就医"。得益于精准扶贫政策的部署，两地政府的大力支持，两家医院的通力合作，联合医疗队的齐心协力，我们才能取得这样的成绩。我本人更多的是作为其中的一员，做好团队发言人角色，把我们的工作汇报清晰，把我们的想法进一步明确，把我们广东的互联网技术、医疗资源、援建资金整合，真正落到实处。目前我的对口支援工作已经结束，但我们的设备、我们的平台、我们的软件还在甘孜州继续发挥着作用，我们与甘孜州结下的深厚情谊源远流长。

三次的援助经历，我感受到了康巴大地的美丽，甘孜人民的热情好客，州医院同事们的亲切，我们结下了深厚的情谊。

2019年1月，我收到来自州医院院长办公室的邀请函。当月14日，我再次入川，回到熟悉的康定，回到亲切的甘孜州医院，重温藏家情。总计一年的时间里，我多次随州医院的下乡医疗队巡诊、义诊，深深地被以尼玛拥措为代表的，认认真真为甘孜人民谋福利，20年如一日下乡义诊的州医院医疗队所感动。我也竭尽所能，从临床、教学、科研三方面展开工作，和队友们前后申请立项了五个扶贫项目，其中一个项目还获得广东省援川前方工作组的资金支持。

说起这个项目，还有个小故事。在帮扶期间，我亲历过一次危重症抢救。病人是一名 23 岁的孕妇，但她的体重只有 40 公斤。因为难产，她花了十多个小时从石渠县来到州医院。在入院检查时，发现她有严重的肺部感染、重度贫血、高血压等。但由于没有任何既往病历资料，为诊断增添了难度。几经抢救，她脱离了危险，孩子也平安降生。2018 年 8 月 5 日，在川粤东西部扶贫协作和对口支援第三次联席会议召开前，我遇见州卫健委的曲梅主任。她问我：郭医生，您对甘孜州妇产科危重症病人多的问题是如何看待的呢？我就提了这个案例。这种情况不是个例，甘孜地区山高路远、地广人稀，很多人没有健康档案，常常延误了诊断和治疗时机。

既然我们来帮扶了，发现了问题，就要解决问题，不辜负州医院的期望与厚爱。此后，我积极向粤川两省有关部门建言献策，结合我们广东省第二人民医院在互联网医疗方面的优势，沟通粤川两地，助力搭建当地的健康数据平台。同时积极推广互联网医疗与"组团式"下乡义诊相结合的"广东医疗援甘结对帮扶"合作模式，助力甘孜州边远牧区群众实现"家门口看病就医"。

2020 年 8 月 29 日，我们的联合医疗队抵达石渠县尼呷镇。为了让老乡们能第二天就通过微信小程序看到义诊采集的血压、身高、体重、腰围、胸片、超声、心电图等结果，白天结束义诊后，同志们晚上一边吸氧一边进行资料录入。我们还把"义诊结果查看指南"制成电子版文件，发送给了当地组织者。联合医疗队的工作也得到了仁泽卓玛等当地志愿者的高度认可与配合。

三次入川，我深深感受到当地医疗条件的不足和群众对改善医疗条件的期盼，深深感受到我们对口帮扶的必要性和重大意义，深深感受到我们的工作成绩离不开甘孜人民和州医院医疗队的信任和接纳，更离不开两地政府的通力支持。脱贫攻坚已经取得全面胜利，两地的友谊和合作项目还会在甘孜大地延续。

（亮亮医生　整理）

精准督查　助推精准脱贫

曹曦文

2017年7月以来，巴中市委深入贯彻落实中央纪委扶贫领域监督执纪问责工作电视电话会议精神和全省整治群众身边的不正之风和腐败问题现场推进会议精神，把整治扶贫领域腐败和作风问题摆在更加突出位置，从纪检监察机关、组织、财政、审计、巡察等监督部门，以及扶贫、发改、住建、国土、教育等扶贫主责部门抽调专门人员组建巴中市脱贫攻坚暗访督查办公室，采取"一个综合组＋四个暗访督查组"的运行模式，切实加强扶贫领域监督执纪问责。巴中市纪委监委坚决落实中央纪委、省纪委和市委决策部署，把准"监督的再监督、检查的再检查"职责定位，积极牵头揽总，坚持问题导向，探索建立"三查"明责、"三牌"问责、"三函"压责的"三三"工作机制，以点连线抓整改、由线带面促规范，推动形成市、县、乡上下联动，主体责任、监管责任、监督责任同向发力的脱贫攻坚"大监督"格局，以精准督查助推精准脱贫。2021年2月，巴中市脱贫攻坚暗访督查办公室被表彰为全国脱贫攻坚先进集体。巴中市纪委副书记、市监委副主任曹曦文讲述了开展脱贫攻坚暗访督查的做法和经验。

问：您好，请简单介绍一下巴中市脱贫攻坚暗访督查办公室成立的背景和当时的情况。

曹曦文：好的。我先从巴中的市情说起，巴中是革命老区、秦巴山集中连片特困地区，五区县均属国家或省级扶贫开发重点县和片区县，2013 年底全市有贫困村 699 个，贫困人口 49.43 万人，贫困发生率 16.3%，贫困人口总数和贫困发生率分别位居全省市州第四位和第三位，是全省除三州外脱贫攻坚任务最重的市州。党的十八大以来，以习近平同志为核心的党中央把脱贫攻坚摆在治国理政的突出位置，省委、市委把脱贫攻坚当作首要的政治任务和最大的民生工程、民心工程来抓。中央纪委、省纪委对深化扶贫领域腐败和作风问题专项治理专题进行安排部署。巴中市委、市政府坚定贯彻落实中央和省委关于脱贫攻坚的各项决策部署，坚持以作风攻坚推动脱贫攻坚。2017 年 6 月 26 日，巴中召开市脱贫攻坚领导小组第十次会议，指出"纪检监察机关要牵头开展好脱贫攻坚暗访督查工作"，市纪委监委积极牵头揽总，随即召开暗访督查工作启动会并完成机构组建、机制建立、人员培训，7 月 6 日暗访督查组进村入户开展工作并发出第一份《工作日报》。

问：脱贫攻坚暗访督查办公室主要的工作方式和重点是什么？

曹曦文：我们最主要的工作方式就是"四不两直"，坚持到田间地头与群众"面对面"，深入一线发现问题、推动整改，三年来，全覆盖督查 699 个贫困村、抽查 488 个非贫困村，走访群众 3.6 万余户，总行程 73 万余公里，实行日报告、周分析、月总结，每天的工作情况通过手机短信直达市委、市政府主要领导和分管领导。

脱贫攻坚暗访督查工作主要有三个方面的重点：一是紧盯目标任务。重点暗访督查各有关单位及党员干部在贯彻落实脱贫攻坚决策部署中是否存在执行不力、弄虚作假、阳奉阴违的问题，在推进"两不愁三保障""四个好""五个一批""六个精准"及"双七有"等目标任务中是否存在不作为、慢作为、乱作为的问题，坚决纠正以形式主义、官僚主义对待扶贫工作、做表面文章的问题；二是紧盯扶贫责任落实情况。重点暗访督查各级党委政府的主体责任、各级主责部门的监管责任、各级挂联领导的挂联责任以及各级帮扶单位"五个一"+"1"等是否落实到位，坚决整治主体责任"淡化"、监管责任"软化"、挂联责任"空化"、帮扶责任"虚化"、驻村责任"弱化"等问题；三是紧盯项目资金运行情况。重点暗访督查党员干部在惠民政策执行中是否存在以权谋私、优亲厚友、吃拿卡要等问题，在扶贫项目推进中是否存在滥用职权、弄虚作假、虚报冒领等问题，在扶贫资金使用中是否存在贪污侵占、截留挪用、套取骗取等问题，坚决查处向扶贫资金财物"动奶酪"的人和事。

问：请您介绍一下脱贫攻坚暗访督查工作的主要做法和成效。

曹曦文：在脱贫攻坚暗访督查工作实践中，我们立足于"监督的再监督"，探索建立"三查"明责、"三牌"问责、"三函"压责的"三三"工作机制，以点连线抓整改、由线带面促规范，推动形成市、县、乡上下联动，主体责任、监管责任、监督责任同向发力的脱贫攻坚"大监督"格局。

具体来讲，"三查"就是指乡镇对标自查、区县常态巡查和市级暗访督查。2017年以来，各乡镇党委政府对照村脱贫"一低五有"、户脱贫"一超六有"的脱贫任务，对照部署查落实、对照政策查执行、对照指标查达标，早发现、早纠正问题1.7万余个；各区县整合纪检监察、扶贫、财政、审计及各扶贫专项牵头部门力量，组建巡回督导组、专项核查组39个，实行全天候、全时段、全方位常态巡查，督促1.9万余个问题定人定责定时整改；市脱贫攻坚暗访督查办公室滚动开展全覆盖、分层次、多轮次的暗访督查，对全市699个贫困村全覆盖督查并抽查488个非贫困村，把压力传到末梢、把责任落到基层，累计发现并督促整改问题2392个。

"三牌"是指黄牌提醒、橙牌警示和红牌问责。2017年以来，对2201个暗访督查首次发现的一般性问题发"黄牌"，提醒责任单位明确整改责任、整改措施和整改时限，督促务实整改到位；对"黄牌"提醒拒不整改、整改走过场的 138 个问题发"橙牌"，责令动态报告进展情况，限期销号交账，并责成上一级党委、纪委对其进行警示约谈；对"橙牌"警示整改不到位或动民生"奶酪"、侵占民生民利或弄虚作假的 53 个问题发"红牌"，并按照管干权限从严问责追责。

"三函"是指《约谈函》《提醒函》和《督办函》。针对脱贫攻坚中存在任务推进滞后、责任落实不力、帮扶工作不实等问题的责任单位，定期向其上一级党委制发《约谈函》，压紧压实主体责任；紧盯监管责任发《提醒函》。通过梳理暗访督查中发现的普遍性、系统性、区域性问题，采取"发点球"的方式，定期向 20 个扶贫专项牵头部门制发《提醒函》，督促其认真履行监管职责；紧盯监督责任发《督办函》。通过梳理市纪委监委受理的信访举报和市脱贫攻坚暗访督查中心收到的投诉举报，对 38 个扶贫领域的问题线索进行重点督办，党纪政务处分 23 人，组织处理 37 人。

问：从 2017 年以来，脱贫攻坚暗访督查工作一锤接着一锤敲、一年接着一年干，能谈谈您的体会吗？

曹曦文：要说工作体会，概括起来就是"四个坚持"。

一是始终坚持围绕中心、服务大局，全面增强使命感和责任感。始终坚定政治担当，坚持思想不松、队伍不散、力度不减，不折不扣落实中央、省、市关于脱贫攻坚各项决策部署，扎实开展贫困村全覆盖暗访督查、贫困村退出验收和贫困县摘帽初审再督查、惠民惠农财政补贴资金"一卡通"管理问题专项治理、落实"两不愁三保障"回头看大排查再督查、扶贫领域工程项目清理再督查、扶贫领域腐败和作风专项治理等系列工作，以督查发现问题、以问题压实责任、以责任保障执行。

二是始终坚持与时俱进、创新突破，持续优化制度机制。实践发展永无止境，创新工作机制永无止境。创新运用"三查三函三牌"机制，得到省委改革办的肯定推介并上报中央改革办，后纳入 2020 年全面依法治省蓝皮书；创新实施"分区分级、联督联查"机制，得到省纪委监委领导认可，并在全省纪检监察系统推广运用，真正激发内生动力，确保工作成效更加显著。

三是始终坚持想群众之所想、急群众之所急，切实厚植为民情怀。秉承"唯有行走最精准"，几年如一日激情饱满地工作，不畏寒暑、不计待遇、只讲奉献，坚持深入群众中去听民声、访民情、解民忧、纾民困，到问题现场去查纠一线、整改一片、规范一方，到责任单位去明责、压责、督责，行程累计 73 万余公里，切实推动解决民生民利问题，回访统计群众满意度 100%，全面提升了群众满意度、获得感。

四是始终坚持学用结合、知行合一，不断淬炼督查人员综合能力。自觉增强"四个意识"，坚定"四个自信"，坚决做到"两个维护"，充分发挥临时党支部战斗堡垒作用和党员先锋模范作用；严格遵守"四严禁""四不准"工作纪律，以"自身硬"的态度强力推动工作落实；坚持每周碰头、每月分析、每季总结，时时保持如饥似渴的本领恐慌感，定期邀请专家学者、业务骨干授课，真正铸就一支铁一般信仰、铁一般纪律、铁一般担当的暗访督查队伍。

问：*习近平总书记强调"脱贫摘帽不是终点，而是新生活、新奋斗的起点"，在接下来的工作中将会采取什么样的方式巩固拓展脱贫攻坚成果衔接乡村振兴呢？*

曹曦文：关于巩固拓展脱贫攻坚成果衔接乡村振兴，我们主要有三点考虑。

一是聚焦"四个不摘"，推动责任落实。坚持不摘责任，从严整治主体责任"淡化"、监管责任"虚化"、监督责任"软化"等问题，推动各级各部门严格履职尽责；坚持不摘政策，从严整治就医、上学、住房、饮水等保障性政策以及产业、就业、金融等发展性政策打折扣、搞变通的问题，确保政策总体稳定；坚持不摘帮扶，从严整治歇脚松劲、工作漂浮等问题，确保帮扶部门和帮扶干部帮扶力度不减、重点明确、措施有实效；坚持不摘监管，从严整治似管非管、管而不力以及撤摊子、甩包袱、换频道等问题，真正把管行业必管行风落到实处。

二是定靶"四个重点"，推动巩固提升。紧盯易地扶贫搬迁，坚决纠正公共设施不配套、安全隐患整治不到位、生活生产不便导致房屋空置等问题，确保群众搬得进、住得下、能致富；紧盯安全饮水项目，坚决纠正管护不到位、工程质量差等问题，确保群众用上安全、便捷的水；紧盯产业发展，坚决纠正虎头蛇尾、前紧后松、产品滞销以及造盆景、垒大户等问题，确保产业可持续，强力助推产业振兴；紧盯"一卡通"治理，督促建好用好"一卡通"阳光审批平台，实现市、县两级全覆盖，推动各项惠民富民和共同富裕政策措施到户到人、落实到位。

三是深化"三项机制"，推动长治长效。深化分析研判。定期分领域、分区域、分重点对所发现问题进行"把脉问诊"，找准症结，厘清责任，提出建议，切实增强工作的针对性、精准性，及时为市委、市政府决策提供参考依据；深化双向反馈。常态"走下去"，坚持深入一线、下沉末端发现问题，及时"发点球"督促区县党委政府和市级专项牵头部门各尽其责，定期"请进来"，邀请行业部门、基层单位座谈交流，听取基层心声，明确督查重点，促进信息互通，推动工作提质增效；深化系统治理。坚持由点及面、源头治理，推动矛盾突出、问题集中的行业进行举一反三自查整改、建章立制，全面深化标本兼治，做深做实以问题促整改、以问题促治理。

（赵志鸿　李伟　整理）

创新帮扶模式助推炉霍脱贫奔康的锦江力量

李香贵

甘孜州炉霍县位于四川省西部，是国家"三区三州"深度贫困县和四川省45个深度贫困县之一，全县幅员面积5796.64平方公里，全县总人口4.9万人，有88个贫困村10019贫困人口，农村贫困发生率达24%。锦江区自2012年对口支援炉霍县脱贫攻坚以来，坚持党建引领、模式创新、全域帮扶，先后投入援建资金2.6亿元，实施近百个援建项目，有效解决炉霍群众急难愁盼等系列民生问题，助力炉霍县提前一年实现脱贫摘帽，群众满意度全省第一。在全国首创"飞地＋众筹"、"荣誉村长"扶贫模式，建成省内首个社会帮扶贫困村飞地产业园，获评全国社会帮扶示范案例，全国基层党建与民生发展示范案例，2021年2月，中共成都市锦江区委荣获全国脱贫攻坚先进集体。成都市锦江区委李香贵讲述了锦江区创新帮扶模式全力助推受扶地脱贫奔康的做法和经验。

问：锦江区有力助推炉霍脱贫摘帽，八年的对口帮扶之路，您认为最关键的是什么？

李香贵：我认为最关键的是始终坚持党建引领脱贫攻坚。习近平总书记指出"越是进行脱贫攻坚战，越是要加强和改善党的领导"，习总书记的重要讲话为我们党建引领脱贫攻坚提供了根本遵循。锦江区对口帮扶炉霍八年来，始终坚持把对口支援作为重大政治责任，不断加强帮扶工作党的领导和工作统筹，我们按照区委区政府提出的"干得最主动、走在最前列、成效最明显"帮扶工作要求，高位谋划、尽锐出战，倾情倾力倾智帮扶，确保炉霍脱贫攻坚任务如期提前完成。

问：对口帮扶炉霍县以来，你们具体做了哪些工作？

李香贵：我们紧紧携手炉霍县，发起"格桑花开·锦绣炉霍"全域帮扶行动，在全省率先实施全域结对帮扶，组织全区 24 个机关部门、16 个街道、76 个社区、15 个群团组织、228 家企业、19 个学校、21 个卫计行业单位结对帮扶炉霍县相关部门、乡镇、贫困村，全区机关干部、职工结对帮扶炉霍 1000 余贫困户。机关部门、街道、社区、群团组织、学校、卫计行业单位党组织开展结对共建，党员联帮活动，我们充分发挥区基层党组织的战斗堡垒作用和党员先锋模范作用，整合结对组织力量和资源，帮助链资源、引项目、育人才、教技术。我们还创新构建了"六个一帮一"结对帮扶机制，即："街道乡镇一帮一""主要部门一帮一""重点行业一帮一""龙头企业一帮一""品牌社团一帮一""爱心家庭一帮一"。

问：全域结对有哪些成果呢？

李香贵：我们引进了锦江优质的教育资源，将炉霍建成康北教育中心，吸引周边县就读生 2000 余人；我们培育了大量的医护人才，帮扶县妇计中心成为四川省民族地区第一家"二甲"妇幼保健机构，县人民医院、藏医院肛肠科、骨伤科成为康北特色专科；引入锦江先进社会治理经验，帮扶炉霍县交纳村成为省结对帮扶示范村，望果社区成为全省涉藏地区基层治理的先进典型。锦江区党建引领、建引结合的结对帮扶新机制，被全省推广。

问：锦江区在帮扶炉霍中，还做了哪些有力的探索呢？

李香贵：我们在全国首创了"飞地＋众筹"贫困村产业扶贫模式，获得了全国多项大奖，被国务院扶贫办评为全国社会扶贫示范案例，获评中国民生示范工程、四川省最具影响力慈善项目，成为2020年博鳌亚洲论坛发布的《亚洲减贫报告2020》推介案例，被《人民日报》、中央党校推荐为基层党建和民生发展优秀案例，入围2020年联合国全球减贫示范案例。2021年2月25日，锦江区作为四川省市区县唯一帮扶地代表，荣获全国脱贫攻坚先进集体。

问：当初是怎么想到构建这一模式的呢？

李香贵：习总书记强调，发展产业是实现脱贫的根本之策。但是，炉霍县的88个贫困村，地理位置偏远、人才资金匮乏，根本无力发展产业。于是，我们想到了在县域内发展"飞地"产业的这一构想，并聘任社会爱心人士为荣誉村长，请他们作为帮扶带头人，为"飞地"产业持续发展提供资金、技术、人才、信息，使产业项目落地，为农特产品打开销路，保障了贫困群众持续增收。

问：这一模式具体是如何运行的？

李香贵：打造示范园区，培育"飞地"产业，是这一模式的基石。2015年，经多次实地考察，锦江区发现地处鲜水河谷地带的炉霍县斯木镇虾拉沱片区在交通区位、土壤条件和气候等方面较为适宜发展现代农业，因此，我们携手炉霍县，在斯木镇虾拉沱片区流转土地1000余亩，再整合政府、社会等各方援建资金上亿元，打造出炉霍高原现代农业产业园区，为地处偏远牧区、自然环境恶劣、资源条件差、无力发展村集体经济的88个贫困村，集中建设贫困村"飞地"智能蔬菜大棚。

目前，园区已建成大棚 300 个，每个贫困村分得两个以上大棚，设计使用年限为 15 年至 20 年。

为引导更多社会力量参与"飞地"产业发展，变政府单一推动为社会多元参与，2017 年起，锦江区面向全社会选聘有实力、有爱心、有意愿的民营企业家、民主党派、社会组织、爱心人士等各界人士作为帮扶带头人，担任贫困村"荣誉村长"。"荣誉村长"牵头"筹人、筹智、筹资"共同帮扶贫困村发展"飞地"产业。"筹人"即动员自身能影响的、有爱心的社会帮扶力量，最大化链接社会各方帮扶资源；"筹智"就是共同帮助炉霍在产业发展、民生改善等多领域链资源、引项目、解难题、献智慧；"筹资"就是为每个贫困村对应"飞地"产业项目众筹项目建设资金，每个"飞地"产业项目众筹资金数为 30 万元，筹满一个实施一个。

问：目前发展了多少"荣誉村长"呢？

李香贵：截至目前，我们已选聘五批次 46 位"荣誉村长"，覆盖了至 2017 年底炉霍尚未脱贫的所有贫困村；共有 300 余家企业负责人，800 余名爱心人士担任"荣誉村民"，构建了千余个爱心帮扶"朋友圈"，辐射爱心亲友两万余人。

问：如何保障这一模式运行呢？

李香贵：首先，我们构建了项目运行保障"一中心四平台"，即协调联络服务中心、筹人筹资运行管理平台、资金项目监管运行平台、产业项目实施运行平台、产品云网营销运行平台，由区对口支援办、炉霍县相关部门、贫困村"两委"及生产运营企业共同构建起从工作协调、资源链接、资金监管、项目实施、品牌推广、产品销售、收益分红的项目运行保障体系。

第二，我们构建了"龙头企业＋专合社＋党支部＋农牧民"的"4+"机制。"荣誉村长"众筹的资金由区社会组织发展基金会监管，建立"飞地＋众筹"项目专项基金，专项用于发展结对贫困村"飞地"蔬菜大棚等产业项目；众筹资金到位后，各方签订项目合作协议，启动大棚建设；大棚建成后交由有技术、有经验的农业龙头企业管理运营，实现互利共赢；大棚属贫困村集体，贫困村合作社以大棚资产入股并参与管理模式。"飞地"农特产品由生产运营企业会同"荣誉村长"和众筹资源共同寻找市场、推广销售，建设飞地农特产品建设物联网大数据监测平台和可视化溯源体系，帮助炉霍扶贫农特产品入驻成都职工普惠App平台；项目产生的收益，直接返还给贫困村，并按照"贫困户优先、全民受益、共享红利"的原则进行分红，在贫困户退出后，每年做动态调整。

此外，我们还制定了模式运行常态化沟通交流、需求对接、工作推进、项目督导、宣传报道、表彰奖励六项工作机制。定期组织召开"荣誉村长""荣誉村民"座谈会、项目对接会、推进会、农特产品展销会；创建爱心扶贫锦炉微信公众号，定期发布帮扶事迹，区委区政府还为扶贫模式设立专项表彰会，在年度区对口支援总结表彰大会上对积极参与、取得实绩的"荣誉村长""荣誉村民"及企业家、社会爱心人士颁发奖状证书，激励参与的企业家、社会各界爱心人士在脱贫攻坚事业中发挥更大作用，创建双赢的扶贫局面。

问：除了帮忙募集产业发展资金，"荣誉村长"还做了哪些工作？

李香贵："荣誉村长"在帮扶产业发展的同时，不断拓展帮扶领域，对接帮扶需求，众筹链接帮扶资源，开展各类帮扶行动。泥巴乡易绕村"荣誉村长"、锦江区总商会副会长、中融国城建设有限公司（长源集团）董事长骆长文组织、带头对口帮扶投入达200多万元，2020年新冠肺炎疫情爆发后，他第一时间募集1000个一次性医用口罩和600双医用手套，助力炉霍县疫情防控。72岁的洛秋乡易日村"荣誉村长"刘端元，做餐饮服务的他不仅自己参与，还发动儿子、孙子，带领村民发展生态农业，如今祖孙三代都成了"荣誉村长"。雅德乡交纳村"荣誉村长"、民建成都市委委员、民建锦江区主委曾政光,在了解炉霍县总工会"三中心"项目建设的困难情况后,2020年,定向捐赠100万元支持炉霍县总工会进行"三中心"建设。新都镇昌龙村"荣誉村长"、成都源香园农业科技有限公司总经理唐良春帮助高原小番茄进入伊藤洋华堂、盒马鲜生等商超,以及粤港澳地区销售,在成都市场年销售达400余万斤,价值4000余万元。充古乡卓若村"荣誉村长"桂汉峰、新都镇德拉龙村"荣誉村长"卢蓓蓓、斯木乡扎交村"荣誉村长"张家明等,时任四川省红十字基金会秘书长荣道清担当锦江帮扶大使,与"成都543社工中心"等积极帮助炉霍县,引入中国慈善联合会、少儿大病医疗救助、波司登爱心基金会、宋庆龄基金会、爱心小丫包等慈善项目,捐款捐物数百万元。

问:这一模式在助力炉霍县脱贫摘帽上,起到了哪些作用?

李香贵:一是破解产业发展难题,有效带动贫困群众持续增收。"飞地"产业园帮扶炉霍县88个贫困村,2364户10019人贫困人口人均增收800余元,还吸纳120余名贫困人口就业,每年有接近四万元的收益,务工当地农牧民还可获得每年每亩600元的土地流转收益。二是链接资源补齐短板,有力助推炉霍经济社会发展。模式依托构建的线上线下爱心帮扶村广泛链接社会资源,为结对贫困村筹集产业发展所需要的资金、技术、人才、信息,为"飞地"园区农产品营销、品牌化包装等策划推介,为拓展市场找资源,寻找匹配适合贫困村发展产业的项目。通过链接撬动"众筹"资源,已帮助"飞地"农特产品打通了销售渠道,"飞地"园区以高原有机小番茄为主的绿色生态产品已全面打开市场。目前,"飞地"高原农业已成为炉霍县重要产业,有力带动了炉霍发展。此外,"众筹"资源还帮扶炉霍引进重大产业项目六个,项目协议总投资三亿元。三是激发社会扶贫活力,推动形成全域多元帮扶格局。实施"飞地+众筹"项目以来,募集资金物资近5000万元,落地为30个贫困村建设"飞地"智能蔬菜大棚30个,1个贫困村"飞地"梅花鹿养殖,4个贫困村"飞地"崩科房旅游木屋,启动了"飞地"高原中藏药材养殖、蜂蜜养殖。依托社会"众筹"资金，锦江区在炉霍高原现代农业"飞地"产业园内，打造了四川涉藏州县第一个社会帮扶贫困村"飞地"产业园，目前，项目仍在持续实施中。四是增进增强民族团结，促进锦炉两地交流交往交融。模式得到炉霍县干部群众和锦江社会各界广泛认可，构建的帮扶圈形成了推动贫困村发展的"智囊团"和"资源库"，通过线上线下常态化的对接互动，倾力、倾情、倾智的真援实帮，使藏区群众感受到发展变化，增进了相互了解和理念更新，促进了两地交流交往交融。

问：脱贫摘帽不是终点，而是起点，当前和今后还有很多工作要做。下一步，还有哪些打算？

李香贵：下一步，锦江区将深入贯彻习近平总书记在全国脱贫攻坚总结表彰大会上的重要讲话精神，以及党中央、国务院和省委省政府决策部署，按照市委市政府接续推进乡村振兴要求安排，落实"四个不摘"工作要求，紧紧携手炉霍县，做好巩固拓展脱贫攻坚成果同乡村振兴有效衔接，健全落实防止返贫动态监测帮扶机制，继续深化"格桑花开 锦绣炉霍"携手同行行动，创新"飞地＋众筹"模式，不断完善政府、社会、市场"三位一体"的乡村振兴全域帮扶机制。重点创新构建好"云端上的农庄"和"云端上的艺术馆"两个品牌，持续做好以购代帮的同时，携手知名爱心文化传播公司，将炉霍的唐卡画作、文创产品，旅游文化资源推广到全市、全省乃至全国，汇聚艺术家们的爱心，策划推动炉霍县特色文化、红色文化、民族风情等乡村、景区、街区打造，助力乡村振兴，助力炉霍县乡村产业振兴、人才振兴、文化振兴、生态振兴、组织振兴，实现农业高质高效、乡村宜居宜业、农民富裕富足。

（廖若男 赵文敬 整理）

小茶叶大产业　引领致富路

习江武

　　燕江农业专业合作社（平昌县茗燕茶业有限公司）位于巴中市平昌县邱家镇嘶峰村，该合作社依托东西部扶贫协作项目支持，立足天然的生态环境，重点在海拔600—1200米的茶叶黄金生长带进行规划布局，采取"合作社＋基地＋农户＋生产加工"模式，流转土地2000亩建立茶叶基地，建成扶贫车间和茶叶交易市场2400平方米，形成高山富硒、绿色健康的茶叶品牌，"平昌青芽茶"成功申报为国家地理标志产品；整个合作社茶叶产品年销售近四万斤，年产值达1300万元，有效带动辖区763户2643名贫困群众致富增收。2021年，合作社被授予全国脱贫攻坚先进集体荣誉称号。合作社理事长习江武讲述了助力邱家镇嘶峰村脱贫奔康的故事。

茶叶产业感党恩

　　燕江农业专业合作社（平昌县茗燕茶业有限公司）获得全国脱贫攻坚先进集体的消息从北京传回平昌，合作社的村民们激情澎湃、欢欣鼓舞。党中央、国务院给我们合作社这么高的荣誉，我们都深感荣幸，感谢党中央对我们在脱贫攻坚中辛勤付出的认可！感谢中央、省、市、县党组织的关爱与信任！我们对合作社的茶叶产业发展有了更充足的信心和殷切的盼头。我们当再谋合作社未来发展，争取在乡村振兴中再立新功，再当排头兵领头雁，再绘平昌茶叶产业蓝图。

创建合作社　引领致富路

2017 年，我们嘶峰村和周边村社以及其他乡镇剩余劳动力较多，手中掌握生活技能水平也普遍较低，且文化水平不高，思想比较保守，长期以来受传统农业粮、猪二元结构的思维禁锢；加之本身缺乏资金、技术、现代意识等，对新型农业认知较少，各家种的农副产品产量小，农业生产难以实现规模化、集约化经营；再加上远离大中城市，各种农副产品销售路程远，农副产品的市场竞争力脆弱。为了壮大活跃村集体经济，给剩余劳动力找条出路，提高他们的生活质量，我作为嘶峰村的党支部书记有着义不容辞的责任和担当，作为村的领头人应该率领全村人民搞产业脱贫致富。趁着县里大力发展茶叶产业的大好时机，根据我村的区位条件、资源禀赋、产业基础等实际情况，我们通过村"两委"会多次讨论，最终确定发展茶叶类专业合作社。在发展过程中，合作社以凝聚"三方"合力提升效益为抓手，充分发挥"一村一品"茶叶基地优势，探索平台公司、合作社、贫困户三方入股经营、利益共享发展模式。同时，为了发挥产业扶贫"造血"功能，我们优先安排年龄偏大和为了照顾老人、小孩不能到外地打工就业的贫困户就近就业，参与茶园除草、施肥、修剪、采摘等管护劳务，每年支付劳务费用将近 300 万元，土地流转费用 70 余万元，茶农通过土地流转、园区务工等方式每年户均增收 1.5 万元，三年来合作社累计为贫困户分红 130 余万元。目前，我们合作社的茶叶特色产业在推动脱贫攻坚与乡村振兴有效衔接的势头强劲，成效也更加明显。我们可以很自豪地说：我们真正做到了建一个组织、兴一个产业、活一方经济、富一批农民。

四化管理　做大茶叶产业

合作社成立以来，我们始终坚持以管理促产业发展，向生产管理要效益。近年来，我们积极探索并推行集约化、标准化、生态化、机械化等"四化"管理模式。即：推行集约化管理，整合力量全面流转茶叶基地，按照一流技术进行茶园管护建设；推行标准化管理，建立茶园常态化管护"十项制度"，邀请中国茶叶研究所技术专家现场指导，不断推动茶园建设提档升级；推行生态化管理，坚持走"绿色、生态、有机"路子，茶园禁止施用除草剂和高残农药，一律采取绿色防控技术防范病虫害，持续做优茶叶品质，增强市场竞争力；推行机械化管理，组建由45人组成的茶叶管护队伍，探索机械化除草、修剪和大宗茶机械化采摘做法在全市推广运用。我们通过上述管理方式不断推动茶园建设提档升级，增强"绿色、生态、有机"茶叶在国内市场的竞争力，2018年成功举办秦巴山区五省一市茶叶绿色防控现场会。

三产融合　聚焦脱贫攻坚

在脱贫攻坚过程中，我们始终秉持"铸品牌、聚商气、强特色、增内涵"的发展理念，招引业主投资3000余万元，建成大宗茶叶加工厂一个；争取农业产业发展项目资金，建成名优茶叶扶贫加工车间两个；线下建成集品鉴、展示、销售于一体的茶叶交易市场；线上加速拓宽淘宝、京东及本地"百日场"等电商平台，不断加大宣传营销力度；注册有"平昌青芽""燕鹿春"等品牌，年加工干茶叶超过五万斤，年销售干茶近四万斤，年产值达1300万元。

产品销售难是农民专业合作社面临的重点难题之一，也是实现标准化生产需要解决的问题。为此，我们合作社从成立以来，始终坚持融入现代农业发展新格局，找准产业、企业、产品在产业链条中的优势和位置。

一是以茶叶产业园区标准化建设巩固发展一产。合作社成立以来，我们始终贯彻落实"绿水青山就是金山银山"的发展理念，构建绿色、生态、有机发展空间，向青山要效益。我们在积极探索推行集约化、标准化、生态化、机械化等"四化"管理模式的基础上，借鉴外地成熟园区经验，把农资监管（确保农药零高毒高残、零超标、化肥零增长）、农村畜禽粪便污染治理（零排放、零污染）作为必须严守死守的两条工作底线。突出茶旅融合主题，着力构建"一园两带三片"的产业格局，切实守护好茶产业发展、茶叶+旅游融合发展的绿水青山生命线，坚守高山富硒、绿色健康的品质特性，力争在同行业中脱颖而出，成为排头兵、领头雁。

二是以加工企业及品牌创建提升二产。众所周知，人们对茶产品的消费已不是简单的口味需求，更多的是追求饮茶的高雅和意境，追求精神上的满足和幸福感。为此，我们园区全部按有机产品的标准进行管护，从生产、采摘、加工、包装、储存所有环节都精心组织、严格按标准化程序进行规范作业，目前我们正在积极申报国家有机产品认证。同时，在品牌形象设计、产品意象包装、产品品牌宣传上，我们狠抓、紧抓产品品牌的公众认知度和产品品牌的美誉度，加强线上线下宣传、餐饮娱乐品鉴、观光采摘体验力度，力争让广大消费者更加信赖我们的产品，提升潜在消费者人群，增强习惯消费的快感，从而形成良性循环互动，促进购买、消费行为。

三是带动辖区茗茶品鉴、餐饮娱乐、观光旅游等配套提升促进三产。我们现在的园区不但管理有序，而且景色也非常美丽，是四川省十大美丽茶乡之一，也是平昌县回引创业示范园。每到旅游旺季，前来园区观光休闲的人络绎不绝，茶叶产业附加旅游消费红利持续释放，带动和新培育市场主体九家，带动辖区茗茶品鉴、嘶峰寨自驾游营地、江夏名苑等旅游餐饮业蓬勃发展，特色产业推动脱贫攻坚与乡村振兴有效衔接势头更为强劲，成效更加明显。通过一二三产业深度融合发展，推动了茶叶产业点上开花、面上产业整体提升，茶叶产业核心竞争力和群众获得感满意度得到"双提升"，更为平昌的乡村旅游注入了新活力。

主打品牌　共谋乡村振兴

合作社始终坚持以"生态、健康"为经营发展理念，茶树生长在海拔 1000 米的高山上，全年雨露浇灌，四季日照充足，早晚云雾笼罩，茶叶含有大量有机质，加之采用传统制作工艺，使茶叶保持了采摘之前的纯天然性，蕴含着大自然独特的泥香味，香味更浓郁、持久，口感更甘醇。目前注册的"燕鹿春""平昌青芽""春波""春韵"等，茶叶外形扁平挺秀，色泽绿翠，内质清香味醇，泡在杯中，芽叶翠绿，以"色绿、香郁、味甘、形美"著称。因此，我们在线下建成集品鉴、展示、销售于一体的茶叶交易市场，再通过线上扩大销售渠道，增加了合作社的效益，也让群众获得了实实在在的收益。

据统计，我县共培育茶叶加工龙头企业 28 家，发展茶叶种植专业合作社 70 余个，茶叶种植大户 148 户、社会化服务组织 12 个，创建并注册茶叶品牌 13 个，申请"三品一标"认证 15 个，平昌也先后被评为全国休闲农业与乡村旅游示范县、全国十大魅力茶乡、全省现代农业示范县、全省茶叶产业重点县、全省乡村旅游强县和旅游扶贫示范区。在乡村振兴产业发展的大气候下，全县将持续做优做强先导性支撑产业，推动农业现代化发展，继续发展"一村一品"，而我们合作社的发展劲头也会更足，更能打造乡村振兴的特色样板。下一步，我们将持续做好品牌营销，做大做强燕江农业专业合作社，让群众得到更多的实惠，企业获得更大的效益，让产业实实在在兴旺起来，把巩固脱贫攻坚成果与乡村振兴有效衔接起来，在全面推进乡村振兴中勇当排头兵，再立新功。

（米本兴　张夕彦　整理）

立足职教特色　助力脱贫攻坚

李勇

　　为破解基层干部队伍建设瓶颈、补齐人员素质参差不齐的短板，巴中市南江县充分发挥职业教育特色和技能培训优势，依托小河职业中学创办了巴中村政学院，开展党性教育、实用技术、基层治理等培训，有效助力了该县高质量脱贫摘帽。他们探索出的本土化"永久牌"农村人才队伍建设经验做法，为全省乃至全国做好基层治理工作方面提供了有益参考。2021年2月，学院被党中央、国务院评为全国脱贫攻坚先进集体。巴中村政学院校务委员、小河职业中学校长李勇讲述了学校的办学理念、体制机制、发展历程，以及取得的丰硕成果。

临危受命接受办学任务

　　2015年9月12日，中共南江县委召开关于筹备成立脱贫攻坚培训班的会议。大会决定，县委将依托国家级重点中等职业学校——南江县小河职业中学开办"南江县村级后备干部专修班"。后来，专修班在省委组织部、巴中市委市政府的关心关怀下升格为巴中村政学院。

接到任务后，我立即驱车返回学校召开专题工作会。会上，同志们提出不少现实问题：有人认为，时间离11月招生入学，仅有一个半月的时间筹备；也有人觉得任务重，与中职学生不同，后备干部专修班的课程设置、师资配备、住宿和生活保障等都要从零起步……针对摆在面前的一系列问题，我对管理团队说道："我们学校从建立至今，都是在党委政府的支持下，一代代职中人摸爬滚打，拼出来的，我们不能在安逸的日子里丢失艰苦奋斗的品质！""我们要做敢于吃螃蟹的第一人，要做脱贫攻坚的排头兵！"通过统一思想，激发了大伙儿的拼搏精神，专题工作会就变成了建言献策会。教务处、总务处等部门履职尽责，分头落实调查研究、课程设置、师资配备、教室安排、寝室准备等各项工作。

功夫不负有心人！2015年11月1日，我们站在小河职业中学门口，迎来了专修班首批长期班学员。看着他们陆续进入校园，我的心里喜忧参半，喜的是我们赶上了一个好时代，党和国家为我们提供了无限发展的可能；忧的是，对于脱产学习的基层工作人员来讲，一年的学制相对较长，如何能保证学员学到真本领，真正能够有益于个人、有益于社会、有益于国家，我们没有任何经验可以借鉴。

千方百计提高办学质量

激流勇进，方显英雄本色。通过一年的培训，首批长期班学员毕业后快速融入到全县脱贫攻坚工作中，先后承担资料录入、建档，实用技术指导、基层矛盾化解等工作。一些乡镇干部向我反馈："后备干部专修班培训的学员，懂电脑，会技术，工作上手快，大大减轻了基层工作重担，有力支援了脱贫攻坚工作。"

有了初步经验，学院结合工作实际和学院需求相继开办了中期班、短期班，全面开展党性教育、实用技术、基层治理等一体化培训。截至目前，学校累计承办省、市、县各类培训44期12000余人次，储备乡土人才和致富带头人8700余名，全市2300余名村党组织书记实现全覆盖轮训。

为提高办学质量，学院领导班子成员先后到长赤、正直、光雾山等乡镇开展走访调研，了解到农村留守人员大多年老体弱、文化偏低、推动发展能力弱，村级干部年龄普遍偏大，缺乏种养殖技术等问题，这些问题给农村工作带来了长期的困扰。怎么解决农村人才匮乏的问题？脱贫攻坚、乡村振兴，我们如何助力？培训工作如何开展？这些都成为创办专修班必须研究解决的问题。

为有效解决人才紧缺的问题，我们先后组织召开联席工作会议、教育教学管理培训会，分别就课程设置、教学管理、师资选聘、后勤保障等问题进行专题研讨，探索创设了"理论教学＋基地教学＋参观考察"的教学模式，确保理论教学与实践操作的有机结合，确保参训学员能学到"真才实学"。

为开设南江黄羊养殖技术课程，我们数次拜访南江黄羊第二代研发人、享受国务院特殊津贴专家贾正贵教授。年逾古稀的老人待遇丰厚、生活宽裕、家庭美满，膝下唯一的女儿在北京工作定居，他原本可以含饴弄孙、尽享天伦之乐，当听完我对村政学院办学的介绍后，老人毅然选择了独自留在南江，成为巴中村政学院的一名农学专业教师，继续服务于南江黄羊技术的推广与指导。在上级部门的支持下，经过几年的努力奋斗，他还创新开办起了"巴山土鸡产业技术研究院"，继续奔走在阡陌乡间从事土鸡研发培育工作。

现如今，巴中村政学院推出的南江黄羊养殖技术，推动了南江黄羊品牌推广至30多个省市1200多个县（区），实现全国存栏南江黄羊及杂交羊突破100多万头，占全国肉用山羊总量的8%，在全国肉用山羊品种中居重要地位；巴山土鸡这一奇珍，也逐渐从濒临灭绝发展成了如今的致富增收特色产业。

我们打破传统招聘考核制度，制定了师资选聘制度，将各行各业优秀人才汇聚到名师库，形成菜单式培训模式，坚持做到学员缺什么，我们就补什么；学员需什么，我们就训什么。拓展常规课堂外延，将课堂延伸到田间地头、生产工厂、产业基地、电商平台，打造出新发展实践课堂。

我们的培训时间长，学员都是成年人，之所以能留住他们静下心来学习，关键就在于课堂教学内容实用。学员学到了实用技术，对返乡创业或者是生产实践有很大帮助。比如，红光镇柏山村的马伟才，在学院学到生猪养殖技术后，回乡创办了生猪养殖合作社。2019年非洲猪瘟疫情暴发时，由于他提前防疫到位，猪场300多头猪全部未受影响。

有一次，我在校门口遇见一位60多岁的老人走得满头大汗。我关切地问道："老人家，你来看孙娃儿？""看啥娃儿哦，喊我来开会！""老人家，你来开啥子会哦？""我也不晓得，好像说是放啥子电视。"放电视？当时一下就把我整懵了，后面经过交谈，我终于明白了：他是个别乡镇为完成培训任务，安排来凑数的。那一刻，我不得不反思：我们的培训活动中，是否还存在拉人充数、贪玩好耍、混农村工作经历等现象？针对这些现象，我们的管理人员、教学人员是否及时反馈？如何杜绝这些现象的发生？

针对出现的情况，我及时向组织部门反馈，建议相关部门严格标准、明确重点、科学公正选学员，将政治素质、群众基础、学历、年龄、经历等条件作为选拔和衡量培养对象的硬指标，把好"入口关"。提出实行"三个层级"共管，乡镇党委选苗子、学校架梯子、村社搭台子"三个层级"基本模式，全程跟踪服务管理机制。县委高度重视，成立领导小组，由县委组织部长任组长，全面统筹学院工作。学院制定管理考核细则，如实记录学员在校表现、学业成绩，搭建村社负责学员推荐、提供实训岗位、搭建创业平台。学院从基地的骨干教师、学科带头人、外聘的学者专家、优秀基层干部和乡土专家中选拔教师，采用专职教师和兼职教师并用的方法，着力培养管理型、服务型、创业型基层干部。

因材施教培养基层人才

在教学中，我们坚持理论与实践相结合，实行"党性教育＋实用技术＋基层治理＋N"的课程体系，从学员选拔、管理，教师选聘、考核全程化管理体系，确保学员学有所获、学以致用；确保教师尽心尽力、精准施教，推动学院全方位发展。

在一次调研中，我们了解到石滩乡石河寨村的程鹏，通过多方筹借，在自己房子旁建起了200多平方米的豪猪养殖基地，我随即带领畜牧专业教师驱车赶到他的养殖场了解情况。攀谈交流中发现他根本不懂豪猪养殖技术，纯粹是看到猪肉价格飙升，凭着一时心血来潮养了50多头小猪。当我们的专业教师向他讲解了基本的养殖技术和疾病防控后，他激动地拉着我们的手，不断地说着感谢。看着这个质朴的中年汉子，我趁热打铁问道："现在县上在我们学校办了一个专门的培训班，你要不要来学习一下？只是提供生活补助，莫得其他钱哦。""还有这么好的事？李校长，那我报个名。"2016年4月，程鹏来到学校开始系统学习。学习期间，他很少请假，就连不到两岁的小孩突发手足口病，在妇幼保健院住院治疗时，都是抽晚上课余的时间去看望了一下。通过半年的理论学习，他系统地学习农业技术、脱贫攻坚、基层党建、群众工作等知识，通过担任班委干部，提升了思想觉悟。返乡后，他带领社员成立了鹏鑫养殖专业合作社，扩建圈舍近100间，养殖豪猪近400头，产生经济效益近160万元，后来他还当选为档头岭村支部书记。

目前，我们培训的学员中有400余人成为致富带头人，其中新发展党员196名，累计兴办产业项目283个，带动3500人实现本地就近就业，涌现创业典范57个；村建制调整改革后，共有384名学员进入村"两委"班子、31名村党组织书记、主任"一肩挑"，19人担任村主任，42人担任副书记、副主任等，140余人担任村文书、专职委员等其他三职干部，全县村（社区）书记、主任平均年龄分别为41.5岁、43.7

岁，有效解决了脱贫攻坚中的"四大难题"。

2020年10月，巴中村政学院被四川省脱贫攻坚领导小组表彰为四川省脱贫攻坚奖先进集体；2021年，被中共中央、国务院授予全国脱贫攻坚先进集体荣誉称号。成绩属于过去，新的征程已经开启。下一步，我们将围绕乡村振兴、基层治理、农村干部人才队伍建设等方面，坚持"立足巴中，辐射全川，走向全国"的办学方针，按照"走出去、引进来"的办学思路，全面提升巴中村政学院办学能力和对外影响，努力打造成全省村级干部人才培训基地，积极打造全省基层干部培训示范基地，源源不断的为农村输送更多优秀干部人才。进一步树牢新发展理念，持续在乡村振兴中发挥才智、贡献力量，加快村政学院规范化建设，不断发挥示范辐射作用，办好全省各类基层干部培训班次，提升理论实践融合度，探索建立中国乡村振兴论坛基地。依托南江红色资源优势，着力加强党性教育基地建设，传承好巴中红色基因，发扬优良传统，力争建成全省党员培训示范基地，更好地为党育人、为国育才。

（魏国　何彩莲　张宇文　整理）

泸州老窖——国企扶贫排头兵

刘淼

脱贫攻坚战打响之后，泸州老窖股份有限公司认真贯彻习近平总书记关于扶贫工作的重要论述，全面落实四川省委省政府和泸州市委市政府决策部署，自觉主动履行国企责任，主动承担地处青藏高原的红原县和乌蒙山区古蔺县、叙永县共3个贫困县、18个贫困村脱贫帮扶任务，在改善基础设施、打造特色产业、推动医疗教育扶贫等方面花大力气、下真功夫，累计投入和捐赠帮扶资金7.2亿元，实施帮扶项目158个，促进受扶贫困县全部摘帽、贫困村全部退出，被誉为国企扶贫的排头兵。2021年2月，公司荣获全国脱贫攻坚先进集体荣誉称号。泸州老窖股份有限公司负责人刘淼，讲述了他全程领导和亲自参与帮扶贫困地区实现山乡巨变的过程。

到人民大会堂参会和领奖，无比荣幸和自豪

能够代表泸州老窖股份有限公司参加全国脱贫攻坚总结表彰大会，捧回全国脱贫攻坚先进集体这块沉甸甸的奖牌，我感到无比荣幸、无比

自豪。当听到习近平总书记庄严宣布脱贫攻坚战取得全面胜利，全国农村贫困人口全部脱贫、贫困县全部摘帽、贫困村全部出列，我的内心倍感振奋，也感慨万千。作为脱贫攻坚的亲历者、参与者、建设者，能够从头至尾见证这场气壮山河的脱贫攻坚战役，这是我们泸州老窖国窖人的光荣。党的十八大以来，泸州老窖股份有限公司认真贯彻落实习近平总书记关于扶贫工作的重要论述，立足"脱贫所需，老窖所能"，全员参与、全力以赴，坚实履行国企扶贫的责任担当，累计投入帮扶资金7.2亿元，实施帮扶项目158个，有力推动了贫困地区、贫困人口脱贫摘帽，取得了良好的帮扶成效。我想，这份荣誉是对我们公司和全体员工的认可和肯定，更是对我们的鞭策与激励。

用实际行动担当国企使命，切实履行三大责任

脱贫攻坚战打响以来，习近平总书记多次指示国有企业要在脱贫攻坚中发挥重要作用，强调"国有企业要承担更多扶贫开发任务"。我始终将总书记的重要指示精神记在心上、更落实在行动上。为此，我主动思考，结合公司帮扶对象多、区域覆盖广，各地基础天差地别、产业各有特色的特点，专门组织工作组，研究确定了落实"三大责任"的帮扶目标，也就是履行政治责任，主动请战，到最边远、最贫困的地区去攻坚；履行经济责任，真金白银的投、真刀真枪的干，在基础设施、产业发展、公共服务等重点领域全面发力，有力解决贫困地区、贫困群众最重要、最切身的问题；履行社会责任，围绕"反哺农业、扶持农村、帮扶农民"的理念，积极开展社会扶贫，在泸州市扶贫基金会设立了泸州老窖爱心基金，每年拿出百万元以上帮扶农村特殊困难家庭，资助贫困家庭学生上大学，充分履行国企的社会责任。

用足"绣花"功夫，因地制宜谋实策

按照省委和市委的安排，我们公司作为省内定点扶贫单位，面向乌蒙山区、四川省涉藏地区、大小凉山彝区三大脱贫攻坚重点区域开展帮扶。这三大区域是四川省脱贫攻坚的重点地区，也是贫困人口多、贫困程度深、攻坚难度大的典型贫困地区，其中，四川省涉藏地区、大小凉山彝区还是国家深度贫困地区。区域内交通基础设施落后，人居环境恶劣，产业发展缓慢。我第一次到这些地区的帮扶县走访时，深感帮扶任务重、帮扶难度大，必须竭尽全力才能全面完成脱贫攻坚的任务。

在三大区域中，根据安排，我们公司重点帮扶乌蒙山区的古蔺县、叙永县和高原藏区的阿坝州红原县，三个县都是国家级贫困县。古蔺县、叙永县情况相近，都位于四川盆地南缘、云贵高原北端，都属于乌蒙山集中连片特困地区片区县，两县山大沟深、地表崎岖，素有"八山一水一分田"的说法，总体呈现贫困人口分布广、致贫原因复杂多样等特点。红原县是典型的高原草地县，是阿坝州海拔最高、气候最恶劣、条件最艰苦的纯畜牧业县，也是国家级深度贫困县，总体呈现区域性整体贫困突出、区域贫困与个体贫困交织的特点。在重点帮扶三县的基础上，还在以上三大区域选择了 18 个贫困村作为重点帮扶对象，从县到村、由点到面，体系化开展帮扶，确保整县整村脱贫。

没有调查，就没有发言权。为了制定切实可行的具体帮扶措施，我带头先后组织召开工作协调会、业务培训会、村民大会等各类会议 50 余次，为的就是充分调研，全面掌握各个受扶地区的实际情况，确保因地制宜、因村因户施策。通过调研，我决定从帮助受扶县和受扶村加强基础设施建设、发展特色产业、做好医疗扶贫和教育扶贫、激发群众内生动力等方面入手开展帮扶工作。

用心用力，标本兼治出真招

这些年来，我和公司上下协力同心，把加强党的领导放在脱贫攻坚的首要位置，形成了脱贫攻坚工作较强的组织保障、队伍保障，按照标本兼治、综合帮扶原则，始终在健康帮扶、增强"造血"能力、激发群众内生动力等方面下功夫、出实策。

在健康扶贫上，一个很典型的例子就是叙永县医疗卫生条件落后、农民因病致贫比例很高，多年来，村民们深受疾病的困扰，有了"脱贫志"，却无奈没有健康的体魄和劳动力。为此，我组织实施了叙永县医卫能力提升行动。一方面，协助县人民医院改造升级，募集捐赠资金5000万元，新建医疗业务用房、购买医疗设备、强化医务人员队伍，使叙永县人民医院成为云贵川三省结合区域最具规模、最为专业的县级医院；另一方面，为了群众方便就医，我还募集捐赠资金1000万元，为叙永县25个乡镇卫生院改造配套设施、更新设备，实现了"乡乡有规范化卫生院"，贫困地区群众看病就医"行路难、问诊难"的问题彻底解决。

另外，能否变"输血"为"造血"，实现产业发展，是受扶地区贫困村、贫困人口能否增加收入及时脱贫的关键。首先是支持贫困地区因地制宜发展酿酒产业，采取以购代扶方式带动贫困群众种植有机高粱、雪梨、青稞等酿酒原料；还有就是投入资金500余万元，在受扶地区兴建扶贫产业基地4个，种植高山水稻、花椒、蔬菜共计1000余亩，发展牦牛300头，让古蔺县向田村、红原县滚塘村有了可持续的产业支柱。在古蔺县向田村，针对该村产业不强的问题，我提出主要帮助他们发展高山水稻、养鱼、花椒、蔬菜等特色产业。在这里，我要着重介绍一下向田村"高山优质稻＋稻田养鱼"这个项目。在调研中，我发现向田村水田面积比较大，适合种植优质水稻和养殖冷水鱼，于是我就开始推动和实施这个项目。现在共有80多户农户将他们的500多亩水田拿出来搞这个项目。农户将种植收获的水稻打成大米卖给我们公司，能够卖到 6 元一斤。养殖的主要是草鱼和无鳞甲鲫鱼，鱼能够卖到 17 元一斤。总的说来，这个项目的每亩水田能够达到 2000 多元的收入，在农村还是很可观的。

我认为，脱贫攻坚任务繁重，这就决定了只依靠企业一个主体是远远不够的，只有想方设法起示范、勤带动，实现干群一心、发动多方力量、激发内生动力才是上下一心打好脱贫攻坚战的根本保障。为此，我们公司派出四支驻村工作队，分别派驻向田、滚塘等村，队队驻村帮扶，确保帮扶措施精准到村到户。"农村富不富，关键看支部"，我还深刻意识到建强支部和强化村干部队伍教育管理的重要性。因此，我坚持抓党建促脱贫，在建强脱贫攻坚战斗堡垒的同时，同步实施"贫困党员致富能人培养计划"，真正将党员的先锋模范作用发挥到带动脱贫的一线。如何充分发挥村"两委"的能动作用，推动村集体自主思考、自主谋划、自主实施脱贫项目，提高村集体的引领作用，也是我着重思考的问题。发展产业，既要能增加农民收入，又要能壮大村集体收入。通过召开培训会、村民夜校、引进专家实地调研，我们公司帮助红原县滚塘村制定了"夯实基础设施、壮大集体经济、扩大生产规模、拓宽销售渠道"产业扶持举措，建设牦牛养殖基地，由村集体与红原牦牛产品企业合作养殖，再由泸州老窖电商平台打通下游销售渠道。自 2019 年以来，滚塘村牦牛肉、奶制品等销售额达 500 余万元。这个做法既让贫困群众通过牦牛产业实现了增收脱贫，又壮大了村集体经济。为了激发贫困群众勤劳苦干、积极脱贫的内生动力，我积极主导开展贫困户星级激励行动，安排相关部门捐赠 180 万元设立红原县贫困户星级激励基金，在全县 13 个贫困村和 10 个乡镇开展"星级评定"，从感恩意识、勤劳致富、诚实守信、遵纪守法、卫生环境、教育支持、家庭和睦七个方面评星，每项一到五颗星，表现越好、星级越高，领到的奖励物资也就越多。近两年来，红原县共评选出"星级贫困户"684 户，发放奖励物资66.6 万元。贫困户们都说星级评定这个办法好。

促民富，壮志气，断穷根，展新貌

在帮扶工作中，我们公司取得了明显的成效，总的来说就是产业帮扶促民富、志智双扶壮志气、健康扶贫断穷根、基础建设展新貌。

兴产业促民富指的是发挥我公司酿酒企业的优势，开展"酒业+"扶贫行动，累计投入5.3亿元，支持贫困地区因地制宜发展酿酒产业，采取以购代扶方式带动贫困群众种植有机高粱、雪梨、青稞等酿酒原料，既发展了产业，又使贫困户受益，贫困群众总计增收3126万元。

扶智慧壮志气指的是积极改善红原、古蔺、叙永等县农村学校办学条件，累计投入4196万元，新改建乡村学校27所；投入928万元设立"栋梁工程""泸州老窖奖学金"等基金，累计解决了2万余名贫困家庭学生和农村教师生活困难。着重推进贫困地区树新风、展新貌，在古蔺县、红原县开展贫困户星级评定，鼓励贫困群众移风易俗、勤劳致富，促进了贫困群众物质、精神"双脱贫"。

助医疗断穷根指的是捐赠资金6000万元，帮助叙永县改善26个医院诊疗条件；对患大病、慢病贫困家庭给予特殊帮扶，向8名患重病的贫困人口捐助近20万元；2020年新冠肺炎疫情期间，我知道红原县等地肯定缺抗疫资金和物资，于是赶紧安排相关部门和人员向红原县等地送去2100万元抗疫资金和物资，帮助做好贫困地区的抗疫工作。

强基础换新貌指的是累计投入6522万元，在古蔺县、红原县、叙永县等地实施通村公路、危房改造、饮水工程以及绿化、亮化、文化三大工程等项目，破解贫困地区交通难、饮水难等瓶颈制约，极大改善了帮扶村群众的生产生活条件。

回首几年来的帮扶工作，我倍感使命光荣，也倍感路途艰辛。泸州老窖股份有限公司全体干部职工倾情倾心倾力帮扶贫困地区，践行了国企扶贫的责任与大义。驻村干部不畏艰苦、勤劳付出，书写了一则则动人的帮扶故事。公司各级党组织、各单位部门精准对接一对一帮扶，全体员工积极参与、献计献策，共同创造了泸州老窖脱贫攻坚工作的佳绩。2016 年以来，我们公司除获得全国脱贫攻坚先进集体荣誉外，还获得第九届中华慈善奖、第十二届人民企业社会责任奖·年度扶贫奖、中国红十字奖章、全国慈善会爱心企业、人民日报社主办的"决战决胜脱贫攻坚"精准扶贫论坛精准扶贫优秀案例和四川十大扶贫爱心组织、四川省脱贫攻坚"五个一"帮扶力量先进单位等多项国家级和省级荣誉。在今后工作中，我们将持续保持昂扬斗志，按照统一部署，全力巩固脱贫成果、投入乡村振兴，继续支持古蔺、叙永、红原等脱贫县农业农村发展，加大投入支持特色产业、基础设施、教育人才等方面工作，推动县域内城乡融合发展，持续改善脱贫地区群众生产生活条件，为建设美丽乡村、实现乡村振兴持续作出应有贡献。

（黄重雄　杨桄　丁剑　整理）

教育扶贫帮助革命老区振兴

彭冠华

巴州区是巴中市政治、经济、文化、商贸中心，也是秦巴山集中连片特困地区。截至目前，巴州区现有各类在校学生 10.2 万人，其中建档立卡贫困家庭学生 12578 人。2016 年以来，全区努力改善农村办学条件，48 所乡镇中心学校全面达标，村校实现"十个一"目标，义务教育得到均衡发展，顺利通过国家督导评估认定；发放建档立卡本专科贫困生学费和生活补助、保障教育费减免等各类教育资助补助资金 5.25 亿元，惠及学生 46.8 万人次，贫困家庭学生资助救助实现全覆盖；区教科体局通过实行班子成员包片挂联责任制，对贫困适龄辍学儿童进行劝返，对重度残疾学生送教上门，动员残疾儿童就读特教学校或随班就读，确保了全区适龄贫困儿童无一人因贫失学。巴州区教科体局负责人彭冠华讲述了巴州区教育扶贫的故事。

发挥红军精神　践行教育初心使命

巴州区是巴中建设川陕革命老区振兴发展示范区的核心区。当年红四方面军曾在这里抛头颅、洒热血、流汗水，留下了许多可歌可泣的光辉事迹，英雄前进的步伐激发出豪情，先烈倒下的地方建设了沃土与家园。光阴荏苒，革命精神代代相传，给予了我们脱贫攻坚的力量源泉，这种精神是我们最为宝贵的精神财富。

2003年9月，我加入到巴州教育的大家庭中，从此开始了我的教学生涯。教师是一个伟大而光荣的职业，肩负着为党育人、为国育才的神圣使命，我感到非常自豪，我认为教师的最大幸福是能够看到孩子们都入学，都能够无忧无虑的学习，都能够通过接受教育到达理想的彼岸。经过一段时间后才发现，有时候现实很残酷，因为各种因素，一些孩子不得不终止学业，哪怕心中再多不舍，个人付出很多努力也改变有限，于是心中也是百般的不忍与无奈，但并没有因此改变我接着为教书育人而努力的决心。所以这些年来，我一直牢记为党育人、为国育才的初心使命，高度重视教育扶贫工作。在积极响应脱贫攻坚战斗中，教育系统上下认真贯彻实行治贫先治愚、扶贫先扶智的原则，充分发挥教育在扶贫开发中的基础性、先决性和关键性作用，大力实施"教育强区"战略，把教育作为阻断贫困代际传递，改变人生命运的重要途径，在助推全区摘穷帽、拔穷根，全面打赢脱贫攻坚战中发挥了重要作用。

努力改善办学条件，精准实施教育资助

义务教育均衡达标建设以前，城乡教育资源十分匮乏，校舍面积、运动场馆建设、功能室打造、设施设备资源配套等方面不足，严重制约着教科体事业的高质量发展。2016年以来巴州区财政共投入4亿多元改善学校基础设施建设，2017年新建校舍4.63万平方米，维修加固校舍6.25万平方米，改扩建24所学校运动场；建成城区公办幼儿园4所（津桥湖、龙泉小区、东城、杨家坝）、中小学4所（区十二小、区四小、曾口镇二完小、鼎山镇康明小学）；配齐配足全区学校教育装备，建设标准化计算机教室、实验室、器材室、音体美及图书室等配置率

均超过 95%，顺利通过义务教育基本均衡发展省级督导评估。2018 年投入各类资金 1.85 亿元，使全区 48 所乡镇中小学和村小教学点全部达标，义务教育均衡发展通过国家级督导评估。2019 年争取各类项目资金 7387 万元，新建及维修校舍 1.9 万平方米，实施项目 50 个。市级重点项目光正实验学校顺利推进，如今成为巴城最漂亮的一所学校；津桥湖幼儿园装修扫尾，区四小分校主体封顶。两个项目倒排工期有序推进——区级重点项目曾口小学分校全面完成建设内容；鼎山小学分校正在进行装修扫尾和水电安装，年底全面完工。通过几年投入建设，全区乡镇、村小学环境发生巨大变化，办学条件显著提升，现在全区乡乡建有标准中心学校，所有义务教育阶段学校办学条件均达到了省定基本标准。

自实施精准教育扶贫以来，我局建立了以国家政策资助为主，地方补助、部门扶助、教师帮助、社会捐助为辅的"1+4"资助体系，健全了局机关、学区、学校三级资助管理机构，资助政策宣传实现了到校、到班、到村、到户、到人全覆盖，确保了对象精准、程序规范、兑现及时、应助尽助。通过"贷、奖、助、补、减、免"等政策，实现 12578 名建档立卡贫困家庭学生全覆盖。建立巴州区教育扶贫救助基金，制定《管理办法》，设立基金 300 万元，资助区籍建档立卡特困家庭学生 1770 人，发放基金 191.05 万元。全区无一名学生因贫失学、因学返贫。

着力建强师资队伍，强力开展控辍保学

强教育首先得强教师，我们将乡镇农村地区教师的补充和培训也纳入教育扶贫的重要一环。2016 年以来，全区通过招、转、引等方式补充教师，2017—2019 年共补充教师 1388 名，优先保证农村学校和村小有充足师资，按义务教育学校教职工编制师生比例要求配备到位；中小学教师均达到规定及其以上学历；大力实施名校长、名班主任、名教师"三名"工程建设，认真开展教师素质能力提升培训，累计培训师资 2.64 万人次；采取"一支二派三带"机制，交流干部教师 420 人次；推行"抽点竞课""推门听课""六分评价"制,组织干部教师同台竞技;通过校际合作、城乡结对、名校引领和送教支教等形式促进干部教师交流轮岗,交流率达 10% 以上;全面保障教师待遇,建设教师周转房348 套,落实乡村教师生活补助、边远高寒山区和村小教师政策补助,教师待遇明显提高;深入开展"聚焦课堂提高质量"活动,使巴中中学上划后的我区高中优质教育与全市形成竞争态势。

学生方面的困难主要是因贫辍学,那些年在我教授的学生当中也有很多贫困家庭的孩子,由于经济贫困而辍学的事例屡见不鲜,我经常家访贫困生,劝说他们的父母,让孩子回校继续学业,虽有效果,但力量非常有限。随着国家快速发展,经济水平的提高,教育观念的改变,学生辍学的数量相比之下也在逐渐减少,但是因贫辍学的孩子依然存在,贫困地区和边远乡镇这样的问题还很突出。近几年来,为了全面控制学生辍学,我们一直在探索工作新方法,努力争取新成效,建立了区长、教育局长、乡镇长、村长、校长、家长"六长"责任制,坚持每年完善控辍保学目标责任制和联控联保监测机制,明确部门、乡镇、学校、行政村和家长的职责义务,共同负责辖区控辍保学安排部署、组织实施、宣传动员、检查指导、督促整改等工作。在工作开展过程中,我局重点加强了对农村边远贫困重点地区、重点学段、重点群体的监控,多次组织了各辖区学校教师会同乡镇、村(居)"两委"逐村逐户核查,走村串户,摸清摸准了所有适龄儿童少年情况。对于"三残"儿童,我局积极动员其入读特教学校或随班就读,对重度残疾儿童安排了老师送教上门,还对厌学学生进行了多次多方式的上门劝返工作,成效很明显。我将全区设立了七大片区,实行"片区负责制",选派 60 多名干部到校蹲点督查包保,控辍保学工作落实力量确实得到了有效的增强,在 2018 年我们开展的五次大排查中,就锁定并劝返了失学儿童 182 人。我们还落实了随迁子女就近入学政策和留守儿童、残疾儿童、问题学生关爱帮扶计划,对全区 1.51 万名留守学生搭建"1+1"关爱留守学生平台,建立了专档和联心卡,实行"党员干部+骨干教师"帮扶机制,随时关心留守儿童学习、生活状况,关注心理健康,让留守学生感受到家庭般的温暖;建立"留守儿童之家+乡村学校少年宫"活动机制,定时开展各类活动，培养集体感，让留守学生生活充满阳光；建立"心理辅导＋爱心小屋"调节机制，对孤僻、焦虑、胆怯、偏激等心理问题，进行专门辅导调整，定期组织留守儿童通过爱心小屋可视电视让留守儿童与父母、亲人见面交流，让孩子们心灵有寄托、孤苦可诉说，保障了他们平等享受教育的权利。

加强技能教育培训　提升创业就业能力

贫困不可怕，可怕的是贫穷的观念带来的消极影响，所以必须改变一个人的观念，进而改变一个人的命运。工作中，我们坚持把职业技能培训作为保持就业稳定、缓解结构性就业矛盾的关键举措，着力提升劳动者职业技能水平和就业创业能力，加快建设知识型、技能型、创新型的劳动者大军。2016年以来，我局通过加强职业教育政策宣传，强化高中阶段招生统筹，着力帮助有需求的贫困学生免费接受中职教育，实施贫困家庭高学历、高技能人才培养计划，通过订单式、学徒式深化校企合作，确保了贫困学生毕业即就业。2017年，我局依托乡镇成人教育学校和农民夜校，系统开发本地特色校本教材15套，开展农村实用技术讲座600多场次，发放宣传资料2万余份，结合产业结构和农民需求订制培训方案和服务套餐，办好移动课堂、空中课堂、田间课堂，有效提升了贫困家庭人口创业就业能力。2018年、2019年每年引导帮助2000名贫困学生免费接受中职教育和岗前培训。充分发挥科技在脱贫攻坚中的支撑作用，构建了"线上＋线下"科技服务体系，建成"四川科技扶贫在线"巴州区平台、科技"e通"、专家大院等科技服务平台5个，平台入库农技专家314名、信息员1009名、贫困户3万户，在线解答产业技术咨询1.9万余条。同时，签约引进"三区"科技人才60人，选派科技特派员71人，组织开展线下科技精准服务1000余场次，乡村振兴村级后备干部和科学实用技术培训达12万人次，户户有人懂技术，家家有个明白人，这些经验做法多次被人民网、新华网、四川新闻网等媒体报道。

　　教育成绩的取得和办学条件的改善得益于以习近平同志为核心的党中央出台的一系列教育扶贫政策，实在是贫困学生之福，功在当代利在千秋，在已经全面打赢脱贫攻坚战的今天，我们将持续加大投入，继续奋力改善办学条件，全力提升教育质量，着力促进公平均衡，为整体推动巴州教育高质量发展、巩固脱贫攻坚成果，助力革命老区乡村振兴作出新的更大贡献！

（何远　王正海　整理）

华言文化为"学前学会普通话"
行动顺利实施保驾护航

韩菡

为贯彻落实习近平总书记关于扶贫工作的重要论述和党中央关于教育扶贫的重大决策部署，国务院扶贫办、教育部于 2018 年 5 月共同启动"学前学会普通话"行动。北京华言文化发展有限公司作为"学前学普"行动的技术保障单位，肩负着服务国家重大发展战略、参与教育精准扶贫、为国家打赢脱贫攻坚战、阻断贫困代际传递贡献力量的重要责任。三年来，华言文化共覆盖凉山州 11 县（市）、乐山 2 县 1 区，皆为全国重点贫困县，也是脱贫攻坚战中"最难啃的硬骨头"之一。截止到 2021 年 3 月，通过行动受益的辅导员达 12826 名、受益幼儿 30 余万人。华言文化总经理韩菡讲述了参与"学前学普"行动三年来的心路历程，共同探究"学前学普"行动是如何助力脱贫攻坚的做法和经验。

问：华言加入"学前学会普通话"行动三年多来，您觉得取得的最大成果是什么？

韩菡：华言在凉山实施"学前学普"行动三年来，我们团队的人都感觉，没有比能听到孩子们说一口流利的普通话更让我们开心的事儿了。回想起三年前项目初期我们下点调研，幼儿一看到陌生人就躲，胆怯、完全听不懂我们说什么，也不敢开口说话；到现在，孩子们自信乐观、大胆自信敢于表现自己，能用普通话与人交流、表演，我们感到非常欣慰。他们现在进入小学后已经能和城里的孩子一样，再也不用担心听不懂老师讲课，也不会因为学业跟不上导致厌学、辍学的情况发生。"学前学普"行动切实有效的助力了"控辍保学"和"义务教育有保障"目标的完成，"阻断贫困的代际传递"这句话通过"学前学普"行动的实施也逐步得以实现，我们感到非常有成就感！

从 2018 年 5 月行动正式实施，我们华言文化从大凉山 11 县市拓展到乐山的 2 县 1 区。截至 2021 年春季学期，凉山州我们一共覆盖 2436 个幼教点、幼儿园，5586 个班级，在园幼儿有 192112 名、教师和辅导员 11050 名；乐山是 292 个幼教点、幼儿园，433 个班级，在园幼儿 11967 名、教师和辅导员 859 名。总共的受益儿童 30.21 万名，其中通过"学前学普"行动教育后升入小学的儿童 9.81 万名。

我们在 2021 年面向所有覆盖区域做过一次针对幼教点教师、家长、中心校校长及一、二年级班主任等有关"学前学普"行动的问卷调查，收到 98587 份有效问卷。数据显示有 95.4% 的幼教点（幼儿园）大多数幼儿能主动礼貌地与他人打招呼并用普通话交流；94.3% 的幼教点（幼儿园）一半以上幼儿能听懂老师讲授内容并积极回答老师问题；93.3% 的幼教点（幼儿园）大多数幼儿能主动用普通话跟伙伴或老师交流；有 79.3% 的幼教点（幼儿园）班级中一半以上的幼儿能主动上台用普通话唱儿歌或表演节目；66.5% 的幼教点（幼儿园）大部分幼儿喜欢阅读，可以专注看书十分钟以上，并能用普通话分享自己的发现。

在"学会普通话"的同时，我们也很注重"养成好习惯"，使幼儿在生活、学习、卫生等习惯的养成上也发生了巨大的变化。调研数据显示，有 96.7% 的幼教点（幼儿园）大多数幼儿已经养成饭前便后用正确方法洗手的习惯；95.9% 的幼教点（幼儿园）的大多数幼儿能自己刷牙、洗脸，会注意个人卫生并穿着整洁；83.8% 以上的幼教点（幼儿园）的大多数幼儿能够爱护公物，主动维护公共环境卫生；88.4% 的幼教点（幼儿园）大多数幼儿知道排队、谦让和等待。

再换一个角度来看，在幼儿学会普通话后进入小学，小学老师说教学比以前轻松，教学效果也明显提升。"学前学普"实施前后对比，合格率提高了 45.38%。此外，2019 年 9 月幼升小普通话测试合格率达99.23%。2020 年 11 月过程监测和全员普测结果显示，2021 年 9 月即将幼升小的幼儿普通话测试合格率 87.85%，较入园初测提升了 21.52%。

另外，还有一点比较重要的成果是在教师和辅导员方面。为了提升幼儿普通话水平以及帮助他们养成好习惯，我们也努力培养了一批种子教师和辅导员，通过他们再进一步带动其他辅导员（教师）提升素质和能力。经过三年时间，大小凉山的教师辅导员不仅在教学能力上，师德素质各方面有很大提升，完全能够胜任普通话教学，同时也树立起他们对"学前学普"项目的责任心，增强了他们的社会责任感。

问：参加"学前学普"和没参加"学前学普"的幼儿相比，他们在进入小学之后有什么区别？

韩菡：在我们的问卷中有这样一组数据：有 99.6% 的校长和一、二年级老师认为，学好普通话对儿童入小学学习成绩提高有帮助或很大帮助。其中，参加过和未参加"学前学普"行动的儿童相比，92.1% 的人表示孩子们上课更敢于举手和主动发言、大胆回答问题；83.2% 的校长和一、二年级老师认为其在愿意主动阅读、主动提问方面也比较突出；还有其他比较突出的优势如：善于交流、善于结交新朋友，习惯使用礼貌用语；可以用普通话思维理解学习内容，学习兴趣高等。

我们抽取了凉山州两届一年级学生考试成绩做分析，发现参加过"学前学普"行动的学生学业成绩明显好于未参加"学前学普"的学生。比如：2019—2020 学年昭觉县的一年级学生上学期期末成绩和 2018—2019 学年的一年级学生成绩同期相比，语文、数学平均分分别高 9.14分、11.18 分，合格率分别高 11.6%、26.01%；布拖县语文、数学平均分比往年分别高 15 分、9.59 分，合格率高 1.46% 和 13.08%。

而在习惯养成方面，85% 以上的校长和一、二年级老师认为参加过和未参加"学前学普"行动的儿童相比，其突出优势是能够主动表达自己的生活需求；能够认真倾听，不随意打断他人讲话；有良好的个人卫生习惯并注意保护环境卫生；知道谦让、等待，具有规则意识；还有生活技能也变得非常强，尤其是在自理能力、动手能力等方面。

问：您认为这些变化会对少数民族贫困地区的孩子及家庭产生什么影响？

韩菡：我觉得主要是有四个方面的影响。第一，帮助孩子们掌握了学习技能，提高了他们的学习兴趣和养成了良好学习习惯，这些优势会陪伴他们一生，通过学习知识来改变自身命运的可操作性就变得更加实际，那么走出大山的机会和路径就会变多。第二，由于他们的生活及行为习惯得到了很好的锻炼和塑造，有利于个体健全人格的形成，这样就能够更好地去适应社会、适应工作以及其他的学习。第三，对家庭实现脱贫的辐射作用，"学前学普"行动是脱贫攻坚工作中"扶贫"与"扶智""扶志"相结合的重要体现。我们采用"小手拉大手"的方式，让孩子们把在学校里学到的标准普通话带回家，带动家人说好普通话，发挥学校对社会和家庭的辐射带动作用，也为贫困村脱贫攻坚和驻村帮扶工作提供了助力。另外还有一点，我认为这些举措能让孩子们从小培养和产生对民族及文化的认同感。这两方面的认同是凝聚民族共同体意识的精神纽带，也是民族共同体意识延续的精神基础，是国家认同的基石，而语言在加深彼此的包容和理解，发挥了最关键的作用。

在"学前学普"行动的推行中，我们尊重彝族文化、立足彝族儿童的实际，以孩子日常生活中最常用的物品、用语为起点，利用短小的儿歌、故事、语言游戏帮助孩子从词汇积累发展到完整语句，从彝汉双语教学过渡到汉语教学，从听懂、会说进而达到敢说、会用的目标。不同民族的交流交往离不开普通话这个基础，各民族增强对祖国的认同感也离不开普通话这个基础，爱国主义思想贯穿在"学前学普"各个活动中，孩子们在学习普通话的过程中了解认识国家，初步形成对祖国语言文化的理解与热爱；在与外界的交流中感受到各民族和社会各界的关心关爱，从小培养孩子们爱国爱家的思想情怀，增加了对伟大祖国、中华文化、社会主义制度的认同，为铸牢中华民族共同体意识打下了坚实的基础。

问：三年多来，您和团队都遇到过什么样的困难？印象最深刻的是哪件事儿？

韩菡：困难其实来自多方面，就项目本身而言，孩子们普通话基础比较差，大多数幼儿几乎零基础，完全没有家庭普通话学习环境；教师素质、能力水平也比较低，项目之初很大一部分辅导员是无法胜任普通话教学的；各种教学资源工具极其匮乏，硬件条件差，网络基础条件也很差。

而我们在组建当地督导团队时的招聘工作，真是极为艰难，因为本地考幼师专业的本来就比较少，能够回到家乡工作的就更少了。

另外，自然环境的因素也很让人挠头。凉山州幅员辽阔，多以山地丘陵为主，地形多变、地势险要，海拔落差大，最低的300多米，但某些偏远幼教点坐落于深山，海拔能达到4000米。还有不少地方甚至是车辆无法企及的，只能骑摩托车或是徒步才能到！

要说印象最深刻的一件事儿，恐怕就是去年那次车辆侧翻的事儿了。凉山冬季的天气、路况都十分恶劣，我们在下县的路上，过弯的时候碰到了路上的暗冰，刹不住车直接侧滑出去了，碰到了边上的排水渠就侧翻了。所幸的是车是往山的那一侧翻的，要是往另外一面，那就是悬崖了，后果真是不堪设想。当时车上除了我之外，还有咱们华言的督导员，每个人从车里爬出来时都手脚发抖，瘫坐在地上。其中一个小姑娘都吓哭了。其实当时我也很怕，但更需要安抚好她们，就这样手脚发麻的呆在零下十几度的路边，等了大概四个多小时，救援车辆才抵达。安抚好员工的情绪，我坐上救援车之后，默默把我的意外保险单发给家人，给他们发了条微信：如果有一天我因为"学普"出差遇险不在了，请你们照顾好自己，替我孝顺父母！

问：您觉得，通过"学前学普"行动的实施如何做到助力脱贫攻坚的呢？

韩茵：我记得在 2019 年初，孙春兰副总理在凉山州调研时向我们强调："学会普通话、养成好习惯，是提高民族整体发展水平的最根本举措。""学前学普"行动，不仅帮助彝族地区的孩子们日后顺利上学、就业、融入现代社会奠定了良好基础，更带动彝族人民融入现代文明社会，为提高社会发展水平奠定良好基础。

2018 年以前，凉山彝区学前三年幼儿园毛入园率低于全州平均水平很多，通过三年的努力，通过"学前学普"和"一村一幼"建设相互配合和促进，前所未有的政策和经费支持，为学前教育可持续发展提供了保障。现在大小凉山彝区幼儿在家门口就能上幼儿园，民族地区学前教育质量保障体系正在逐步建成和完善，教学条件显著改善，师资队伍水平明显提升，更多的彝区幼儿可以享受到公平有质量的学前教育，"入园难"得到有效缓解，"上好园"也不再难达成。

我们再通过"小手拉大手"活动，让许多家长也积极参与进来，家长们的普通话水平也相应的提高了，育儿观念有了很大转变，也能积极配合幼儿园要求和教师工作。在这样的良好社会氛围下，潜移默化地影响了"控辍保学"工作开展，也推动了"义务教育有保障"的目标完成。这么做不仅减轻了家长的各方面忧虑负担，更解放出近 20 多万名劳动力专心去从事生产劳动或外出打工，对脱贫工作起到了积极的促进作用，彝区人民群众的获得感和幸福感整体得到了增强。

回到项目本身来讲，"学前学普"行动全覆盖后，提供了幼儿教师和辅导员岗位，加上营养餐、督导管理、后勤服务等从业人员，解决就业人员近 2.3 万人。不少彝族家长都认识到了普通话带来的便利和日后就业的契机。在问及对孩子教育的投入如何，不少家长的思想观念都较之从前有了很大的转变，表示愿意给孩子购买玩具、绘本等。广大彝族地区家长对教育的尊重、对教育投入和增加也会带动四川彝区经济社会的可持续发展，人民群众的获得感和幸福感日益提升！

问：您觉得您和您的团队有怎么样的收获？

韩菡：概括地说，我们既是通过"学前学普"行动在民族地区从根源消除贫困的探路者，也是足迹遍布贫困地区村村落落，用脚步丈量出"学前学普"艰难之路的践行者。

说起我们队伍的工作有多辛苦，我来给您念几个数据，三年来，我们在督导工作方面：全覆盖的进行了 23338 次幼教点督察指导，家访 1891 户，总行程 200 多万公里，几乎可绕地球赤道 50 圈；培训方面累计线下培训 225 场，培训辅导员 / 教师 80287 人次，线上培训 66 场，最高在线学习达 8 万多人次，双师课堂在线直播培训 5 次，实现直播观看人数 1890 人，回放观看 4832 人次。

我们感受到党中央的关怀，在 2019 年和 2021 年分别获得了由中共中央、国务院颁发的脱贫攻坚组织创新奖及全国脱贫攻坚先进集体的荣誉称号，受到了党和国家领导人的接见，并对我们的工作表示了肯定！

在这三年过程中，华言文化团队的思想觉悟、专业技能、工作技巧都得到了很好的磨炼，取得了卓越的提升，我想，这将对"学前学普"行动未来推广至其他民族地区，是非常有借鉴意义的，不仅积累了丰富的经验，同时也培养和造就了一批多民族的以及懂民族文化的优秀人才！

（华言文化企宣部　整理）

在彝绣"花间"绣出美丽人生

乔进双梅

马边彝族自治县高卓营乡幅员面积 75 平方公里，地处高山河谷地带，山地面积占 85% 以上，平均海拔 1198 米。辖 5 个行政村，27 个村民小组。全乡有建档立卡贫困户 519 户 2288 人，自实施精准扶贫以来，乡党委、政府深入贯彻落实中央、省、市、县各项安排部署，把脱贫攻坚作为最大政治任务和头号民生工程，坚持精准扶贫、精准脱贫基本方略，扎实推进脱贫攻坚各项工作。截至 2019 年底，全乡已退出贫困村 5 个、脱贫贫困户 519 户 2288 人，贫困发生率从 2014 年的 29.8% 降至 2019 年的零，实现全乡脱贫摘帽。十三届全国人大代表、全国脱贫攻坚先进个人、2020 年"中国非遗年度人物"乔进双梅讲述了作为马边彝绣发展的领军人物、全县首个刺绣专业合作社创办人带领刺绣娘子军迅速壮大，带动周边贫困群众摆脱贫困，以及彝绣助力非遗传承、助力马边脱贫攻坚、乡村振兴的亲身感悟。

问：2020 年 5 月 24 日，十三届全国人大三次会议四川代表团分组审议现场，你作为来自小凉山地区马边彝族自治县的全国人大代表参加了审议，你在会议上向大家展示彝绣作品的同时也还原了"一个谎言'骗'来 500 多名绣娘的故事",请你向我们回顾一下当时的情形。

乔进双梅：那是 2017 年的一天，在四川省马边彝族自治县花间刺绣合作社，我以 30 元一条的价格，收了一批贫困户绣娘的绣品。几天后，我告诉大伙儿，那批丝巾我转手卖了 1000 元。

"真能卖到 1000 元？"史多哈干问。

"对啊，这手艺有搞头！"我回答时底气十足。

怎么可能？史多哈干很难相信，一条丝巾能卖 1000 元。她心里想的是，能卖 50 元就很了不起了。事实也是这样，我根本没卖到 1000 元，甚至 10 元都没卖到。我当时是撒谎了！我为什么要撒谎？在我看来，这是一个"美丽的谎言"……

彝绣，历史悠久，是国家级非物质文化遗产。因"绣资"出众，我 18 岁时就成了县城里的"名人"。2015 年，在我们共同努力下，全县首个刺绣专业合作社——马边花间刺绣成立了，我向县里的贫困户发出邀请："希望更多贫困户能学会这门手艺。"

不少贫困户也来了。可有的人第一句话就让我啼笑皆非："一天补助多少钱？"

更多人在怀疑，当地司空见惯的彝绣能卖成钱？"山鸡哪里能成凤凰？"没有补助，产品又卖不成钱，为啥还来？有人扭头就走。彝绣扶贫的想法眼看要"黄"，我心里那个急啊。"想哭！"已经过去了几年，但当时的情景清晰如昨。

软磨硬泡，有几个人答应在合作社试一试。彝家绣娘本就心灵手巧，一年多后，不少人的绣品就已经有模有样。

"我的丝巾能卖到 1000 元？"史多哈干有些不敢相信。得到我确切的答案后，来自贫困家庭的绣娘们选择留了下来。"只要肯干，挣钱不是问题"。

摆在面前的真金白银，让很多贫困绣娘动了心，并不断学习，手艺不断提升。说出真相的时刻到了。一年后的一次培训课上，我搬出来几箱大家的绣品。"对不起，上次我骗了大家。"在经过我的解释后，大伙儿渐渐明白：原来那第一批绣品，还达不到精品的标准，但为了给大家信心，我自掏腰包买了下来。

为收入动心，为真心动情。我的举动让贫困绣娘触动不已，她们也更加用心学习技艺。从"要我脱贫"到"我要脱贫"，思想观念的转变、内生动力的激发，越来越多的贫困户绣娘也"绣"出了新生活。

如今，"1000元卖丝巾"的谎言居然成了真。通过政府牵线，合作社与成都的公司签订产销协议，她们绣出的精品丝巾在成都市场最高已卖到了上千元。

而在马边县，现在已有500多名绣娘实现了居家灵活就业，其中建档立卡贫困户102人，人均收入超过8000元，妥妥摘下了贫困帽。用一句顺口溜说，真正是背着娃娃绣着花，能养活自己也能养活家。

问：如今，地处小凉山的马边彝族自治县高卓营乡已经脱贫，老百姓也过上了幸福的日子，请你回顾一下你通过发展彝绣带领大家走出贫困的点滴经历。

乔进双梅：小凉山地区是中国最贫穷的地方之一。我的家乡高卓营乡就位于小凉山地区，我们过去有多穷？村里大部分人住的是茅草屋、土墙房，有的人无法解决温饱，甚至穷到连猪油都买不起。妇女们养猪带娃，没有任何收入，一年到头没有新鞋子、新衣服穿。

我也是这样的苦孩子之一，因为穷，为了8000元彩礼钱，我在3岁时被订了娃娃亲。还是因为穷，18岁的我读了一个学期的书，就无奈退学回到村子。穷，在凉山地区像是一种"遗传病"。18岁时的我曾经发誓，再也不能这样活。为了悔婚，当年瘦小的我跟着父亲打铁、弹棉花、做小工，只要能赚到钱，我什么活都干。18个月后，我拿着赚到的8000元，成功退了婚。

正是在这一年，我也突然醒悟：凉山虽然穷，但只要人肯卖力气，一定能赚到钱。世上没有一个穷人，只有懒人。穷则思变。经历城市打工，回乡工作的我，多年后看到的依然是姐妹们的温饱问题，很多人吃不饱、穿不暖。"一个人吃饱不算饱，大家过上好日子才算好"。我一直思索着姐妹们能干点什么，赚钱的路子在哪里。

千百年来，我们彝族流传着一句俗语：会说话就会唱歌，会走路就会跳舞，会喝奶就会喝酒，会拿针就会绣花。彝族女性几乎人人从小学习彝绣。经过认真思考后，我决定辞掉稳定的工作，专门从事彝绣。家里人知道我的想法后，全都反对我；周围邻居知道后，也都认为我疯了。要知道，对于马边这样贫困地区的农村女子来说，一份稳定的工资是多么难得。

我最终没有被亲人和朋友的看法所左右，2008 年辞去了高卓营乡派出所的工作，开始了自己的彝绣之路。"我希望彝绣能得到传承，更希望姐妹们能以此脱贫"。我始终认为一花独放不是春，万紫千红春满园。我一定要团结好身边的姐妹，听党话、跟党走，共同致富奔小康。

刚开始，我把各村妇女的绣品搜集起来拿去卖。由于刺绣方式各异，没有统一的标准，导致绣品受众不多，一件也卖不出去。

面对滞销的绣品，我跑遍了北京、上海、广州的市场，也先后到四川乐山沙湾、云南楚雄、四川西昌参加彝绣培训，几乎花光了所有的积蓄。

每当我坚持不下去的时候，就告诉自己，坚持的背后是把泪水藏起来。2015 年，马边县首个刺绣专业合作社——马边花间刺绣专业合作社成立，刚开始大家几乎不相信彝绣能够带领大家摆脱贫困，后来我通过"谎言'骗'来 500 多名绣娘"，通过大家不断努力和付出，乡亲们享受到了彝绣带来的实惠。

一颗金子的心，换来的是金子的情。姐妹们会拿着精心制作的绣品，等着我来点评。乡亲们把我当成自家人，随时随地找我拉家常。2015 年，村民黄某自愿帮助王某搬运烧柴，却不慎受伤。在治疗期间，王某的配偶与黄某母亲发生言语冲突，黄某一时气不过，将王某诉至法院。经判决，王某需要向黄某支付医药费、误工费等九万余元。

一方是王某夫妻身患疾病，三个孩子尚在读书；一方是黄某因伤导致八级伤残，又是贫困户，所以一直以来判决难以执行。就这样，黄某和王某这一对好朋友、好邻居成了冤家。我知道这件事后，找两家讲道理、聊家常，四年多的积怨通过我们共同的努力成功化解了。

2018年，我被选为全国人大代表，不认识我的人，以为我有什么背景，家里有什么关系，才能被选为人大代表。这是错的，我家是地地道道的农民，没有一个公务员，也没有一个正式的国家干部。我相信努力的人，人民看得到，国家也不会辜负。

"调整优化自然保护区和永久基本农田范围""延长退耕还林政策并提高补助标准""控制彝区婚姻高额聘金礼金和丧事铺张浪费"……每年全国人代会召开前，我都将准备的建议修改了一遍又一遍，梳理的问题看了一次又一次，生怕有什么意见被落下。这些带着"土味"的建议被相关部委重视并采纳。

"背着娃娃绣着花，在家就能挣到钱。做事绣花一个理，沉淀耐心出成绩。"大山里的女人上高山、下田地，背着娃、绣着花，吃了常人不能忍受的苦，把汗水洒在脱贫的大地上，和这漫山遍野的索玛花儿一样，有着顽强的生命力。是的，在凉山，流传着这样一句谚语——索玛花儿开放的时候就是欢乐来到的时候，待到山花烂漫时，凉山的彝族人民会和火红火红的索玛花儿一样，在小康的日子里越过越红火。

问：2021年2月26日，你获得了2020中国非遗年度人物的荣誉，就在前一天，你刚刚获得了全国脱贫攻坚先进个人。通过这两项荣誉，我们能想到的关于你的关键词最多的就是"非遗传承，脱贫攻坚"，请你结合彝绣简单谈一下你对非遗传承，脱贫攻坚以及彝绣助力乡村振兴的感悟。

乔进双梅：非遗传承需要用热爱去传承民族文化。我从五六岁的时候开始就跟着妈妈学习彝族刺绣，到后来去专业的学校学习彝绣，家庭困难并没有让我停下脚步。多年来，我一直走在彝族刺绣学习实践的路上。与中国"四大名绣"苏绣、粤绣、湘绣、蜀绣相比，彝绣以红、黄、黑为三大原色，具有技法粗犷、色彩浓烈，集中反映彝族人图腾崇拜、民俗风情等特点。

我做彝绣的首要目的是把我们优秀的民族文化传承下去。作为四川省非物质文化遗产代表性项目彝族手工刺绣县级代表性传承人，我不仅仅是自己把彝绣做好，还要带动当地妇女参与到学习这项优秀的传统文化的活动中才行，要把家乡妇女全都带动起来，让他们靠自己的双手来挣钱养活自己。在我看来，学习彝绣不仅仅是一种文化传承，更是实现当地脱贫的重要法宝。

作为彝族人的服饰和家庭日常用品，彝绣走过了上千年的历史，是彝族妇女从小就会的手艺。但是，要把绣娘们绣好的彝绣顺利卖出去还有很多障碍，产品粗糙就是要解决的首要问题。在当地妇联的组织下，我和绣娘们去到苏州学习苏绣等手艺，在打开了视野的同时，能够进一步改良自己的彝绣产品。就这样，彝绣慢慢的形成了完整的产品体系，开始走出大山，成为当地脱贫致富的"秘密武器"。

第二点感悟就是脱贫攻坚就是要先思想脱贫，然后才能真正实现经济脱贫。脱贫，要靠政府，但绝不能依赖政府。在我看来，等靠要的思想在脱贫攻坚的过程中是绝对不行的。我们马边花间刺绣专业合作社成立之后，负责寻找需要刺绣加工的厂商企业，包揽加工业务，免费为绣娘提供刺绣原材料，回收成品代为销售等。马边花间刺绣专业合作社成功带动当地168位绣娘灵活就业，人均年收入超过8000元。

通过创办刺绣培训班，目前大凉山、小凉山两个地区加起来共培训人数超过八九千人。在实现灵活居家就业的同时，部分绣娘收入高达三四万元，可以说，通过彝族刺绣，她们贫困、落后的情况得到了改善。

第三个感悟就是，展望未来，希望彝绣可以助力乡村振兴。如今伴随着直播带货的兴起，我们当地的绣娘们开始采用直播带货的方式销售我们的刺绣产品，部分绣娘更是开了自己的工作室，当上了网红。我为这些绣娘们开拓创新并通过自身努力逐步摆脱贫困感到骄傲。

为了更好地发展彝绣，我经常组织活动，努力把彝绣带到校园，让更多的学生能够认识这项传统工艺，能够主动的去传承这项工艺。直播带货也好，非遗进校园也好，这些积极的现象都显示了脱贫之后新农村的新景象。站在历史交汇口，我国已开启全面建设社会主义现代化国家新征程，"三农"工作转入全面推进乡村振兴、加快农业农村现代化新阶段。关于未来的规划，我希望我们彝绣可以在改进设计、改进色彩搭配的基础上，更多的产出工艺品，助力乡村振兴。

（顾君辉　整理）

让科技力量助力扶贫产业兴旺

吕秀兰

四川农业大学吕秀兰教授数十年全心全意为人民服务，从实际出发，运用先进科技成果，建立科技示范点，带动一方产业，辐射整个行业，助力贫困群众产业发展，最终帮助当地百姓斩穷根、奔小康、共富裕。2021 年，吕秀兰被中共中央、国务院表彰为全国脱贫攻坚先进个人。

问：吕教授您好。党的十八大以来，经过全党全国各族人民的共同努力，我国脱贫攻坚取得全面胜利，完成了消除绝对贫困的艰巨任务。您作为农业科技工作者荣获了全国脱贫攻坚先进个人。请问在您眼中，这场持续八年的脱贫攻坚战是怎样的？

吕秀兰：脱贫攻坚的胜利毫无疑问是社会主义制度优越性的充分体现。我已经在农业领域待了几十年，也在田间地头跑了几十年。我认为，党和国家一直都在努力地开展扶贫工作，一直都在致力于全国各族人民的共同富裕。党的十八大以来，我有一个明显的感受，就是在以习近平同志为核心的党中央坚强领导下，扶贫工作前所未有地重视"精准"二字。它让全国脱贫攻坚工作有了具体的方向和抓手，发生了根本性的变化，进入了一个全新阶段。

在我看来，精准扶贫充分体现了习近平新时代中国特色社会主义思想坚持实事求是和辩证思维的精神特质，非常符合我国农业发展实际，也解决了如何脱贫攻坚的问题。这一点，我在农业产业扶贫的实践中更是感受深刻。因为每一个贫困村、贫困乡的地理环境、土壤肥力都是不一样的，只有因地制宜地进行调研，才能找到最适合的产业，实现精准扶贫、永续脱贫。

问：您是如何进行精准扶贫，带领贫困地区实现产业兴旺的呢？

吕秀兰：对于农业产业扶贫，我带着团队摸索出了"建立一个基地，浓缩一个样板，成为一个亮点，带动一方产业，辐射整个行业"的产业扶贫路径。近五年，我们在全省已经建立了四五十个科技示范点。每个产业，每个村都建立相应的科技示范点，通过建立示范点这样的成果高度集中地，使其成为当地整个技术体系的示范，把最先进的技术和理念，比如水肥一体化、病虫害绿色防控这些技术都应用起来，让示范点的老百姓们看到实实在在的效果。同时，这些示范点也是培训点，地方上的农业技术人员、村镇干部以及产业大户都可以到我们的科技示范点学习先进的理念和成果。我们会对他们进行系统的培训指导，他们再去各个村镇进行推广，这样我们的技术就能够真正地推广开来，帮助农民实现增收致富，毕竟授人以鱼不如授人以渔嘛。另外，这些科技示范点在有条件的基础上，还会与其他产业融合，比如服务业、旅游业等，建立更完备的产业链，慢慢带动相应产业的发展和区域经济的发展，这能在很大程度上为当地永续脱贫贡献一份力量。

问：您能结合长期所在的一个扶贫地点，具体谈一下刚才说的扶贫路径开展情况及成效吗？

吕秀兰：就拿茂县为例吧，我在茂县已经干了 18 年了。2003 年前后我刚到茂县时，当地的农业产业结构乱得不得了，樱桃、葡萄、李子等水果都在种，每样水果又分别种了许多不同的品种。这样的结果就是当地农产品单品多、不成规模、不成商品，整体收益低，找不到产业化的路径，当地的人均收入还不到 1000 元，要靠政府支持补助过日子。

我到了之后，一边给当地各类农户种植的各类水果提供技术指导，帮助他们在原有基础上尽量提高收入；另一边更重要的是琢磨当地到底要重点发展哪种产业更合适。在当地政府的支持下，经过几年的调研和选种、育种，我最终为他们选育了李子新品种——"羌脆李"，逐渐成为当地的支柱产业。经过这些年的发展，脆李产生的经济效益已经超过 12 个亿，老百姓仅靠种植羌脆李的平均年收入就已经达到了 13000 元，远超过国家划定的扶贫标准。最近两年，我再去茂县时，当地政府负责扶贫的同志跟我开玩笑："吕教授，现在你搞得我们一进乡串户，大家都'赶'我们走，说：'我们不贫了，你们别来扶我。'"

羌脆李是我国具有自主知识产权的品种，成为地理标志保护产品。我们因地制宜研发出相应配套技术，使茂县当地建立的生态农业综合开发产业园区成为省级现代农业万亩示范区，茂县成为省级现代农业基地强县和农产品质量安全监管示范县。羌脆李在茂县取得明显成效后，很快也推广到四川其他适合栽种的地方。四川全省有 30 个贫困县都栽了羌脆李。同时我们这个品种还推广到西藏、贵州、广西等省份，在全国的推广面积达到了 70 万亩以上。

如今，即使说李子每年市场行情不一样，但羌脆李每亩地平均可以卖到两三万元。行情好的时候，能卖到三万多元；行情不太好的时候，也能卖到两万元左右。最近，我们团队又从羌脆李当中选育出了一个羌脆大李新品种，成熟时达到一颗 80 克以上，可以作为礼品单独包装，进一步提高果农的收益。

问：除了李子之外，我们知道您在葡萄、樱桃上也颇有成绩，可以请您讲讲这两种水果的扶贫故事吗？

吕秀兰：那就说说汉源的甜樱桃吧。甜樱桃是个"洋货"，20 世纪

70年代从欧洲引入中国，80年代引入我们四川，90年代末期为了生态恢复重建开始作为经济林木在四川规模栽培，汉源也就在这个时候引进了甜樱桃。种植过程中，当地老百姓遇到两个大问题，一是树体高大，不容易成花，有的樱桃树甚至出现了八九年不开花的情况。二是甜樱桃大部分品种需要品种间栽，要求比较高。所以，当时汉源的甜樱桃产量很低，大概是在300斤到800斤的水平，很多老百姓亏了钱只有砍树。

如何解决这些问题呢？经过混合花粉授粉，我们发现汉源白樱桃可以作为甜樱桃的授粉品种。针对汉源甜樱桃管理缺乏科学技术，裂果非常严重的情况，我们又进行了甜樱桃安全丰产优质集成技术研究与应用示范。这套技术在2009年通过省级成果鉴定，把裂果率从25%—30%下降到5%以下，把每个品种的成熟期相对集中到三五天采收，对于恶劣天气的抵抗能力更强。

2020年，汉源县的甜樱桃产量已经达到2000斤至4000斤了，整体产量翻了好几倍。并且只要做得好，每年一定是优果优价。在市场疲软的情况下，典型户优质果批发价也能达到25—30元一斤，零售价要卖到35—40元一斤，每亩有5万元的收入。即使种植面积扩大，市场饱和，通过我们的技术支撑，亩产量达到2500斤，批发价10元一斤，也能实现毛收入2.5万元。

在葡萄方面，广安市前锋区茶花村在2012年引进了葡萄产业，当地贫困户种植了早熟优质、市场价格高的"夏黑"葡萄，栽种后却发现葡萄没有花穗、无法结果，一度面临全面绝收惨况。我受邀成为"救火队员"，到当地进行情况考察和技术指导。

开展实地调研考察后，我发现葡萄绝收的主要原因在于村民对新品种习性、栽植技术知之甚少，把带花芽结果母枝全部剪掉了。"夏黑"植株长势极强，理论上栽植密度最多为150株/亩，而他们的栽植密度竟然达到660株/亩，同时又有修剪方式错误、肥水管理不科学等技术问题。这些一连串的错误操作，不仅造成生产成本增加，还直接导致葡萄通风透光差、产量低、着色差、品质差、果品成熟延迟等一系列后续问题，村里120亩葡萄年亏损达300余万元。看到当地村民愁眉苦脸，家家户户气氛压抑，我索性在村里驻扎下来，手把手地教他们认清葡萄种植关键时间节点，进行苗木栽植、摘心抹芽、保花保果、肥水管理、冬季修剪等栽种技术的正确操作，以避免他们因错误操作继续造成经济损失。通过手把手带果农，大户再去带小户，最终实现了技术推广全覆盖，取得了可观的经济收益。看到当地农民实现了增收致富，我也觉得特别欣慰。

问：您可以从整体上介绍一下您团队的扶贫成效和经验吗?

吕秀兰：好，我们团队 17 年来都一直坚持以服务"三农"为出发点和落脚点、以科技人才为主体、以科技成果为纽带，把帮助老百姓增收致富作为初心，把脱贫攻坚作为最大的政治责任。

第一是当好产业需求"调研员"，走进田间地头，掌握第一手材料。我们先后跑了 18 个地市州、100 余个县、500 余个乡镇、1000 余个行政村，摸清各县水果产业，对症下药，先后撰写了《汶川甜樱桃、李产业发展现状及竞争策略》《茂县李产业存在问题和发展建议》《彭山葡萄提档升级、提质增效产业和品牌打造建议》等 100 余篇调研报告及产业建议。

二是当好本土人才的"培训员"，加大技术培训力度，让老百姓掌握致富真本领。近三年来，我们总共举办了 550 余场（次）培训和现场指导，发放资料 5.5 万余份，累计培养农村实用人才、技术骨干数百人，培训果农和贫困户 2.5 万余人次，培养了一大批"土专家""田秀才"。

三是当好成果转化的"推广员"，做好新品种、新技术、新模式的推广。我们依托"专家团队＋基地县＋新型经营主体"成果一站式推广转化长效模式，近五年我们在高原藏区、乌蒙山区、大小凉山彝区等深度贫困区累计推广果树新品种、新技术、新模式面积达 70 万亩以上，提质增效累计增收达 40 亿元以上。凉山彝族自治州近四年葡萄面积由 3.5 万亩增加到 20 余万亩，产值超 15 亿元，成为我国优质晚熟葡萄之乡，涌现出了一批脱贫致富的典型人物：西昌月城明珠农业有限公司余斌文 300 亩利润达 1500 万元；茂县凤仪镇水西村梁习全 11 亩李年收入 35 万元；南新镇罗山村 75 岁胡仁贤夫妇 6 亩李年收入 20 万—28 万元；茂县南新镇张友全 3 亩甜樱桃每年收入 15 万元；理县桃坪镇佳山村王胜学 3 亩甜樱桃，年收入达 14 万—16 万元；汉源西溪乡永和村任海军 5 亩甜樱桃每年收入超 20 万元。特别是在科技部定点扶贫的屏山县，我们推广统一栽培管理、统一植保防治、统一配方施肥、统一农资配送、统一分级包装、统一品牌营销、分户种植的"六统一分"标准化管理模式，2019 年至 2020 年屏山全县茵红李由过去每公斤三四元都卖不出去的现象，到现售价每公斤 6—8 元，全县提质增效递增 1.5 亿元以上。

四是当好水果现代农业园区的"创建员"，实施产品质量提升工程，以品质促品牌；依托区域特色，协助做好宣传，助力品牌增值。助推创建国家级和省级现代农业产业示范园六个、国家农业产业强镇五个。打造"净土阿坝、羌地圣果""茂县李""彭山葡萄""汶川甜樱桃"等地理标志产品和区域品牌，每年直接带动 5000 余人脱贫致富，《人民日报》《光明日报》、中国教育网、《四川日报》等多家媒体进行了广泛宣传。

问：您认为你们脱贫取得这么好的成效，其原因是什么呢？

吕秀兰：我认为，脱贫攻坚所取得的成果是各方面合力支持的结果。不论是国家层面，还是地方、学校层面，都给予很多帮助和支持。科技部的科技特派员制度以及专门的项目经费，省科技厅的平台支持、项目支持，当地政府的高度认可、密切配合，还有学校出台《社会服务支持计划》，在职称、职级、职务晋升上充分体现扶贫工作的权重等举措，都是我们取得成绩的重要助力。

问：您刚才谈到的是外部支持，那您觉得农业科技工作者在服务乡村的道路上，应当有哪些要求呢？

吕秀兰：从个人角度来看，我觉得最重要的就是八个字——实事求是，辩证统一。于我个人而言，我是一个做实事的人，我的信念就是踏踏实实做事，到一个地方工作就要扎下根来，依照这一方水土的特性，做出一点符合当地需求的成果，让农民都富裕起来，我的研究才不算纸上谈兵，才有实际的价值。当然，我也不是万能的，有些事超出我的能力之外，我做不了，但我仍会尽力去做。不为钱来，不为利往，农民才能信你，才能听你。要做到这一点，就得热爱自己的工作，要爱岗敬业；就要不怕苦，不怕累，有吃苦耐劳的精神；要持之以恒，长年累月地不断坚持；要找到合适的技术方法，以达到事半功倍的效果。我研究了几十年的水果作物，凭着对农业的热爱，把实验室搬到深山里，将成果留在田地间，一路坚持走了下来，可以说是不忘自己的初心，对得起自己的良心了。

（龙泓宇　张译文　吕雅雯　应巧　金旺　刘弈杰　整理）

我热爱坚守的彝乡宣讲之路

的莫鸪鸪

脱贫攻坚千难万难，最难的还是贫困群众内生动力不足，解决精神匮乏比解决物质匮乏更难。近年来，乐山市金口河区坚持扶贫先扶志，创新开办"心连心·鸪鸪讲堂"，积极探索"精神扶贫"新形式、新方法，有效激发了广大群众对脱贫攻坚的奋进感、参与感和认同感，凝聚形成了撸起袖子加油干、不等不靠奔小康的强大合力。2019 年 4 月，金口河区顺利实现脱贫摘帽，以"心连心·鸪鸪讲堂"为主要载体的精神扶贫受到省督查组、省第三方评估考核组的充分肯定和高度评价。2021 年，"心连心·鸪鸪讲堂"宣讲团团长的莫鸪鸪获全国脱贫攻坚先进个人。她讲述了在金口河区的宣讲故事。

金口河区地处四川省小凉山腹地，是享受民族地区待遇的区县，曾经是四川 45 个深度贫困县之一。如今的金口河，大家能看到很多令人欣喜的变化：居民脏乱差的生活习惯改掉了，群众修建豪华墓的现象减少了，红白喜事大操大办的现状改变了，高价聘礼的婚嫁习俗扭转了，贫困户等靠要的消极思想没有了。看到这些变化，我发自内心地感到高兴和自豪，因为这些变化凝结着自己的一份努力、付出和坚守。

2017 年 4 月，随着脱贫攻坚的深入推进，我区脱贫攻坚取得阶段性成效，但一些贫困户等靠要思想严重，寄希望于政府给钱、给物，而通过自身努力去改变贫困面貌的动力不足。为激发广大群众对脱贫攻坚的奋进感、参与感和认同感，组织找到我，希望我担任全区"四好村"创建工作组执行组长，承担起全区的精神扶贫任务。我明白，组织上之所以找我，是因为我是金口河区"彝汉双语法治夜校"创始人，会彝语、懂政策、通法律、擅宣讲，群众特别喜欢听我讲法治故事，每次法治夜校都是座无虚席。当时已52岁并退居二线的我，心里有点犹豫，因为早在2016年8月，我已被确诊患上肝癌，并接受了第一次手术。这事除了我丈夫，没有任何人知道，包括我女儿。出院时，医生千叮万嘱，要求我在家好好休养。但面对组织的信任和重托，想到自己作为一名生在彝区、长在彝区的彝家儿女，有义务、有责任为全区脱贫攻坚贡献应有力量，便一口答应了。当我向家人提及此事时，他们都坚决反对，尤其是一向对我疼爱有加的丈夫，不仅和我大吵一架，还连续好多天都不理我。我知道他是关心我，怕我因劳累而病情复发。最终，这事以家人妥协而告终，我也正式成为一名专职基层理论宣讲工作者，游走于乡间街坊和田间地头，开启了我的精神扶贫之路。

在长期的宣讲实践中，我发现一个现象，如果只讲理论、不结合实际，只讲"普通话"、不讲"地方话"，就会让听众"人在心不在"。于是，我借鉴"脱口秀"的方式，用通俗易懂的话去解释深奥的道理，就像摆龙门阵一样。比如，在讲到办事要依法依规，不能胡搅蛮缠的时候，我就告诉大家"要有南瓜藤才结得起南瓜"。

针对部分贫困群众习惯于"靠着墙根晒太阳，等着别人送小康"的现象，我就告诉他们习近平总书记"幸福都是奋斗出来的"那句话，还说"那些自己不劳动，相信世界上有坐享其成的好事的人是大傻瓜"。曙光村因身患癌症而致贫的贫困户卢永香，原本在成都一家公司做化妆品代理业务，老公在金口河区一家企业工作，收入稳定，儿女孝顺，生活红红火火。身患肝癌后，巨额的医疗费让全家生活陷入窘境。虽然卢永香一家已于2016年被纳入建档立卡贫困户，但此时的她已经万念俱灰，完全丧失了对美好生活的信心。在听过我的几次宣讲后，卢永香深受触动，不等不靠，一边勇战病魔，一边发展种养业，当年就养殖了300多只跑山鸡、10多只羊，种植蔬菜7亩，实现增收3.5万元。之后两年，卢永香进一步扩大种养殖规模，成为全区贫困户中的"养鸡达人"，实现了稳定增收，还清了患病所欠的数万元债务，日子一天天好起来，成为全区贫困户中励志奋进的典型。2017年，我先后深入全区6个乡镇41个村进行宣讲128场次，受教育群众3万多人次。

2018年年初，我区脱贫攻坚进入攻城拔寨的关键阶段，全区很多村都邀请我去宣讲，全区41个村，就算一天宣讲一个村，也要两个月才能宣讲一次。为解决我一个人"单兵作战"的问题，也为培养出更多适应新时代新形势的基层宣讲骨干，在我的建议下，区委、区政府精心挑选领导干部、宣讲能手、理论骨干、帮扶干部、励志典型等人员190余人，组建区级巡回宣讲团、乡级包村宣讲团、村级蹲点宣讲团三级宣讲队伍48支，深入乡镇、村组和农户家中开展感恩、励志、习惯、法治和移风易俗"五大教育"，由我任团长，并以我的名字，命名为"心连心·鸽鸽讲堂"，这让我倍感荣幸、备受鼓舞，同时也深感责任重大。

虽然宣讲团建起来了，但如何才能让宣讲员个顶个的强呢？我聚焦谁来讲、讲什么、如何讲三大问题，着力在建强宣传队伍、突出宣讲重点、创新宣讲方式上出实招、出硬招、出新招，最大限度激发广大群众脱贫奔小康的奋进感、认同感和参与感，变"要我脱贫"为"我要脱贫"。

——建强宣讲队伍，解决"谁来讲"的问题。宣讲团统一编写了"心连心·鸽鸽讲堂"宣讲教材，采取专题培训、以会带训、活动促训等方式，加强对6个乡镇级、41个村级宣讲团的教育培训，先后举办宣讲专题培训班两期、扶贫政策专题培训会四次，开展集中学习、集中备课、集中研讨等活动四次，广大宣讲员的理论水平、表达能力、宣讲技巧不断提升，宣讲队伍整体水平不断提高。

——突出宣讲重点，解决"讲什么"的问题。针对贫困群众存在的感恩意识不强、内生动力不足、扶贫政策不清、陈规陋习难改等问题，"心连心·鸽鸽讲堂"宣讲团采取党员讲党课、干部讲政策、先进讲事迹、群众讲变化等方式，因势利导，对症下药。先后围绕中央、省委、市委重大决策部署，开展政策理论专题宣讲 200 余场次，确保了党的方针政策、创新理论"飞入寻常百姓家"；组织 17 个职能部门业务骨干，耐心细致宣讲本部门、本领域的扶贫政策、便民措施，让建档立卡贫困户真正明白"惠在何处，惠从何来"；组织全区脱贫励志先进典型 20 人，逐村开展"感恩奋进·我的脱贫路"巡回宣讲，讲述他们的脱贫事迹、致富过程、心路历程，让"懒惰致贫可耻、勤劳致富光荣"逐渐成为共识；邀请村组干部、村民代表等走上讲台，用群众能够亲身感知和看得见摸得着的事例，讲发展变化，讲惠民政策，让群众明白没有共产党就没有今天的幸福生活，只有积极支持、自觉参与脱贫攻坚，才能过上好日子、脱贫奔小康。永和镇新民村五组村民廖帮清，因患尘肺病纳入贫困户，等靠要思想严重，不求上进。当他在"心连心·鸽鸽讲堂"听了癌症击不垮的"养鸡达人"卢永香、身残志坚的致富带头人王联均、用勤奋赢得幸福的独臂先锋曾应涛等励志典型的先进事迹后，被深深打动，带领本村八户贫困户过陡岩、睡岩脚，寻找野生中药材回来种植。如今，廖帮清不仅靠自身的勤奋劳动实现了发家致富，还成立了"麒麟山重楼种植专业合作社"，带动 23 户群众种植重楼 200 多亩、麦冬 200 多亩，发展野山蜂 80 箱，成为"浴火重生"的脱贫领路人。

——创新宣讲方式，解决"如何讲"的问题。"心连心·鸽鸽讲堂"之所以深受群众喜爱，很重要的一个原因就是注重宣讲方式创新。讲堂大力推广"菜单式""脱口秀""双语宣讲"等宣讲新模式，用"百姓话"讲"百姓事"，用"小故事"讲"大道理"，让宣讲接地气、冒热气、聚人气。比如，在党的十九届四中全会宣讲工作中，为给群众讲清楚中国能集中力量办大事的制度优势，宣讲团成员没有照本宣科，没有高谈阔论，而是用群众最熟悉的成昆铁路建设、2008 年汶川地震灾后恢复重建、金口河区"8·6"暴雨灾害抢险救灾等事例，系统回答马克思主义为什么行、中国共产党为什么能、中国特色社会主义为什么好等重大理论和实践问题，从小切口阐明大道理。截至目前，"心连心·鸽鸽讲堂"190 名宣讲员中，有近 70% 的宣讲员能够采用"脱口秀"的方式进行宣讲。

"心连心·鸽鸽讲堂"开办以来，累计开展各类宣讲1200余场次，受教育群众8万多人次，覆盖全区95%以上农户，已成为各级党委政府和人民群众联系沟通的桥梁和纽带，在为群众解疑释惑、疏通心结、化解积怨中发挥着重要作用。

2018年年底，我的旧病复发了，医生说要进行肝移植，移植前要做介入手术等待肝源，那时离脱贫摘帽最后验收还有两个月时间，我就想着再拖一下，等验收完了再去做手术。看到我继续奔波在宣讲路上，我丈夫知道劝我也无用，他没再阻拦我，每天下班回家就主动包揽所有家务活，这让我非常感动。我所做的工作，都离不开家人的理解和支持。

2019年4月，金口河区顺利实现脱贫摘帽，以"心连心·鸽鸽讲堂"为主要载体的精神扶贫工作受到四川省督查组、省第三方评估考核组的充分肯定，我的心中也充满了成就感。

得到金口河区退出贫困县序列的消息后，我才放心地去成都做了手术。这个时候，我的亲朋好友和同事们、乡亲们才陆续知道我患肝癌的消息。我女儿知道真相后，泪流满面、一脸迷惑地质问我："你还是我的亲妈吗？"的确，我一直觉得，我愧对家人和亲朋好友，但看到群众的变化，我觉得自己付出的一切是值得的。永和镇胜利村的驻村干部告诉我："村上的马明贵老大爷听过你的多次宣讲，给他留下了非常深的印象，现在又晓得了你当时隐瞒病情的事，说要向你学习呢……"能得到老人家的肯定，说明我们所做的一切，人民群众都看在眼里、记在心里。我下定决心，一定要把宣讲这项工作做得更好！

2019年6月，我积极争取参加了乐山市"感恩奋进·我的脱贫路"宣讲团，走进凉山彝族自治州美姑县拉木阿觉乡进行宣讲，虽然身体疲惫，但我心里充满了力量。

2019年9月，我顺利进行了肝移植手术。在手术前夕，我的丈夫忍不住吐出郁积已久的心里话："孩子妈呀，孩子们都已成家立业，我们两个又都要退休了，你图什么啊？"一向坚强的他哭了。我对我的家人说对不起，可是那一刻他们却争着说是他们对不起我。就在我接受肝移植手术期间，金口河区委区政府授予我感动金口河最美奋斗者，乐山市委市政府授予我脱贫攻坚创新奖。我无法到达现场，是女儿替我走上舞台接受了荣誉。当她泪流满面地把荣誉证书捧到我的病床前时，我知道，家人已经懂我了：只有站在宣讲台上，我才是我自己，我才是彝家的鹰之子。

2019年11月和12月，我先后被中宣部评为全国基层理论宣讲先进个人和CCTV2019年度法治人物，并被吸纳为学习贯彻党的十九届四中全会精神省委宣讲团成员。我还先后被评为2019年度省十大法治人物、省司法行政系统先进个人、四川省三八红旗手、四川好人劳动模范、中国好人、全国脱贫攻坚先进个人，面对这一系列荣誉，我觉得自己做得还不够。

2020年4月，我肝移植恢复后重返工作岗位，回到自己热爱的鸽鸽讲堂，并根据实际情况对鸽鸽讲堂进行各方面的升级，重组后的区级讲师从原来的19人增加到现在的70多人，区、乡、村三级宣讲团的成员由原来的190人发展到380余人，并创新形式在区融媒体中心开办了"心连心·鸽鸽讲堂"，内容上结合了当前的中心工作，如：脱贫攻坚、乡村振兴、民法典等法律法规、党史学习教育等重大宣讲活动，做到脱贫攻坚与乡村振兴有效衔接。

现在"鸽鸽讲堂"已经走出金口河、走出乐山，我先后深入凉山彝族自治州美姑县拉木阿觉乡、乐美社区、昭觉县沐恩邸社区、峨边新型农民素质提升培训班、泸州市基层理论宣讲培训班、乐山市司法行政干部综合素质提升班等等进行宣讲和培训。我还参加全国农村留守儿童关爱保护"百场宣讲进工地"暨四川省总工会暑期候鸟关爱活动启动仪式，并为"候鸟家庭"讲授儿童保护相关知识；接受中央广播电视总台邀请，在我区共安彝族乡林丰村参与央视频"年度法治人物20周年：我们的12·4"特别直播活动，网络点击量达4.7万人，取得了良好的社会效果。

在与病魔作斗争中，我无数次告诉自己，我不能倒下，彝乡的脱贫奔康之路还很长很长，老百姓还需要我，我要坚持走下去。习近平总书记说"脱贫摘帽不是终点，而是新生活、新奋斗的起点"，我将重整行装再出发，继续鸽鸽讲堂，帮助彝汉群众学会用法治思维解决问题，帮助他们早日过上好日子，养成好习惯，形成好风气。在今后的工作中，我将秉承基层宣讲人的信念和坚守，再次踏上宣讲新征程，用实际行动诠释一名基层宣讲员的初心和使命！

（冯鑫　整理）

两年帮扶见证雪域高原交通巨变

赵煜民

四川省阿坝藏族羌族自治州壤塘县，属"三区三州"地区，平均海拔超过 4000 米，全县总人口只有 4.5 万人。新中国成立后，从农奴社会"一步跨千年"进入社会主义社会，是集"老、少、边、贫、高、病"于一体的深度贫困地区。吾依村更是壤塘的"贫中之贫"，建档立卡贫困人口 31 户 157 人，贫困发生率达 26%。2019 年底，吾依村贫困户全部脱贫。2020 年 2 月，壤塘县正式退出贫困县序列，群众满意度高达 99.96%。一代代困难群众对美好生活的向往成为现实，一批批扶贫干部在雪域高原的辛劳结出硕果。交通运输部挂职扶贫干部、全国脱贫攻坚先进个人赵煜民讲述了壤塘交通扶贫、吾依脱贫攻坚的故事。

2018 年 9 月，我主动向组织申请到四川省阿坝州壤塘县挂职扶贫，任壤塘县交通运输局副局长、吾依乡党委副书记、吾依村党支部副书记。两年的时光短暂而难忘，扶贫的历程艰苦却温暖。如今，我已人在北京，却愈发想念壤塘县，想念吾依村，想念那里碉房的炊烟、皑皑的白雪、无垠的草原，想念那里可敬可爱的父老乡亲。

"财神坝子"迎来交通巨变

壤塘，又名"壤巴拉塘"，藏语意为"财神居住的地方"，因此也被称为"财神坝子"。"财神"没有给壤塘带来富裕，这里是国家扶贫开发工作重点县、深度贫困县。地处偏远、交通闭塞，是制约壤塘儿女致富奔小康的最大难题。建县早期，壤塘境内只有十条山路、土路，道路一侧是山崖绝壁，另一侧是汹涌河水，车辆行驶在上面像是走钢丝，稍有不慎就会碰壁坠河，全县没有一寸放心路。最偏远的乡村到县城需一天以上，到成都 500 多公里路程，不堵车都要 70 个小时，被称为"数天计划"。直到 20 世纪 90 年代初期，壤塘县还是仅有两条出境道路，而且没有一寸油路，是川西北的"交通死角"。海拔 3900 米的尕卡岭九道拐路段更是只有机耕道宽，下雪天就成了"鬼门关"，车毁人亡时有发生，很多人宁愿步行绕道也不愿乘车通过。交通不便，农牧民群众出行难、看病难、上学难问题十分突出。

经过数十年的接续奋斗，特别是 2009 年以来交通运输部的定点扶贫，壤塘县交通运输网络得到极大完善，公路等级得到显著提高，道路状况差、群众出行难、物资运输难等一系列问题得到有效解决。交通运输部和四川省共支持实施交通扶贫项目 127 个，建设国省干线 4 条、农村公路 80 条、桥梁 35 座、三级客运站 1 个、招呼站（牌）23 个，全县公路实际通车里程达 1015.383 公里，100% 乡镇、100% 建制村通硬化路、通客车。如今，国道 317、国道 227 已经贯通，壤塘到成都乘车仅需约七小时，朝发夕至，最偏远乡村到县城只需一个多小时，时程的缩短见证了壤塘交通的巨大变迁。九道拐路段也改造一新，成为壤塘北部乡镇外出的平安路、放心路。交通条件的改善，让壤塘农牧民群众就医求学不再遥远，让新鲜蔬菜端上了城里人的餐桌，让农家院成为了旅游点，让壤塘独有的觉囊文化走向全国，让绿水青山变成了脱贫致富的金山银山。

来壤之前，我在交通运输部曾参与交通扶贫政策制定、沟通协调等工作。来到壤塘，我面临的最大挑战是如何推动交通扶贫政策的"最先一公里"直达群众出行"最后一公里"。我主动请缨，负责组织实施交通运输部2018—2020年定点扶贫EPC（勘察设计及施工）总承包模式项目。我们创新了"打捆实施＋跟踪审计＋三级质保＋群众监督"建设模式，破解施工期短、灾害频发、材料短缺、监管薄弱等难题。开展定期巡查，强化质量监管，狠抓问题整改，累计拆除质量不合格挡墙、边沟等工程200余立方米。14个项目全部顺利完成，总投资近2亿元。

农村公路不仅要建好，更要管好、护好、运营好，壤塘县下决心推动"四好农村路"省级示范县创建工作。一年多的时间里，我们成立工作专班，制定工作方案，完善政策体系，整理完成资料48册。推动建成农村公路机械化养护和应急中心，构建三级养护管理体系，全面实施"路长制"，推动路宅分家、路田分家，加强路域环境治理，探索市场化养护模式，试点农村公路灾毁保险，推动农村客运预约响应式服务全覆盖，壤塘实现了100%乡镇和100%建制村通硬化路、通客车。"上南天路"作为"四好农村路"示范路，被《人民日报》、新华社、《四川日报》等多家媒体报道。2021年3月，壤塘县被四川省人民政府评定为第四批"四好农村路"省级示范县，成为阿坝州首批创建成功的两个县之一。

壤塘县自然灾害多发频发，对交通"生命线"带来巨大威胁。两年的时间里，我冲锋一线，参与国省干线、农村公路抢险救灾20余次，保障交通"生命线"畅通。2018年10月，国道227线壤塘县吾依村八格都寨段出现一处200万立方米的滑坡隐患，随时可能形成堰塞湖，我和同事们冒着山高坡陡、连续垮塌的危险，多次徒步上山完成勘测。2020年6月，国道317线壤塘段被冲毁300米，国道227线、省道453线同时发生灾毁，导致交通中断，我和同事们战洪水、战垮塌、战疲劳，连续奋战五天四夜抢通便道。

为治理公路灾毁，我和同事们加快推动国道227线壤塘县八格都寨灾害绕避复线工程前期工作，邀请省交通运输厅专家、中科院成都山地所专家现场指导，积极向上争取资金。为打通壤塘出县第二"生命线"，我们推动省道 S453 上壤塘乡至马尔康市日部乡公路前期工作，争取纳入省州"十四五"有关规划。此外，我还参与编制县综合交通运输"十四五"发展规划，谋划"一纵一横、一环多点"交通运输网络，并协调 G4217 川藏北线高速公路路线走向，协调壤塘至色达公路建设等事宜。

雪域高原的交通巨变是最好的历史见证。十余年的交通定点扶贫，是壤塘最大的民生工程、最大的发展工程、最大的民心工程、最大的希望工程。路修建到了哪里，车通到了哪里，观念更新就到哪里，脱贫致富就到哪里，民族团结就到哪里，和谐稳定就到哪里。

"闯三关"攻克"贫中之贫"

参与壤塘交通扶贫工作的同时，我还在吾依村任党支部副书记。驻村工作，要闯"三关"：一是"走寨入户关"。吾依村 145 户农牧民群众分散居住在 11 个寨子中，海拔在 3300—4500 米，山高路远沟深，走访一个寨子往往需要一整天时间，翻山越岭后心如擂鼓，饮食难以保障，胃病不时发作，烈日暴晒下，脸脱皮、唇开裂更是寻常，胃药、唇膏和丹参滴丸成为我的随身常备物品。二是"语言沟通关"。吾依村群众绝大多数是藏族，许多群众不懂普通话甚至不懂汉语，沟通中要少说"好的""没关系"，多说"要得""没得事"，还得学习一些简单的藏语，做壤塘人说壤塘话，更能贴近群众。三是"工作压力关"。解决贫困户用水用电等困难、处理矛盾纠纷、控辍保学、核对"明白卡"、讲解法律政策、整治环境卫生、防火防汛抗旱除冰、检查食品安全、举办农牧民夜校、组建锅庄队……一桩桩一件件都需落实。事非经历不知难，驻村扶贫让我深切感受到了"深度贫困"的贫困，"精准扶贫"的精准，"压实责任"的责任。

发展产业是实现脱贫的根本之策。吾依村部分群众受宗教和地域文化影响，"戒杀惜售"观念浓厚，养殖业发展困难。全村耕地面积仅958亩，气候寒冷，土壤贫瘠，"种一百斤种子，收二百斤青稞"是常态，种植业品种单一、发展困难。而且田间地头常常上演"西游记"——白天"大师兄"猴子刨食，夜里"二师兄"野猪拱地，扶贫干部愁得直掉头发，恰似"沙师弟"。如何发展集体经济、带动群众脱贫，是摆在吾依村面前的一道难题。我和驻村工作队员经过调研探索，谋划发展野生菌加工和经济作物种植产业，并得到了群众支持。2019年，我们争取8万元帮扶资金，建成了野生菌加工基地，带领群众采集加工，设计好产品包装，大力推介销售野生菌。我们还争取15万元农资，发动群众种植有机土豆、有机大蒜、高原油菜等经济作物200余亩。2020年村集体经济收入达到40万元，较2018年增长五倍多，贫困人口年人均纯收入增长近30%。

扶贫先扶智，教育是阻断贫困代际传递的治本之策。吾依村贫困群众中，拥有初中文化程度的仅有两人，拥有小学文化或小学在读的仅占约30%，其余大多为文盲、半文盲或学龄前儿童。文化程度低、不会汉语导致贫困群众"打工没技术，务农没出路"。同时，过去受家庭贫困、重视程度不够、办学质量不高、宗教文化等因素影响，许多孩子的童年在放牦牛挖虫草中度过，受教育权利得不到保障。吾依村"两委"和驻村工作队坚持抓"控辍保学"，每天跟踪缺勤，定期上报到校率，主动上门家访，开展"金秋助学"，确保"不让一个学生因贫失学，不让一户脱贫户因学返贫"。贫困户冬准已年逾古稀，儿子色穷因先天疾病丧失了劳动能力，一家人生计主要依靠儿媳在外打工。在教育扶贫政策支持下，他的五个孙女全部入学，家里没有丝毫负担。如今，吾依村128名义务教育阶段学生100%入学接受教育，享受各类补助政策，并获得社会力量资助。

过去，吾依村农牧民群众的住房多是二层碉楼，一层一半是牛羊圈，另一半用于堆放柴草杂物，二层是客厅、卧室、厨房、厕所等生活区，一根砍了槽的原木就是楼梯，室内光线昏暗、杂物堆积、人畜混居，卫生条件差。部分困难群众甚至住在危房中，个别群众的住房紧邻地质灾害隐患点，安全住房得不到保障。2017年以来，吾依村为九户贫困户实施易地扶贫搬迁工程，支持贫困户住房建设，确保户均自筹不超过一万元。为进一步改善困难群众居住条件，2018年吾依村还为22户贫困户实施了居家环境改善工程，每户补贴1.5万元进行装修，牛羊圈与居住区严格分离，地板吊顶装饰一新，独木梯变成了钢梯，人畜混居、脏臭乱差的居住环境成为历史。困难群众搬出了"穷窝"，住上了好房子。

壤塘县过去流传着一段顺口溜："不停水，不停电，不叫壤塘县，一百年不变。"安全住房有保障后，用水用电难仍是群众生产生活的"瓶颈"。2018年，吾依村实施农村饮水巩固提升工程和电力建设工程。2019年，县政府投资770万元实施吾依新村项目，新改建了村寨硬化路、步道、河堤、公厕、垃圾站等。群众安全饮水、稳定用电有了保障，生产生活条件进一步改善。贫困户单登一家过去住在二都达寨，房屋老旧，山高路远。如今，他们一家搬迁到了吾依村定居点的新房，两个孩子上学仅五分钟路程，夫妻二人就近务工一年可收入12000余元。

吾依村32%的贫困户致贫原因为因病因残，48%为缺少劳动力。全村几乎每户都有高原性心脏病、包虫病、结核病等地方病和各类慢性病患者。粗大畸形的手、踝、膝、肘关节，肢体、智力残疾造成的劳动能力丧失，地方病和慢性病的折磨，青壮年劳动力的离世，成为脱贫路上难以逾越的"大山"。对完全或部分丧失劳动能力的贫困群众，必须由社会保障来兜底。每季度县级财政就向吾依村投入近20万元，保障吾依村农村居民最低生活，发放残疾人"两项补贴"。其中，340人享受农村低保，覆盖全部贫困户；21名持证残疾人领取生活补贴和护理补贴。此外，吾依村贫困人口全部参加城乡居民基本医疗保险，并购买了大病补充医疗商业保险，每户签约家庭医生，到乡卫生院、县医院看病自费部分占比低于5%。

2018年底，吾依村脱贫摘帽。2019年，全村剩余3户14人建档立卡贫困人口全部脱贫，并顺利通过省州检查验收，吾依村也被评为壤塘县脱贫攻坚先进村和先进基层党组织。

两年的扶贫经历，大大提升了我融入群众、服务群众、组织群众的能力，提升了我统筹协调内部与外部、主要与次要、全局与局部的能力，提升了我驾驭复杂局面、处理复杂问题的能力。在"地处偏僻思想不保守，条件艰苦工作创一流"的壤塘工作的经历，给了我宝贵的精神养料，促使我不断转变工作作风、提升工作能力。4.5万热情豪迈、干劲十足的各族干部群众，逢山开路、遇水架桥、带走贫苦、留下富裕的奋发精神，教育我要做四海为家的革命者、甘当路石的交通人、以苦为乐的扶贫尖兵，这些经历和精神会使我受益终生。

2021年2月，我被党中央、国务院授予全国脱贫攻坚先进个人称号，并参加了全国脱贫攻坚总结表彰大会。习近平总书记庄严宣布：我国脱贫攻坚战取得了全面胜利！无数人的命运因此而改变，无数人的梦想因此而实现，无数人的幸福因此而成就！能够作为300多万名驻村干部之一投身脱贫攻坚这项伟大的事业，是人生之大幸。我将始终珍惜组织的教育和培养，始终铭记雪域高原不朽的信念和精神，始终感激藏区乡亲们的挚爱和真情，不忘初心，牢记使命，努力做好本职工作，为实现中华民族伟大复兴的中国梦而努力奋斗！

（赵煜民　整理）

当好上马岩村群众扶贫路上的"摆渡人"

张闻

2018年初，五粮液集团承担了对口帮扶国家级深度贫困地区甘孜州理塘县下木拉乡（现木拉镇）上马岩村的任务。集团党委高度重视，决定选派张闻赴理塘县下木拉乡挂职党委副书记、上马岩村驻村工作队员。张闻到岗后，在当地党委政府领导下，带领上马岩村全体村民，苦干巧干，脱贫攻坚工作取得好成绩。张闻先后获四川省2018年脱贫攻坚"五个一"帮扶先进个人、"感动四川"2019年度十大人物、全国脱贫攻坚先进个人等荣誉称号。张闻谈了到甘孜州理塘县下木拉乡上马岩村扶贫工作的点点滴滴。

从"中国酒都"宜宾到"世界高城"理塘，是一条十里不同天、一天有四季的"气候长廊"。近三年来，每次踏上这条近4000米海拔落差、700公里的崎岖道路时，我都需要与大山较劲、同冰雪抗争、和高反作战，甚至与死神擦肩……

去，或不去？舍"小"为"大"担使命

2018 年初，五粮液集团承担了对口帮扶国家级深度贫困地区甘孜州理塘县下木拉乡（现木拉镇）上马岩村的任务。五粮液集团党委高度重视，决定选派我赴理塘县下木拉乡挂职党委副书记、上马岩村驻村工作队员。

去还是不去？妻子、母亲、父亲各执己见——

"理塘山高路远，又是生命禁区，孩子刚一岁，能不能不去？"

"闻儿，我和你爸可就你一个娃儿，我只希望你健康平安。"

"幺儿，作为一名党员要在组织需要你的时候挺身而出，你一定要去，家里一切都不用担心，安心工作！"最终，曾经作为四川省第二批援藏医疗队副大队长兼宜宾首批援藏医疗队队长的姥爷一番话让家人统一了意见，我也听到了一段很少被长辈提到的往事。

1976 年，组织选派姥爷到西藏昌都医疗援助，当时他也是心有顾忌的。一来已结婚并有了我妈和舅舅这一双小儿女；二来藏区的一切对姥爷来说都非常陌生。"当时组织问我有什么要求没有？我只对组织说了一句话：服从组织安排，完成好组织交给我的任务，为宜宾争光，为四川争光！"往事已过去了 40 余年，姥爷说起当初的选择依然是那样的义无反顾，依然是那样的无怨无悔。

其实，作为一名共产党员的我，早已下定了去援藏驻村帮扶的决心。只是亲耳从长辈口中听到这段往事，平淡的叙述到最后坚决的选择，打消了家人的不安与顾虑。也让我更加清晰认识到，从这一刻起，忠诚、信念、责任、担当……这些词语再也不是说说而已的口号，而变成我今后肩上的重任。

援藏帮扶三年，在宜宾和理塘之间往返的次数不算少，起初几次离家赴理塘的时候我都会和家人道别，慢慢的我选择悄然离去，电话和微信却成了我与家人的亲情纽带。

有一次与儿子的微信对话让我久久无法平静，儿子说："爸爸，幼儿园老师说，我是男孩子，要上男厕所，可妈妈总带我去女厕所，她说等你回来了，我就可以和其他小朋友一样去商场的男厕所啦，爸爸，你什么时候回来呀？"儿子简单朴实的话语让我挂断了视频后潸然泪下，这些心酸时刻提醒着我，要努力在扶贫一线做出成绩，今后可以自豪地告诉儿子，爸爸在离开你的那些日子里，虽然遗憾但是无悔，爸爸和你用暂时的分别，换来了更多家庭的幸福生活、团圆相聚。

甚至，希望儿子而立之年的时候，可以领悟到，他的爸爸曾经有幸在一场全人类最大规模提升民生福祉的时代大潮中，适逢其盛，躬身入局。

干，怎么干？缺氧不缺精神

小康不小康，关键看老乡。扶贫工作说一千道一万，最终目的就是让大家心气活起来、脑子动起来、日子火起来、腰包鼓起来。"授人以鱼不如授人以渔"，理塘驻村帮扶的1000多个日夜里，三次自掏腰包让我从一个外乡人融入藏区群众成为一家人，这个过程中，我的扶贫工作思路也逐渐成熟。

2018年6月的一个深夜，甘孜州大面积大雪导致断水断电。初到高原不久，高寒加缺氧，我趴在床头昏昏沉沉，头痛乏力。突然接到贫困户正噶电话："张书记，我女儿翁姆生病了，几天都没咋吃东西，床上一直睡着起不来，说肚子痛得很，我不晓得咋个办，请你帮帮我，卡桌卡桌（祈求感谢）。"挂了电话，我顶着身体不适立马前往正噶家中，并打电话协调了成都三医院援藏医疗队专家。抵达医院后，医生进行了初步检查，告知正噶需交费办理住院治疗。正噶先是摸了摸衣服包，再摸了摸裤子包，然后无助地看着我。看到她的表情，我马上掏出了身上仅带的1000元让孩子赶紧诊断治疗，由于治疗及时，正噶的女儿逐渐恢复了健康。

第二次"自掏腰包"，是在当地产业扶贫项目能否上马的关键时刻。"脱贫要致富,产业发展是根本",五粮液集团组织相关专家赴理塘县开展产业发展调研,通过专家细致勘察论证,上马岩村可依托当地资源禀赋发展香菇产业。但要让村民一致同意转变村民传统的产业种植模式,可不是一件容易的事。

"我们要开超市。"

"直接把钱分给大家发展。"

"把钱拿去放贷!"……

在村民大会上,村支部书记刚提出发展香菇产业,村民们立即站出来反对:"祖祖辈辈都这样了,要想改变哪有那么容易!再说之前搞这搞那的都没分到一分钱,现在又让我们去种香菇,凭什么?"

我细致耐心地告诉他们,五粮液作为国有企业,每一分钱都是国有资产,这钱是用来帮助你们发展产业脱贫奔小康的,是绝不可以拿来分的,分了那就是违法!五粮液最擅长的就是在有限的空间中去实现利益的最大化,最懂的就是如何利用好上天给我们的宝贵资源把它做大做强,最会做的就是讲好品牌故事、把握市场动态把产品做精做细远销国内外。现在我们把最擅长、最懂得、最会做的用到香菇产业上,我相信,大家一起努力,一定能把香菇产业做大做强。

此时有人心动了,有人还在犹豫观望,有人仍然固执己见……面对这样胶着的局面,我深知时不等人。于是我拿出自己准备装修房子的十万元钱垫资产业发展资金缺口,解决了香菇产业发展的燃眉之急,并给村民承诺当年贫困户分红人均不低于 4000 元,给村民吃下定心丸。

在带领大家发展产业的同时,我积极向五粮液集团和理塘县领导汇报,及时拟定产业帮扶措施建议。争取到了公司定向捐赠的 210 万元,筹建了甘孜州首个村集体资产经营管理有限公司——理塘下木拉乡上马岩村集体资产经营管理有限责任公司,并整合资金 1600 余万元修建了集产、销、研、学、旅、环保六位一体的理塘五粮液极地果蔬香菇产业示范基地。通过我的对接和村民们的共同努力,香菇基地所产香菇拿到了理塘县首个国家绿色食品认证标识,基地在五粮液理塘香菇产业基地联合党支部和合作社的管理运营下,已提供就业岗位 80 余个,带动当地农牧民群众务工 1000 人次,其中贫困户 800 人次,发放工资

200 余万元,人均增收 2 万元以上,有效带动 2 乡 7 村 362 户（贫困户 243 户）脱贫增收,带动村集体经济实现收入 1000 余万元,分红 200 余万元。

第三次自掏腰包是在武汉爆发新冠疫情时,疫情在短短不到一个月的时间扩散至全国,因为疫情原因,理塘县要求所有援藏干部暂缓返岗,但我几乎每天都在通过电话和微信从村干部和贫困户口中了解理塘的疫情动态,也给他们宣传防疫知识和相关要求。当得知县上防疫物资告急、村上百姓买不到口罩的消息,我第一时间通过多方渠道花了 6500 元自行采购了口罩、护目镜、医用手套等防疫物资寄往理塘。但面对甘孜州迅猛发展的疫情,个人的力量如杯水车薪,我又向五粮液集团领导汇报县上情况,在公司的支持下仅用了三天时间便发动四川经销商联谊会筹集资金,向理塘县捐款 30 万元、向道孚县捐款 10 万元专项用于抗击新冠疫情,把五粮液人的关怀及时送到藏区农牧民群众的心中。

这三个"自掏腰包"的故事,伴随着我对扶贫工作越来越深刻的认识,对脱贫奔康越来越坚定的信心。我相信今后有一天,村民们不会再为生活所困,为金钱所难,为找不到可信之人所愁。

贫,怎么脱? 扶贫扶志亦扶智

高原缺氧、气候多变、温差巨大、语言不通、生活迥异……和每个援藏驻村干部一样,尽管有了充分的思想准备,但一到理塘,这些"拦路虎"依然让我举步维艰。各种疑惑、误解甚至怀疑、对立等情况变得清晰而具体,老百姓的一言一行,我看在眼里,挂在心里。

扶贫扶志亦扶智。扶贫要想起到成效,这是件授之以鱼不如授之以渔的事情,群众必须了解政策、知晓方法、自发参与,先要解决思想上的贫困,再以点带面让大家从"看"转变为"想干"再转变为"干好"。这其中,最重要的是信任。通过一个月入户走访过后,我学会了一些藏语、唱得了几首藏歌、喝得了几碗青稞酒、吃得下糌粑坨坨肉。

我利用"农牧民夜校""坝坝会"的契机在香菇基地通过"党员现场讲、村民现场听、干部现场问"的方式讲解香菇种植技术和工作要点，引导村民树立自强意识，明白拥有一技之长的重要性，从思想和行动上摒除等靠要的穷病因。

"缺氧不缺精神，艰苦不怕吃苦"，这些只是我在理塘工作的一些缩影，而更多的是"白天走干讲，夜里读写想"，没有固定节假、不分工作日和周末。

为了解决香菇、木耳、土豆等农副产品销路难，藏区人才短板、教育底子薄等诸多问题，我带病坚持工作，县上领导看我病得不轻，让我回宜宾休息，我笑了笑说："在理塘，我就是五粮液的一面旗帜，绝对不能关键时刻拉稀摆带（掉链子）"。医生一再叮嘱我住院治疗不能再奔波劳累，但我坚持上午住院输液、吸氧做雾化，下午和驻村工作队一同查实情、摸数据，及时与理塘县主要领导沟通并向五粮液集团汇报，为帮扶产品"量体裁衣"制作"藏孜源"品牌包装，改变了上马岩村有产品无商品的历史……个个问题得以解决，而我却因为没有按时治疗和好好休息病情加重导致肺水肿不得不转回宜宾入院治疗。

真心换来"黄金屋"，汗水浇开致富花。"共产党噶真切（藏语感谢的意思），五粮液噶真切，张书记噶真切！"曾经反对、质疑的声音，现在变成了一片赞誉声。

在五粮液集团和当地政府的关心支持下，上马岩村的产业变成了甘孜州脱贫致富的样板产业，产品从滞销变成了品牌化远销粤港澳大湾区，老百姓从采挖虫草、松茸的农牧民变为了勤劳实干的产业工人。

兴文两年，理塘三年，五年多的脱贫攻坚工作中酸甜苦辣一言难尽。现在回忆起来，有痛苦，在海拔4200米的严重高反下与呕吐、头痛、呼吸困难相伴的还有长期每天只能入睡两、三个小时的状态；有委屈，初来乍到与藏族同胞们语言不通，扶贫计划遭到农牧民群众不理解甚至反对；有危险，无数次的翻越折多山，穿越318川藏线国道，也曾因为肺部感染引发肺水肿被送回宜宾入院治疗，与死神擦肩而过；有遗憾，别时的儿子牙牙学语，归来已是可以打酱油的年纪，错过了他成长中变化最快的三年……

每次想到这些我都会不知不觉落泪，可我从未后悔。曾经挨冻的孩子们穿上新棉服，贫困户们手捧着分红；村民的信任与日俱增，遇到困难第一个想到的是我，他们将在外打工的家人喊回来说"跟着五粮液、跟着张书记"。当靠天吃饭的农牧民买了自家的皮卡车，遇到我即使只有一条街的距离都要载我一程……

我只想说一个字——值！

2021年2月25日，全国脱贫攻坚总结表彰大会在北京人民大会堂隆重举行。我以全国脱贫攻坚先进个人身份受邀走进了人民大会堂，站在了国家的领奖台上，受到习近平总书记等党和国家领导人的接见。这份沉甸甸的荣誉告诉我，作为"80后"的我们是国家的青春力量，是应该扛责任、讲担当、有作为的一股主流。在新长征路上，我将把这份责任感延续，砥砺再出发，让脱贫攻坚精神不断放射出新的时代光芒，让青春激荡在祖国需要的地方。

（文荣强　整理）

在凉山"彝路同行"

田睿明

  大凉山是中国西部大雪山的支脉,在四川西南凉山彝族自治州内,是我国最大的彝族聚居区,属全国"三区三州"深度贫困地区,是全国脱贫攻坚的主战场。2013 年脱贫攻坚工作开始时,3745 个行政村中,建档立卡贫困村达 2072 个,占全省近五分之一,全州 446 万人中,贫困人口多达 88.1 万人,贫困发生率 19.8%。凉山还面临禁毒防艾、控辍保学、计划生育、自发搬迁、移风易俗等诸多特殊问题,属于综合的、原始的、深度的贫困。2020 年,全国剩余 52 个未摘帽贫困县,有 7 个在凉山,最贫困的 10 个县,有 6 个在凉山。2018 年 6 月,中共四川省委深入贯彻习近平总书记来川视察重要指示精神,作出了举全省之力向凉山选派综合帮扶工作队的决定,四川省委组织部选派田睿明任凉山州委组织部副部长、州综合帮扶办主任。2021 年 2 月田睿明获得全国脱贫攻坚先进个人。他讲述了在大凉山的故事。

  "善为国者,遇民如父母之爱子,兄之爱弟,闻其饥寒为之哀,见其劳苦为之悲。"摆脱贫困从来不是一个地方、一个单位、一个人的事。2018 年 6 月,我被省委组织部选派任凉山州委组织部副部长、州综合帮扶办主任,开始踏上大凉山的扶贫之路。

家中先后亮起的三盏红灯

希望是意料之中，但现实却往往在意料之外。

"你就是想当官嘛"，首先面对的就是家人的不理解。我到凉山时，小孩只有五岁，还在上幼儿园。当我和家人坦白要去凉山挂职扶贫三年时，家人首先的反应是，能不能不去？即使去能不能只干一年？或者最多两年。当听说必须一去三年，岳父从不理解直接变成了愤怒，"你就不能和单位领导说说家里的情况，你们单位就非你不可，你就是想当官嘛！"

"把你儿子带到凉山去上学"。2019年，小孩开始上小学一年级，主要靠外公外婆接送照看，老人的溺爱让孩子变得越来越调皮，学习成绩也一路走低，终于在一次数学测试时，毫无悬念地得了全班倒数第一。数学老师、英语老师不断打来"投诉电话"，告诉我孩子的学习习惯不好，家长要加强习惯养成。我爱人的情绪也变得难以抑制，"家里都管不了你儿了，赶快把你儿子带到凉山去上学"。

"把手术安排在清明节前吧"。2020年春节还没收假，由于需要组织队员有序返岗参与疫情防控，我提前返岗回到凉山。刚到凉山没几天就接到了家里的电话，岳母的肺部检查出了"毛玻璃结节"，并进一步确诊为肺癌。岳父先前先后做过三次心脏手术，同时照顾两个病人，家里确实有些难以招架，我爱人平时工作也脱不开身，反复商量只有最近的清明节假期，我们两个人才能同时抽出时间，万般无奈之下，只能选了一个最不吉利的时间——在清明节的前一天做手术……

在大凉山，我只是千万名帮扶队员中的沧海一粟，我面对的场景也在许多家庭上演。2020年脱贫摘帽冲刺阶段，一名综合帮扶队长和我谈到，有个队员向他请十天假，"在决战收官之际，干嘛还要请这么长的假？"队员告诉他事由时，他沉默了，"请假也是没办法，家属让回去办离婚手续，没个一周，手续办不完"。因为前线战事吃紧，队员们十天半月洗不了澡，进不了城，几个月回不了家都是家常便饭，很多同志成了父母眼中"不孝顺的子女"，爱人心中"不合格的伴侣"，孩子口中"不称职的家长"。

时有所需，我必有为；国有所需，我必前行。我们的生命有许多追求，"获得"是一种，"付出"也是一种，我们所做的正是"人不独亲其亲，不独子其子，使老有所终，壮有所用，幼有所长，鳏寡孤独废疾者，皆有所养"。当我们为国家的繁荣昌盛而欢欣鼓舞的时候，还有一群生活在大众视线的人，他们还在贫困线上苦苦挣扎，但仅仅依靠他们的双手，很难从困境中挣脱出来。离开熟悉的环境，离开温馨的家庭，从平原到大山，从机关到基层，变的是环境和任务，不变的是初心和使命，我们或多或少都有愧家人，但无愧于事业、无愧于时代，无愧于共产党员、无愧于党的扶贫干部这个称号。

用汗水和热血书写的胜利

2020年5月8日晚，夜幕下的越西县阿支吾村异常安静。

一抹微弱的亮点自山上向山下移动，这是摩托车发出的灯光，村党支部书记吉合拉铁搭乘着内江市东兴区公安局援凉干部毕小双正在赶路。

在这之前，他们刚刚排查完村里的安全饮水。此时，他们正准备赶往镇上开会。然而，一场猝不及防的意外，险些夺走他们的生命……在坡陡弯急的山路上，他们驾驶的摩托车冲出公路摔进了山谷乱石滩中，他们都伤得很重，全身多处骨折，毕小双同志受伤后完全失去意识。吉合拉铁用力地拍打着他的脸，生怕毕小双再也醒不来……毕小双苏醒后，吉合拉铁忍着剧烈的伤疼，踉跄着向距离事故现场最近的一户村民家求助。毕小双的帮扶对象吉合木果闻讯后也在第一时间赶到现场。见到满脸是血的毕小双，吉合木果背上他就往山下跑。

凌晨两点半，我接到越西综合帮扶队长打来的求助电话，"县医院初步诊断，两人多处骨折，且都有颅内出血，县医院不具备抢救条件"。到成都至少要七八个小时，到州第一人民医院大约两三个小时，时间就是生命。经过简单沟通，我和在州卫健委挂职的干部唐雪峰立即赶赴医院，协调开辟抢救绿色通道。4:50终于接到了越西的急救车。

在抢救的间隙，从驻村队员口中了解到，毕小双同志有过15年军旅生涯，部队转业从警11年，得知内江将选派干部赴凉山开展对口帮扶时，他主动请战向组织提交申请。年初开展贫困再排查工作时，他对全村大多数的贫困户进行了一次全面摸底。那段时间，微信步数每天都在三万步以上，常霸占朋友圈排名。

同为驻村工作队员的凉山籍帮扶干部沙马铁曲木常给毕小双当翻译，"他是真正将阿支吾村当成了自己的第二故乡，学会了很多彝族语言，并与村民同住同劳动，皮肤变得更加黝黑，已然成为了一个彝家汉子！对口帮扶的八户贫困户，已全部达到脱贫标准，只等验收通过。"让我们感动的还有，吉合拉铁刚进ICU不久，他的妻子就跑过来看望毕小双，心中满是歉意和敬意，"你千里迢迢过来帮助我们，还让你遭了这么大的罪"。

特殊的时期，我们的队员往往需要比平时付出更多；特殊的战场，我们的队员往往需要比其他地方付出更多。三年前，综合帮扶队员接过战旗，走向自己驻守的战场，而对于有的帮扶干部来说，那里就是生命的终点。他们的生命就像灿烂的流星，虽然短暂，却光耀照人。三年来，先后有15名帮扶干部在凉山脱贫一线献出宝贵的生命；168名帮扶干部因公负伤入院，在没有硝烟的战场，多少人以生命赴使命，用热血铸忠魂，哪有什么岁月静好，只不过有人在负重前行……

"舅舅"是最高的荣誉

大厦之成，非一木之材也；大海之阔，非一流之归也。

在队伍中，从来到大凉山的第一天，我们就强调，"无论来自何方，都只有一个使命——打赢脱贫攻坚战；无论职务高低都只有一个身份——扶贫干部。到了凉山就只有我们，没有你们和他们。"

只要把共识的圆心守住，优势互补的多样性半径越长，画出的同心圆就会越大。两年多来，我们既注重扶贫济困，也突出扶优做强，既注重事，更注重人，广大帮扶干部用汗水打开脱贫之门，用智慧铺就致富之路，一肩挑起攻坚克难的重担，一肩挑起贫困群众致富的希望，真正使综合帮扶成为脱贫攻坚的护航工程，乡村振兴的奠基工程。

我曾接触过一位身份特殊的帮扶干部——王小兵，彝族名阿苏伍格，是国网供电公司派驻喜德县光明镇阿吼村第一书记。这个热血男儿，在讲述扶贫心路历程时，流下了幸福的热泪。

他帮扶的贫困户吉觉阿牛木，丈夫五年前去世，独自拉扯三个孩子艰难度日，大儿子因拿不出生活费面临失学。得知情况后，王小兵自掏腰包送去 2000 元，供孩子上学。为有效解决贫困户的困难问题，他将阿牛木作为重点帮扶对象，安排她在产业基地务工，帮她争取公益性岗位，还经常去了解孩子们的学习生活状况。家里的小女儿阿支莫每次见到他，远远的就喊"舅舅！舅舅！"在彝族亲缘关系中，以"舅舅"为大，被一个没有血缘关系的小女孩叫"舅舅"，是多么的亲热和敬重！

几年来，王小兵带领群众种植川贝母、百合、青刺果等中药材，发展壮大产业。2018 年底，阿吼村合作社销售盈利 30 余万元，贫困户人均年收入由 2016 年的 1500 元增长到 2018 年的 7180 元。2019 年初，阿吼村合作社实现第一次分红，贫困户人均分到 1450 元，非贫困户人均分到 860 元，中央电视台"决胜贫困"栏目对此进行了直播报道。

广大综合帮扶队员充分发挥专业优势和资源优势，以多元投入、多方链接、多要素发力、多业态打造方式，助力全州建设 7 个省级、87 个州级、113 个县级现代农业产业园区，喜德县"邡达"产业园、布拖县"布江蜀丰"产业园、昭觉县"涪昭"产业基地等一大批规模化扶贫产业园区建成投产，31.28 万名贫困群众依靠发展产业脱贫致富。

时代造就英雄，伟大来自平凡。每一个平凡的奋斗者，都是卓越的追梦人，平凡因奉献而伟大，平凡因坚守而崇高，毕小双、王小兵这样的故事每天都在凉山上演。三年来，5700 余名帮扶干部，爬最高的山，走最险的路，去最偏远的村寨，住最穷的人家……在脱贫攻坚工作中，广大帮扶干部同贫困群众想在一起、过在一起、干在一起，将最美的年华无私奉献给了脱贫事业，大家用一天接一天的苦干实干，一年又一年的接续奋斗，换来了新时代的山乡巨变，赢得了贫困群众"瓦吉瓦""卡沙沙"的由衷赞叹……

（凉山州综合帮扶办公室　整理）

金牛巾帼倾情帮扶石渠扎溪卡大草原

袁莉

2018 年 7 月，成都市金牛区中医医院袁莉开始在甘孜州石渠县开展对口支援工作，挂职任石渠县人民医院副院长兼任石渠县卫健局局长助理。她协助做好第五批对口支援工作队临时党支部活动安排，组织队员加强理论学习、提高政治站位，将金牛对口支援这面旗帜高高树立在石渠这片茫茫雪域。助力石渠基本医疗提升，落实帮扶资金 120 万元建成"流动医院"，实现金石远程会诊；以党建引领健康扶贫，整合援藏医疗资源组建联合义诊医疗队，募集 20 余万元药品下乡义诊 10 余次，惠及贫困群众 2.8 万余人；完善"传帮带"工程管理；引进"天使的心跳"先天性心脏病救助项目；主动参与金石疫情防控。2021 年被党中央、国务院授予全国脱贫攻坚先进个人荣誉称号。

挑战——在新岗位上磨炼

我是来自成都市金牛区中医医院的袁莉，2018 年 7 月主动报名对口支援甘孜州石渠县，挂任石渠县人民医院副院长，兼任石渠县卫健局局长助理，并担任第五批对口支援工作队临时党支部委员。从"一亩三分地"的医院病房到"生命禁区"的石渠县，我在脱贫攻坚战役中淬炼人生，始终保持积极进取、坚定乐观的心态，不忘医者初心，牢记健康使命，充分发挥专业特长，努力践行医疗援助工作要求，助力石渠打赢健康扶贫攻坚战，用心用情助力石渠如期脱贫摘帽。

提起石渠，大体了解一点的人都会止不住的摇头，在老石渠人的记忆里，县城就只有一条土路，路两边是一些土房子，县城口用墨汁在木板写了"石渠"两字。石渠全县平均海拔超过 4500 米，被称为不适合人类生存的"生命禁区"。如果不是这场脱贫攻坚战，我怎么都想不到，自己会从一名专业技术人员转身成为一名基层管理干部来到石渠。

2018 年 6 月，我们区对口帮扶石渠县工作队需要进行第五批轮换，得知消息后我就主动报了名，其实那段时间我心里也很忐忑，不知道自己到了石渠能不能扛住高原反应？会不会染上包虫病？ 4000 多米的雪域高原会不会给身体造成不可逆的损害？自己又能做些什么？未启程前，等待我的是恐惧、未知和茫然。

我虽然年岁不小了，但是还从来没有离开过家这么远、这么久。2018 年 7 月，从我踏出家门的一刻开始，古稀的父母就将不舍和担忧埋藏在心里，给予我默默的支持，我在远方的牵挂，是这两年多来一刻未曾放下的羁绊与思念。之前从没有到过高原的我，到石渠的第一天，就感觉脚像踩在棉花上。在石渠没有明显的一年四季，有的只是"冬季"和"大约在冬季"，到现在，我已经连着过了三个冬天。有着"生命禁区"之称的石渠，含氧量不到成都的一半。从宿舍到单位一公里多点的路程，我走过去要花半个小时，总是队上走路最慢的一个，队友们都笑我是属蜗牛的。我的办公室在二楼，每天到办公室后都要瘫在椅子上缓十来分钟才行。

作为一名专业护理人员，到石渠后我的工作地点不是在医院，而是到了县卫健局，协助分管对口支援相关工作。这让从没有接触过行政工作、没有处理过公文的我有点发怵，对于我来说这完全是新的环境、新的工作、新的挑战。但是我始终相信事在人为，没有谁生来就什么都会，不会就学、不懂就问，我心里是这样想的，现实中也是这样做的。

我决定从头开始，真诚地向身边同事请教，逐渐对手头的工作有了了解。虽然我们是到石渠进行帮扶工作，但是我却觉得这两年来我也实实在在地学到很多以前不懂不会的东西，也实实在在的在基层一线得到了锻炼，不仅仅是身体意志方面，就是个人的眼界和认知也拓宽了不少，这些也是我两年多来不小的收获。

和之前在原单位相对稳定的工作岗位不同，挂职单位没有给我们安排太多的工作任务。我可以相对自由地安排工作进度，但我是一个闲不住的人，只要是有意义的事情都会顺手做一些。既然来过，就要做些事情，留下些什么，让自己的回忆不那么空白，也让自己不要有遗憾。现在回过头看看，这两年多的日子还是挺充实，自己也有点小小的成就感。

干劲——打通就医"最后一公里"

2018 年到石渠适应环境以后，通过参加下乡指导、走访调研，我发现来自成都的华西医院、成都市第一人民医院、成都大学附属医院、金牛区各对口支援医院等单位的同行们，都在石渠进行帮扶工作，但大家相互之间却很少联系。我就想，如果能把大家组织起来，一起做一些实在的事，生活上互相关心，或许作用会更大，大家也会有家的感觉。因此，2019 年我以对口支援工作队临时党支部为依托，积极联系推进各支援医院驻石渠的队员成立临时党支部，通过支部结对共建把大家凝聚起来，组建了"对口支援联合义诊医疗队"。我们这个义诊医疗队相当受欢迎！2019 年 4 月，第一次联合义诊活动预定早上九点半在洛须镇卫生院开展，当我们到达卫生院的时候，当地乡镇干部及卫生院的同志们已经提前摆好了桌椅、布置好了场地，100 多名老百姓已经在排队等候。每次下乡义诊，我们都准备好感冒、风湿、胃肠道、妇科、止痛等方面的免费药品。通过义诊活动，就能解决老百姓的一些痛苦，对疑难杂症我们则及时建议患者尽快就医。通过义诊宣传，可以有效地影响农牧民群众对疾病及药物的认识，以及对疾病规范治疗的重要性。义诊免费发放药品的需求量很大，在金牛区卫健局和一些爱心基金、商家的大力帮助下，两年多的时间里，我们筹集到20多万元的药品用于义诊活动，实打实地将药品送到农牧民手中，惠及2.8万余人，打通了雪域高原就医的"最后一公里"。两年多来，我带着医疗队到过石渠最偏远的乡村，进过最矮小的帐篷，全县20余个乡镇都留下了我们的脚印，让金牛医疗支援的旗帜在白雪皑皑的高原高高飘扬是我们最高兴的事。

坚定——把百姓的需要放在第一位

两年多的健康扶贫时间，我没有一刻放松过自己，从"一亩三分地"的病房到宽广辽阔的高原，从未知到明朗，经历了短暂迷茫后的我，很快找到实现自我价值更新更宽广的发展方向，那就是切实解决百姓的健康需要，当你把越来越多的百姓装在心里，你的行动也就有了更明确的方向。

石渠是四川出了名的"高、大、边、远、穷"县。为了让雪域高原上的百姓不受交通阻碍，享受到更好的医疗卫生资源，2019年，为了推动援建项目的落地落实，我协调金牛、石渠两地卫健局落实120万元资金建成"流动医院"多功能诊疗车，并配备远程诊疗系统实现全县基本医疗全覆盖，把两地医院及石渠县23个乡镇卫生院联系起来，极大方便了基层农牧民群众和医务人员，全县干部群众足不出县就能享受到金石两地的优质医疗资源。

同时，我还亲自细化落实对口支援"传帮带"工程，促成金石两地8对医疗机构结对帮扶，57对"师徒"传技术、帮业务、带人才。填补了石渠县急诊、B超、针灸、康复、新生儿足跟血采集等空白诊疗技术六项，并为各医疗机构和贫困农牧民争取到80余万元的医疗设备和物资，为石渠打造了一支"带不走"的医疗队。

信念——铺砌雪域高原健康路

随着对口帮扶工作的继续，对基层工作越来越了解，我充分认识到，避免因病致贫、因病返贫是健康扶贫工作中与农牧民群众切身相关的一件大事，也是巩固脱贫攻坚成果，接续乡村振兴的一个重要任务。

石渠海拔4000多米，全年平均温度在零下一两度，那里患有先天性心脏病的儿童比较多，但心脏手术治疗的开支更是压在贫困家庭身上的一块沉重石头。2020年，由金牛区卫健局牵线搭桥，我具体协调引入的深圳首彩基金会"天使的心跳"先天性心脏病儿童救助项目进驻石渠。在基金会的帮助下，石渠县当地儿童不仅可以享受医疗救治费用的报销，还可以到成都、深圳等医疗条件好的大城市就医。截至目前，我们已经完成了六个孩子的治疗，将来这个项目也要一直做下去，我和基金会也会一直努力，帮到更多需要救治的家庭和儿童。看着恢复健康的孩子让原本愁云笼罩的家庭看到希望，我也好像听到了来自雪域高原带着生命活力与青春希望的心跳，也为自己能做点实实在在的事情感到欣慰。看着今天石渠的繁荣与巨变，农牧民群众的健康生活有了保障，我也由衷地感到骄傲！虽然雪域高原的风呼啸依旧，但一条通往健康的新路却在我们的努力下日渐清晰。

担当——用行动践行入党誓言

2020年初，在石渠奋战十个月返回成都调休的我，在大年三十晚上，看到医院微信群里说"需要人手值守发热门诊、进出城入口防控""取消休假，全员到岗，并立即召集在成都的医护人员投入防控一线"……作为对口支援干部，本不在取消休假之列的我，一秒钟都没有犹豫，立即回复说："报名，我在成都。"就这样，正月初二，12月底刚从扶贫一线返回成都休整的我，因为百姓的需要，又站在了抗击疫情的一线。

我和同事们负责成都绕城高速北星大道两个出口的防控检测，24小时三班倒，排查过往车辆人员的身体状况。我主要负责下午4—12点的班，每天下午3点多到岗，次日零点后回家。那时的成都，天气寒冷潮湿，但我仍然坚守岗位，守护人民健康。在医院人手不足时主动参与医院预检发热分诊登记，主动报名参加成都市医疗备用小组……疫情控制后，我没有停歇，又回到石渠，迎接脱贫攻坚战的最后攻坚时刻。2020年，石渠县顺利完成脱贫攻坚验收工作，完成了打赢脱贫攻坚战的任务。

2021年2月25日，当我在人民大会堂参加全国脱贫攻坚总结表彰大会时，《义勇军进行曲》唱响的那一刻，我不禁热泪盈眶。我为自己能够参与到脱贫攻坚这项举世瞩目的伟业感到无比荣幸，没有什么能比亲身参与更加重要更有存在感。对口支援石渠可能是我这辈子最值得珍惜和留念的美好记忆，也注定将成为我生命中无怨无悔的一段经历。每当走过那条金牛长街、时不时在耳畔响起的《金石一家亲》这首歌，以及每次路过县城边那座金光闪耀的金牦牛，都让我由衷地感到自豪。两年多来，我们用脚步丈量石渠的乡镇，用双手改变石渠的面貌，用汗水铸就属于脱贫攻坚的辉煌。回首过去的点点滴滴，我和队友们一起坚持初心，牢记使命。如果说最初的选择是对我党性的一次考验，那这两年多的时间就是对我党性的锤炼，是对我医者初心的淬炼。

征途漫漫，惟有奋斗，我将继续发扬"上下同心、尽锐出战、精准务实、开拓创新、攻坚克难、不负人民"的脱贫攻坚精神，坚定信心决心，以永不懈怠的精神状态、脚踏实地的真抓实干，坚守初心再出发，把群众的健康需求放在第一位，全心全意为人民健康服务！

（孙槐胜　整理）

做稻城脱贫攻坚平凡岗位的坚守者

李丹

甘孜州稻城县是高原藏区国家连片特困地区县、"三区三州"深度贫困县，全县识别建档立卡贫困户1268户5614人、贫困村55个。稻城县脱贫攻坚办全力扮演好脱贫攻坚"参谋手""排头兵""督战队"角色，勇参谋、敢排头、善督战，攻坚克难，敢打硬仗，善打胜仗。2019年4月，稻城县以贫困"发生率、错退率、漏评率"均为零、群众认可度99.79%的成绩实现高质量摘帽。李丹作为脱贫攻坚办的"元老级"人物以自己的实际行动，在平凡的岗位上践行了共产党员的初心使命，她先后荣获甘孜州五一劳动奖章、甘孜州劳动模范、四川省一线优秀扶贫干部、全国脱贫攻坚先进个人等荣誉称号。

问： 请您谈一谈六年脱贫攻坚之路所做的主要工作。

李丹： 要说我六年的脱贫攻坚之路，第一反应就是"加班"，我是个坐办公室的"扶贫人"，主要就是负责统筹协调、政策业务指导等事务性工作，每天忙忙碌碌很充实，但要说在忙什么好像说不出个具体的，要总结也总结不出来什么先进典型、优秀事迹。我就借用县领导对我的评价概括——"从头到尾、尽心尽力、专业专注"。

说到从头到尾，就得从2014年6月建档立卡说起。2014年6月，那时我在傍河乡工作，介入扶贫工作也恰是从"精准扶贫"开始。因"精准扶贫"是种新思想，需要新的工作模式，没有什么经验可以借鉴，我就自己先研究学习、摸索，再"现教现带"包村干部，对象识别、信息采集、帮扶、档案等都由我自己牵头，花的精力比其他工作要多得多。2015年10月县脱贫攻坚办成立伊始，组织抽调我到县脱贫攻坚办负责全县精准扶贫档案管理，12月转岗负责全县政策业务，从此开启了"新世界的大门"，干了不少从没听说过的事，建档立卡、扶贫统计监测、考核评估、脱贫攻坚普查、扶贫资金监管、扶贫项目库完善、光伏扶贫、社会扶贫、统筹协调……从头到尾没有落下脱贫攻坚任何一个环节。六年多来，我从档案管理员到一般业务人员、业务骨干、政策业务组组长再到扶贫开发局副局长、脱贫攻坚办公室副主任，自始至终都坚守在脱贫攻坚一线。

说到尽心尽力，我认为所有扶贫人都是尽心尽力的。所有扶贫人都将脱贫攻坚作为最大的政治责任、最大的民生工程、最大的发展机遇放在心上、扛在肩上、抓在手上，"白加黑、五加二、绝对服从"就是对所有扶贫人尽心尽力最好的诠释。在这里我就说几件印象深刻的加班故事。

第一次加班。2015年12月18日，在脱贫攻坚办的第一次加班，已不记得加班始于什么时候，只记得第二天凌晨6点半才把精准识别"回头看"统计表报送到州脱贫攻坚办审核通过，早上8点40分接着参加县委扩大会议。第一次加班，分管领导给我的评价是"没想到你个子虽然小，但能量还是大的，很好，干工作就是要有这样的激情，继续保持这种状态好好干、加油干"。第一次加班，使我深刻认识到"扶贫对象要精准"的重要性，它是精准扶贫的关键一环，是精准扶贫取得良好成效的前提，只有这一步做对了，后面的帮扶措施才能跟上。这次加班也使我清醒地认识到"绣花功夫才能出细活"，精准扶贫没有什么"大概""差不多"，干精准扶贫工作必须戒骄戒躁、"细心、细致、细腻"。

最长加班。我于2016年2月16日也就是大年初九从康定回稻城，次日开始四川省"六有"大数据平台信息录入工作，2月23日起甘孜州脱贫攻坚办每天通报 18 个县信息录入进度，为了加快进度，我们每天都疯狂加班。在保证信息录入进度的同时还要保证信息的"精准"，工作任务重、工作要求高，记得 2 月底我还带着乡镇干部集中审核修改数据，等通过省脱贫攻坚办验收时已经到了 3 月 29 日，才发现已经连续加班 40 多天。这次加班让我认识到要想把脱贫攻坚干好，就得要有吃得苦中苦的精神和坚韧不拔的意志。这次加班收获颇丰，作为县攻坚办业务指导的我赢得了乡镇干部的认可，大家开始亲切的叫我"丹姐"。

固定加班。数据质量清洗是每年固定加班开展的重要业务工作。数据质量是脱贫攻坚工作最真实的反映，也是脱贫攻坚成果有力的佐证，这几年我组织乡镇集中清洗数据 20 余次，每次都会加班六七天。第一次到成都清洗数据是 2016 年 12 月 12 日，清洗起来相当吃力，工作进展特别缓慢，为了能按时完成任务，昏天黑地的在酒店加七天班，12 月 18 日我县问题数据在州内率先清零。2017 年 12 月清洗数据时，我发现工作进度缓慢且质量不高的原因是不会函数，审核数据就只能是用笨的方法、靠人工审核。我就请朋友教会我 14 个简单函数，在自己的笔记本上记好公式例子，生搬硬套的天天实操，慢慢提高了数据清洗的速度和质量。2019 年新增"两年人均纯收入一致和两年在校生状况一致"两个项目，我通过函数快速审核出我县问题数据，并帮助甘孜州另外 11 个县审核出问题数据。这几年数据清洗规则在不断完善，从 2016 年的 101 条到现在的 200 多条，我也在数据清洗工作中不断成长，真有活到老学到老的真实感，对"数据"有了更新更深的认识，政策理解能力和业务水平也得到提高，逻辑思维更加清晰了，看事情想问题更长远了，统筹协调能力和沟通交流水平也有所提高。

最危险的加班。2018 年 9 月 4 日起，我带队开展全县"乡、村、户"三级档案全覆盖指导工作，连续加班十多天。9 月 8 日准备前往东义三乡指导，从香格里拉镇俄初山下山后不久就遇到泥石流，公路被阻断，无法再前往东义三乡，我们决定返回县城，结果回程的路段山体也正在滑坡，泥石流、松树等不停的从山上往公路上掉。前路被堵后路也被堵，是冲过去还是等救援？关键时刻，司机师傅当机立断，猛踩油门一轰冲过了危险路段，同事用手机记录下了这惊险的一幕，视频里"石头来了、石头来了"的尖叫声是我发出的。后来同事把视频上传到社交媒体，评论里那些不明就里的恶意评论让人心酸，其实谁愿意拿自己的生命开玩笑？当习近平总书记在全国脱贫攻坚总结表彰大会上讲"扶贫干部舍小家为大家，把心血和汗水洒遍千山万水、千家万户。他们爬过最高的山，走过最险的路，住过最穷的人家，哪里有需要，他们就战斗在哪里"的时候我笑了，心里也释怀了。

说到专业专注，有点汗颜，其实我充其量就是个"土专家"。县领导经常强调"你是全县脱贫攻坚政策业务的指挥棒，你要多学多看多思考，你要吃透政策、弄懂业务，如果你都没学懂弄通，你怎么去指导部门和乡镇开展工作？""你是脱贫攻坚政策业务的总开关，数据也好材料也好你一定要把关好、要审核好，你这儿就是个总开关，你一错就错一片"。想当好指挥棒、总开关，就得要有专业水平，要想有专业的水平，就得勤学习、苦钻研。2015 年底，为了尽快上手各项工作，我随身携带袖珍笔记本，笔记本上记录着我县贫困村、贫困户、22 个专项、帮扶情况等基本信息。2016 年 2 月，出差在外，恰巧上级要求报送数据，我查阅笔记后直接电话报送，事实证明"随身小抄"此法可行。从此，涉及脱贫攻坚重要政策业务的内容我就全记在笔记本上并随身携带，不管走到哪里，只要有空就拿出来认真研读、理解，通过这种学习方法，慢慢地提高自己的业务水平，到 2016 年底对于脱贫攻坚政策业务，我基本能独当一面，成为领导、同事、战友口中的"专业人士"，几年下来"随身小抄"已密密麻麻记录了三本。几年来，我累计开展扶贫业务知识培训 60 余场次，培训扶贫干部 8000 余人次，先后制作脱贫攻坚工作指导手册七版，组织乡镇开展精准识别回头看五次，组织乡镇采集国扶系统和省大数据平台贫困对象信息数据，形成县乡村三级档案 2000 余册。

我认为要想把工作干好，就得善于开拓创新、锐意进取。2016 年底我谋划的"一卡一袋一体系"工作法在凤凰网等多家官网发布，2018 年的"五员、四心"群众工作法在全县推广。2019 年我负责的扶贫领域工程项目清理"3 个 3"工作法在全省落实"两不愁三保障"回头看大排查成果运用电视电话会议上作唯一交流发言；围绕稻城县旅游扶贫、光伏扶贫等带贫减贫机制建设的好做法，我总结提炼的《"旅游＋"扶贫模式》《"光伏＋"234带贫减贫机制》典型做法，在国家层面的脱贫会议上作书面交流。我结合县脱贫攻坚工作实际，先后牵头起草《稻城县"22+6+2"脱贫摘帽方案》《稻城县三年集中攻坚两年巩固提升实施方案》《稻城县巩固脱贫成果防止致贫返贫的实施意见》等十余个工作方案，得到领导同事的高度认可；在深入调研基础上，我撰写的《关于做好建卡户数据质量把控的对策与建议》和《建立解决相对贫困长效机制的工作报告》，为县脱贫攻坚工作深入推进提供了有力参考。

2019年4月29日，省人民政府公布稻城县退出贫困县，这条重磅喜讯刷爆了我的朋友圈，这条消息让我激动万分、喜极而泣，"功成不必在我、功成必定有我"这句简单亦厚重的话在我的大脑里"单曲循环"。

问：您在工作中面临的困难有哪些？是什么让你一直坚持到现在？

李丹：有人说"上面千条线，下面一根针"，脱贫攻坚办既是"千条线"中的一条，我也认为脱贫攻坚办在脱贫攻坚工作中是"一根针穿起千条线"的那根针，脱贫攻坚工作的大事小事，千丝万缕，都得从这个"针眼"穿过。在脱贫攻坚办工作，我觉得工作多不是困难，天天加班不是困难，常年在岗无休也不是困难，工作中面临的最大、最多困难就是统筹协调。作为一直坐办公室搞统筹协调、政策业务指导的扶贫人，在有些基层干部眼里就是不接地气的人，就不配"指手画脚"，就不配"指点江山"。

果戈里有句名言"不要灰心、不要绝望，对一切都要乐观，需要有决心，这是最要紧的，有了决心一切困难的事都会变得容易"。纳斯雷丹·霍查曾经说"按照自己的意志去做，不要听那些闲言碎语，你就一定会成功"。这两句话对我坚守脱贫攻坚岗位起了很大的作用，每当遇到困难的时候，我就会用这两句话来鼓励自己不要放弃。我认为"在其位就要谋其政"，我不能选择工作职位，但是我可以选择工作态度。脱贫攻坚这场没有硝烟的战争使我从一名普通干部成长为一名政治坚定、作风扎实、敢打敢拼、能打能拼的扶贫人，又怎会轻言放弃？现在稻城很多人叫我"丹姐"，包括不少年长者，最初我不理解为什么他们也要叫我"丹姐"。后来才明白"丹姐"已经不是一个简单的称呼，而成为别人对我人格的认可。

问： 在巩固脱贫攻坚成果与乡村振兴有效衔接上还有哪些工作要做？

李丹： 我国脱贫攻坚战取得了全面胜利，我们打了漂亮的脱贫攻坚战。但是我清醒地认识到，还有大量的后续工作要做，有扶贫资产清理、扶贫项目库完善、扶贫档案整理等扫尾工作，也有返贫致贫监测及帮扶、巩固"两不愁三保障"成果、易地扶贫搬迁后续持续、稳岗就业、产业发展壮大、公共服务水平提升、消费扶贫、公益岗位、政策兜底等脱贫攻坚与乡村振兴的有效衔接的基础工作。我会一如既往继续努力，把实干的步子迈得更坚实，在乡村振兴的新征程中再接再厉、接续奋斗。

（黄鑫　整理）

心系贫困户　誓让青山展新颜

李美文

2017年4月，达州市政府办公室干部李美文被派驻达州万源市大沙镇青山村任第一书记。面对山村的贫穷落后现状，他深入调查研究，制定帮扶措施，抓基础建设、抓产业发展，融入群众中，做群众贴心人，让青山村在2017年底顺利脱贫。2018年，兼任大沙镇党委副书记，转任桂花村驻村工作队队员，同时分管桥湾村工作。他将全部身心投入扶贫工作，夯基础设施，因地因人制定脱贫计划，发展产业项目，让山村面貌发生巨变。2021年2月，被党中央、国务院授予全国脱贫攻坚先进个人光荣称号。

2016年初，我在达州市人民政府办公室人事科工作，随市领导到万源市大沙镇青山村了解扶贫工作。最大的感受就是那里太偏僻边远，起伏不平的乡村公路坑坑洼洼，贫困户的住房歪歪倒倒、破烂不堪。我家也在达川区农村，虽然那里并不富裕，但比青山村要强得多，这里确实贫困，需要帮扶。我想，作为一名青年党员，有责任帮扶贫困山区农民脱贫。2017年4月，达州市政府办公室派我到大沙镇青山村任第一书记。尽管我刚结婚，这里离家100多公里，但我想到山区农民的贫困现状，帮助贫困群众脱贫义不容辞，家属也支持我前去扶贫。在莺飞草长，万类竞绿的季节，我来到青山村，决心尽心竭力，为青山村的脱贫贡献自己的一份力量。2017年底，青山村退出贫困村后，2018年我兼任大沙镇党委副书记，转任桂花村驻村工作队队员，同时，负责非贫困村桥湾村的工作。五年来，我时刻把群众冷暖疾苦记心头，不怕苦和累，用行动为群众办好事、办实事，实现387人脱贫，两村摘掉贫困帽。

抓基础建设　山村一片新面貌

俗话说："知己知彼，百战不殆。"为了青山村早日脱贫，我决定先摸清青山村的情况。白天，我挨家挨户调查了解；晚上，我将了解的情况逐一分类梳理。每天晚上躺在床上只要一闭上眼睛，又烂又窄的道路，破烂不堪的房屋，缸中混浊的饮用水，留在边远山村的老弱病残，全都在我脑海不停浮现。我从调查中了解到，制约青山村经济社会发展的是基础设施落后，要让贫困农民脱贫，夯实基础设施十分重要。

交通不畅，农特产品外运困难，生产资料难以运进山村，严重制约着村子经济的发展。我把改善山区道路作为首抓的工作。通过协调对接交通等部门先后筹资1000多万元，将需硬化的公路明确标准质量，分项目、分组进行实施。我负责公路的进度和质量，解决筑路中的一些纠纷。我和筑路工人一起，在工地上吃，这样便于和大家交流，又节约了时间，年底将青山村10余公里道路全部硬化，实现了户户通硬化路。2018年6月，我转任桂花村驻村工作队队员后，又将该村的20多公里道路和7公里连户路全部硬化，实现户户通水泥路，行路不再难，为产业发展奠定了基础。

大沙镇的村多分布在山坡上，青山村和桂花村都分布在半山腰，水源奇缺，村民饮水困难。村民多是用胶水管引水，或到有水的地方背水吃，山村小路蜿蜒崎岖，看到那些老弱病残群众背水的艰辛情况，我确实又急又心酸。特别是天旱的时候，村民更是无水可背，吃水更困难。水的问题一直是村民最关心的问题，我决心解决村民吃水这一难题。我找村民带路，顶着八九月份的炎炎烈日，多次到沟壑、山顶、丛林中去找水源，全身被汗水湿透，回住地天已黑了，尽管很累，但是找到水源后仍然感到很高兴。为保证蓄水池、拦河坝质量，我请水务局技术人员把关，在中石油川东北气矿的支持下，采取水源地拦河坝、引水管网大梳理，对四处取水点安装隔沙堵网，自动排气阀、调节阀、排沙阀，户户安装闸阀和防冻水表，建集中供水池两处，铺设水管线两万多米，让每户村民都用上了安全卫生的自来水。村民说我解决了他们千百年的忧虑，还向镇党委写了一封感谢信表扬我，说我是活雷锋，是脚踏实地，为民办事的好干部。

青山村和桂花村都在远离大沙镇的山坡上，农民居住分散，居住条件十分简陋，大多是住的破洞、漏水、掉瓦的土墙房。贫困户游学谷的房子破烂不堪，檩子断了，瓦陷落在中间，雨滴在土墙上滴成坑坑洼洼，就用塑料薄膜盖在墙上。我看到这些贫困户的危险住房十分着急，深感农民住房改造任务紧迫且艰巨。我带领驻村干部走村串户调查了解，根据需要搬迁的情况，打出易地搬迁、土地增减挂钩、农村危房改造、人居环境整治"四套组合拳"，统一规划、设计、改造，新建住房 100 余套，易地搬迁集中安置点 4 个，土地增减挂钩安置点 2 个，配套院坝 6 个，危房改造 300 余间，修建猪牛圈舍 20 余户，不仅实现了人人住上安全卫生房屋，也为贫困户发展养殖业打好了基础。贫困户于启秀过去因房屋破烂，儿子外出务工，看到我就哭。搬进新房后，2018年儿子回来娶了媳妇生了小孩，看到我就笑，说我为他们办了好事，让贫困户获得新生。

村上过去没有阵地建设，我与联系单位领导汇报，向帮扶单位争取，找企业捐赠，多方筹资 300 余万元，为三个村分别新建了 1000 余平方米的活动阵地，卫生室、便民代办点、党群服务中心，同时硬化了文化活动广场、村民大舞台 3000 多平方米。我用我的办公经费为办公室添置了办公设施。为解决村民通讯问题，我联系万源移动公司在山头上修了铁塔，找万源电信安装了 4G 网络，解决了山区农民通讯难的问题。

抓产业发展　全面开启"增收模式"

在走访调查中，我了解到当地农村因偏僻边远，山大坡陡，无企业，青壮年都外出务工，留下的老弱病残村民，只能种部分粮食和喂一头猪及鸡子供自己食用，缺资金、缺技术、无产业，致富成为梦想。我决定因地制宜，因人制宜，制定产业发展规划，全力开启"增收模式"。

坚持以实施党员精准扶贫示范项目为牵引，推行"公司＋专业合作社＋村集体＋贫困户"模式，发展中蜂养殖、企业黑鸡代养，参与企业生产分红等，实现村集体经济收入八万多元。帮助张江、陈必永、王永秀等一批养殖大户，解决发展中的困难，使其养殖规模不断扩大，成为当地勤劳致富带头人。

因地制宜，在青山村建立中药材发展基地，发展木瓜、白芍、枳壳、虎杖、红花等中药材200余亩。在桂花村建中药材基地200余亩，种植中药材，同时建果园，栽青脆李400余亩。在桥湾村建中药材基地100余亩种植中药材。

我针对贫困户现状，因人制宜，鼓励农民发展小养殖、小果园、小种植等"五小"庭院经济。烟叶是当时农民种植的一项重要经济作物，每年发展贫困户种植烟叶近百亩，种魔芋100余亩，同时养殖猪牛羊和家禽，增加收入。为鼓励农民发展产业，我设立了产业发展扶持资金100余万元，支持贫困农民发展经济。为振兴贫困山村经济发展，建成五个雷竹种植示范园区，连片栽植雷竹311亩，为持续推进产业扶贫，实现乡村振兴提供了强有力的产业支持。

聚焦村风民俗　形成比学赶超新风

我在青山村调查走访时，认识到因年轻人多外出务工，村中留下的老弱病残、贫困户因经济困难，人们的思想意识陈旧落后，环境卫生差，有的人有等靠要的思想，我决定在帮扶工作中，既抓产业、抓脱贫，让农民脱贫奔康，腰包鼓起来，还要抓精神文明建设，改变落后的习俗。我的提议得到了村支"两委"的赞同。以党支部标准工作法为抓手，严肃"三会一课""党员活动日"等活动，加强理论学习，抓好党的建设，强化"两委"班子建设，发挥党员的先锋模范作用，增强组织的凝聚力，提升引领脱贫攻坚的牵引力，我与达州市政府办公室机关党支部商议，联袂开展"1+1"学习联结、帮扶联动、基础联建、产业联育、民风联塑的"五联"行动，使机关的干事效率和基层的务实作风有机统一，促进了双方工作的有效开展。

为了在村民中树新风，开展比学赶帮超活动，我筹集 60 多万元资金，全面开启了"民风直通车"项目。将在大沙镇境内生产生活的青山村居民纳入积分量化管理。我们设脱贫攻坚、环境卫生、民风民俗三大类，28 项作为考核内容，另设"一票否决"1 项，制定评分细则 18 条，满分 100 分。每季度考核一次，严格按规定评分。村民用获得的分数兑换相应的生活物资代金券，村民用代金券到街上超市购买物资，并将结果在群众中公布，激发村民按村规民约"提素质、严纪律、懂感恩、树新风"，推动村级治理能力和治理水平提档升级。同时开展了"和美大院""孝善之家""书香门第""勤劳致富星"评选活动，评选出一批先进村民，激励了一批后进村民，群众争当先进，养成了好习惯，形成好风气，比学赶帮超氛围浓厚。过去一些家庭环境差的农户，搬移了垃圾，把周围环境随时打扫干干净净。村中有个贫困户，家有两个小孩读书，自己爱游手好闲，只想喝酒，农活由妻子干。通过评比活动，他也积极参加劳动脱了贫。妻子逢人便说："是李书记教育让他走上了正轨，否则不知要哪年才脱得了贫。"树新风，全面提振了村民脱贫攻坚精气神，我通过群众大会"讲先进"，村民说事会"亮问题"，公开栏"晒成绩"，让群众了解党的扶贫惠民政策及党务、村务、财务等情况，自觉接受党员群众监督，降低群众猜忌心理，使大家形成心往脱贫上想，劲往脱贫上使，人人争当先进，个个想致富的村风民风。

聚焦民心民意　尽心竭力解民忧

我到青山村任第一书记后，经常到贫困户家中走访，了解他们的困难和需求，并及时向帮扶单位和有关单位部门汇报，争取项目、资金、物资，解决好农民行路难、饮水难、看病难、住房难等问题。同时积极对接达州市人民政府办公室、中石油川东北气矿、国网达州供电公司、中石化达州石油分公司等帮扶单位解决脱贫攻坚中的具体问题。根据贫困户的实际情况，每年春耕送去 10 到 20 吨化肥，共为贫困户送化肥 70 吨，捐赠现金 20 余万元，送衣物、棉被及生活物资达 10 余万元，帮扶单位的无私援助，解决了贫困户的生产生活之忧。我还协调帮扶单位到帮扶村中吃一顿亲情饭，扫一次清洁院，谈一次交心话，定一个小目标，立一个好家风的"五个一"活动，增强感情互动。我还联系市中心医院和镇卫生院医生义务为群众健康体检三次，援助两万元资金，建立重大疾病救助机制，治愈三名危难重病患者，同时寻求爱心企业，申请"雨露计划"、贫困助学金两万元，资助五名贫困学子圆了读书梦，帮助十余名贫困学生顺利完成学业。青山村小学有从幼儿班到四年级的十多个孩子，我除了给每个学生送了书包和牛奶，该校还有个八岁的小女孩，父母常年在外务工，跟着残疾的爷爷生活。爷爷种的庄稼在较远的临村，常常是小孩一人在家生活，缺营养脸瘦且黑，看到我就哭。我给她买了牛奶、鸡蛋、猪肉等，还不时给她点零花钱，并托咐周围的邻居多照看小孩，不要出任何问题，让其健康成长。2017 年七八月间，天连旱 40 余天，青山村二组养殖大户蒲伟，人畜饮水十分困难。

我立即自己拿钱买了三圈胶水管，将水引到他的家中，解决了人畜饮水困难，一家人逢人便夸：李书记是真正为民办实事的好干部。我在工作中始终坚持为群众办好事、办实事，事无巨细，只要是事关群众利益的事，我都积极去办。2018年5月的一天晚上，我听到村里一个60多岁的王姓老人外出很晚没回来，老太婆是残疾，我毫不犹豫地和派出所一起去找，直到找到为止。有时哪怕是村民一只鸡丢了，我也要去帮他找。大家看我帮弱济困，心地善良，把我叫"李美女"。

农民一家一户分散劳动，留在家的多是老弱病残，平时互相交流少，遇事矛盾多。有的在外面居住，但土地房屋在村中，牵涉到他的利益时，就会回来闹、扯筋。我总是耐心给他们宣讲政策，让老百姓从政策上理解，体会我的真诚，知道我是在为大家谋福祉。由于我始终是将心比心，与人为善，笑脸相对，大家给我取名叫"笑和尚"。

大沙镇的每个村都幅员辽阔，从镇到青山村中心有13公里多，为了不增加村民负担和工作方便，我常常带着方便面在村奔波。顶烈日、冒酷暑、修公路、建水池、搞搬迁……将我这个办公室的白面书生晒变成了黑黝黝的山民，村民把我叫"黑娃"，说我为了他们的事，把我晒成这样子，看了实在让人心痛。

金杯银杯，不如群众的口碑，无论是"李美女""笑和尚""黑娃"等等，通俗而形象的称呼，我一点不在乎名称的雅俗，因这是群众对我工作的肯定，也将我融入到他们中间去了，成了他们中的一分子，我感到高兴。五年来，我不知走访了多少贫困户，解决了多少棘手的问题，所帮扶的两个村都相继脱贫，贫困户走上致富路，山村面貌焕然一新，我也在帮扶中得到锻炼，2021年被表彰为全国脱贫攻坚先进个人，我将永远镌刻在内心深处，为党的事业奋斗终身！

（孙乔友　王发祯　整理）

我在瓦以村的这三年

杨卓玛

凉山州美姑县瓦古乡瓦以村属高山山区，耕地面积999亩，林地面积2880亩、退牧还草2960亩、退耕还林200亩，全村辖4个村民小组、总户籍人口125户654人，有贫困户68户339人，主要收入来源是养殖业，全村于2019年实现脱贫摘帽。2021年2月，该村第一书记、四川省合江县石龙镇顺江小学老师杨卓玛荣获全国脱贫攻坚先进个人称号。

我叫杨卓玛，是一名1995年出生的藏族女孩，到凉山前我是泸州市合江县石龙镇顺江小学教师。2018年6月，我响应省委省政府精准施策综合帮扶凉山州全面打赢脱贫攻坚战的决策部署，和597名队员一同来到攻克深度贫困堡垒一线主战场——凉山州，开展综合帮扶工作。时至今日，我依然记着全省精准施策综合帮扶凉山州打赢脱贫攻坚战动员大会上催人奋进的场景，也就是从那一刻，我暗暗起誓，决心奉献自己的青春，挥洒自己的汗水，和凉山人民一起书写属于我们的脱贫故事。

从"外乡客"变成"本地人"

瓦古乡是凉山州美姑县最偏远的乡镇之一，平均海拔在 3000 米以上，共 10 个村 39 个村民小组。由于历史原因、思想观念、自然条件、教育滞后等因素，到了 2018 年 8 月，全乡十个村中还尚有九个未脱贫。"上山似登天，下山到溪边，两边能对话，走路大半天"，这就是当地贫困现状的真实写照。初来瓦古乡，盘山公路、陡峭悬崖、山间浓雾、尽收眼底，我行走在山路上，心里忐忑万分，万般滋味在心头。

如何尽快进入角色？这是我首先要解决的问题，我从转变角色、学习语言功交流入手。记得刚到村里的第一个月，每次跟村民交流都需要请村干部陪同翻译。我在想，如果能够学会彝语，和村民直接交流，那就拉近了和村民的距离，有利于工作开展。所以，刚开始我试着用最笨的方法在纸上写下彝语的谐音汉字发音，后来干脆用一个专门学彝语的笔记本，每听到一句彝语，就记在本上，然后在下面标注发音相同的汉字。就这样一句句地积累和反复背诵，我慢慢掌握了彝语的发音，每次到村里去，也用彝语跟村民说话交流，多说多听自然也就熟练了。三年过去了，现在跟村民用彝语交流日常基本已没有障碍，语言关算是攻克了，入户时主动向彝族群众拜师，与村民亲切交流，用彝语话家常，生活中与村民同吃一锅酸菜汤、同用一把马勺子，很快变成了阿普、阿妈口中的"阿咪子"，淳朴的村民还给我起了一个亲切的彝族名字，叫我"阿呷莫"。自然而然，我也成为了工作队里的"翻译官"。"卓玛，麻烦你跟我下一次村""卓玛，麻烦你帮我给村民说下这个政策""卓玛，麻烦你翻译一下村民说的这句话"，每每听到其他队员们寻求帮助的声音，成就感在我心中油然而生，激发了我"不干则已、干则一流"的勇气和决心。

从"娇气娃"变成"开心果"

驻村工作，需要时刻与行路难、饮水难、用电难斗智斗勇，停水、停电是驻村生活的常态。如何尽快融入环境？这是我需要直面的问题。如果要买菜，最近的选择是 25 公里外的拉马集市。作为瓦古乡政府和工作队里唯一的女同志，我主动请缨，帮助队员采购蔬菜、日常用品，负责工作队的日常支出，力求用最少的钱办最大的事。长期的驻村生活，经常是"两眼一睁，忙到熄灯"，不规律的饮食，造成了肠胃功能紊乱。由于高山地区药难买，父亲给我准备了一个药箱托人给我带到村里，家人的理解和支持，让我更有动力去坚持扶贫事业，爬坡过坎、克服困难，奉献青春的汗水和泪水。每当看到队员因环境不适、思家孤独、工作负荷等陷入低落情绪时，我主动和他们摆龙门阵、讲笑话，在周末闲暇时，我担起"文娱委员"的工作，组织队员们学习跳达体舞、锅庄舞，让欢乐的时光冲散思乡的忧愁，鼓励他们积极向前，努力消除队员们生活、心理上的巨大落差。久而久之，队员们时常跟我开玩笑，说我是他们的"开心果"。

从"门外汉"变成"顶梁柱"

在世人眼里"90 后"作为网络时代的新兴群体，自带许多负面标签，"叛逆""自私""娇气"等等。作为一名"95 后"的女娃子来到瓦古乡，从乡政府领导到帮扶工作队员，再到村干部和老百姓，对我这个"娇气"的"95 后"女娃子能否挑起脱贫攻坚的重担也曾产生质疑。如何让大家认识不一样的"95 后"女娃？这是我迫切需要解决的问题，我从深入调查、勇于担当奔一线入手。从开始进村入户那天开始，我就在反复做着一件事情，下村走户，看群众干、听群众讲，陪村民们"拉家常"，用眼、耳、鼻、心，察民情、解民意。瓦以村交通条件落后，运输成本昂贵，生活生产物资运输困难，村内畜牧及农副产品几乎无法运出交易；教育断代 20 余年，村民文化水平低、思想观念落后；村民生活艰辛，整村还处于自给自足、以物易物的生活状态，全村很难看到现代化的生活用品，这些都是瓦以村脱贫攻坚面临的难题。

为"啃"下瓦以村这块脱贫"硬骨头"，2019 年 3 月，我主动向组织申请担任第一书记。第一时间定制了瓦以村脱贫攻坚工作队的队服和旗帜，主动亮明身份担责任。扶贫工作千头万绪，大量资金需要争取，项目需要建设，单位需要协调，村小学缺乏办公设备，我通过社会爱心人士募捐了办公用品和投影设备。村里没有网络，我给村上牵通了第一条网线，每周在幼教点为群众播放坝坝电影。村里要建安全住房，我就搬到安置点附近蹲守，天天与施工单位沟通，和监理学习监督工程质量，确保群众住上"安心房"。村里没产业，我就从致富带头人、复转军人中发展两名党员，培养两名村级后备干部，让他们带领贫困群众成立合作社。

在"引进来"的同时，我们更注重"走出去"，积极带领本村党员干部、群众走进企业、新型经营主体，拓展村民的视野，激发创新创造的动力。我们借助产业发展资金，科学规划本村增收产业，积极做大传统产业、大胆引进特色产业。通过"政府＋公司＋支部＋农户"，协调产业扶持金 31.11 万元入股云南牧斯农业发展有限公司用于创办养牛场进行肉牛养殖，预计年底分红 5 万元；建立半夏种植基地，引导农户用土地流转的形式入股，积极盘活村内的撂荒土地，鼓励村民流转租赁村内的集体资产，打造特色产业，预计年底户均增收 1500 余元；协调产业发展金 10 万元入股美姑县和丰农业投资发展有限责任公司，预计年底分红 0.5 万元；瓦以村农户人均收入在 2020 年底也达到了 7500 元以上。为增强村民树立文明新风意识，增强脱贫内生动力，我们创办了奋进超市，以环境卫生、家庭文明新风培育等具体行动争取积分，用以奖代补的形式，激发广大群众参与移风易俗、提倡文明新风、感恩奋进的积极性和主动性；两年里，瓦以村已经发展了 16 户养殖大户，8 户家庭农场（规模最多的达到了 80 只绵羊，1000 只岩鹰鸡养殖），预计户均增收 3 万余元；借助微信电商平台，帮助村民销售多余的农产品，解决农村土特产品难销售的问题，实现村民农特产品线上线下销售。截至目前，在这两年内为村民陆续增收销售了蜂蜜、荞子、土豆共计四万余元。创立了一个养殖合作社；开发挖掘本村固有资源，激活村内的集体经济，探索长效、科学的利益机制，确保集体经济增收。

在工作之余，我还承担起瓦以村小学代课工作，教会学生养成好习惯。利用自己的特长，把"四治"工作编成短剧，组织当地群众和学生演唱，让群众在喜闻乐见的情景中受到教育，我编排的《小苏呷的故事》参加了州县禁毒汇演，得到一致好评，我又从一个"教书匠"变成了"艺术家"。

从"攻坚人"成为"生力军"

上面千条线，下面一根针，基层乡村工作任务繁重，千头万绪。瓦以村地处美姑县边远高山地区，党员干部素质参差不齐，如何把党员拧成一股绳，凝聚在脱贫奔康路上？这是我必须要解决的问题，我从抓队伍建设、激发干部做事热情入手。为了不让群众跑冤枉路，所有问题都能及时得到解决和答复，我制定了值班制度，要求驻村帮扶工作队、驻村干部、村干部必须坚持驻村值班和轮流值班制度，严格"上班"。我采取了一个新模式，在瓦以村推行"为民服务代理制""村民说事"等服务，坚持便民利民原则，让"等群众上门"变成"送服务上门"，"群众跑"变成"干部跑"，"多次办"变成"一次办"，倾力解决村民"办事难、难办事"问题。主动前往困难户家帮助书写申请、代理办理生猪理赔、小额信贷、门诊报销事宜。近两年来，瓦以村开展"说事"活动 100 余次，已接待"说事"村民 200 余人次，及时解决反映涉及农业发展、基础设施、生活困难、矛盾纠纷等困难和问题 200 余件，已解决 195 件。

我们通过建立村微信公众号、微信交流群、手机访谈等方式，加强与在外务工人员及党员的沟通联系。发挥村公示栏、阅览室作用，改变村民的观念和习惯，引导村民积极参与到四好新村、环境优美村、法制新村建设中来。积极探索依法治村新机制、新模式，推行法治新村建设，设立学法讲堂，成立村委会调解室，邀请综合帮扶队里司法、人社、纪律检查等部门人员进行法治宣讲，已开展宣讲50余场，调解纠纷10余次，增强村民的法制意识，强化道理内化约束力，适时进院坝、入农家进行宣讲，定期开展村民达体舞活动，鼓励村民借书阅览，培养村民的好习惯、好风气，丰富村民精神文化生活。

2020年1月，我刚新婚，新冠肺炎疫情暴发，我主动放弃婚假，在新婚第二天便积极投身于疫情防控中，对瓦以村109户农户开展入户登记，全覆盖摸排走访八次，主动掌握外出务工人员动态信息，利用村村响和村民微信群每日定时宣传疫情防控通知和防护知识，在村口设立检查站打造防护网，对来往人员进行严格把控测量体温，对外出务工归来人员进行分批次隔离11人，每日定期消毒，测体温。

2020年8月27日，在走村入户排查"两不愁三保障"情况时，因山高坡抖，泥泞淤积，导致不慎摔伤，多亏驻村工作队员及时把我送医，被诊断为外伤性腰椎间盘突出及左脚脚踝拉伤，医生建议我及时休息并定期做牵引康复治疗，但因美姑县仍在脱贫攻坚决战决胜期间，于是我毅然决然坚守岗位，继续坚守在脱贫攻坚一线。

一路走来，我用满腔的热情，恪尽职守，舍小家顾大家，冲锋战斗在美姑脱贫攻坚最前沿，鏖战近800多个日日夜夜，用真情和汗水架起与群众的"连心桥"。我和我的战友们汇聚在脱贫攻坚这面大旗下，为共同一个目标，用双脚丈量着大凉山的每一寸土地，用真情温暖着彝区一户又一户贫困群众。在这个没有硝烟的战场上，用汗水、泪水浇灌着民族友谊团结的花朵。

扶贫路犹长，奋斗正当时。通过近三年来的不懈努力，驻村工作取得了显著的成效，瓦以村各项工作取得了明显进步。我个人也先后荣获2018年泸州市合江县脱贫攻坚优秀个人、2019年泸州市教育局优秀党员、2019年凉山州十佳综合帮扶队优秀队员、四川省2019年脱贫攻坚综合帮扶优秀个人、2020 年美姑县优秀驻村工作队员、2020 年四川省三八红旗手、2021 年全国脱贫攻坚先进个人。瓦以村党支部荣获 2019 年美姑县先进基层党组织称号，2020 年美姑县脱贫攻坚帮扶工作先进集体等荣誉。

当前凉山州脱贫攻坚已顺利收官，我们都有幸参与这个目标的收官之战，见证这一千秋伟业，是组织的信任，也是人生之大幸。可喜的成绩背后，是我们奋战在脱贫攻坚战场上扶贫干部的默默付出，是我们用辛苦指数换来了群众的幸福指数。当今如果有人问"谁是最可爱的人"，我会自豪而坚定地回答，一定是脱贫攻坚战中的扶贫干部！这是美姑留给我的启示，也会让我永远感恩、铭记这段如歌岁月。

（孙学元　洁松　杨定元　整理）

北大学子的扶贫赤子心

丁猛

丁猛，2015年7月北京大学硕士研究生毕业后，选择到四川绵阳工作，两次逆向而行，主动申请从市级部门下沉到基层，先后担任贫困村第一书记和乡镇长。在贫困村确立"特色农林种植与畜牧养殖两条腿抓致富"思路，创新探索"金鸡代养""金猪代养"模式，发展30万只肉鸡种养循环产业、2000头生猪代养项目、300亩藤椒产业，带领贫困村高质量脱贫。在安居镇，打破行政村壁垒，成立"产业大联盟"，集中发展生猪、小龙虾、藤椒、柑橘等产业，发展壮大村级集体经济，脱贫增收成效显著。先后获评四川省优秀第一书记、记一等功公务员、全国脱贫攻坚先进个人。

打赢脱贫攻坚战　必须得有人留下来

一次乡村行，心系红灯桥。2015年7月，我作为四川省急需紧缺专业选调生来到绵阳市财政局工作。当年春节前夕，我跟随局领导到三台县最南端的省级贫困村红灯桥村慰问贫困群众。短短的130公里，颠簸了三个多小时才到达。这里道路泥泞、山高沟深、环境闭塞，低矮的土坯房随处可见。身处这片土地，我心中只想到两个字——震撼。同大都市相比，这里仿佛是另外一个世界。走到半山腰一户单身贫困户家里时，门口就是一个露天旱厕，黑暗狭小的屋内鸡鸭人共处一室，地上接雨水的破脸盆滴答作响，空气中弥漫着刺鼻的气味，我艰难地忍住眼眶的泪水。这种以前从未看到过的贫困画面，给了我强烈的心灵冲击。回程的路上，我下定决心，"一定要让他们活得更有尊严！"因此，一回到单位，我就主动递交了驻村扶贫的申请书。2016年5月，组织将我列入"百人计划"，开展为期一年的挂职锻炼，安排我担任协和乡乡长助理、红灯桥村第一书记，下沉到基层一线工作，终于来到了这个我将为之奋斗的村子。

难舍基层情，善始必善终。一年时间过得很快，眼看即将完成"百人计划"任期，再次面临去留问题。任职期间，我几乎每个月都会和村"两委"干部开展一次谈心交心，共同研究村里的发展思路，在大家共同努力下，这个贫瘠的小山村面貌焕然一新，村民的观念也日益改变，干事创业的劲头越来越足。按理来说，自己可以"交差"了，进一步发展的任务可以交接给下一位挂职的同志，但我觉得还有很多想做的事情还没有做，内心深处也无法就这样割舍当地的父老乡亲。扶贫工作的细节还有很多待推敲，帮村民们谋划的产业项目尚不十分成熟……"行百里者半九十"，现在恰恰是到了脱贫关键期，留还是走？2017年5月，我给出了自己的答案："红灯桥村产业未见效，乡亲们没有富起来，我是不会离开的。"第一书记的任期就这样又延长了。

道路既选择，初心从不悔。2018年5月，两年第一书记任职期满，我回到单位市财政局上班，在此期间，作为选调生，多个省级部门再次向我递出橄榄枝。但是两年来在基层工作为老百姓办实事的踏实感、成就感让我十分留恋基层，我没有经过太多的思考，凭着自己的感觉和直觉，认为年轻人就应该干点年轻人该干的事，于是再次向领导申请重回基层工作，在基层脱贫攻坚一线挥洒青春。三台县委也给了我更大的发展平台，让我担任安居镇镇长。镇长名号看似响亮，然而对比曾经的同学们、对比和我一道选调过来的朋友们，他们中有的年薪百万，有的出国深造，有的已到了中央部委、省厅担任新的职务。而我想的却是，基层舞台虽窄，却是离老百姓生活最近的地方；手中的权力虽小，但能用它为老百姓真正办好贴心事。"脱贫攻坚和乡村振兴总得有人愿意扎下根来，我就是愿意扎根的人。"

打赢脱贫攻坚战　必须敢于干更敢于闯

有梦想就有决心。我任职的红灯桥村离绵阳市区 130 多公里，是三台深丘地区，地处偏远、人均耕地仅 0.7 亩。刚到村时，面临的困难很多，全村有 57 户贫困户，村内没有一米水泥路，村道柏油路是灾后重建前修建的并且已经破烂不堪，"产业零基础，集体零收入"，贫困户等靠要思想严重，面对这些困难，我既踌躇满志又惴惴不安，怀揣理想却也怕自己不够勇敢。更让人沮丧的是群众的不理解，有部分村民甚至怀疑："一个北大研究生还来我们这里工作，该不会是被发配过来的吧""又是来走过场的"等等，这些话像软刀子一样扎在我的心上。但我也明白，要想帮助乡亲们摆脱贫困、干成事业，就不免要经受风雨的考验。所以，我暗下决心，一定要干出个样子！

有坚持就有回响。我上任后，用了两个月时间走访全村所有贫困户，把所有贫困户的姓名、家庭情况等详细记下，在脱贫攻坚关键阶段，一连好几个月没有休过完整周末，回市里也是给单位领导汇报完工作后就匆匆下乡。我自己掏钱购买自行车、摩托车，带着纸笔，与村支书和村主任交流，熟悉村里情况；与党员代表、村民代表座谈，了解他们对村子发展的意见和建议；深入每一户贫困户家做家访，哪怕是在村里骑车摔伤、被土狗咬伤、爬坡上坎、烈日暴晒，我都不觉得苦。日复一日，乡亲们的生产生活情况也都牢记于心了……相处久了，村里人打心里渐渐认可了我。

有付出就有收获。源源不断投入的心血和精力，逐渐换来了小山村的华丽"蝶变"，在大家的共同努力下，红灯桥村实现年产值 2400 万元，贫困户年人均增收1500元。村里2公里入户道路和2.8公里产业道路实现了硬化；400平方米的文化广场顺利建成；蓄水池、石河埝，总长350多米的五座塘坝，近十公里的樟协左右渠、莲花嘴斗渠、红灯桥斗渠等基础设施建设如火如荼……"丁猛、丁猛，真的有点猛"是对我最大的鼓励。

打赢脱贫攻坚战　既要实干也要巧干

"房屋联建"让老百姓住上好房子。刚担任红灯桥村第一书记时，部分单身贫困户一直住在破旧危房里，村里多次想办法解决这些人的住房问题都没成功，上级补助资金有限，贫困户根本没钱或者不愿意修建，如何利用有限的资金来解决这个问题摆在了我的面前。经过冥思苦想，我从城市经济适用房中得到启发，在全县率先提出了整合贫困户建房补助资金，进行集中联建，产权归村集体，贫困户直接入住，既节约了成本又让村上拥有了集体资产。该项工作得到县委高度认可，并在全县推广。目前，村上聚居点共安置无力自建贫困户20户，其他30余户贫困户也利用D级危房改造政策修建了自己的新房。

"金鸡代养"让老百姓摘掉穷帽子。为解决红灯桥村产业发展缺资金、缺人才、缺技术、缺市场的现实困难，我多次带领村"两委"班子深入田间地头做群众工作，增强困难群众主动参与意识，发掘培养致富带头人，想尽千方百计把产业引进来，最终确立了"特色农林种植与畜牧养殖两条腿抓致富"的思路。我带领"两委"班子四处奔走，引进铁骑力士集团，在红灯桥村创新开展"金鸡代养"扶贫模式试点，为了打消大家的顾虑，我利用法学专业优势，起草代养协议，设立产业发展利益链接机制，以贫困户为主体成立合作社，通过股权量化、多方分成，将政府产业扶持资金变资本、贫困群众变股东，帮助贫困群众实现了"无本增收""零风险脱贫"。2017年，红灯桥村金鸡代养场实现代养收入54万元，带动贫困户增收1500元，相关经验做法先后被省市主流媒体刊载报道。"金鸡代养"模式获得成功后，我又在村内积极推广"金猪代养"模式。同时，带领大家修路、种藤椒、整治堰塘，原来的"空壳村"实现村集体经济收入2.8万元，红灯桥村57户贫困户全部脱贫，村民的生活越来越有盼头。

"抱团发展"让老百姓过上好日子。2018年11月，我开始担任脱贫任务同样艰巨的安居镇镇长，更加注重将学校学到的知识与基层实践相结合，努力探索脱贫致富的新路子。在总结完善"金猪代养"扶贫模式的经验基础上，推出了生猪代养"铁安模式"，即铁骑力士—安居模式，由党员引领、贫困户主导、村集体参与，整合产业扶持资金、贫困户小额信贷资金等共同出资138万元作为股金，收益按照"5∶4∶1"模式进行分配，当年入股养殖的16户贫困户每股分红1.22万元。在发展特色产业过程中，探索打破行政村属地界限，以产业为纽带，将各种资金、要素等整合使用，在全镇先后成立了资产、劳务、生猪、藤椒、小龙虾养殖五大合作社，建立"产业大联盟"，共发展200余亩小龙虾产业，成功打造2000余亩现代藤椒产业园，并将"互联网+精准扶贫代理记账"引入农村合作社，帮助全镇492户1184人顺利实现脱贫，获得了干部群众的衷心认可。

（周军丞　晏茂川　整理）

后　记

　　为总结脱贫攻坚的历史和实践经验，推进中国特色社会主义新时代口述史资料征集研究工作，2021年中央党史和文献研究院第七研究部组织全国各省区市党史和文献部门，对征集到的一些领导同志、亲历者的口述史料进行整理，选取反映党和国家脱贫攻坚重大决策在地方贯彻执行情况、本地区具有全国意义或地方特色的重大事件、帮扶对口支援地区合作中的重大事件等史料，编辑了脱贫攻坚口述史丛书。

　　本丛书在策划、选稿、编辑、出版过程中，得到地方党史和文献部门以及各位作者的大力支持。中央党史和文献研究院院长曲青山和副院长、中央编译局局长柴方国给予了精心指导，中央党史和文献研究院第七研究部刘荣刚、李树泉、徐鹏堂、谢文雄、宿凌、刘一丁、孙迪、张晓飞等同志承担了具体选编工作。中共党史出版社领导和编辑为本丛书的编辑、出版付出了辛勤劳动。中共四川省委党史研究室谢海彬等同志承担了本书大量编务工作。在此表示衷心感谢。

　　由于编辑时间紧迫，编者水平有限，书中难免存在不当之处，欢迎广大读者提出宝贵意见。

编　者

2023 年 10 月